POP創意字學

★POP 精靈・一點就靈★

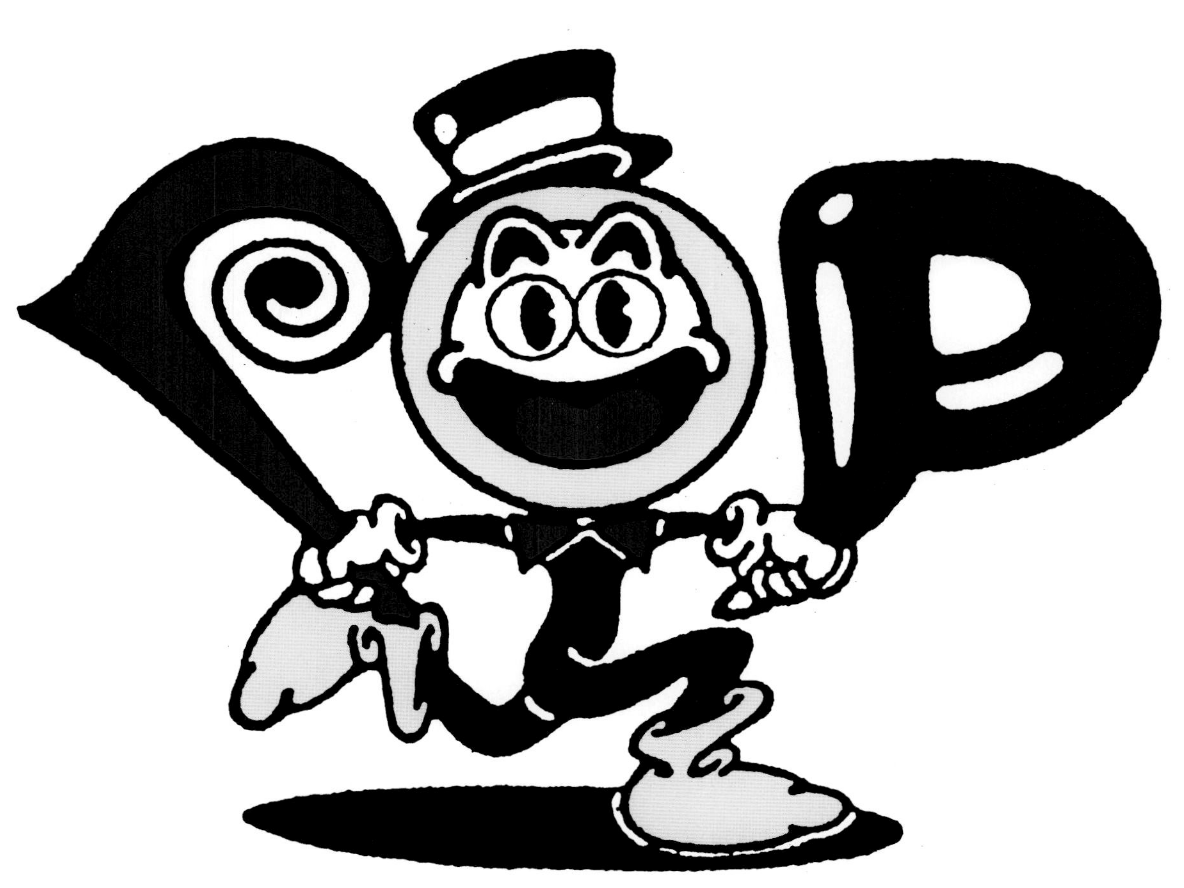

前言

近年來，POP廣告的流行風潮迅速蔓延，其影響面已非同小可，從學校社團、政府機關單位至公司行號運用POP廣告的特效，來輔助工作能更順利進行，由此可知其功用能大大提升廣告效應，並節省廣告行銷成本及人力，進而提升良好的公司形象。因此學習POP要有良好的學習諮詢的管道，及專業權威的課程內容、參考書籍，以上各點POP推廣中心皆可滿足您的須求，提供給您最完整的服務。

首先爲POP專業書籍，筆者花了近四年的時間研究整合，字體類不僅將POP字體分門別類作系統的整理，從正體字學，個性字學及變體字學基礎篇及應用篇到創意字學篇，可使讀者輕而易舉的掌握訣竅並融會貫通導引出快速的學習途徑。進而成爲專業的POP高手。海報類從學習海報篇將POP廣告的製作技巧由淺至深清析講解專業的製作技巧，坦誠公開POP的秘訣，其目的是在提升全國POP的水準，後續綜合海報篇、手繪海報篇、精緻海報篇一等總合將近二千張的作品範例可供讀者參考，店頭海報篇專業的POP實戰經驗一覽無遺。創意海報篇集合了數十位POP創作者從正字、活字、變體字、插畫及環境佈置都有極具創意的表現手法並是第一屆的POP創意大展的作品集。相信以上字學系列及海報系列皆能滿足讀者的需求定能提升在創作POP廣告的水準。

其次教學課程，筆者成立專業的POP推廣中心，宗旨是爲了推廣正確的POP觀念及提供有興趣及專業的輔導機構，讓POP廣告能在台灣生根發芽日後定能茁壯成爲一個揮灑創意的技能。所以從課程研發、師資培訓、教材設計、既緊湊又豐富，而且不需基礎保證學會皆是本中心的特色，歡迎有興趣者可電洽2371-1140，你將有滿意的答覆。

推廣路線：本中心除了在本部有授課以外，也深入各大專院校指導關屬性社團。並利用課餘蒞校指導國小老師，有助於小學美育的發展，眞正落實專業的POP教育。

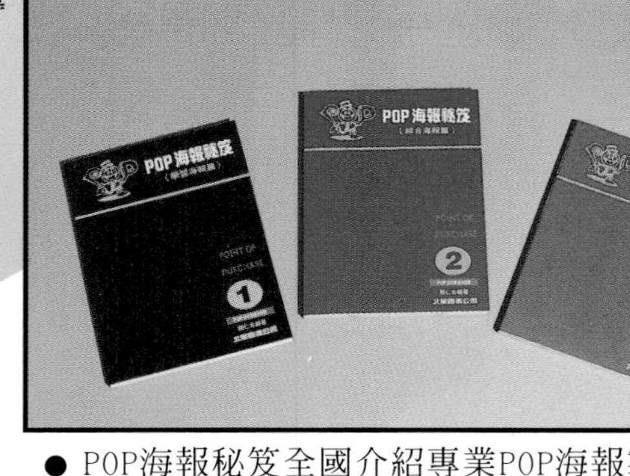

● POP海報秘笈全國介紹專業POP海報製作技巧的系列叢書。

★蔚藍海岸婚紗館開幕SP範例

●蔚藍海岸婚紗館開幕時的整體門面

通常一般店於開幕時皆會隆重的將店面佈置一番，使其有熱鬧繽紛的效果，不僅可吸引路人的眼光更可帶動促銷的氣氛進而提昇銷售業績。所以此案子即著重在開幕氣氛的營造，因此其主標題「藍波」藉著其店所延伸出各種不同幸福涵意，將想結婚的人一網打盡。

象徵圖案

標準字

藍波 BLUE BAY　開幕期間 SALE

副標語

所有幸福
盡在蔚藍海岸

●室外吊牌陳列時可略做調整讓開幕氣氛更加活絡。

●室外吊牌隨風搖曳把騎樓點綴熱鬧萬分。

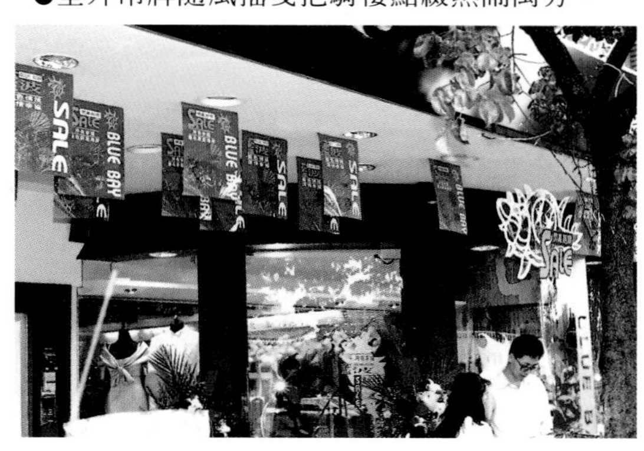

象徵圖案採取各種不同的精緻貝殼因為是蔚藍海岸最精緻的產物、其標準色的選擇不同懷疑即是藍色，挑配耀眼的黃色及素淨的白色非常速配。不僅提升作品高級風格更整合整店的色彩，並加強對外的形象促銷，所以色彩的好壞會決定其SP會整體效用。標語的涵意把整個主題解析非常清楚「所有幸福盡在蔚藍海岸」，亦可傳達店家最誠懇的祝福。

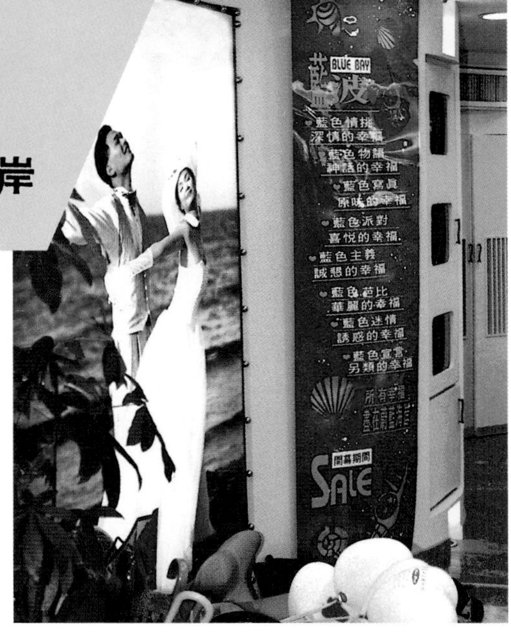

●標語設計可將主題的涵意完全呈現。以達到形象促銷的效果。

● 室內吊牌陳列後使整個賣場的活潑氣氛更加強烈。

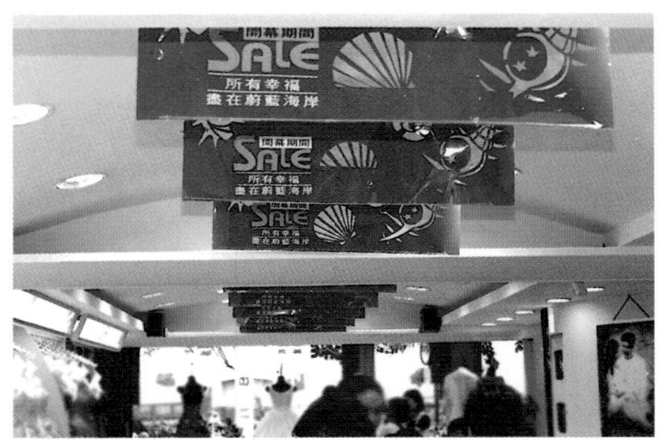

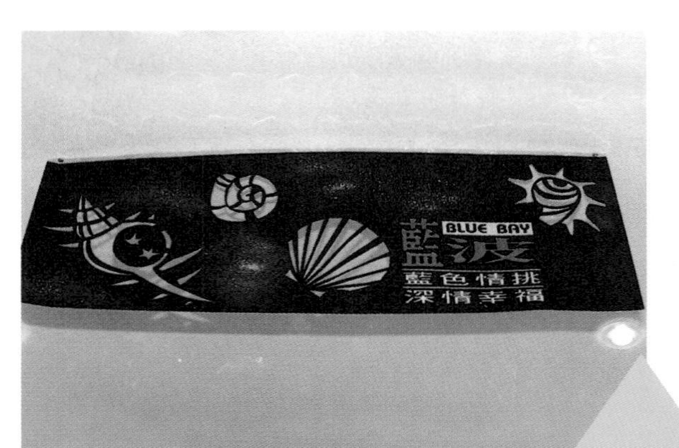

● 室內吊牌以圖爲主的表現風格，文字訴求一點點使其高級感非常濃厚。

標準色

室內外吊牌

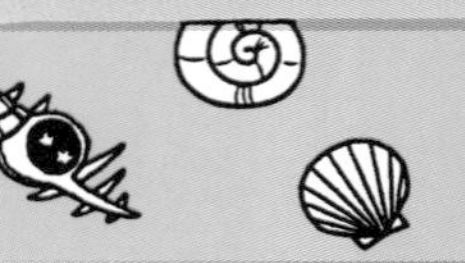

室外吊牌所展現出隨風飄曳的閒情感覺，其形式以圖爲主又呈現出透明的質感，除了有高級感外，又有防雨的效果可使陳列的時間拉長而增加廣告效益。可詳看每張吊牌的文案不盡相同亦可達成統一中求變化，這種設計方向是一般平面而印刷所無法達到的效果。陳列時採錯開方可完整達成活絡店頭氣氛的宗旨。

室內吊牌所呈現出浪漫高級的感覺，整張的設計風格又以插圖爲主文字爲輔，亦可襯托出其精緻典雅的訴求。且整張也採雙面皆可觀面〈一面二用〉才不致使背面看來非常不雅，由於其挑高不高，所以吊牌採橫式才不會讓人有壓迫感，其陳列採居中使整個賣場有空隙有喘氣的空間，才能有較舒服購物空間，相同的每張的祝福也不太一樣使消費者有窩心的感覺方可加速促成訂單。

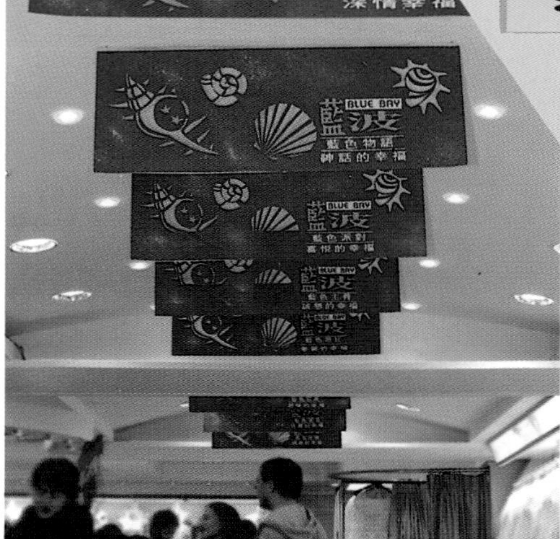

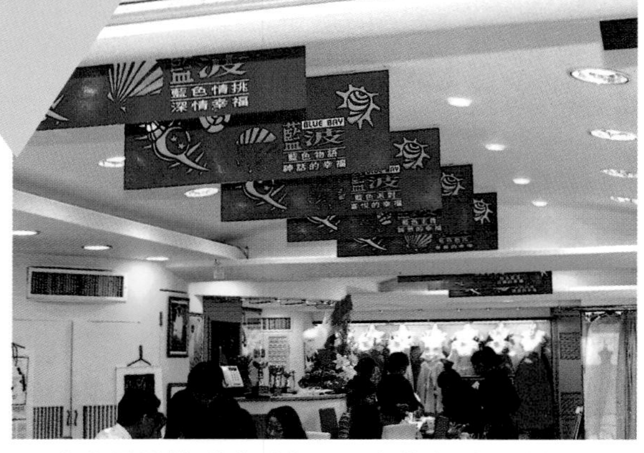

● 室內吊牌陳列時要考量燈光的配置，避免整個賣場光線不足。

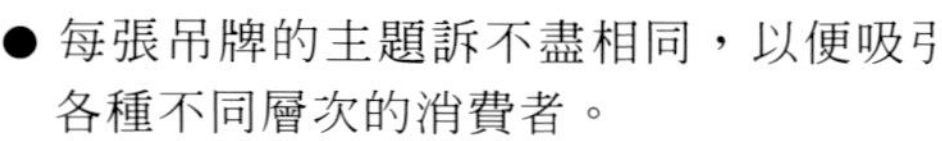

● 每張吊牌的主題訴不盡相同，以便吸引各種不同層次的消費者。

● 標語的編排形式採曲線風格亦強調波浪的動態，更增添浪漫的感覺。

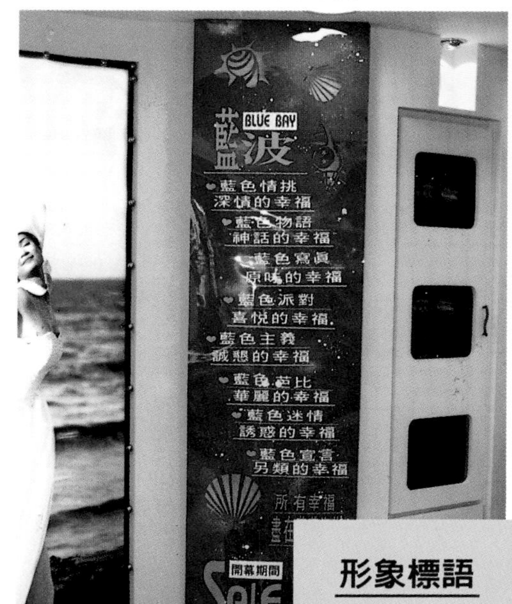

● 主題看板亦增加視覺焦點，使整個佈置有破壞的效果不致太過單調。

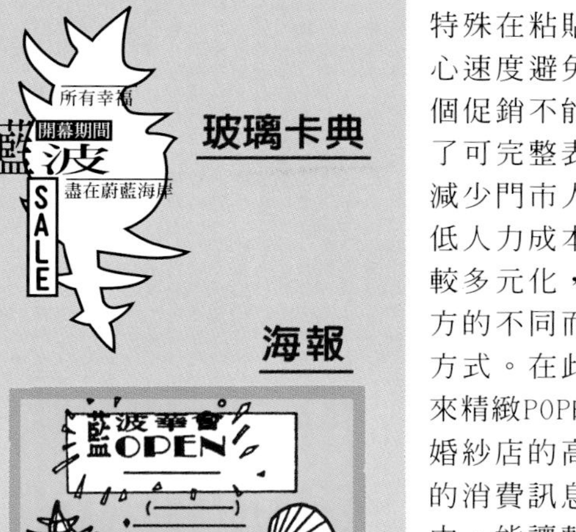

標語放置於室內配合主題將所有的形象標語，做最完整詳盡的介紹，亦可吸收各種不同層次的消費者，讓促銷的意味深入消費者的心中。玻璃卡典有助於櫥窗陳列的完整性，缺少他會使整個格局變得較鬆散，所以亦將主題及所有要素整合，運用設計味的編排就能使櫥窗更形出色，由於其質材較特殊在粘貼的時候要特別小心速度避免損壞。海報是整個促銷不能缺少的媒體，除了可完整表達促銷內容，以減少門市人員的口頭促銷降低人力成本，其陳列的技巧較多元化，機動性高可依地方的不同而有所變化陳列的方式。在此案子中更以畫框來精緻POP的質感，更加增添婚紗店的高級感，更將準確的消費訊息深植消費者的心中，能讓整個促銷的佈置更加統一性。

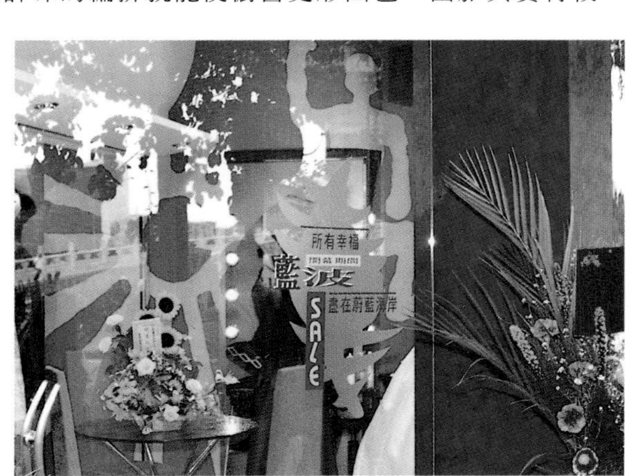

● 利用霧面卡典的特色來襯托出櫥窗的精緻感。

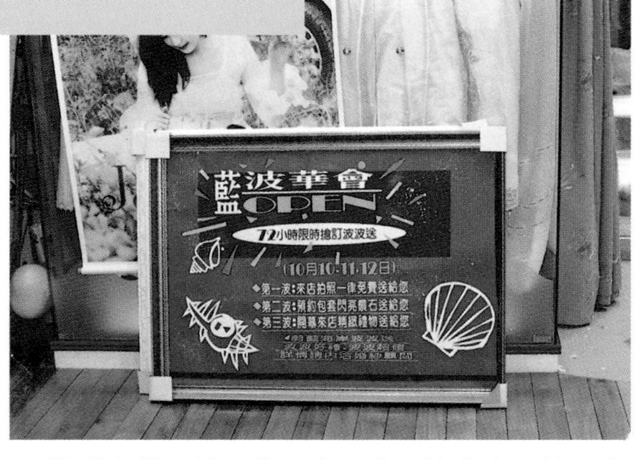

● 整張海報只採用黃、白、藍，使其畫面精緻度提昇，並採用立體的縷空貝殼更形出色。

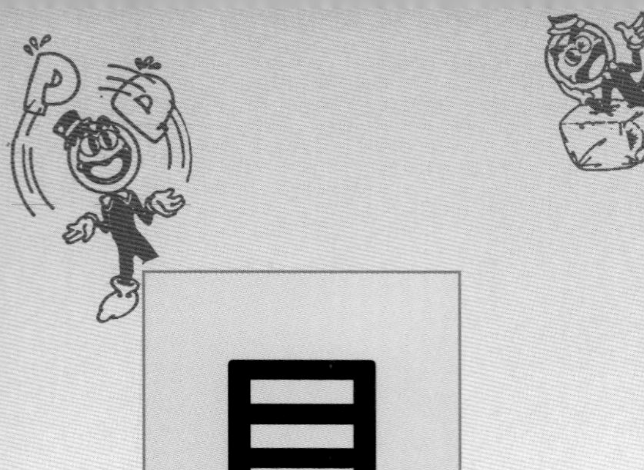
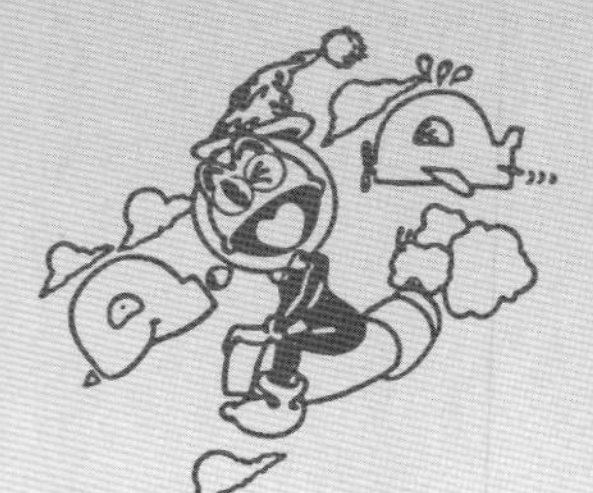

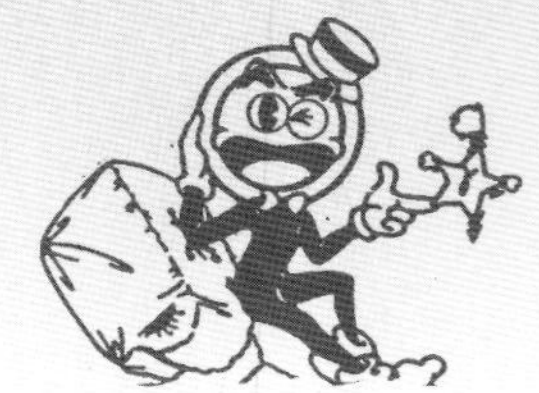

目錄

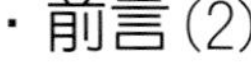

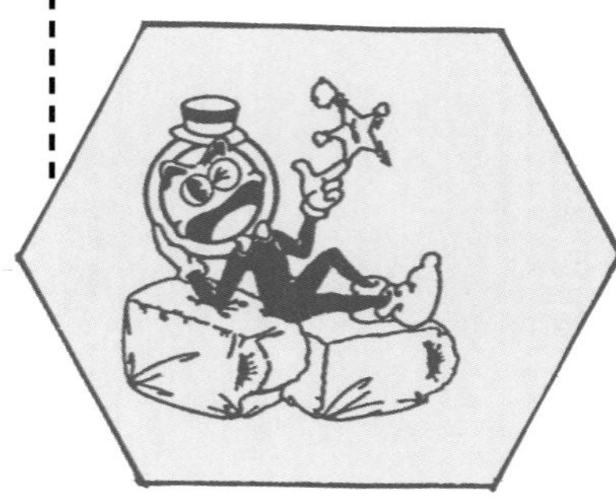

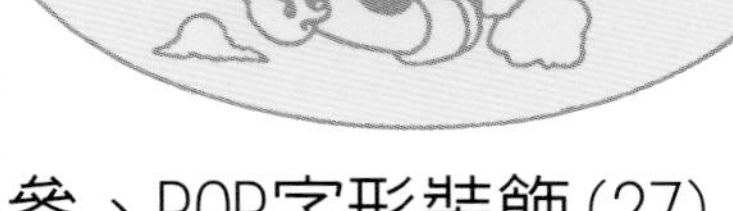

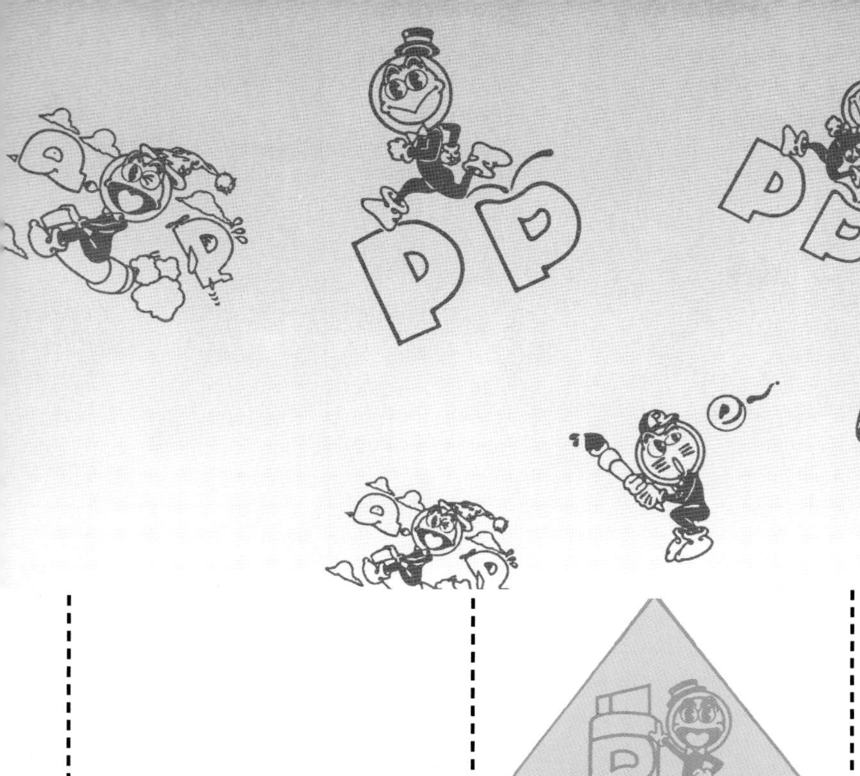

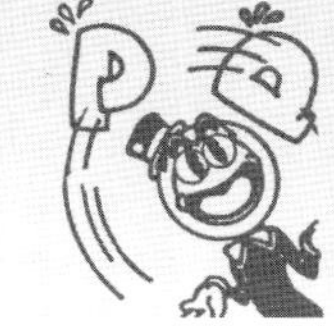

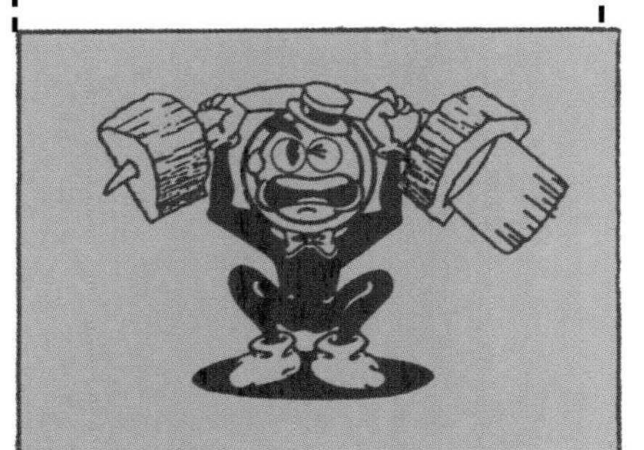

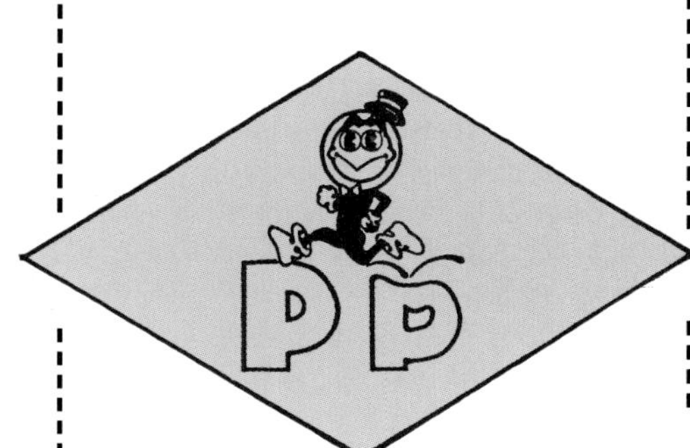

序言

POP推廣中心成立至今，非常感謝讀者及學員的厚愛，使得本組織可堅持專業的推廣理念持續成長地走下去。因爲課程簡單易學，系統教學及最有創意的激發力，及無年齡的限制，促使學員可在毫無壓力的過程中輕鬆掌握POP技巧。從POP字學〈正字、活字、變體字〉，加上手繪海報〈白底、色底、各種質材〉進入美學領域，並瞭解廣告的運作技巧，藉此奠定良好的美工基礎，方可擴展自己廣告生涯，所以不用懷疑，POP廣告就是萬能美工的基礎，也是培養第二專長的最佳選擇。

前面四本字學系列的編排設計，內容豐富深受讀者的喜愛，讓筆者再接再勵整理出具說服力的創意字體，可解除讀者製作POP的困擾，更可提供更專業技法，在這本書您將可獲得最滿意的答案。除了有完整的工具介紹外，更有不同色彩麥克筆的裝飾技巧、二次裝飾。其中又以特殊裝飾最爲特別，疊字也是此本書的超級重點，從書寫技巧、字形裝飾、各種特殊變化滿足您的求知慾。除此之外還介紹變形字完全擺脫麥克筆剛硬的感覺變化空間極大。還有空心字任何字體皆可包容也是合成文字必經之路，可在其字內做不同的點綴與裝飾。一筆成形字其動態及字架都可誇張書寫，展現其可愛活潑的一面。接下來是受到讀者熱烈歡迎的胖胖字，除了有字學公式外，書寫十大技巧也是非常重要，最有看頭即是胖胖字字帖讓讀者可一目了然找尋字體學習比例掌控，字形裝飾更可增添胖胖字的訴求空間！做結束的字圖裝飾更將POP字的創意空間接的更寬廣。

綜合以上所述相信這本書精彩豐富應可盡有，是一本非常炫的參考書有收藏價值，包證讓您值回票價。最後！唯筆者才疏學淺，疏失欠處，不吝指正，謝謝！！

簡仁吉
于台北2001.3月

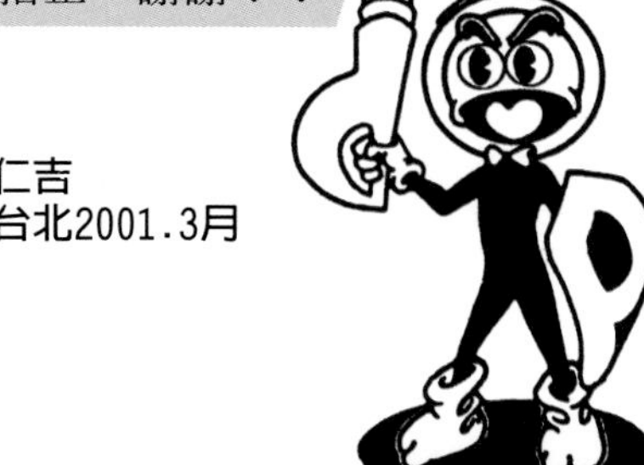

●POP字體系列有系統可對照的專業參考書。

壹、有趣的pop字體

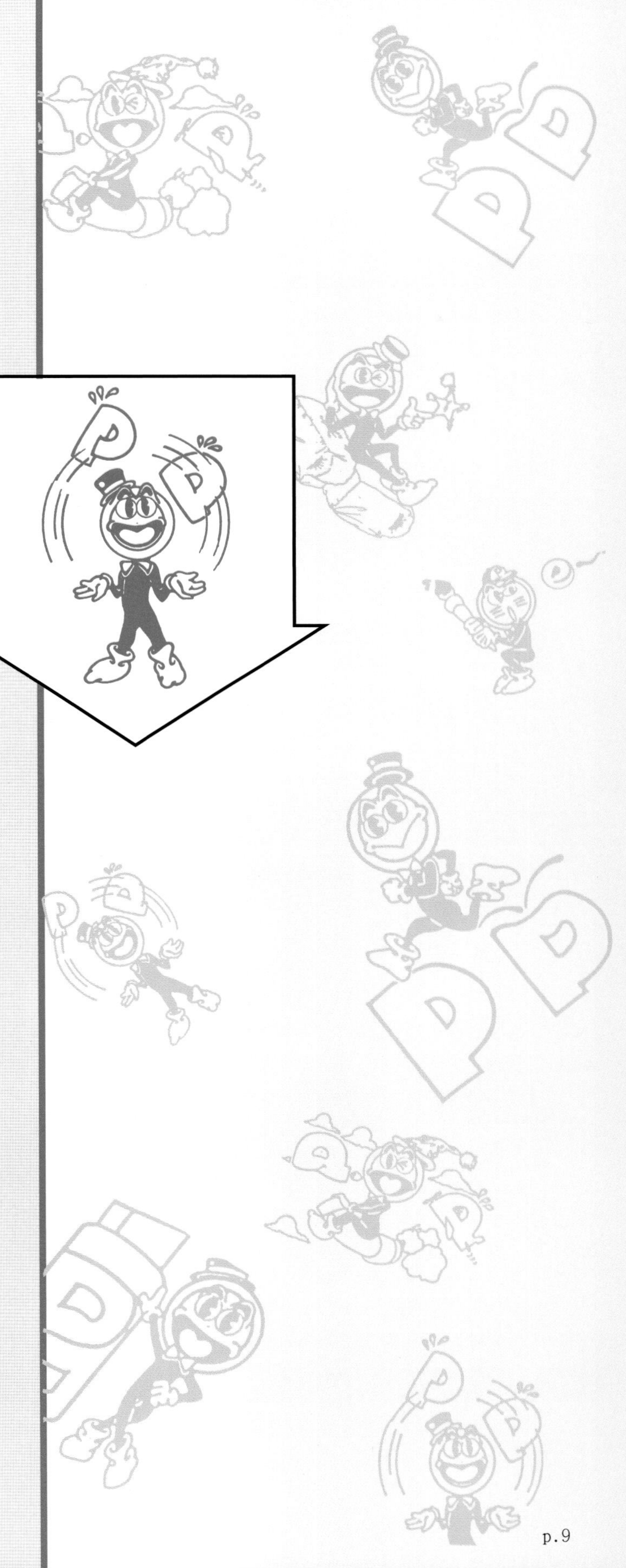

壹、有趣的POP字體

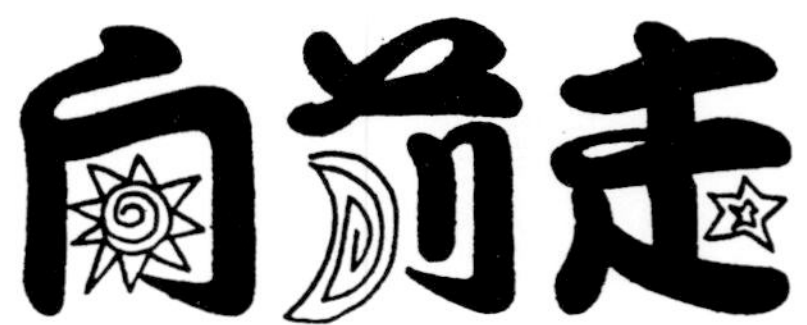

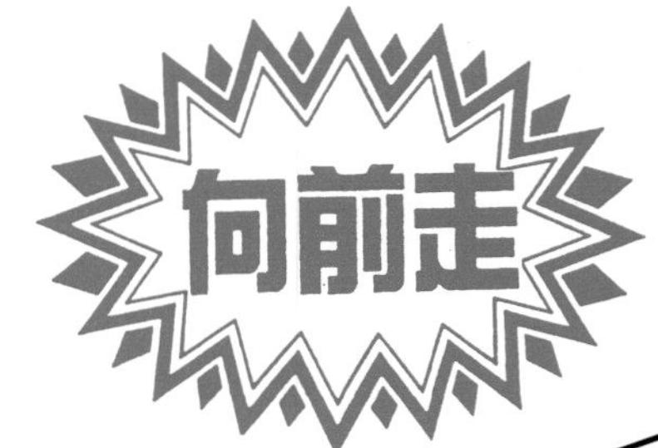

POP此項新興的DIY技能，已經深入各行各業及各年齡層，由於漸漸普及化所以其學習的方法及技巧愈來愈有系統、方法、技巧。筆者深感此項的需求及演變，所以特整理出各種不同字體的書寫技巧及公式、口訣…等，讓讀者可由簡單至複雜，由淺至深學習POP個種技巧，能快速入門瞭解POP領域，進而進入有趣POP字體的世界，以下將爲讀者介紹各種不同字體及版面的應用，讀者將可發現POP的趣味性。

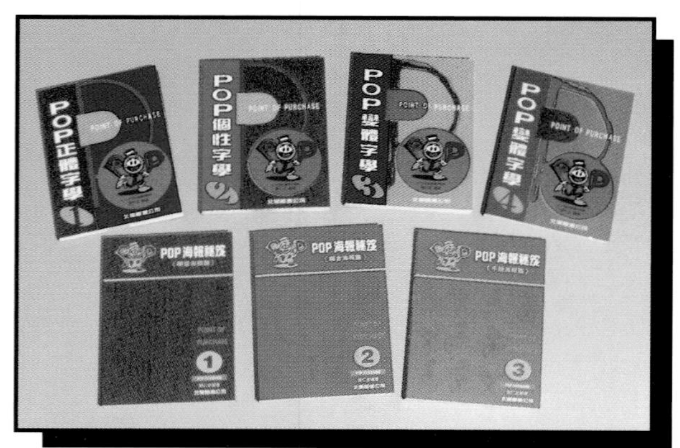

●全國最有系統，最專業的POP叢書從字學系列及海報系列。

（一）胖胖字

由於此本書爲大家介紹創意的POP字形，且以以胖字爲主體，內容爲大家提供了字學公式、口訣、字帖範例、及各種裝飾技巧、海報構成，非常有系統及詳細規劃學習的方式及步驟。讀者亦可輕鬆掌握胖胖字的書寫原則。

胖胖字給人可愛活潑的感覺，也是讀者非常渴望學習的字體，不僅可應用在各種海報、卡片、平面設計並可增添設計品的趣味性，強調個人的自我特色而延伸創意的風格，是一種非常耐人尋味的字體。

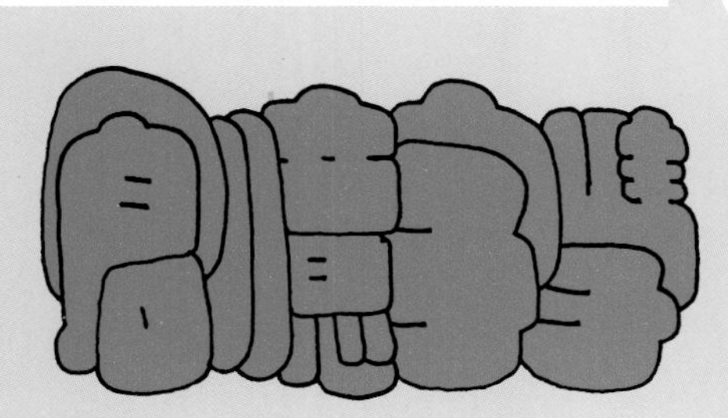

● 採胖胖字的主標題使字形更有趣味性，並融入箭頭使意思更明顯，搭配廣告顏料寫意上色法使版面有精緻的感覺。

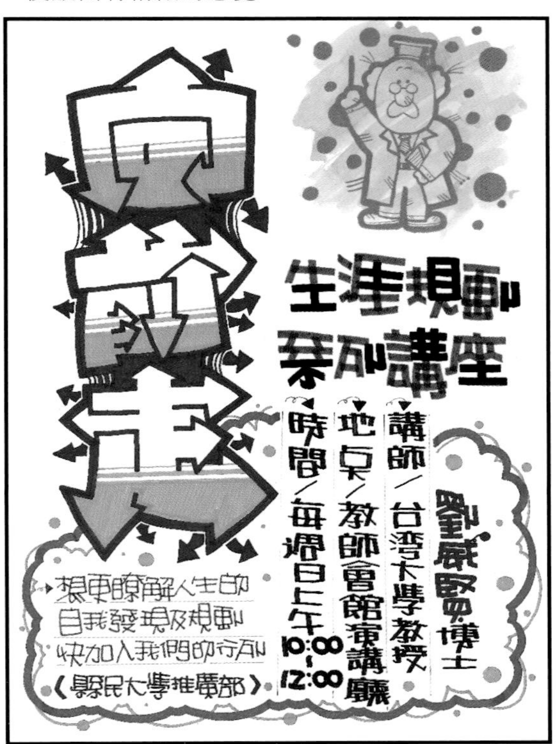

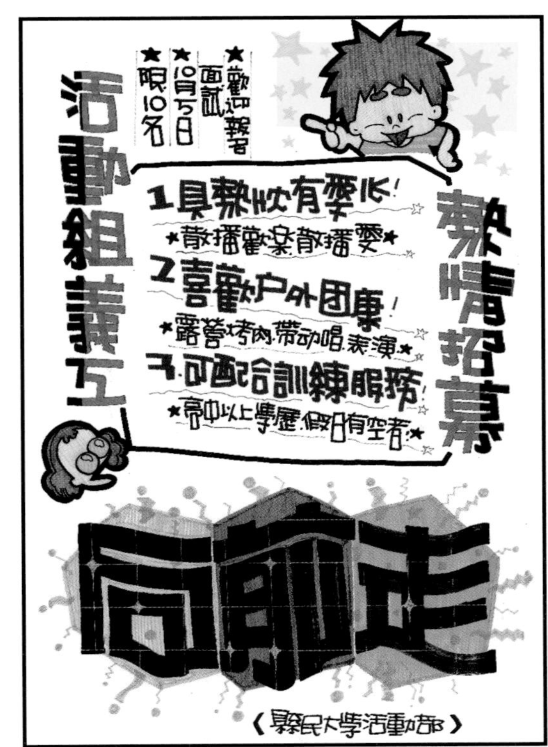

● 變形字可使主題更會說話，並運用麥克筆上色讓插圖相呼應，使整個版面更加活潑。

（二）變形字

書寫變形字時就必需有麥克筆的書寫概念，除了要有字架分析的能力外，還要掌握完整的比例分配，所以正字的書寫技巧，活字的書寫變化成了不可或缺的基本條件、有了以上二大原則就可掌握字形的書寫動態。

變形字的書寫變化空間也是非常的寬廣，可分上曲線、下曲線、左右曲線及短形內、幾何圖形，讀者可依自己的需求而加以決定變形的方向，於本書也有極爲詳細的介紹，各種變化、裝飾概念海報應用，讓你更加瞭解變形字創意表現。

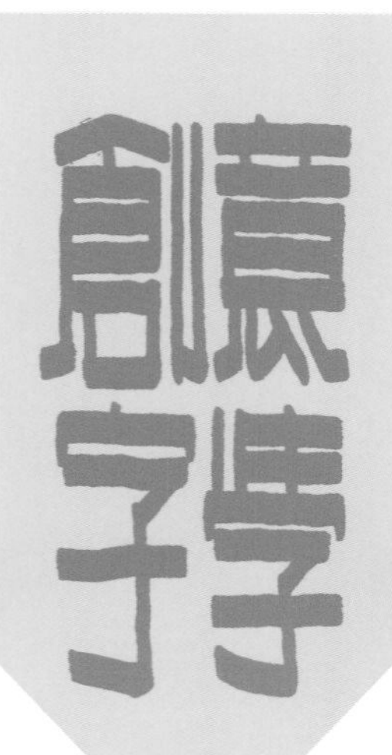

● 寫意彩色色塊可使主標更亮麗更吻合活字活潑的動態，廣告顏料平塗法可加強整張版面的說服力。

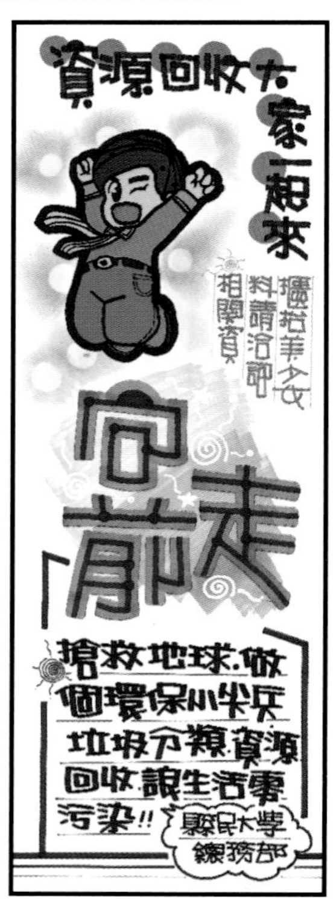

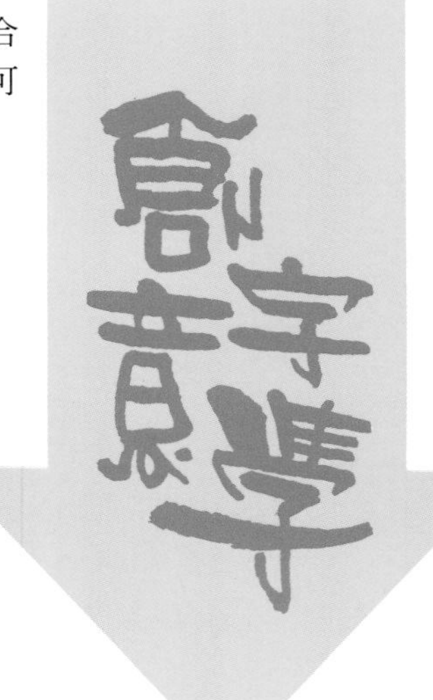

（三）正字

此種字體是所有POP字的命脈，也是學習POP的第一站，但由於其字形方正變化空間小較不被讀者接受，但在此需強調要學好POP就需把正字充份掌握，且其各種場合皆能應用。

（五）變體字

極具特色及自我風格的展現亦屬變體字，其用筆採取軟筆或毛筆，所以字形的變化更佳、不拘束也是各學校社團的最愛，表現在書籤、裱畫、標語、小品、海報皆有不同的設計意味呈現。

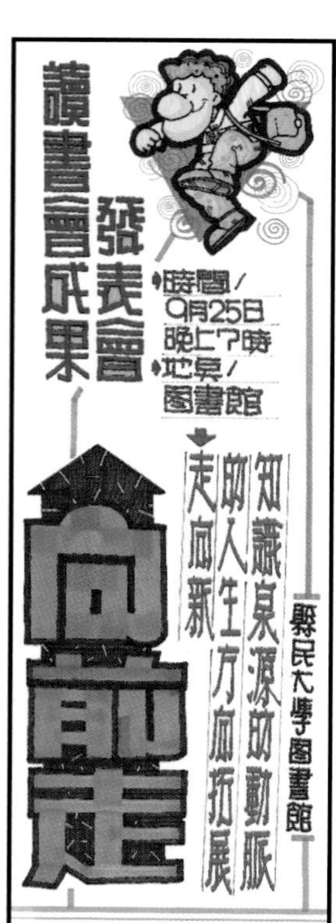

● 正字可運用不同的麥克筆，拉長壓扁及變大變小可改變正字呆版的感覺，麥克筆重疊法上色可使版面更精緻。

（四）活字

活字又稱個性字，其字形變化高達十幾種，不僅提升了POP的表現空間，最重要是不必畫線打格子書寫速度增加，在此本書又有疊字的應用範例，你將可看到活字最完整的技巧表現。

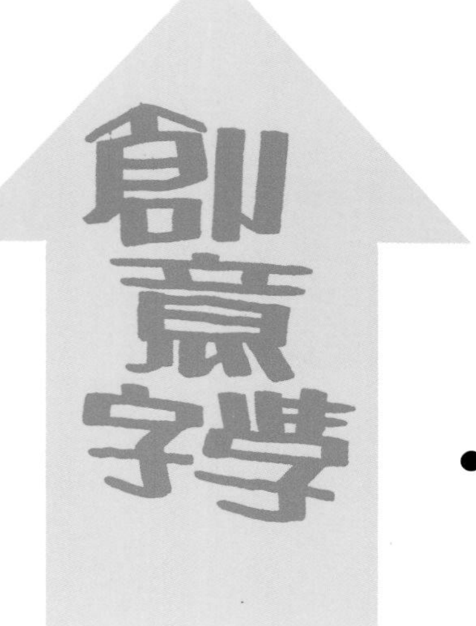

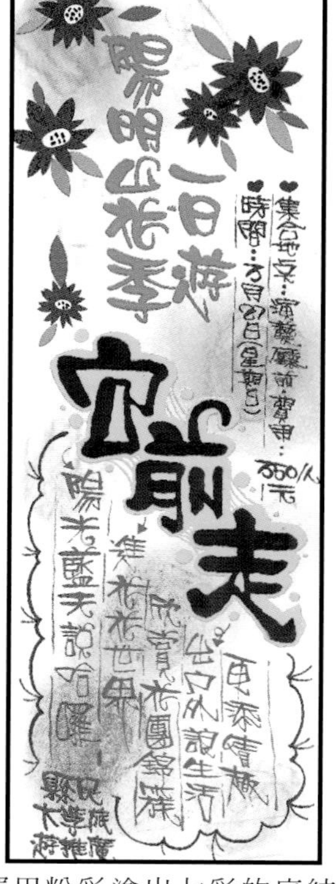

● 運用粉彩塗出七彩的底紋效果加上變體字瀟灑的筆觸可使張海報更加活潑。

● 印刷字體給予人高貴精緻的感覺，使其有正式完整的風格。搭配剪貼的趣味剪貼使主題更突出。

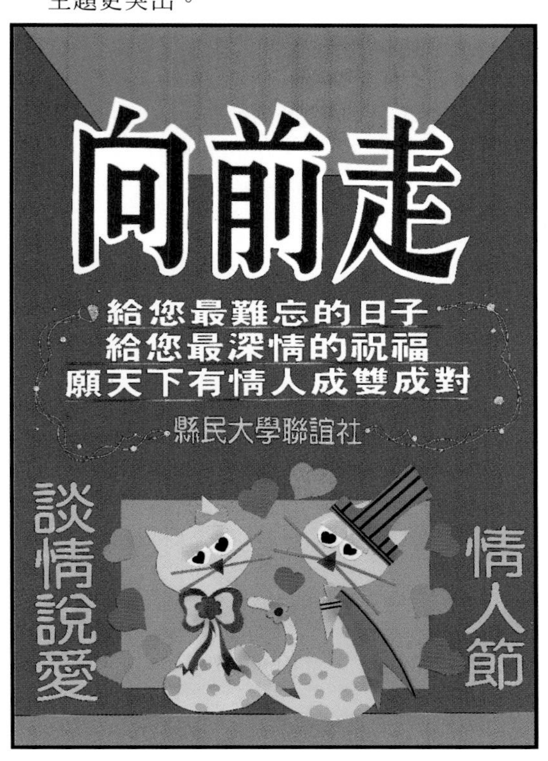

創意字學

（六）印刷字體

由於電腦普及所以印刷字體變得很容易取得。其種類眾多，讀者可以依需要選擇適合的字體：如細明體給人較高級的感覺，而黑體會讓人感覺較爲踏實、厚重，另外勘亭流有濃厚的東洋味等。由於印刷字體可由一般排版系統取得，更可以加以變化如拉長、壓扁、變形等，可讓印刷字體有更大的揮灑空間。隨著電腦割字的普及，更讓人在製作上更快速，唯在價格上略顯昂貴，可以用割字、剪字代替。本書也有詳盡的內容介紹，讀者可加以參考。

（七）合成文字

合成文字適合用於企業名、產品名等要求獨一無二的文字上。其風格講求的是統一性及強烈的設計感，具有明顯的個性。在製作上，可以使用POP字體、印刷字體來加以變化，塑造出個人的獨格風格。除了簡單的以幾何圖形作爲共同特色加以串連整合，創造出更有延伸性的字體外，更可以使用較有創意的滲透、破壞等技法，讓字體更有創作力及設計感。若能靈活應用合成文字，必定能讓海報製作更爲精緻、細膩，讓您的宣傳效果更爲突出有效率。

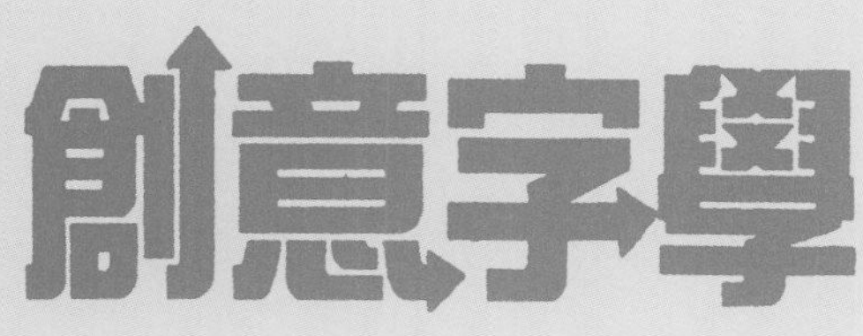

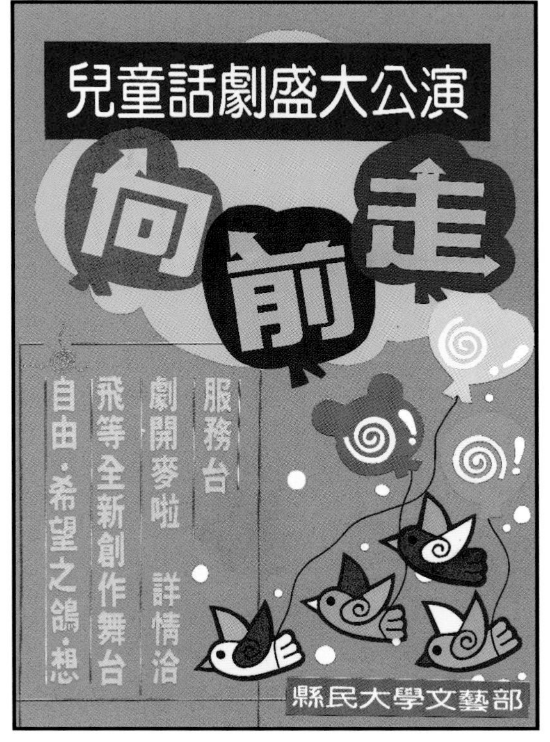

● 將印刷字體的筆劃做變化及設計，可使主標更加出色，插圖採用精緻剪貼，可使版面更精緻。

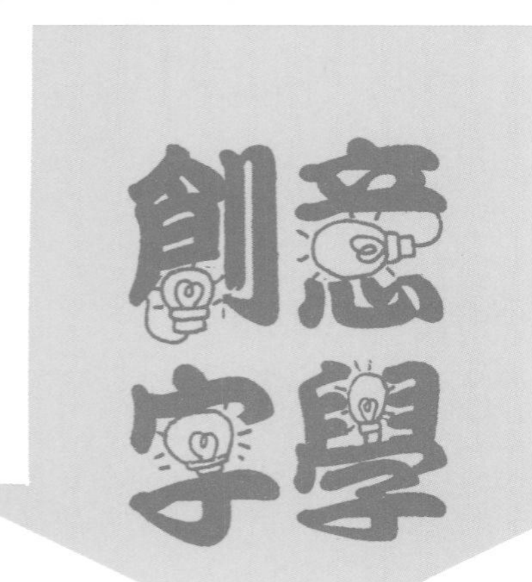

（八）字圖融合

從字面上來看，我們就能夠簡單地得知字圖融和就是將整組字的架構中，抽換部份筆劃，更換以與字義相吻合的圖案，讓字形顯得更為豐富、具有生命力。此外，由於圖形與字體的融合，更可以使讀者一目瞭然，讓訊息的傳達更直接快速。若能洞悉創意的根據，不僅能讓POP字體更錦上添花，更使設計感加重不少。所以POP字體是非常具有豐富的發展空間，也非常的有趣。只要從POP正體字學入門加以學習，相信能夠快速掌握字形的生命力，讓您快樂暢遊字裡行間。

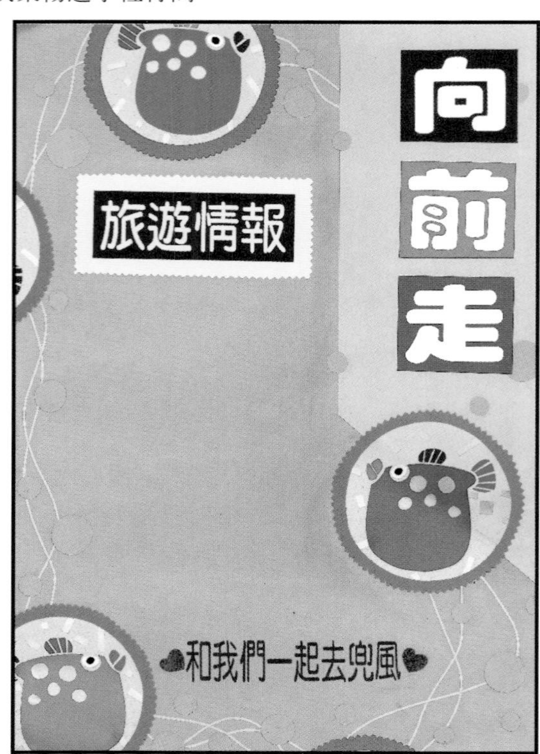

● 利用角版魚的圖案向外張貼（跑滿版）並用轉彎膠帶變化出活潑的飾框，使整個版面有趣不單調。

● 選擇合適的筆劃加上有趣的鞋子讓主題更突出，讓底色黑色更加明顯，精緻的人物剪貼亦使整張海報更加精緻。

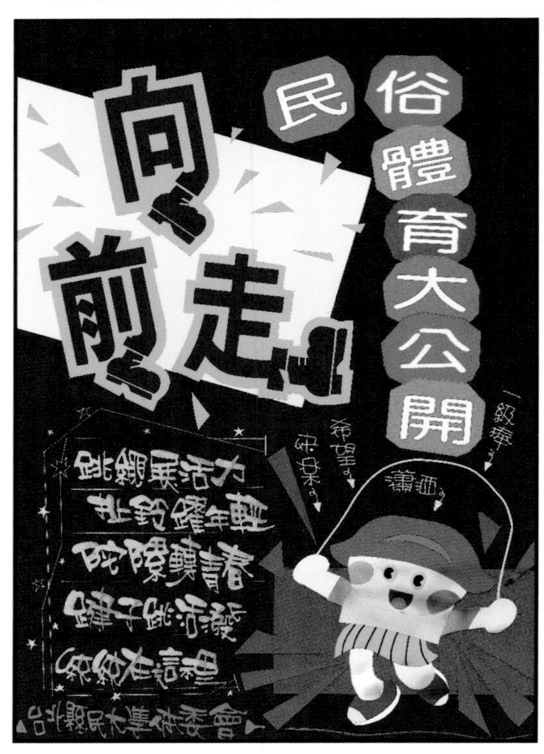

（九）字圖裝飾

除了上述的多種字體表現方法外，我們還可以用圖案來作為花邊，利用其多樣性來突顯字形的特性。此外，我們還可以用配件裝飾來讓整張海報誇張化，這可以應用在教室的佈置或壁報上，更可以延伸到POP海報的製作上，發展空間十分廣闊。字圖裝飾所選擇的圖案應簡易造型化，可以大大地簡省製作海報的時間，更能讓主題更為明顯，更發揮文字本身散發的含義。此種創意技法，將賦與字形光彩、亮麗的一面，實際運用在日常生活中，將十分貼外。

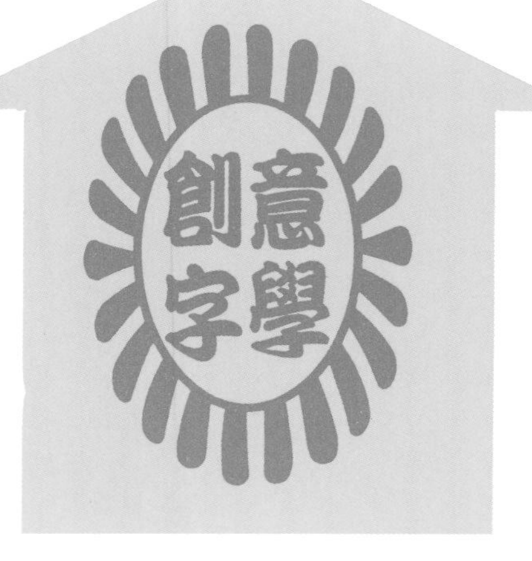

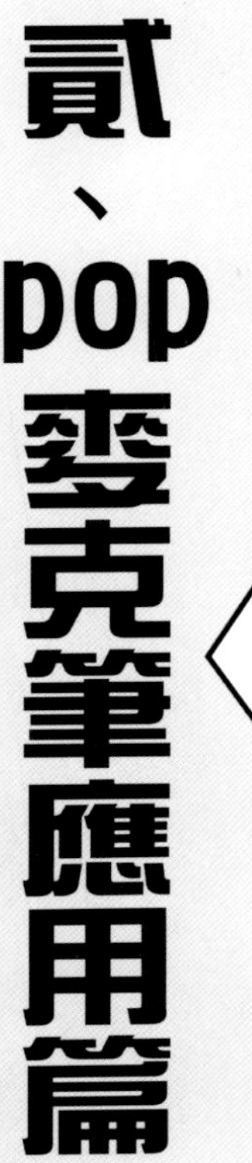

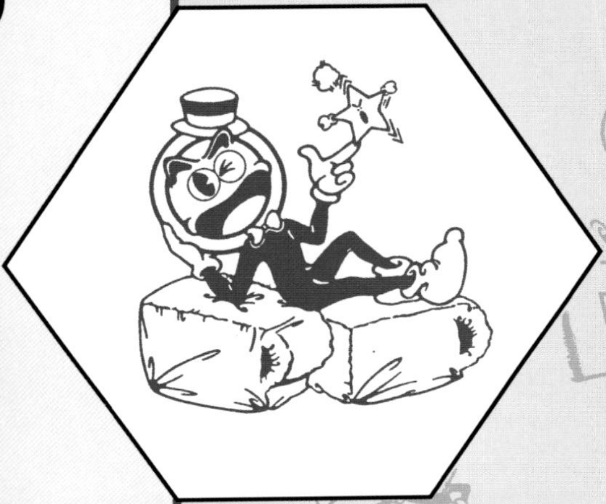

一、POP麥克筆vs字形裝飾

二、輔助工具介紹

三、POP麥克筆功用介紹

貳、POP麥克筆應用篇

一、POP麥克筆V.S字形裝飾

大部分的人都認爲麥克筆只是用來書寫各種不同字體而已，其實麥克筆種類繁多，亦可因此應用在其他字形裝飾方面，創造出許多特殊效果。本書將於下列篇幅陸續爲您揭開麥克筆的神祕面紗。

接下來，依照麥克筆家族的各種應用場合它優點，爲您作簡單的介紹：

〈一〉大型麥克筆

依筆劃粗細順序爲角30、角20、櫻花麥克筆。主要用途除了書寫主標題以外，可應用在飾框，彩色色塊及特殊底紋裝飾，製造出寫意的感覺。

〈二〉中型麥克筆

小天使彩色筆共12色，是書寫POP海報的萬能筆。雙頭筆除了廣泛用於書寫小型字體外，還可使用於輔助線及字形裝飾上面。

〈三〉小型麥克筆

圓頭雄獅奇異筆有大小兩種，是常用的書寫工具。想更了解POP麥克筆的應用小偏方嗎？以下的篇幅介紹將會讓你大有展獲。

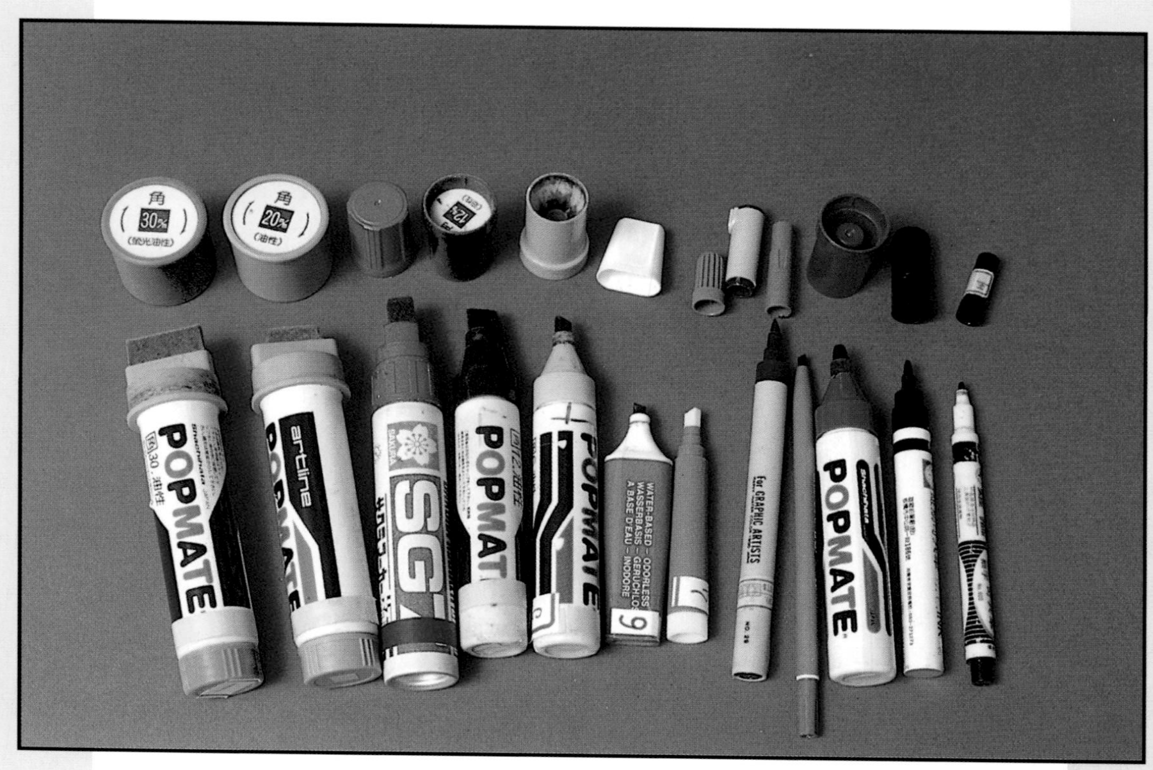

▲以上各種筆皆可應用於POP海報，讀者可從其特性及價格考量來選擇使用。

二、輔助工具介紹

〈一〉切割類工具

美工刀與剪刀是普遍的切割工具，筆刀和定型切割器是應用的切割較細緻或特殊圖形時使用。可適用搭配切割墊及直尺使用。

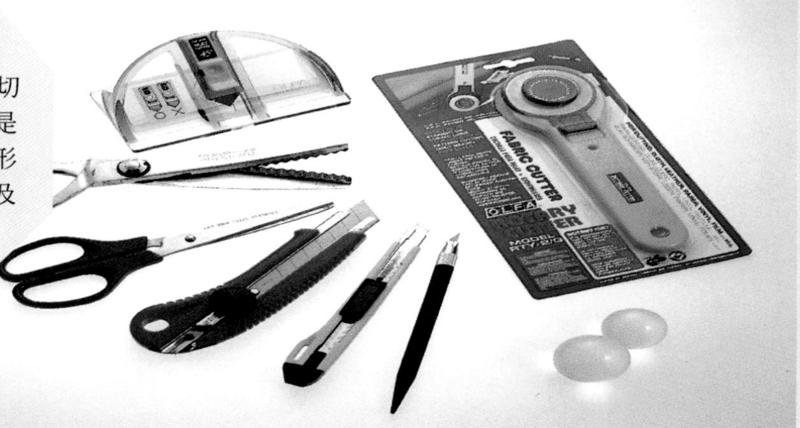

▲以上各種切割用具皆有其特性，可依不同場合之需求來選擇。

〈二〉製圖類工具

可分為圓規、尺型版、針筆、鴨嘴筆四類。其中針筆常用於精細完稿製圖，鴨嘴筆則須隨時添加顏料補充。型版可依需要選擇雲形版、圈圈版、橢圓版等。

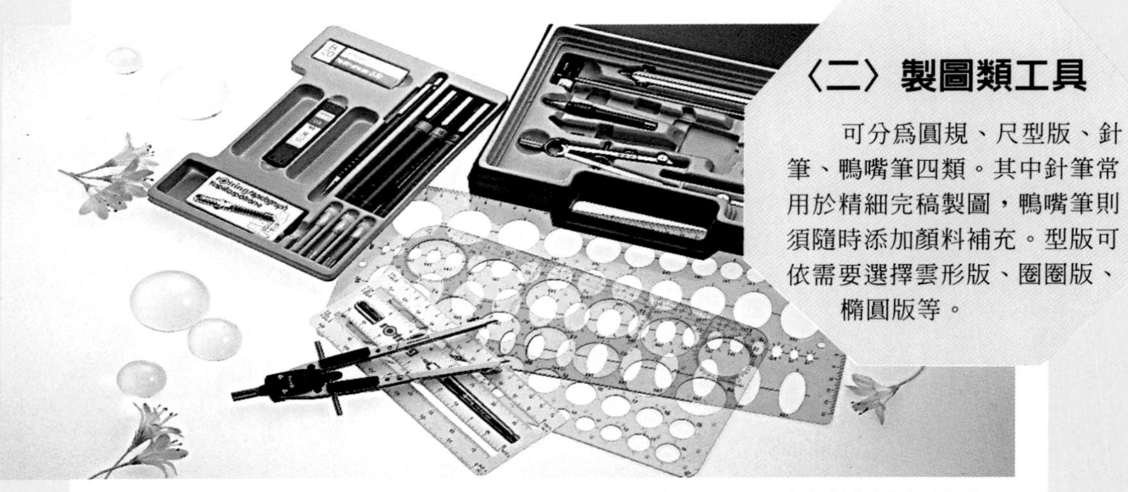

▲製圖用具方便利用來製作各種特殊造型同時亦能製造細緻感。

〈三〉固定類工具

口紅膠及相片膠可用來代替樹脂和膠水，可用於設計完稿及黏貼圖片。噴膠分為完稿膠及強力噴膠，具有重複撕貼的特性。紙膠亦可不傷紙面重複撕貼。

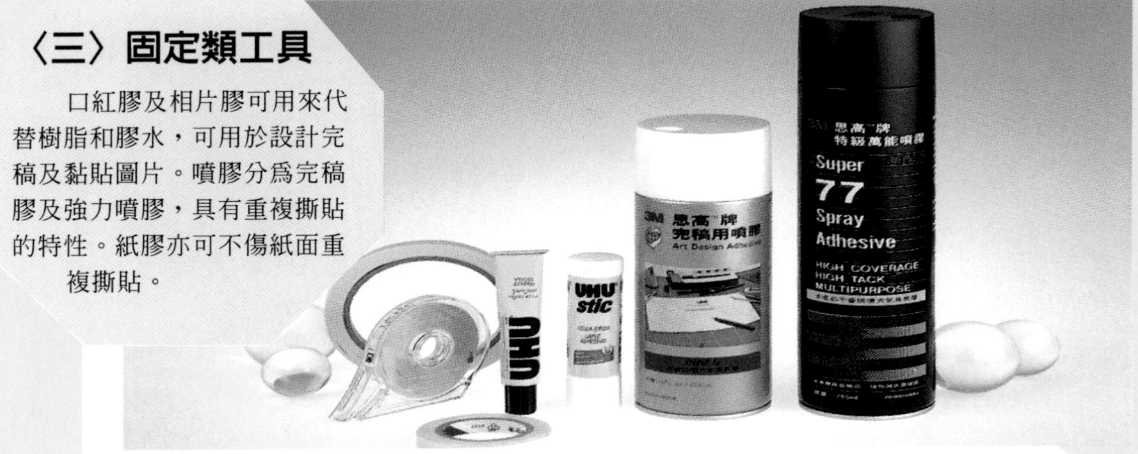

▲以上固定用具可用於不同的材質並且可依其特性來應用於各種不同的場合。

三、POP麥克筆功用介紹

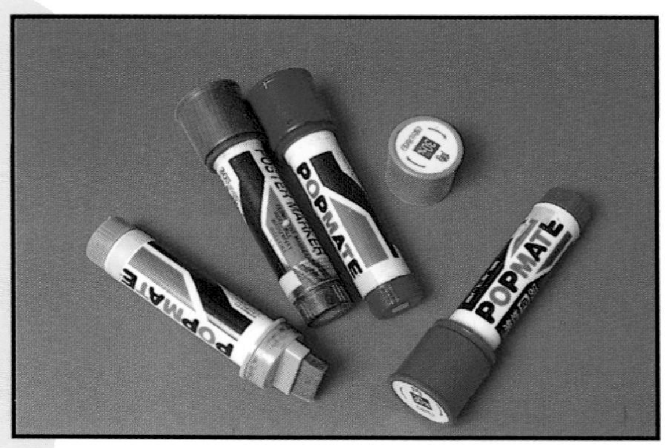

▲用30麥克筆因其筆頭較寬所以書寫時速度須放慢。

〈一〉角30麥克筆

特性：油性筆可加補充液， 筆頭30mm×5mm。

用途：全K海報主標題、畫框、加金塊、底紋。

優缺點：筆頭耐用壽命長，尺寸太大，應用空間小。

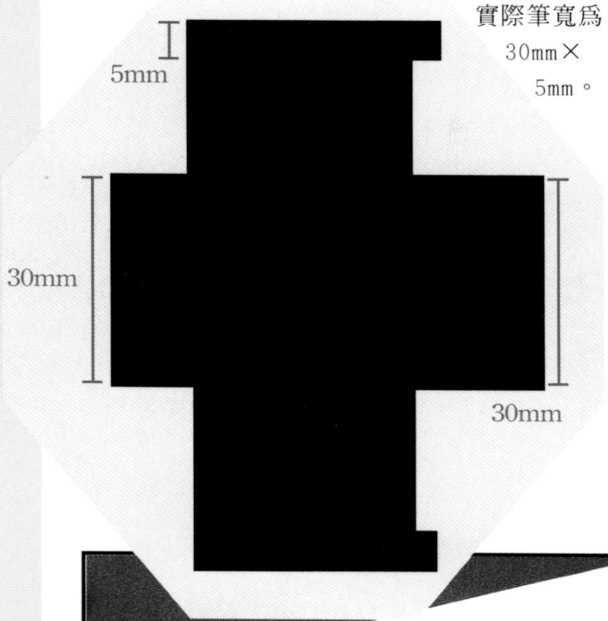

▼角30可以用來製作大型吊牌，因其筆頭較寬用來書寫數字較能突顯。

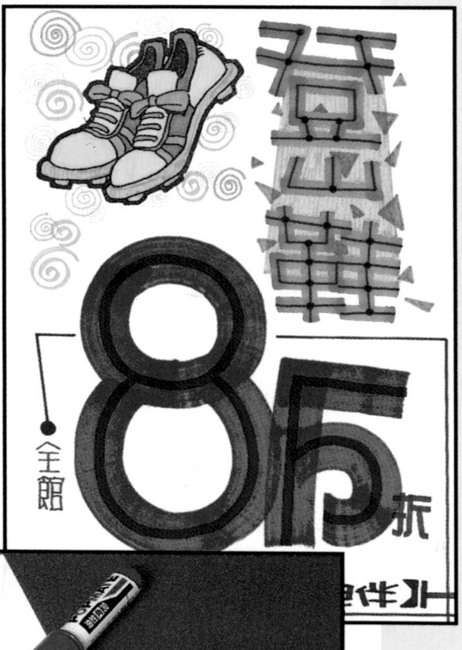

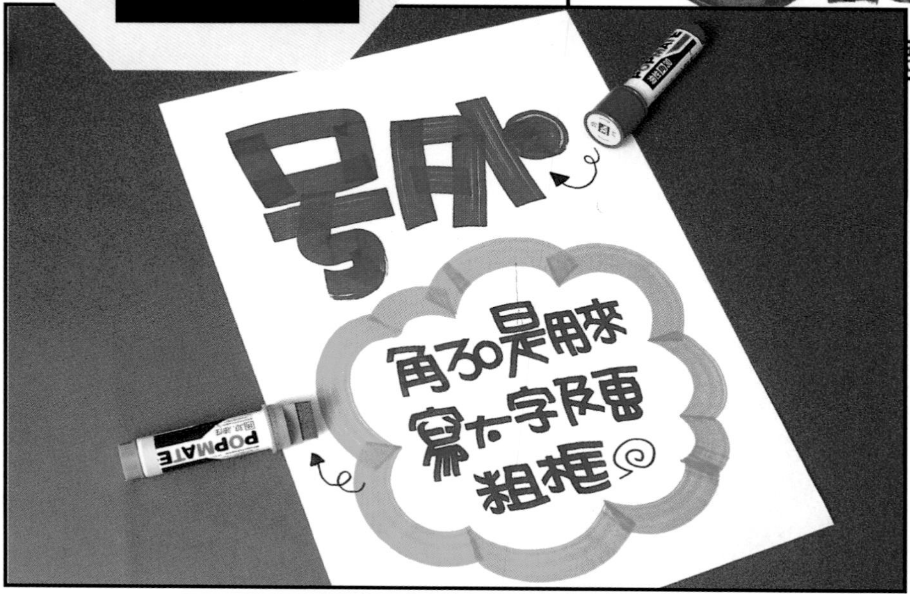

▼角30麥克筆的實際筆寬爲30mm×5mm。

5mm

30mm

30mm

▲角30麥克筆可用於書寫主標題等大字，也可應用來畫飾框，但因其尺寸較大所以應用空間較受限制。

▼角20麥克筆適合用來書寫主標和作各種裝飾，其顏色豐富選擇性高。

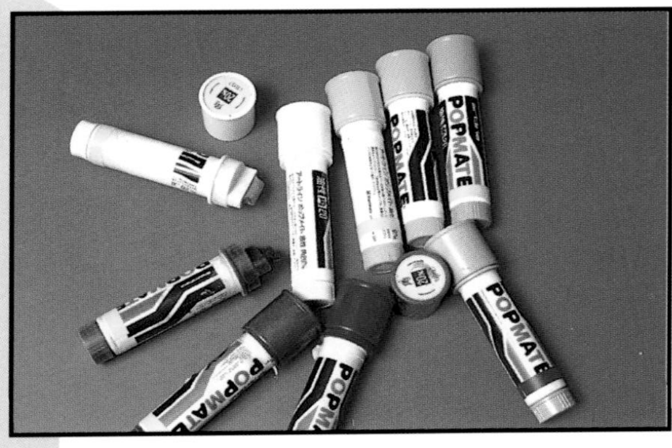

〈二〉角20麥克筆

特性：油性筆，筆頭20mm×5mm，色彩豐富。

用途：寫疊字、大體色塊，也可用在特殊底紋上。

優缺點：粉色調應用廣泛，筆頭太軟容易變形。

▼淺色調的角20其色彩漂亮，用來做飾框效果很好。

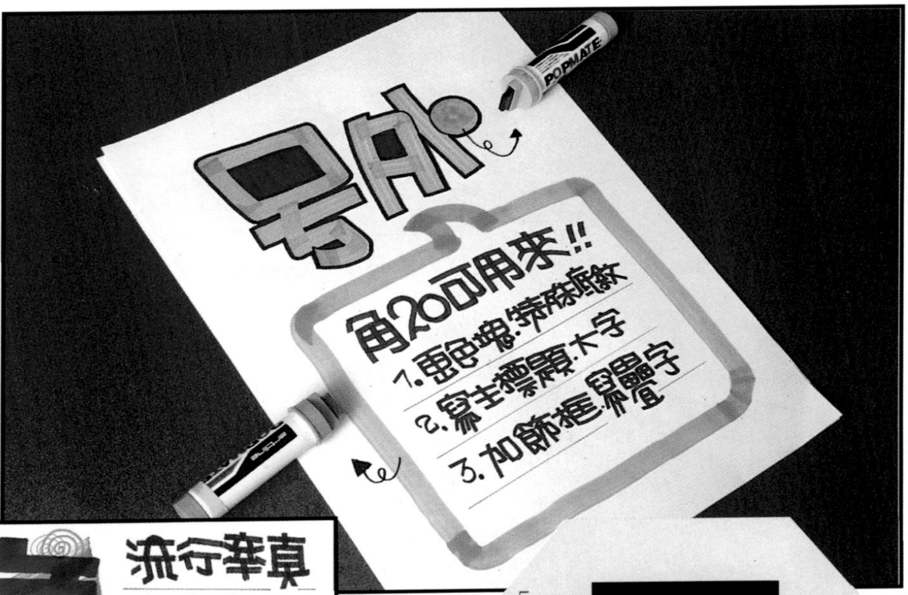

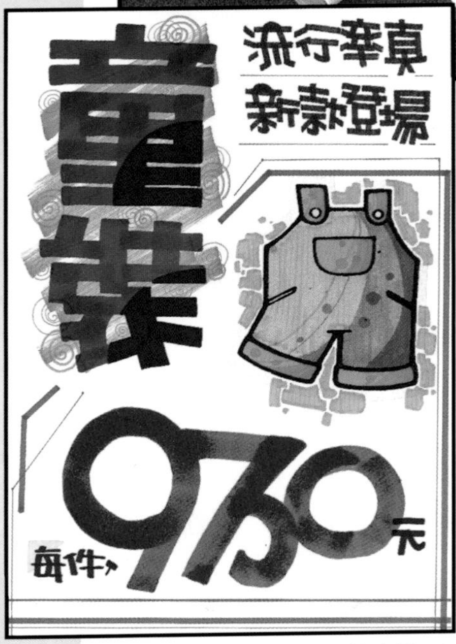

▲一般標價卡、吊牌的數字皆可利用角20來書寫以達到突顯引人注目的效果。

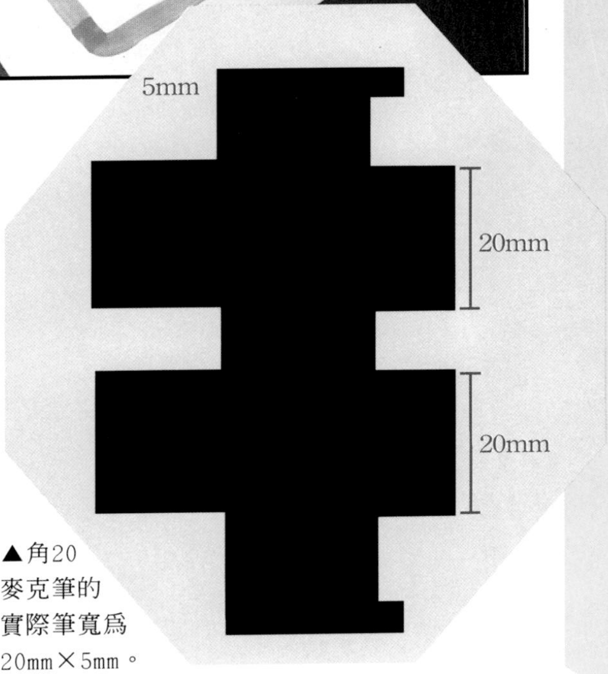

5mm

20mm

20mm

▲角20麥克筆的實際筆寬爲20mm×5mm。

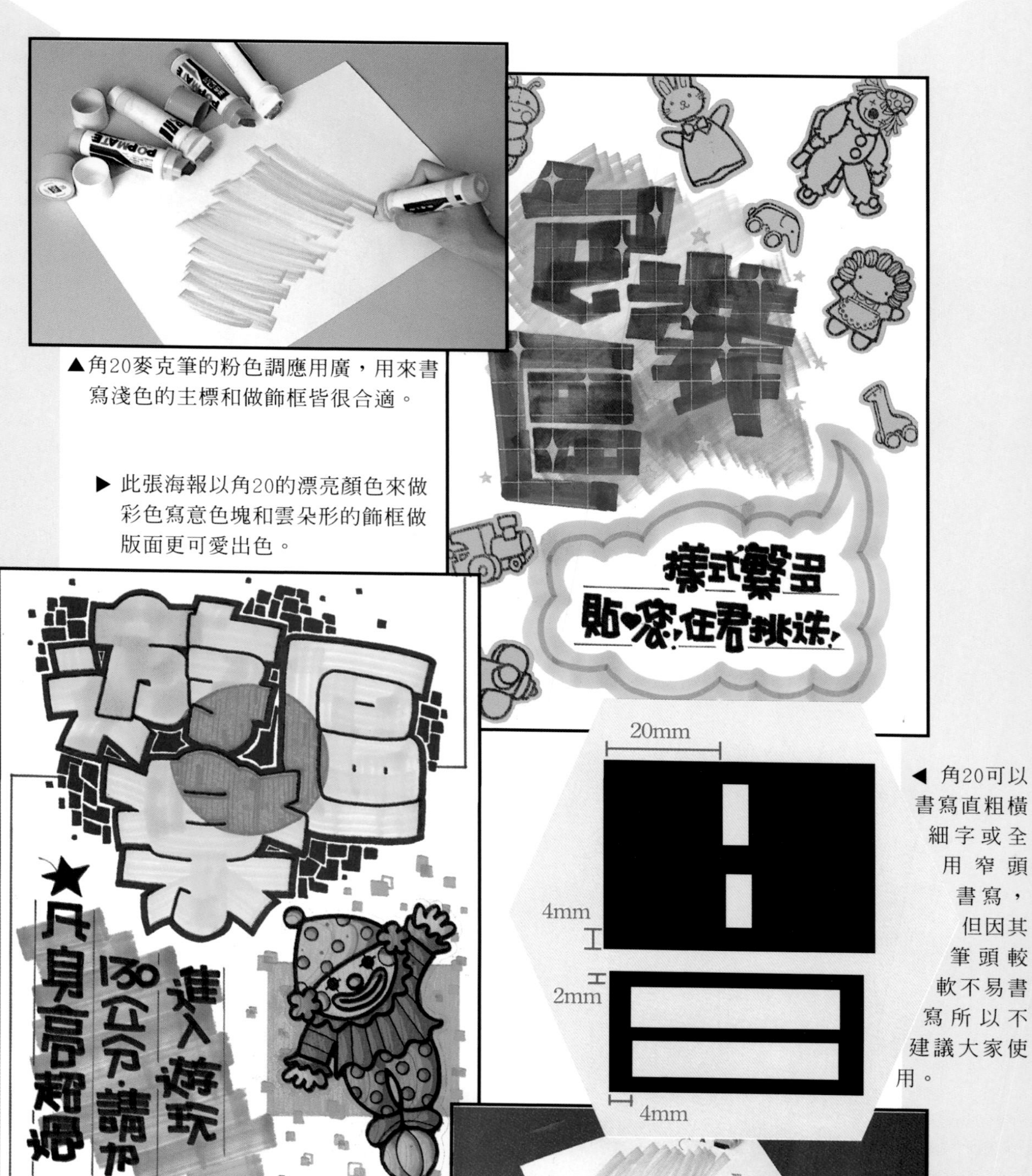

▲角20麥克筆的粉色調應用廣，用來書寫淺色的主標和做飾框皆很合適。

▶ 此張海報以角20的漂亮顏色來做彩色寫意色塊和雲朵形的飾框做版面更可愛出色。

◀ 角20可以書寫直粗橫細字或全用窄頭書寫，但因其筆頭較軟不易書寫所以不建議大家使用。

▲淺色調的角20麥克筆可用來書寫可愛的疊字，說明以雙色寫意色塊做裝飾則更讓版面生動活潑。

▲角20的淺色系應用廣泛，除了可書寫字體外也可以用來做瀟灑的寫意色塊。

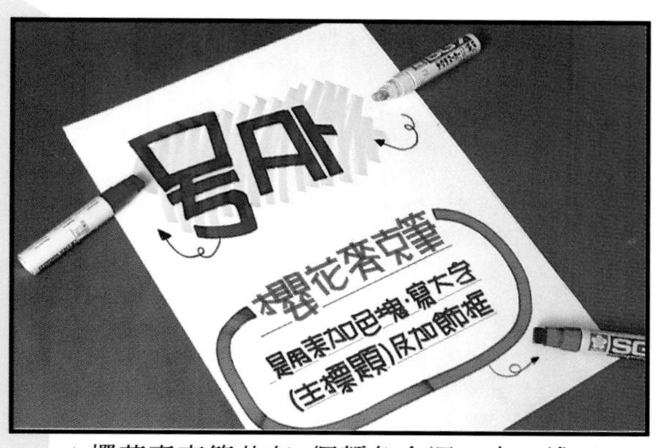

▲櫻花麥克筆共有8個顏色含深、中、淺三個色調可靈活應用於海報製作。

〈三〉櫻花牌麥克筆

特性：油性筆，筆頭17mm×10mm，多頭用途。

用途：海報主標題，加色塊及飾框皆可應用。

優缺點：價格較便宜，色系共8色，不足以運用。

◀櫻花麥克筆可書寫出多種尺寸的筆劃，如全用大頭、全用窄頭、大頭書寫直粗橫細和小頭書寫直粗橫細字。

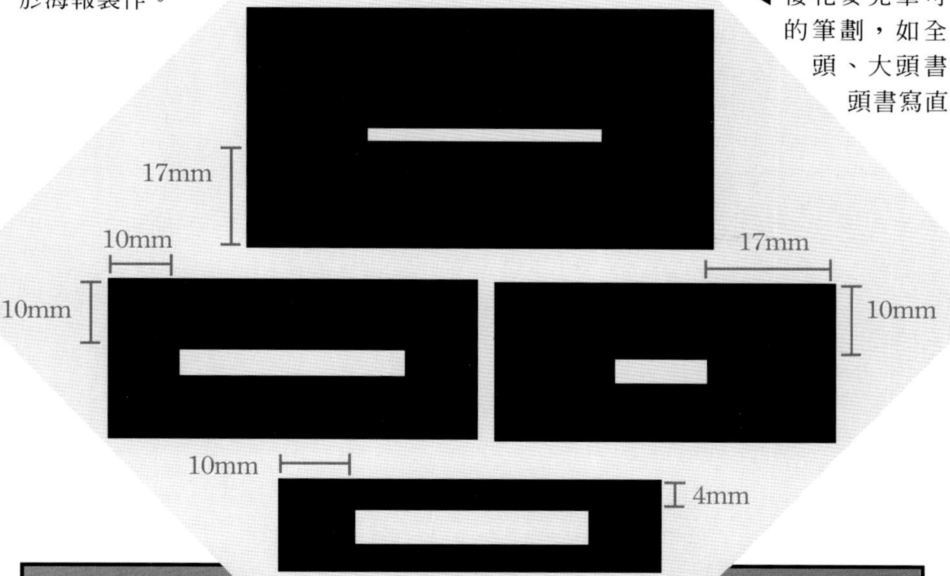

17mm

10mm

10mm

17mm

10mm

10mm

4mm

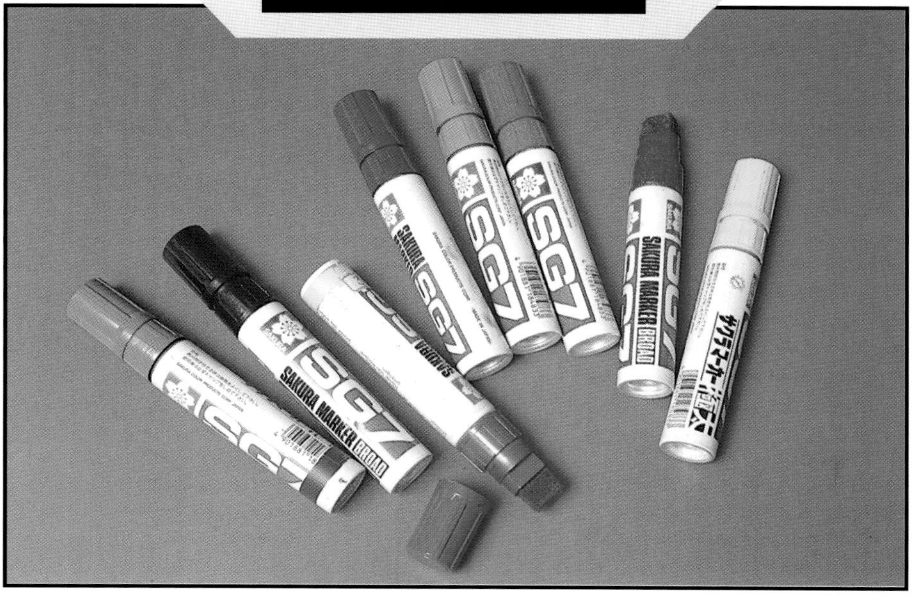

▲除了書寫主標題外，櫻花麥克筆也可用來加色塊和畫飾框。

▶櫻花麥克筆淺色調

顏色：黃色、橘色。

功用：書寫字體完後須用深色加框以突顯字形。

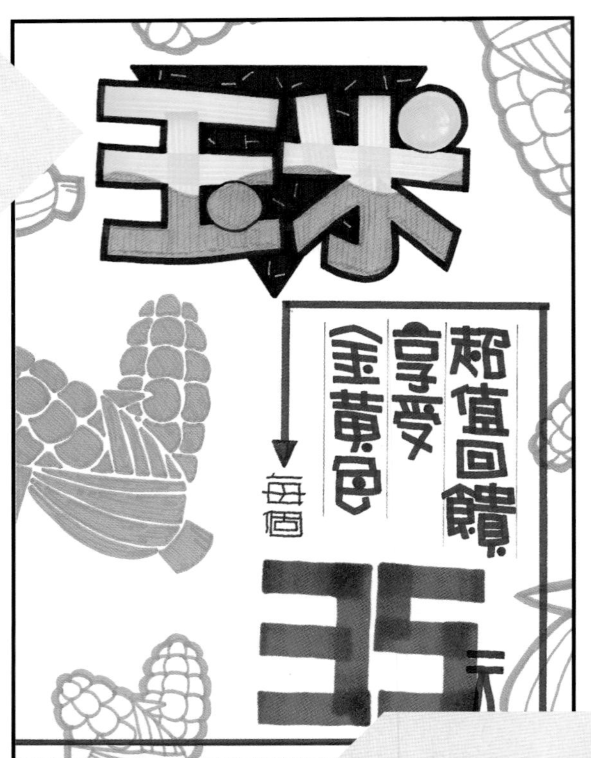

▲以淺色櫻花書寫主標題後再以深色加框與色塊使字形明顯且數字部份也能用櫻花來書寫。

▼以中間調書寫橫粗直細字再加上矩形分割和立體框裝飾使字形完整，此外數字部份和飾框也都可以運用櫻花麥克筆。

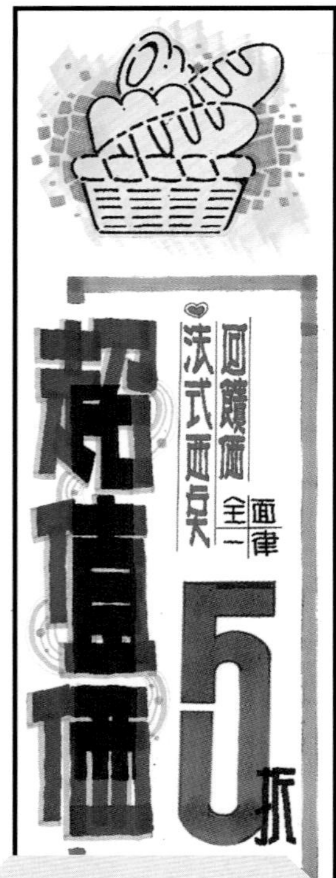

▲櫻花麥克筆中間調

顏色：紅色、綠色、褐色。

功用：中間調的字體書寫完後仍須加深色中線或字形分割裝飾以穩定字架。

▼櫻花麥克筆深色調

顏色：藍色、紫色、黑色。

功用：書寫完深色字體後須加上淺色的色塊和勾邊筆裝飾使字形明顯突出。

▲將書寫完的深色字加勾邊筆打斜線和淺色色塊裝飾，並且數字也可用櫻花麥克筆的橫粗直細來書寫不同的字體。

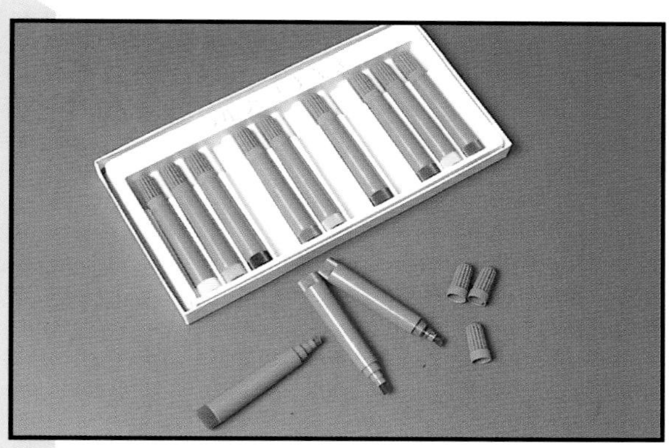

▲小天使色筆共12色其運用非常廣泛且價格較低又好用是畫POP海報不可少的工具。

〈四〉小天使彩色筆

特性：水性筆，筆頭5mm×22mm，POP萬能筆。

用途：寫副標題，字形裝飾及飾框應用皆可。

優缺點：便宜、有多頭用途、不刺鼻，無補充液。

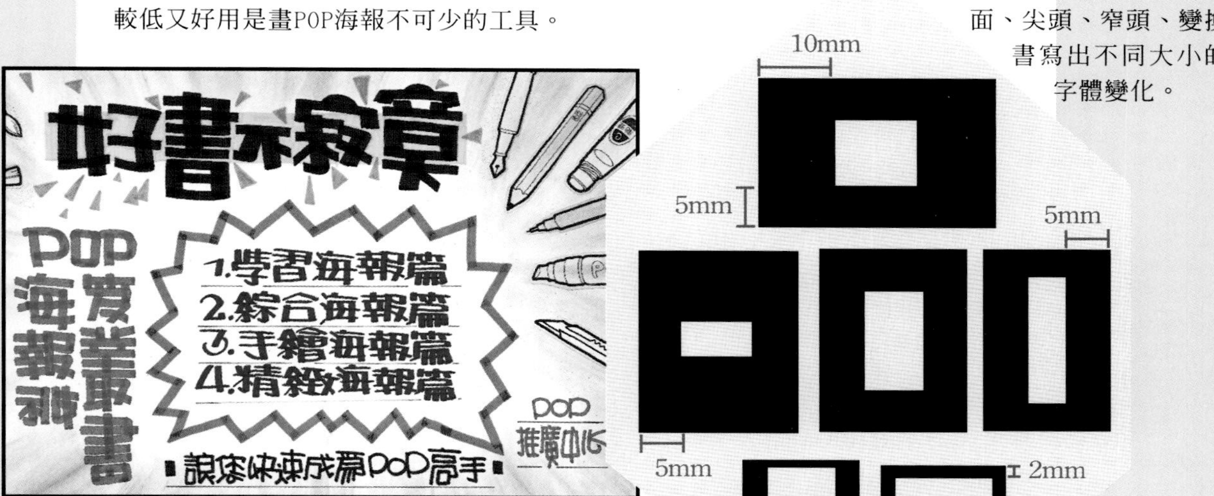

▲利用小天使彩色之斜面、尖頭、窄頭、變換書寫出不同大小的字體變化。

▲製作小海報可充份利用小天使斜面、窄頭、尖頭皆可書寫的特性來製作整張海報，十分便利。

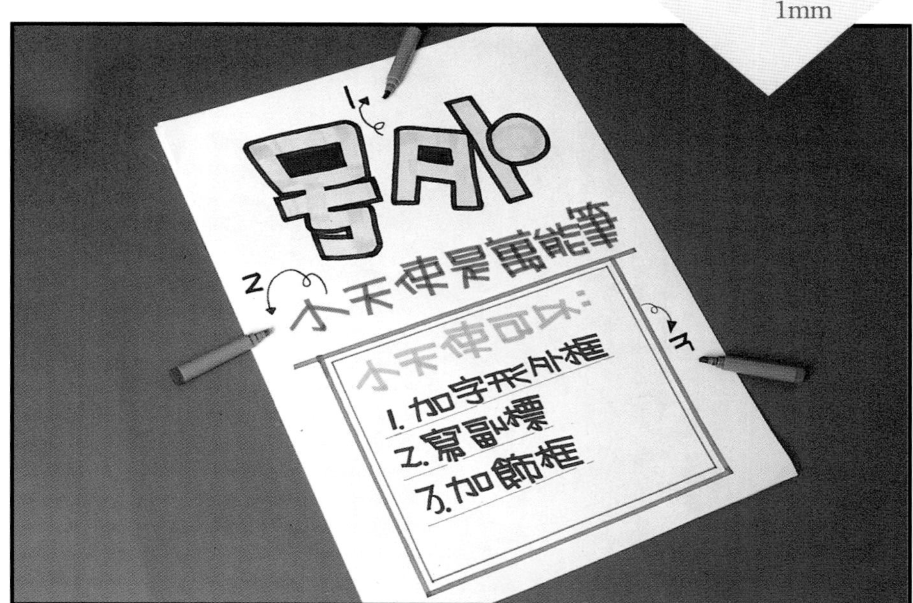

▲小天使彩色筆可用來加淺色字的外框，此外也可運用來書寫副標題和加飾框功用非常多。

▼雙頭筆顏色多達60色且包含深、中、淺三種色調，用於書寫或畫插圖都是很好的工具。

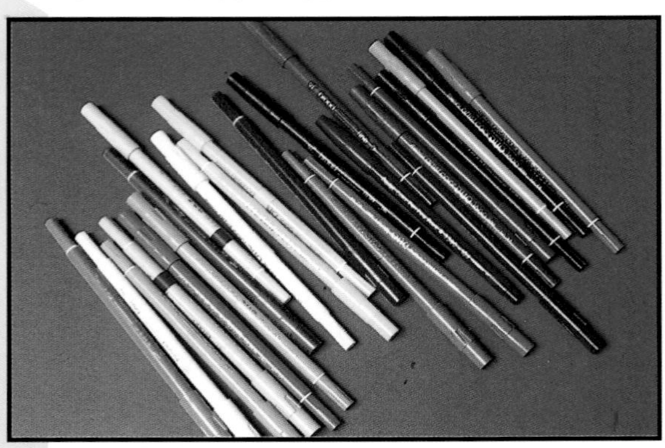

〈五〉雙頭麥克筆

特色：水性筆，具有3頭尺寸的書寫特性。

用途：書寫說明文易掌握，極細可用來畫輔助線。

優缺點：顏色多，筆頭硬而耐用，無補充液。

▼雙頭筆可用來寫說明文、加字形裝飾、加輔助線、加飾框，且其顏色多能提供較多選擇。

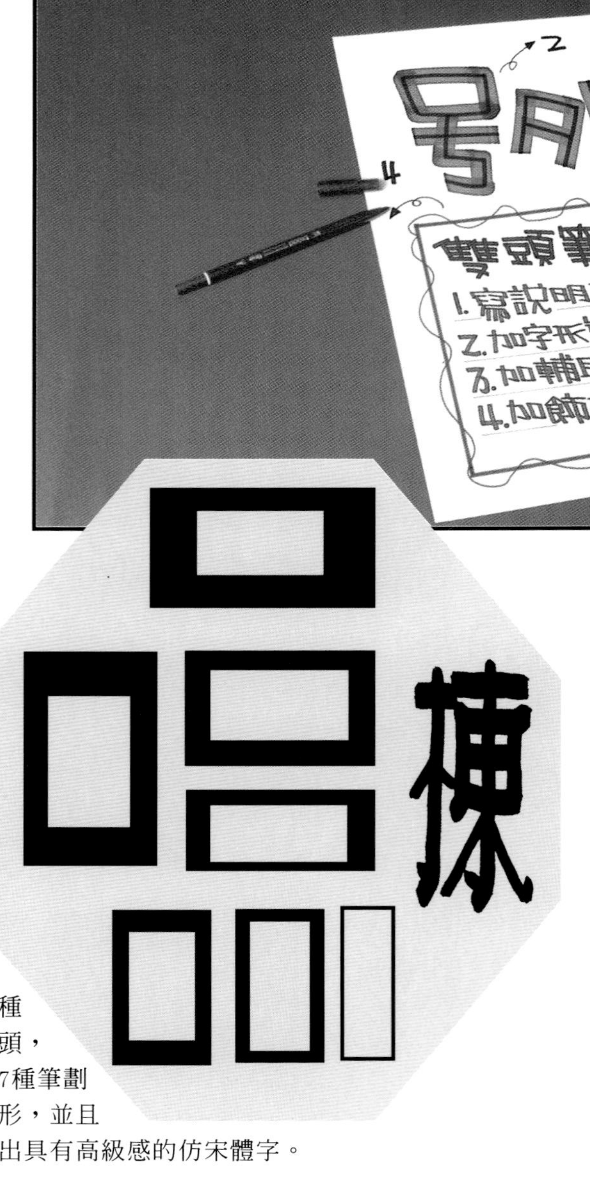

▲靈活運用雙頭筆三種尺寸的筆頭，可書寫出7種筆劃不同的字形，並且還可以寫出具有高級感的仿宋體字。

▲利用雙頭筆3頭尺寸的書寫特性來書寫副標、說明文、指示文和店名，並選擇適當顏色做主標題加框、色塊裝飾及整合版面的飾框、輔助線。

▼各式圓頭筆，握筆舒適容易書寫但其筆頭圓所以寫出來的筆劃較細。

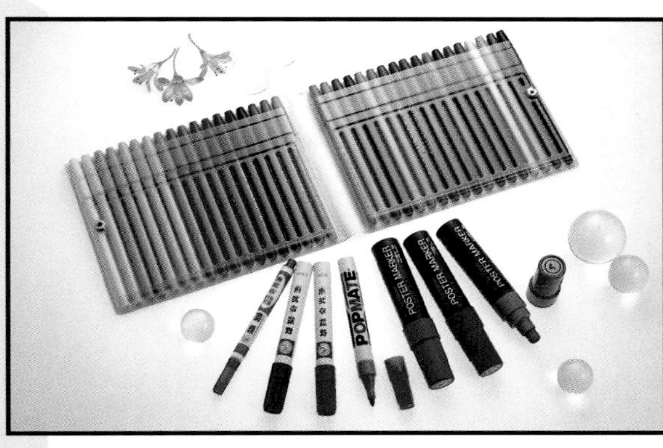

〈六〉雄獅奇異筆

特性：油性筆，筆頭呈圓形，有2mm及1mm兩種。

用途：指示文、畫線飾框、字形裝飾及勾邊。

優缺點：價格合理、可書寫於任何紙張但易暈開。

▼大、小雄獅實際書寫的筆劃大小。

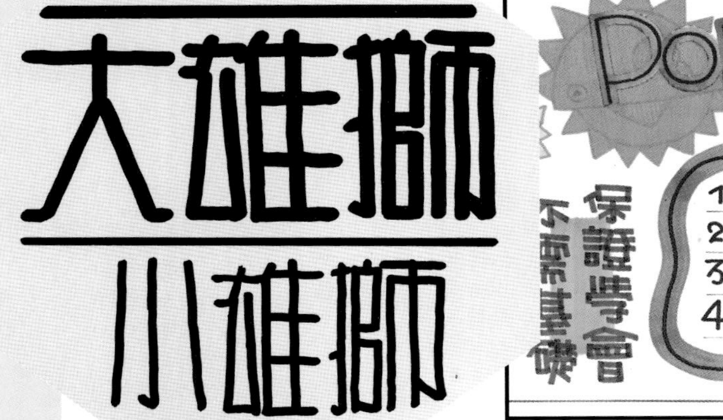

▼製作小型海報除了可用大、小雄獅加主標題中線外，還可用來寫說明文和指示文。

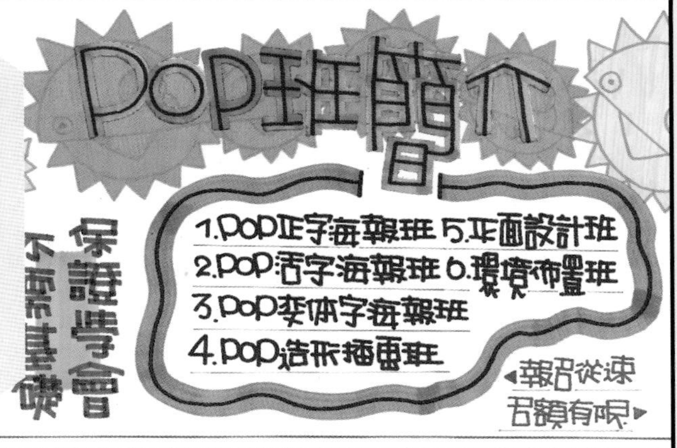

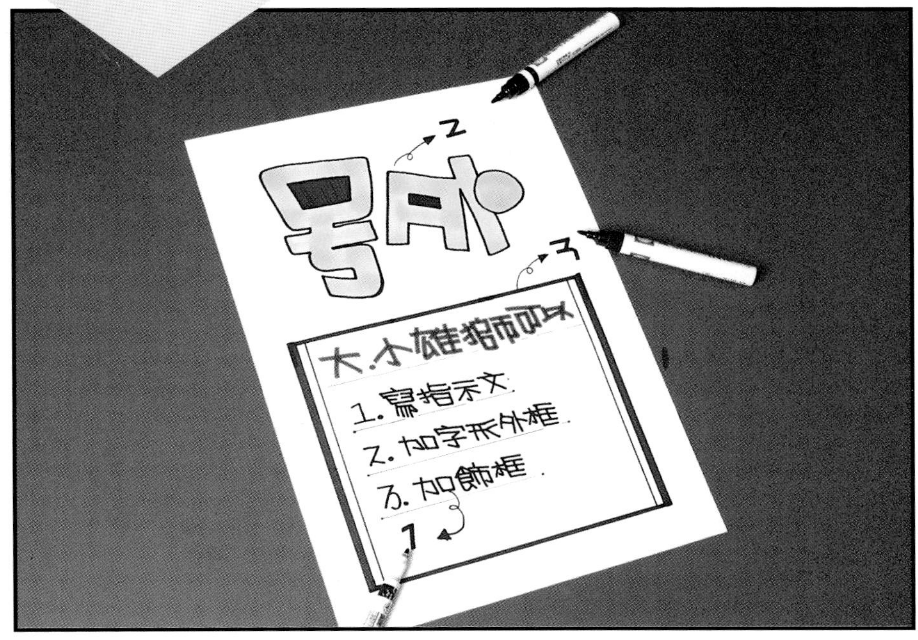

▲市面上常見的大、小雄獅筆可用來書寫指示文、加字形外框或加飾框，但其易暈開，書寫時要小心。

▼各種特殊裝飾工具可用來做字形裝飾、色塊點綴、整合版面等，用以增加海報精緻度。

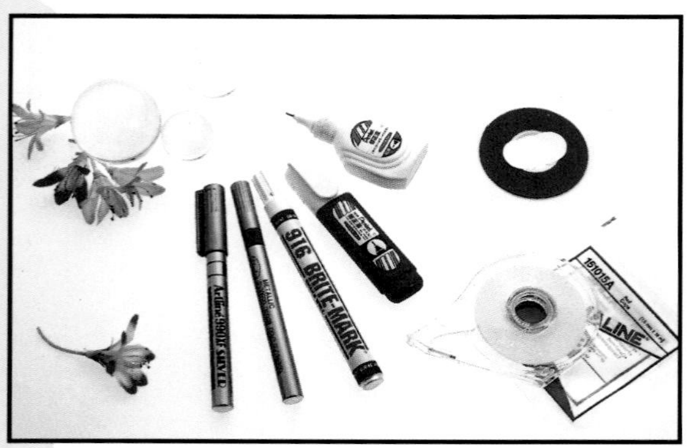

〈七〉各種特殊裝飾筆

特性：與麥克筆相輔相成，製造出特殊的效果。

用途：可書寫字體、畫飾框、字形裝飾及底紋。

種類：勾邊筆、色鉛筆、臘筆、粉臘筆、粉彩筆等。

▼此張小型海報運用各種裝飾工具，大家可參考其運用，以創造海報不同的風格。

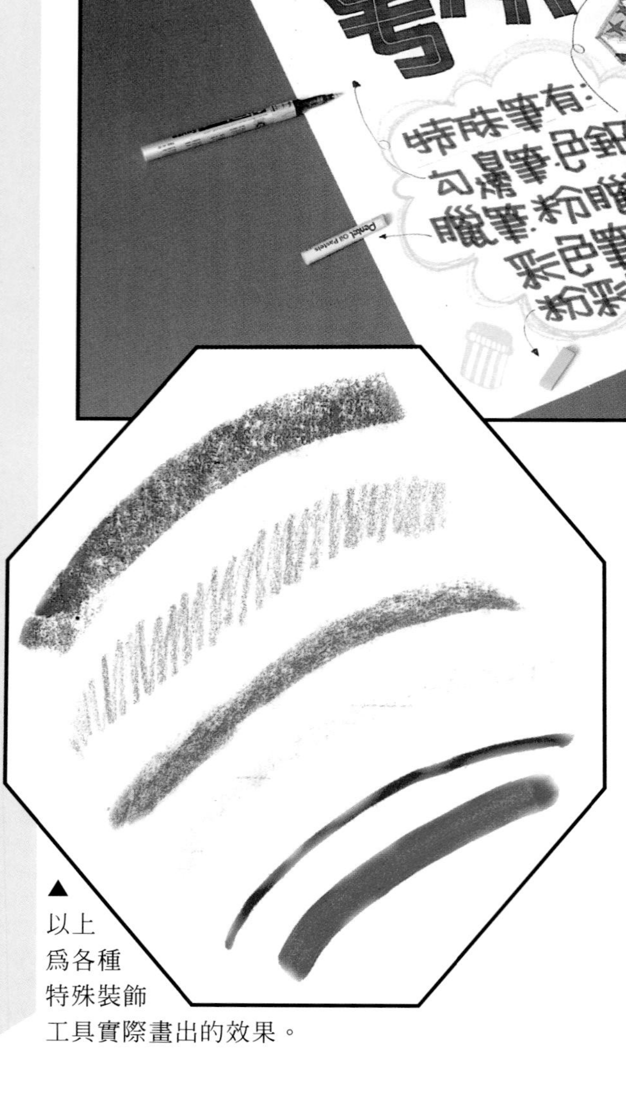

▲以上爲各種特殊裝飾工具實際畫出的效果。

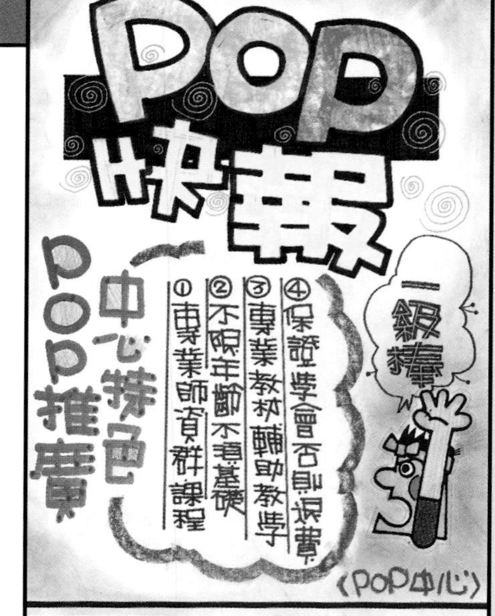

▲此張海報運用粉臘筆書寫主標題，搭配其他色鉛筆、粉彩筆的運用製造出有個性的感覺。

參、pop字形裝飾

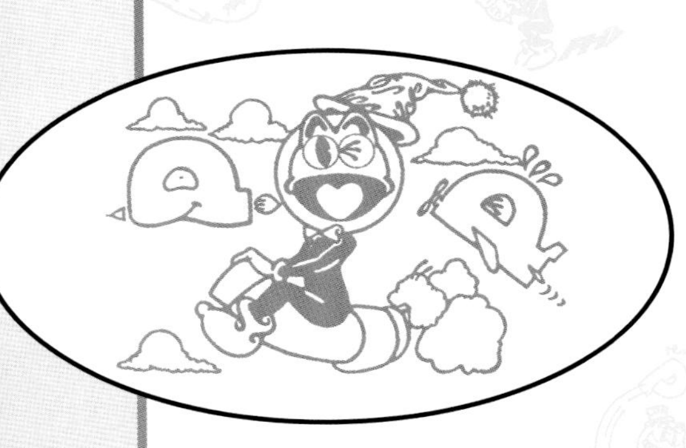

一、點線面的基礎裝飾
二、一次裝飾技巧
三、特殊裝飾
四、二次裝飾技巧
五、疊字創意表現

參、POP字形裝飾

一、點線面的基礎裝飾

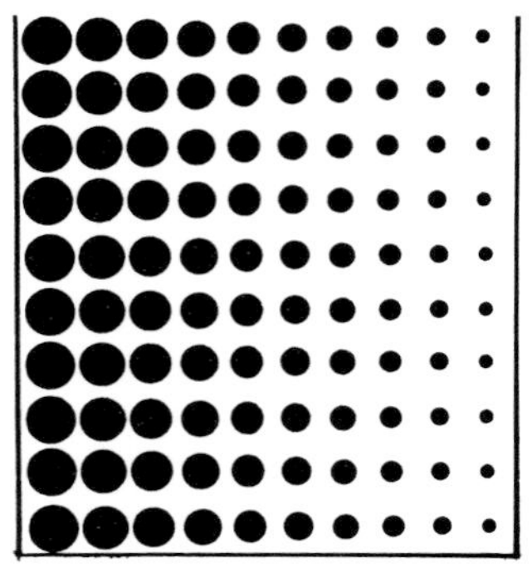

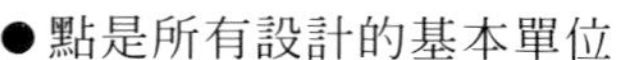

●點是所有設計的基本單位。

●線的表現張力相當廣泛。

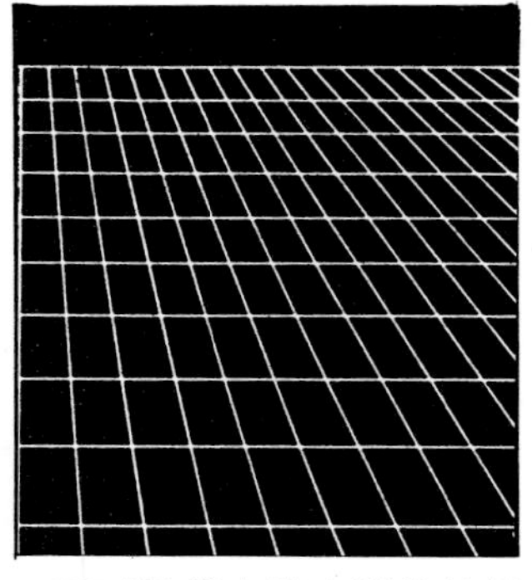

●面可呈現立體空間的效果。

(一) 點的裝飾與變化

(1)點的基礎裝飾

▲修圓角
▲修角度
▲前後加點

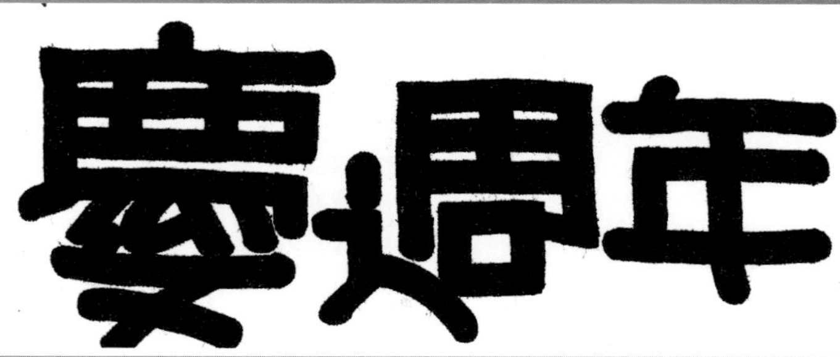

招生

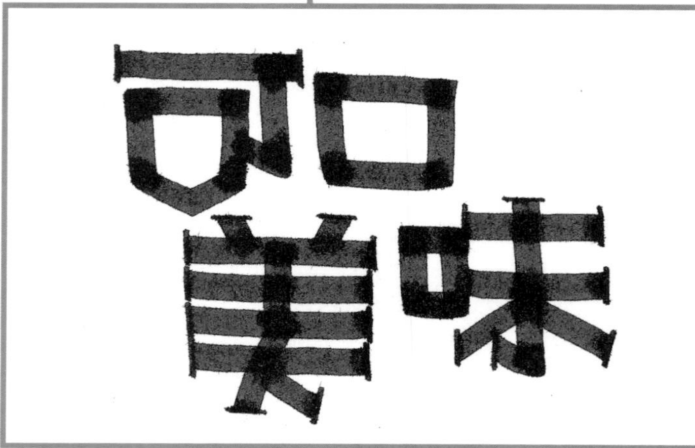

(2)點的角落色塊

▲左下角圓形色塊
▲右下角星形色塊

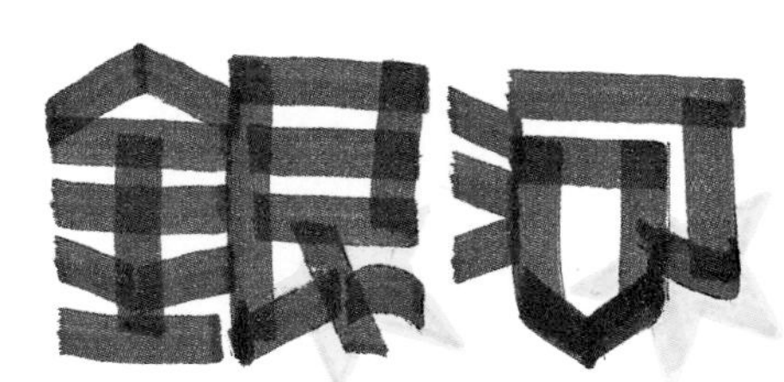

(5)點的字裡裝飾

▲於字裡加上類似色的圖形。
▲於字裡加上較深的圖形。

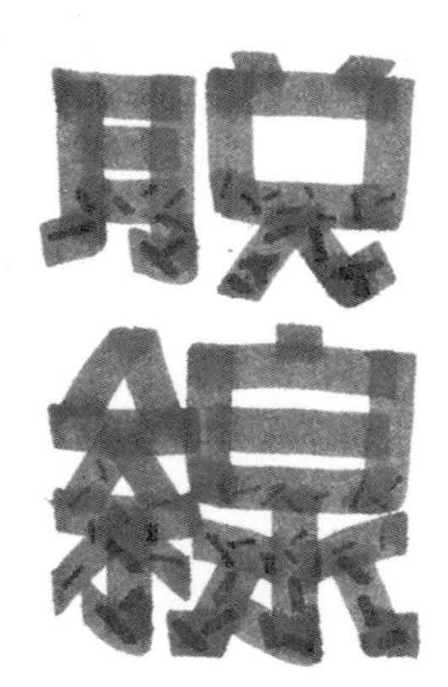

(3)點的背景點綴

▲可運用背景的類似色加上不同的幾何圖形。

(4)點的中線加點

▲在字裡加中線於直角及十字的地方加點即可。

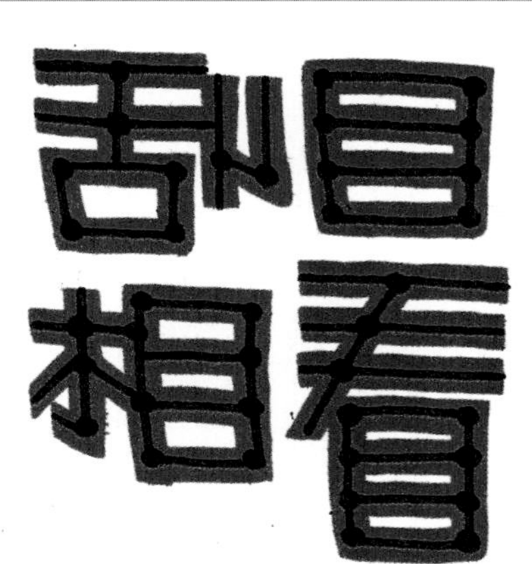

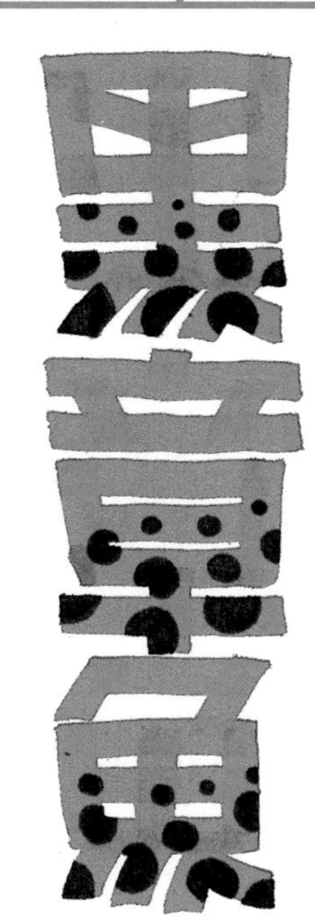

（二）線的裝飾與變化

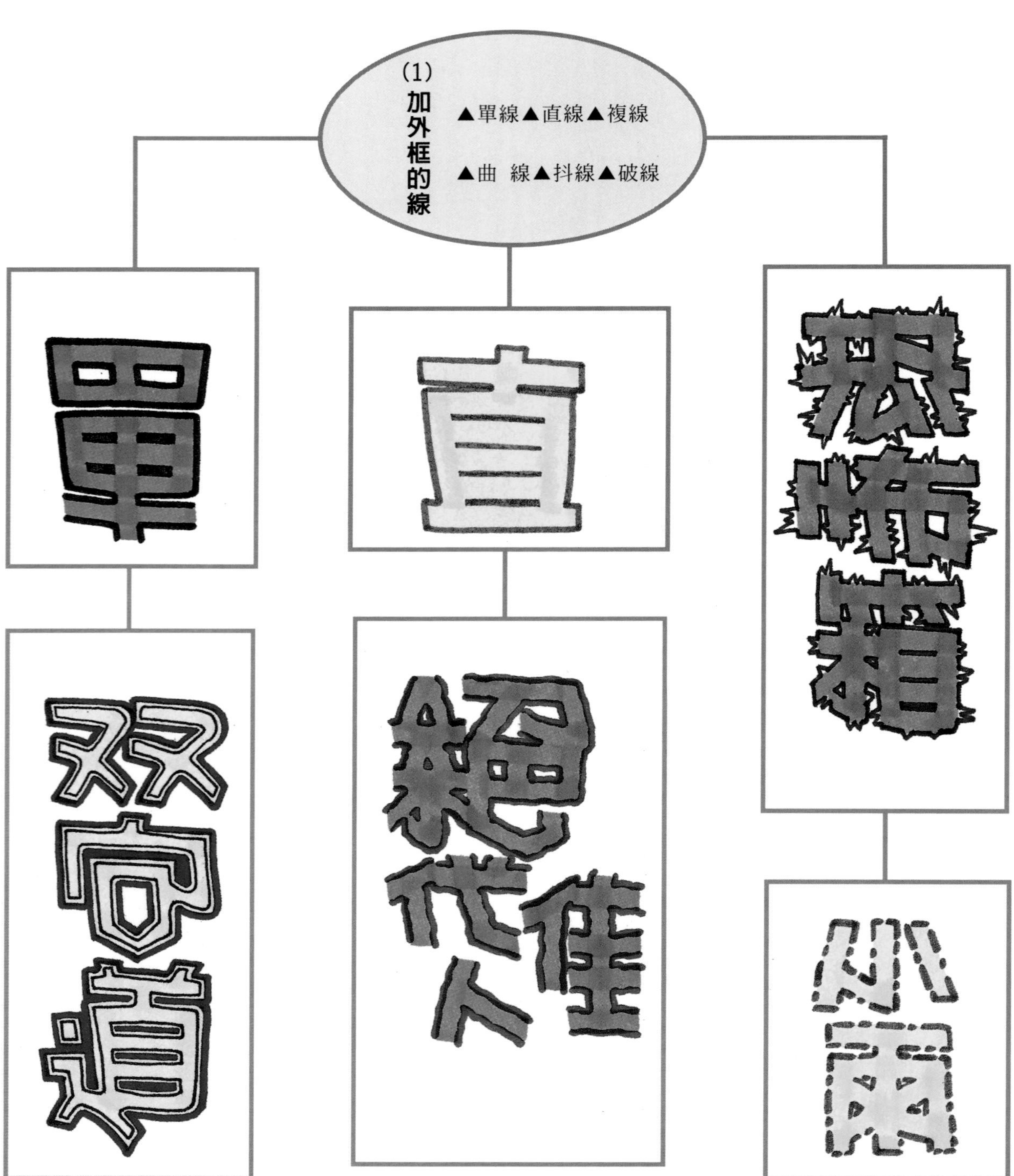

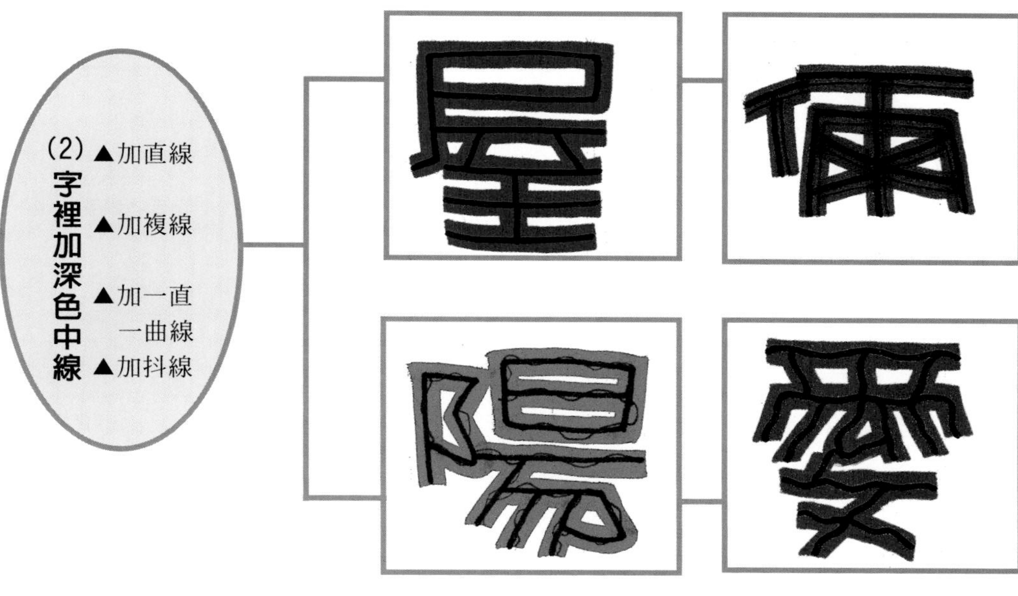
(2)
字裡加深色中線
▲加直線
▲加複線
▲加一直
一曲線
▲加抖線

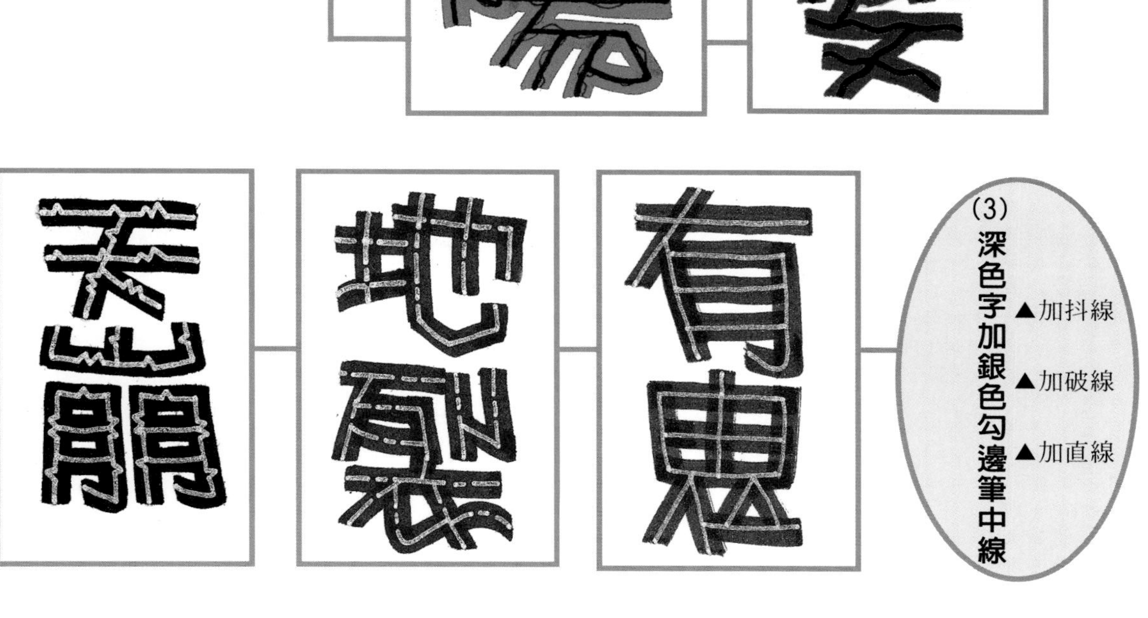
(3)
深色字加銀色勾邊筆中線
▲加抖線
▲加破線
▲加直線

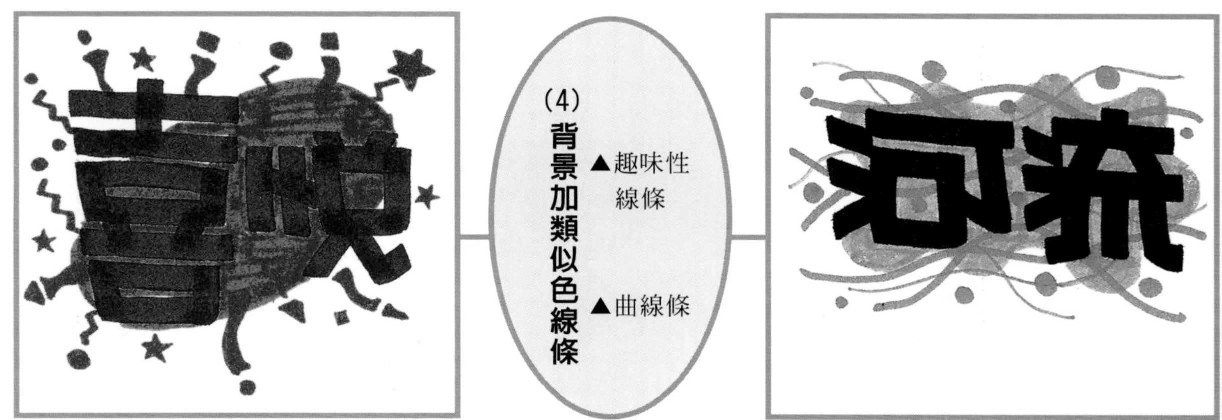
(4)
背景加類似色線條
▲趣味性
線條
▲曲線條

（三）面的裝飾與變化

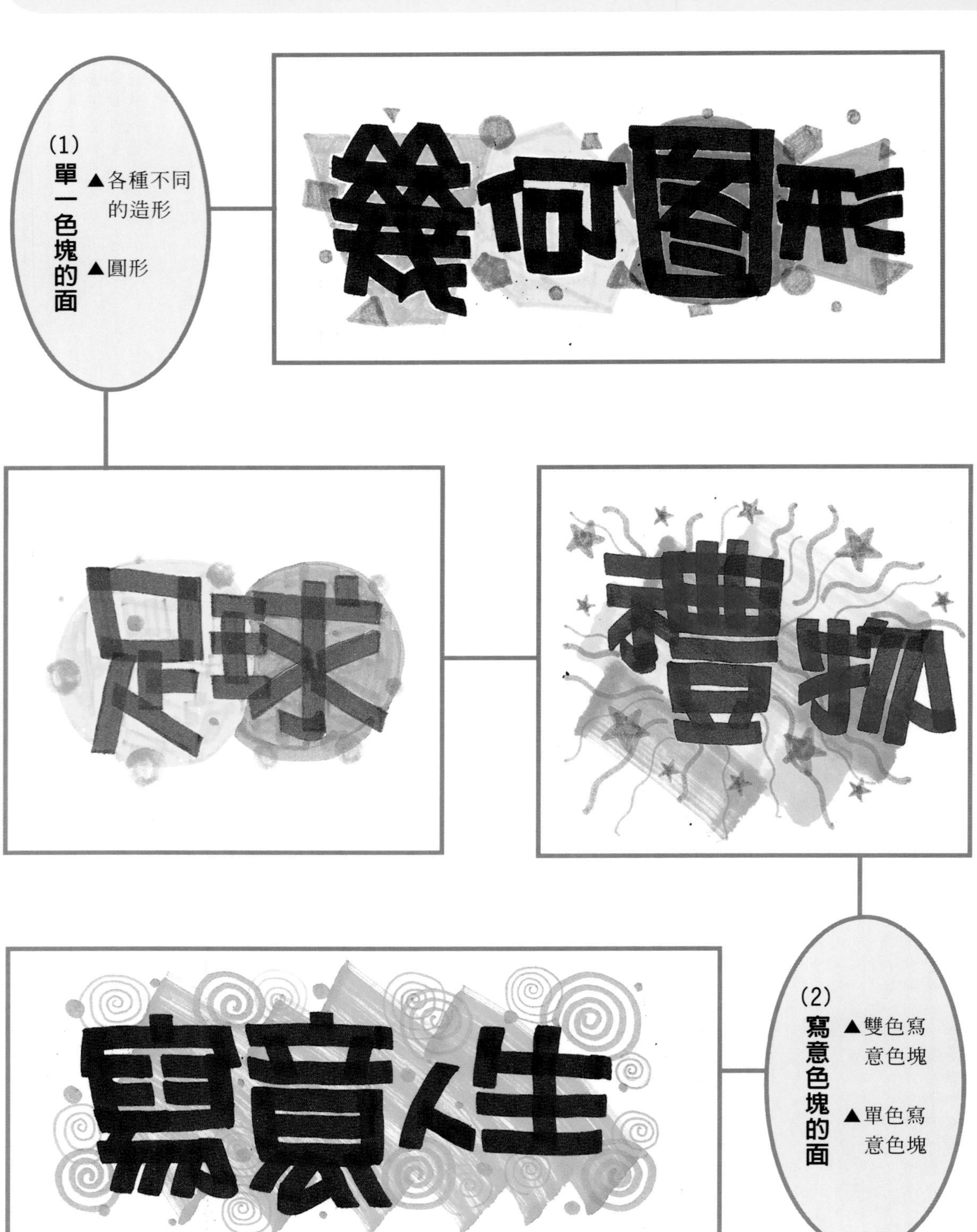

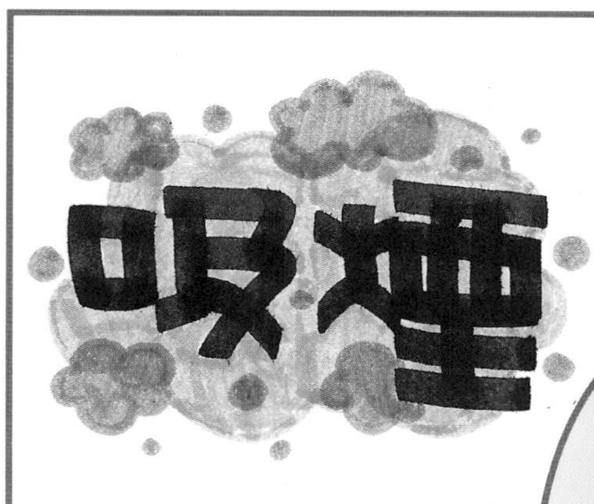

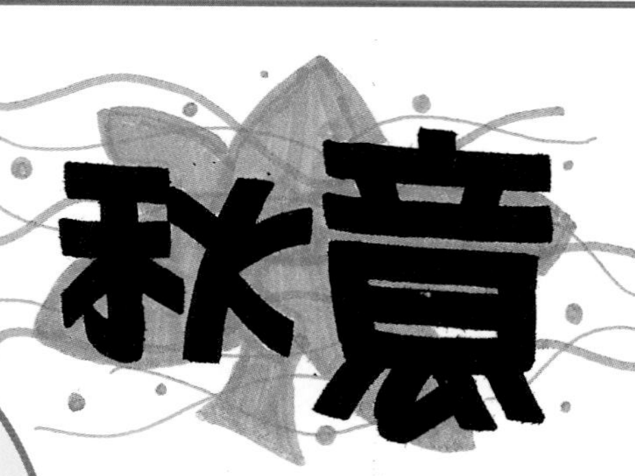

(4) 字形面的裝飾

▲雲朵形

▲楓葉形

▲愛心形

▲爆炸形

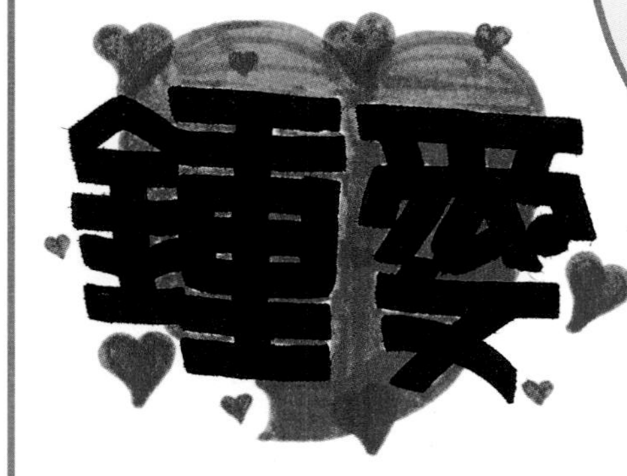

(4) 字形面的裝飾

▲星形

▲橢圓形

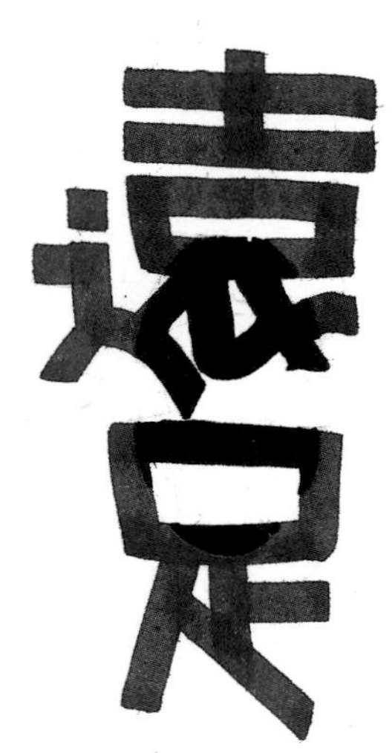

二、一次裝飾技巧

(1) 全部加框

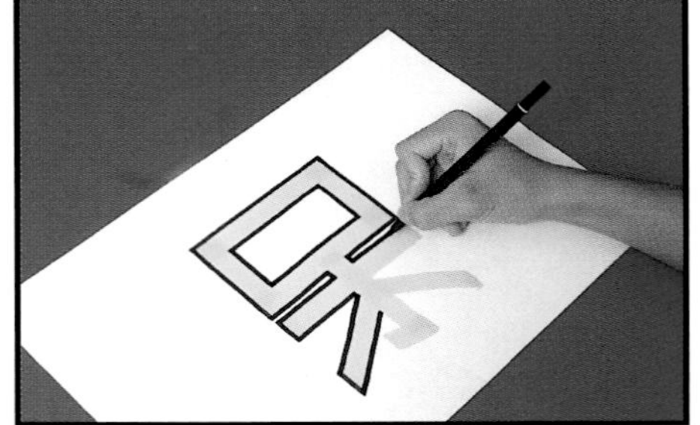

●先用深色雙頭筆斜面加框。

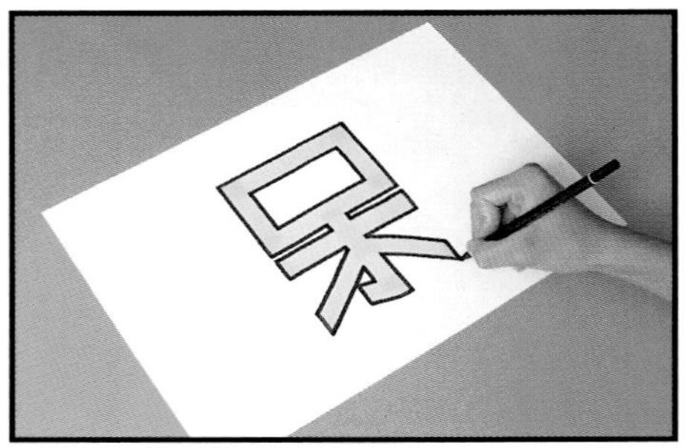

●直角部份交接須完整。

(2) 前後不加框

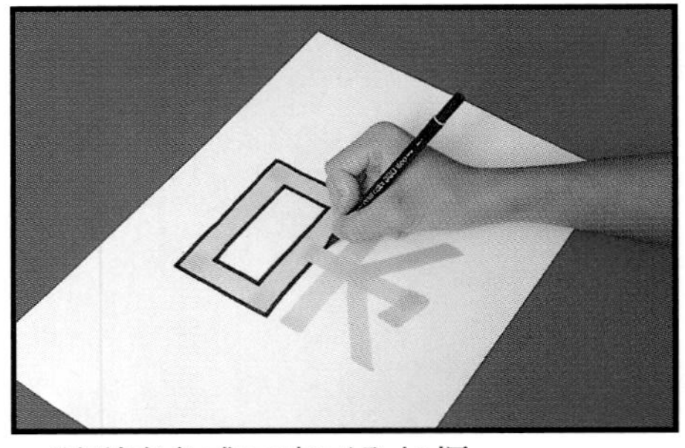

●遇到直角或口字可全加框

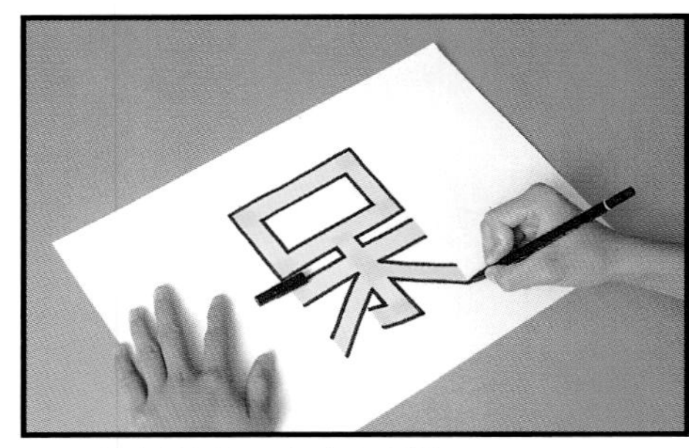

●其餘採前後不加框原則

〈一〉淺色調字形裝飾技巧

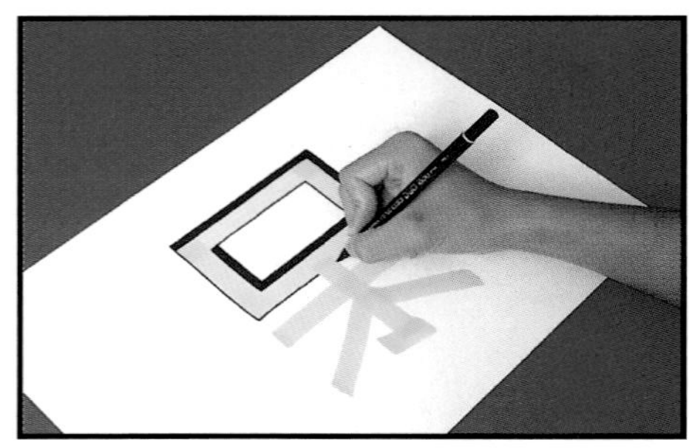

●以雙頭筆斜面先畫出立體的效果。

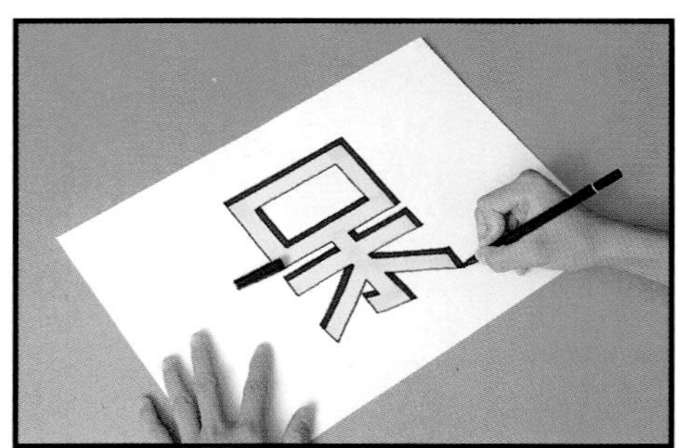

●再以尖頭描出剩餘的部份。

(3) 立體框

1. 淺色調的裝飾流程

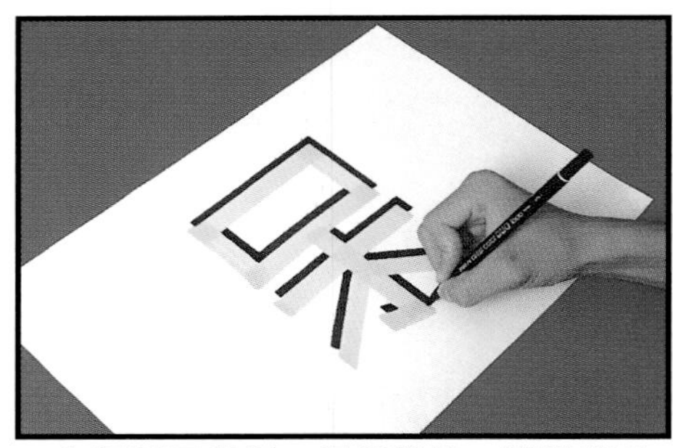

●先用斜面畫框，保留前後一點點使其有錯開效果。

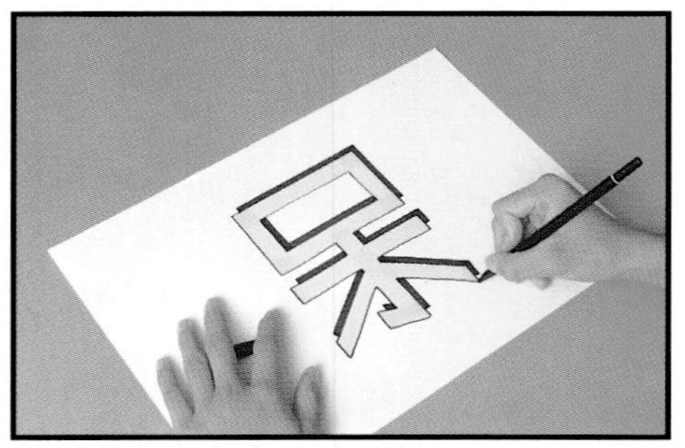

●再以尖頭畫上其餘的框。

(4) 錯開框

2.淺色調的裝飾範例

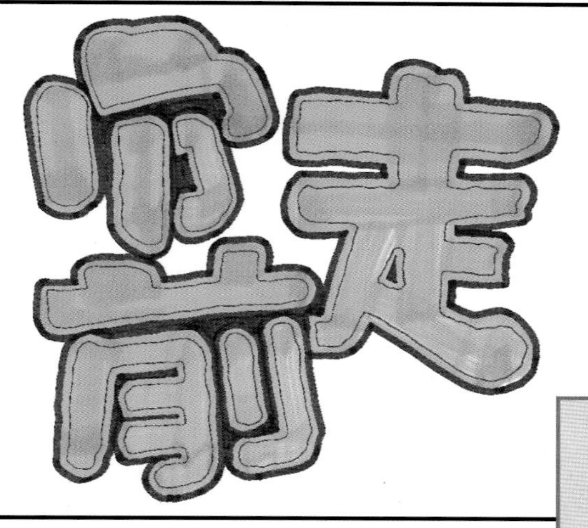

☆使用字體：雲彩字。
裝飾技巧：採用往內加複框，外粗內細使字形更精緻。

★全部加框

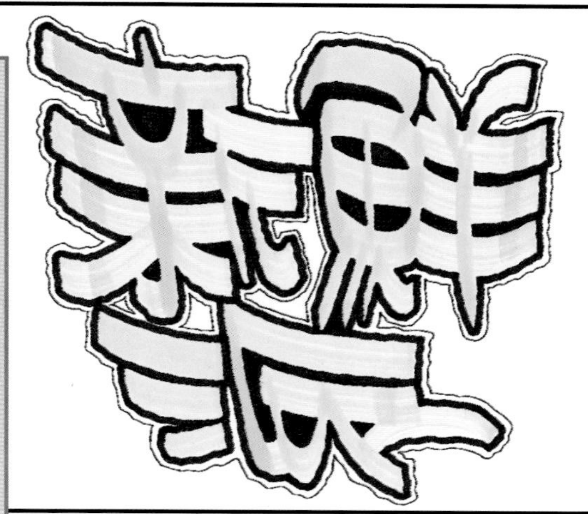

☆使用字體：活潑字。
裝飾技巧：採用往外加複框並以抖線表現發抖之效果。

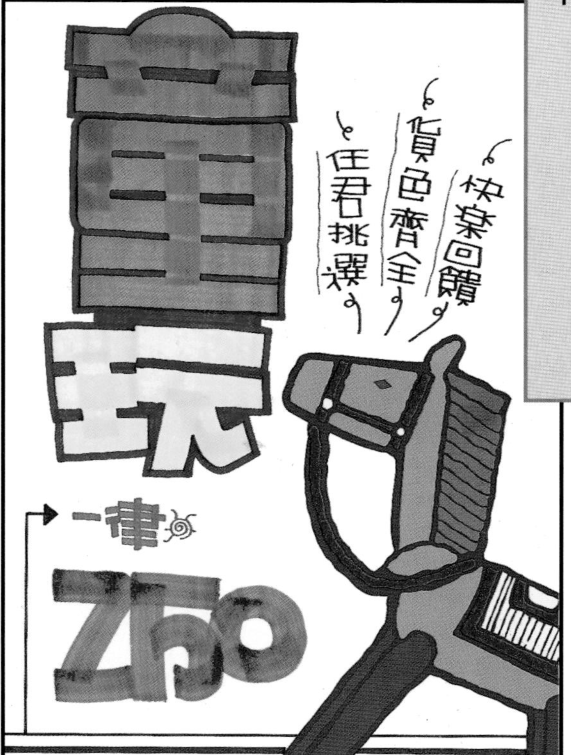

☆此張海報採換色裝飾並搭配有趣的精緻剪貼插圖，加以小字表現整體律動之活潑感。

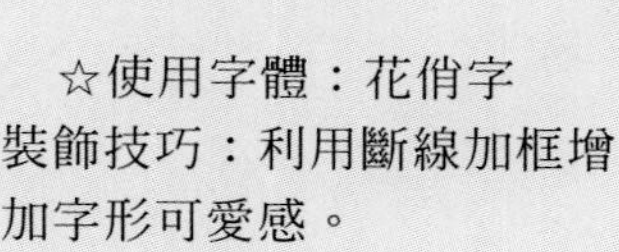

☆使用字體：花俏字
裝飾技巧：利用斷線加框增加字形可愛感。

★前後不加框

☆配合主題選擇麥克筆上色插圖，加上寫意的背景和換色的小字使整個版面更豐富。

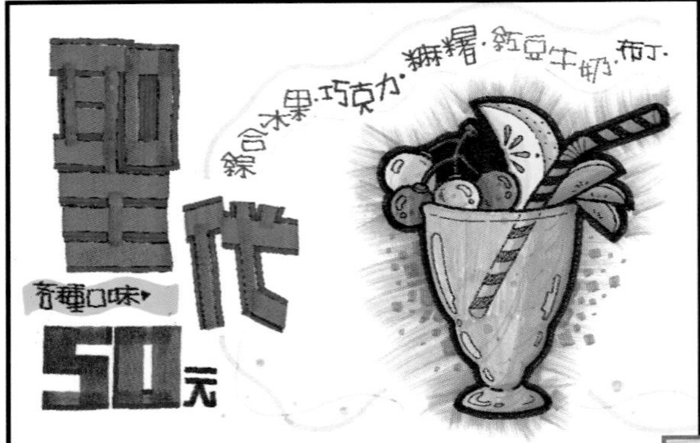

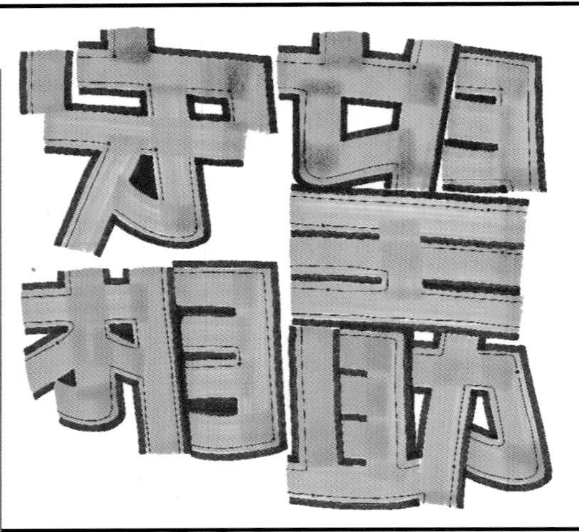

☆使用字體：斷字。
裝飾技巧：畫完前後不加框，再以極細往內加斷線複框以加強精緻感。

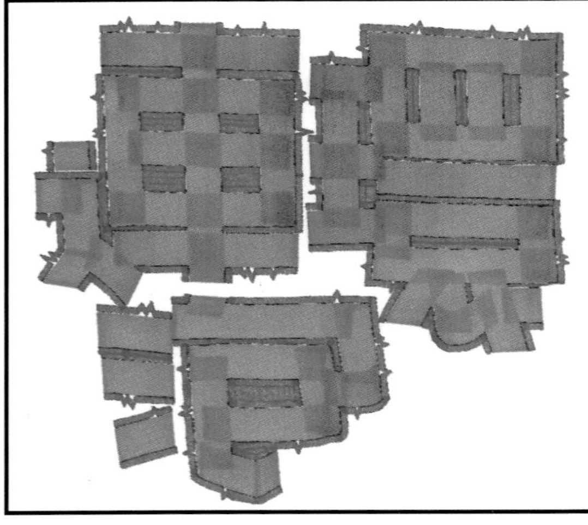

☆使用字體：闊嘴字。
裝飾技巧：加上抖框表現觸電效果並使整組字形的完整性更亮。

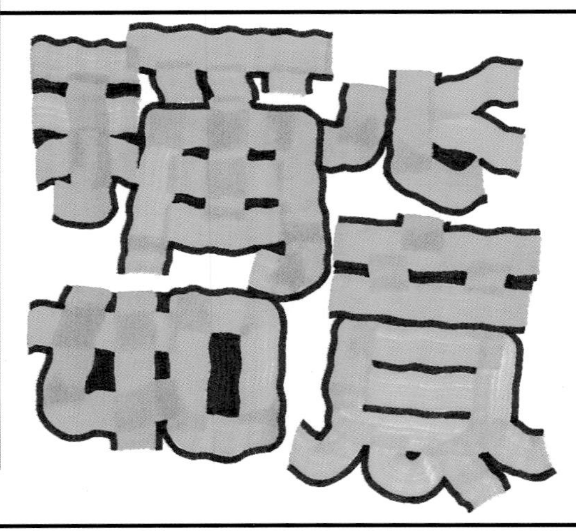

☆使用字體：抖字。
裝飾技巧：將淺色字加上深色曲線框，增加字形動態並製造活潑的感覺。

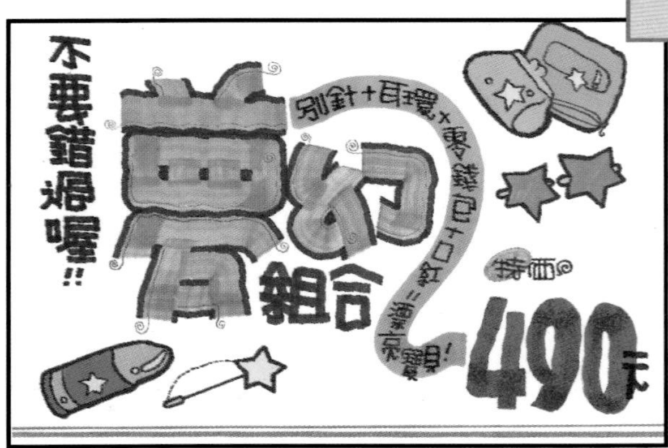

☆主標採取抖字前後不加框，說明文並以有趣的編排搭配相呼應之插圖增加海報之可看性。

☆使用字體：圓角字。
裝飾技巧：圓角字加上錯開框製造陰影的效果，並有圓潤的感覺。

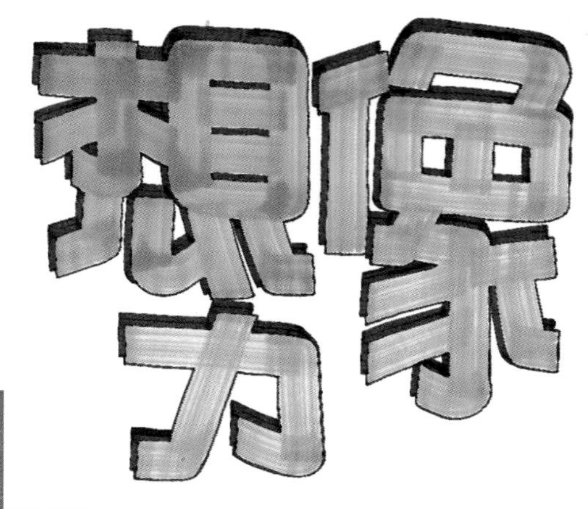

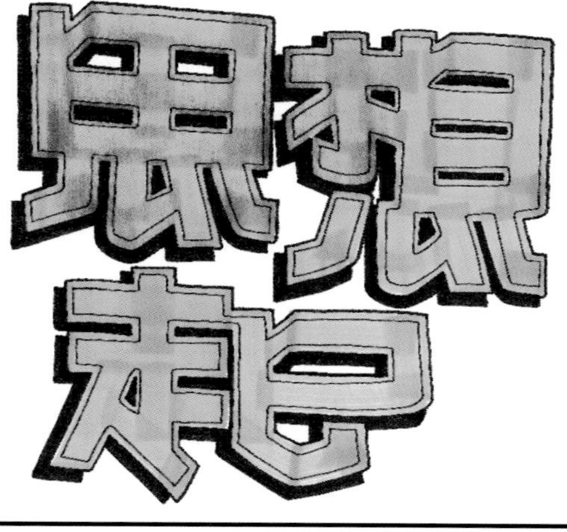

★錯開框

☆使用字體：角度字。
裝飾技巧：以雙頭筆斜面加上錯開框，再以極細端向內加複框製造細緻感。

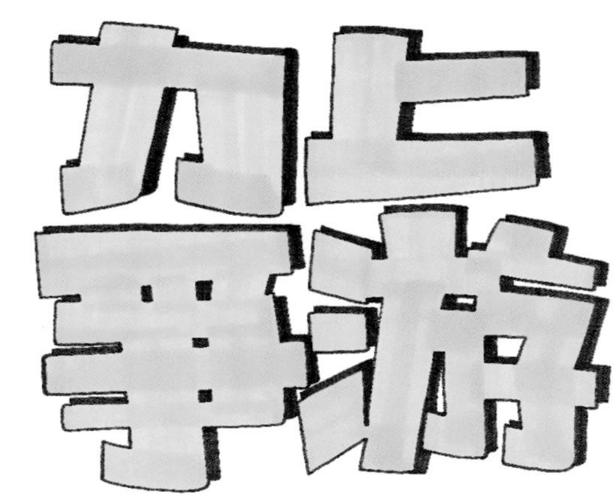

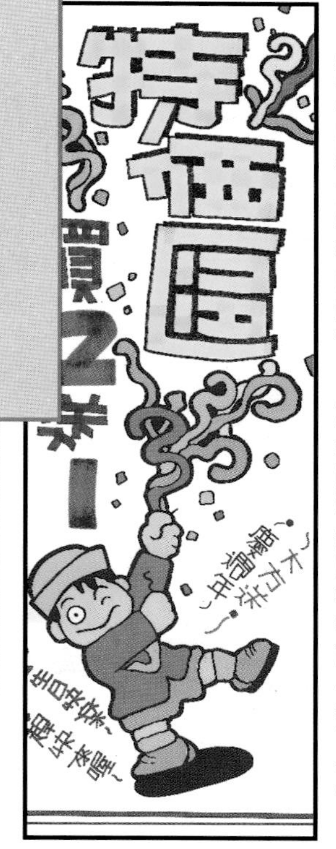

☆順著插圖決定海報的編排，主標採斷字錯開框裝飾以增可看性。

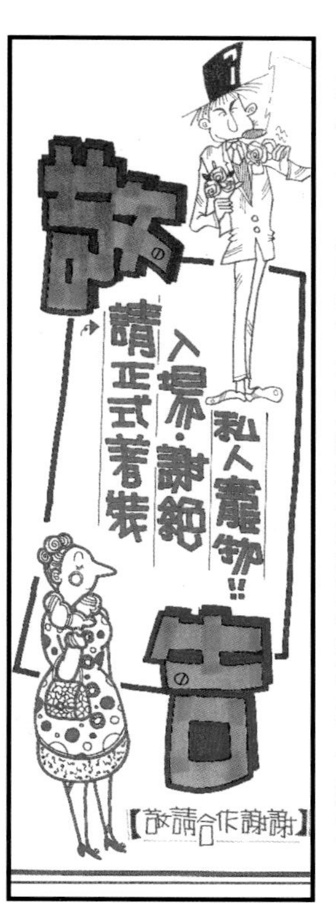

☆製造出公告版的感覺並加上縷空法的插圖使整個版面更特別。

☆使用字體：梯形字。
裝飾技巧：利用梯形字體加上錯開框，使字形更有立體感，感覺更出色。

☆其插圖表現出極佳的趣味感，搭配說明文的編排使海報更吸引人。

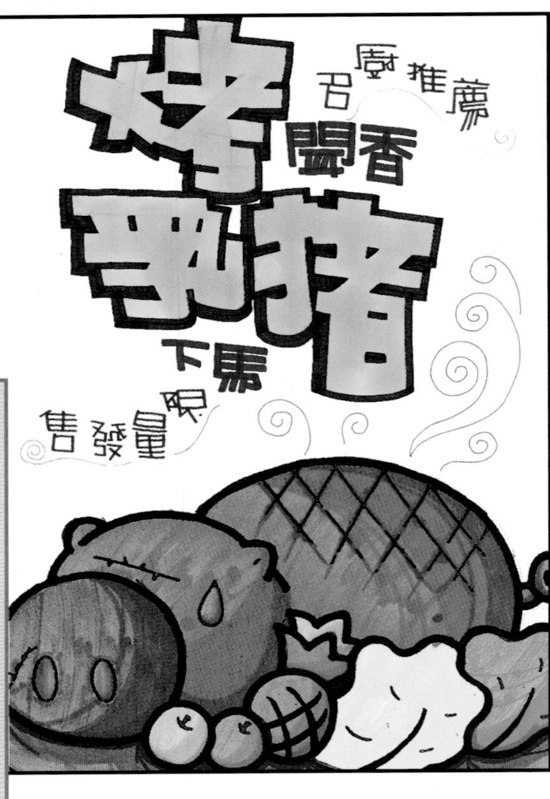

☆使用字體：收筆字。
裝飾技巧：收筆字本身有毛筆瀟灑的風格，加上較粗的立體框則能穩定整個字架。

★立體框

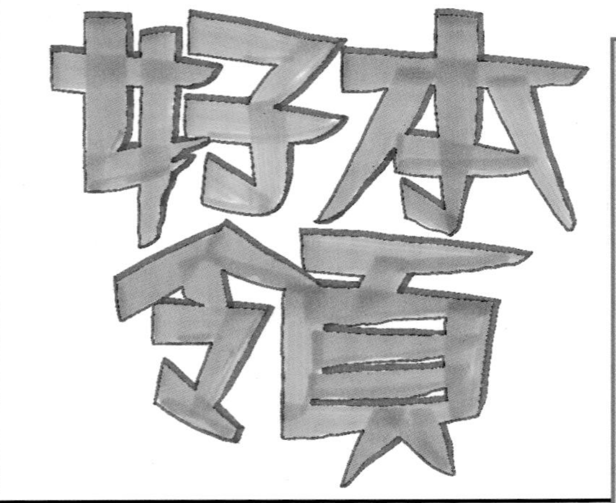

☆使用字巧：闊嘴字。
裝飾技巧：闊嘴字加上立體框後，再加粗其整個外框使其立體感更突出。

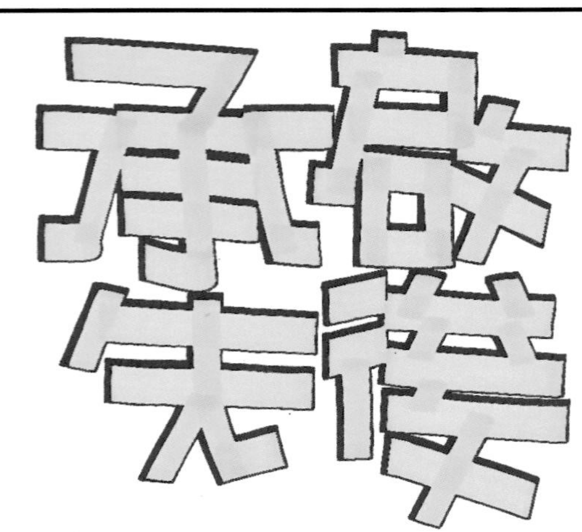

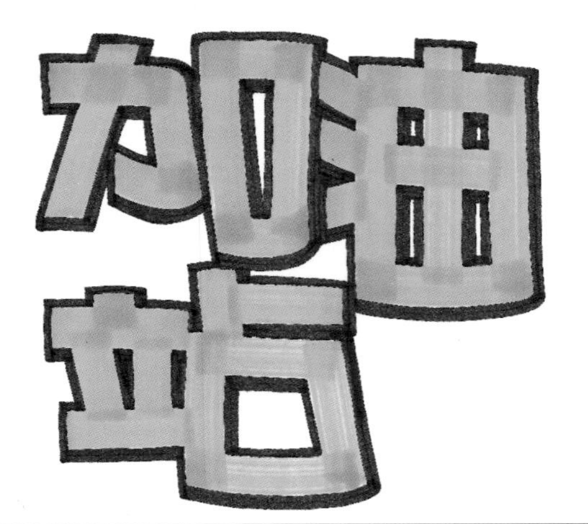

☆使用字體：直細橫粗字。
裝飾技巧：直細橫粗字須考量字量的互補性，所以更要注意其筆劃比例之分配。

〈二〉中間調字形裝飾技巧

1.中間調的裝飾流程

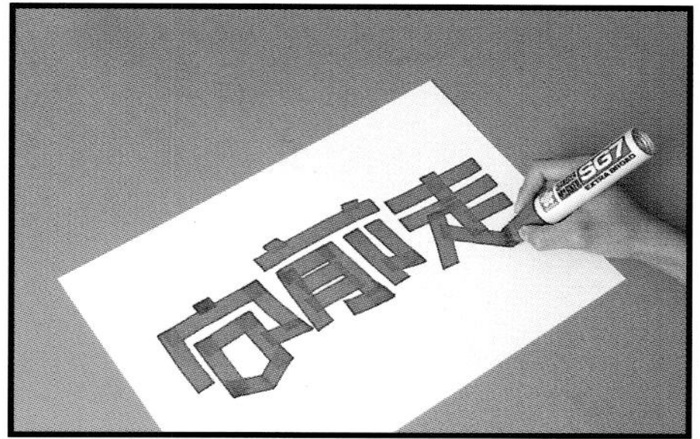

●先以中線調之麥克筆書寫字體。

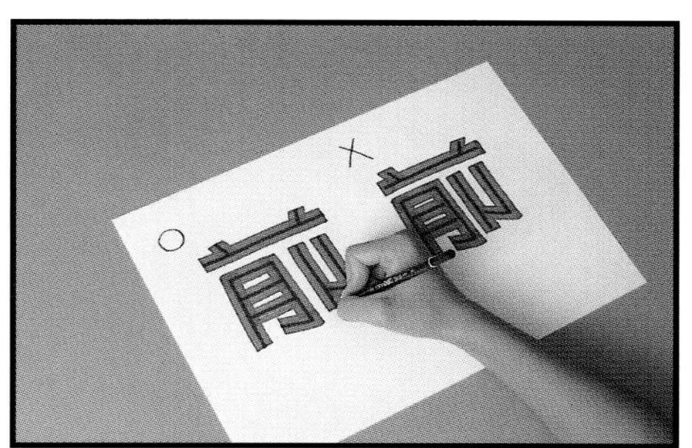

●加中線要注意頭尾皆須接到底且接角處須交接完整。

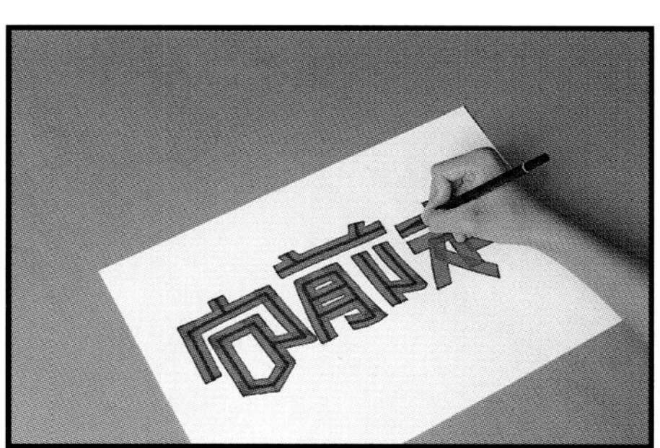

●用深色雙頭筆加上中線使字型較明顯。

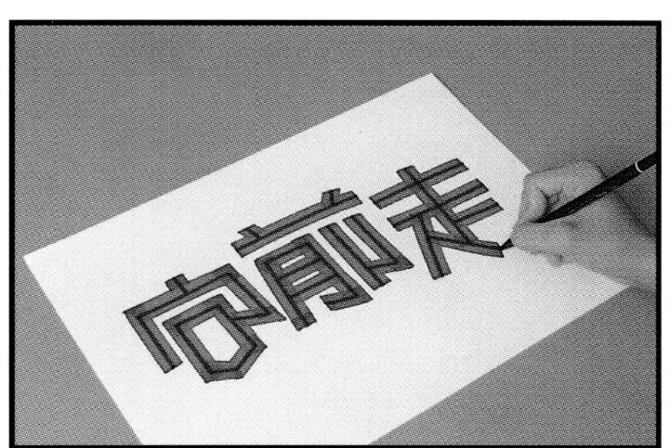

●整組字加上中線作一次裝飾後整個字架較清楚且出色。

(1)加中線

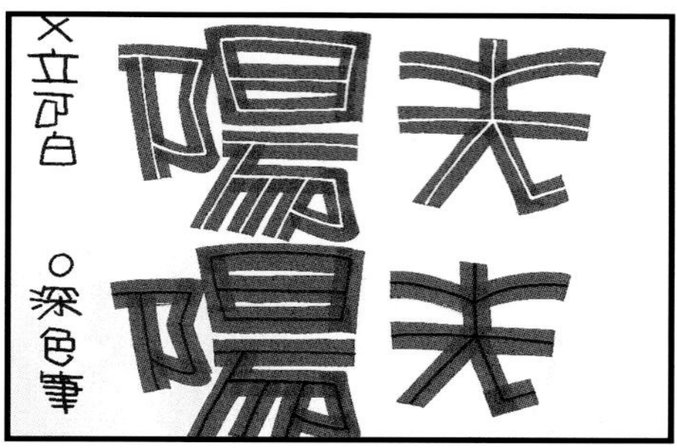

●不適合立可白加中線，會產生較浮的感覺。

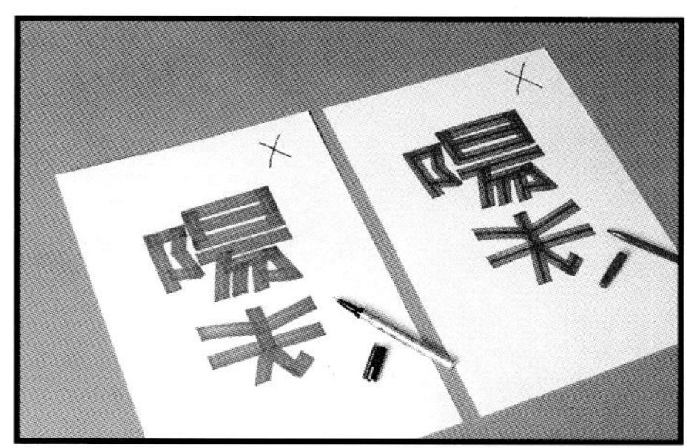

●以銀色勾邊筆或淺色調加中線易造成浮動之效果，因此不適合用。

(1)加中線

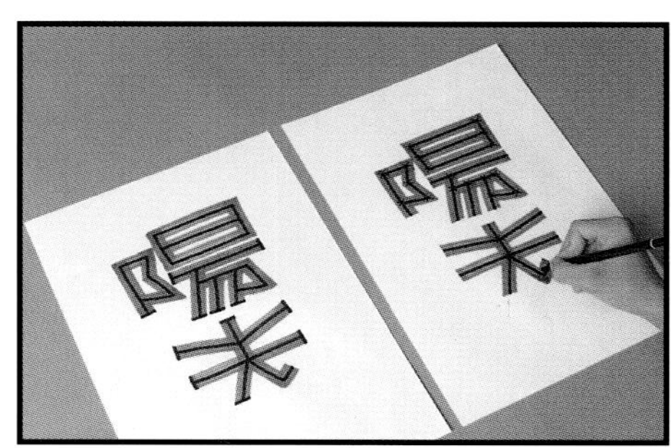

●右側爲加中線打叉；左側爲中線加一損。

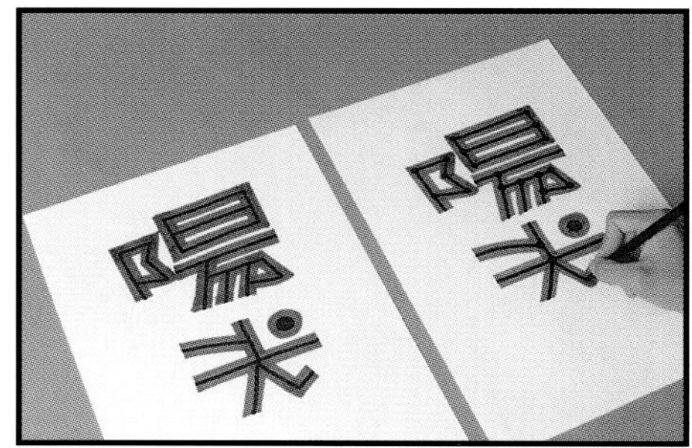

●右側爲加中線打點；左側爲加中線。

☆此張海報將內文與圖融合的編排更能貼切主題，並製造出活潑的感覺。

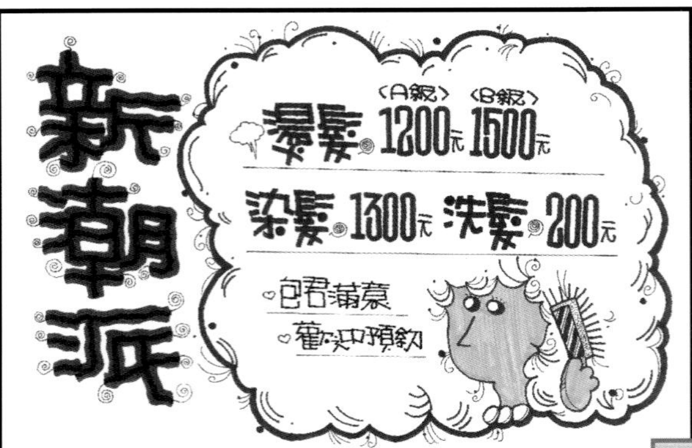

2.中間調的裝飾範例

☆使用字體：翹角字。
裝飾技巧：翹角字本身較具中國味，加上中線裝飾更能使字形架構突顯。

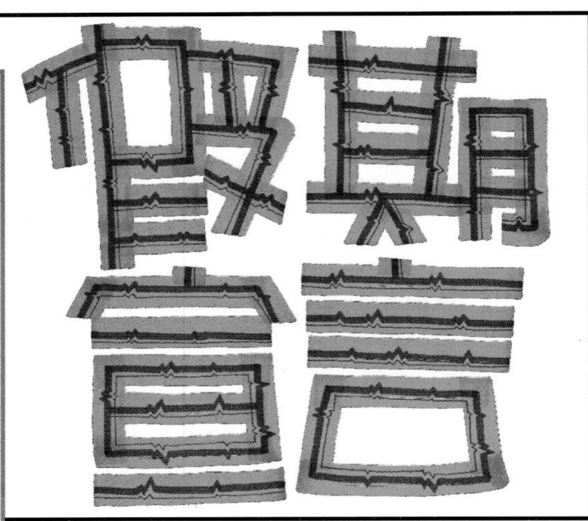

★加中線

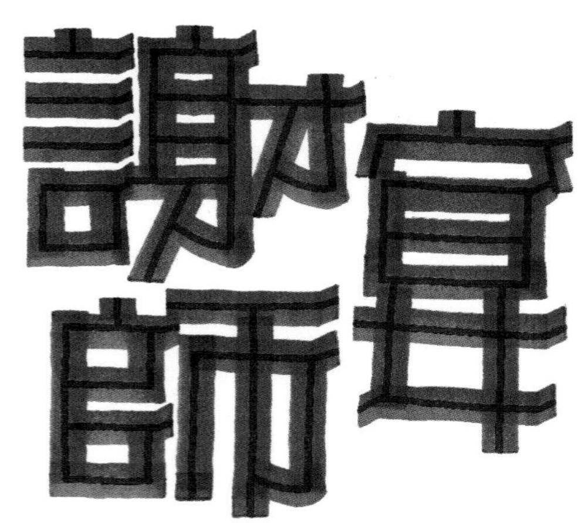

☆使用字體：闊嘴字。
裝飾技巧：以複的抖線爲中線裝飾除了具穩定效果外，一粗一細的複線更添精緻度。

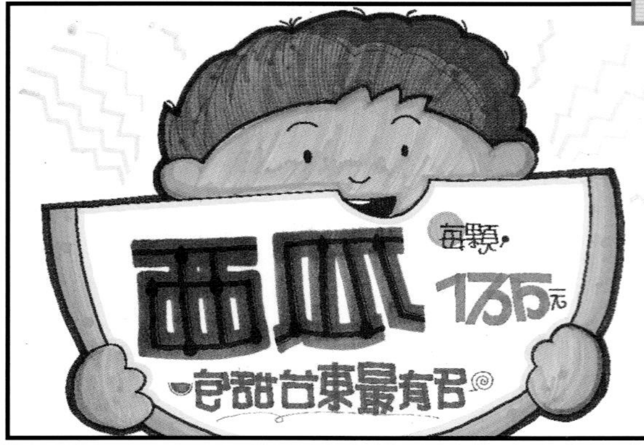

☆使用字體：活字。
裝飾技巧：採斷線爲中線裝飾，並在前後加一損，增加字形設計感可使其更出色。

★加中線

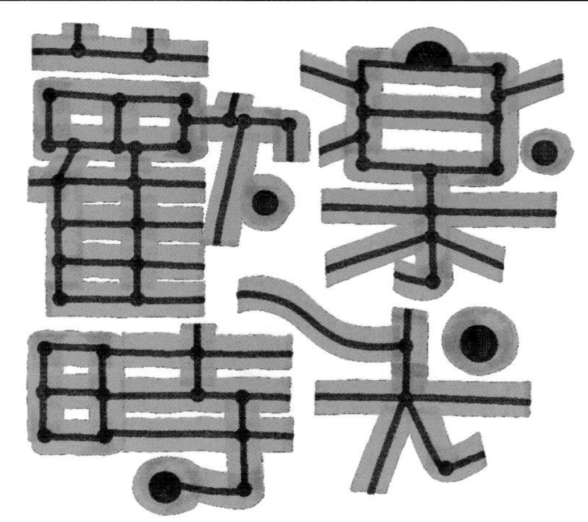

☆使用字體：打點字。
裝飾技巧：以中線打點爲裝飾更能增添打點字予人可愛的感覺。

風中傳奇

☆使用字體：角度字。
裝飾技巧：以曲線加中線裝飾，並於中線前後加一損製造活潑有趣的特色。

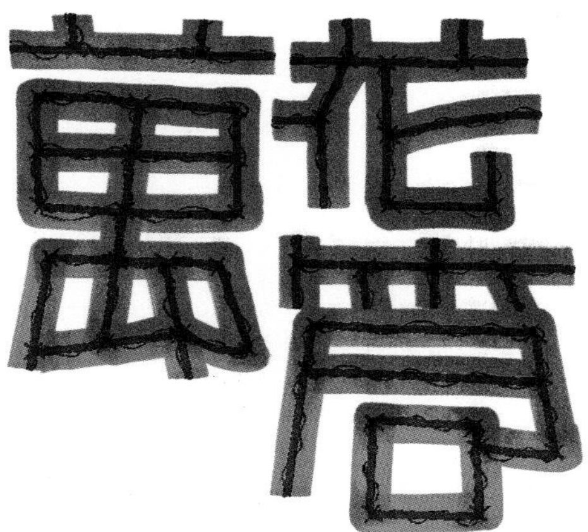

☆使用字體：圓角字。
裝飾技巧：利用中線加打叉裝飾並以雙頭筆尖頭畫上曲線使字形更豐富並讓完整性更高。

☆寫意插圖決定海報之編排，其瀟灑的飾框更增添版面獨特之風格。

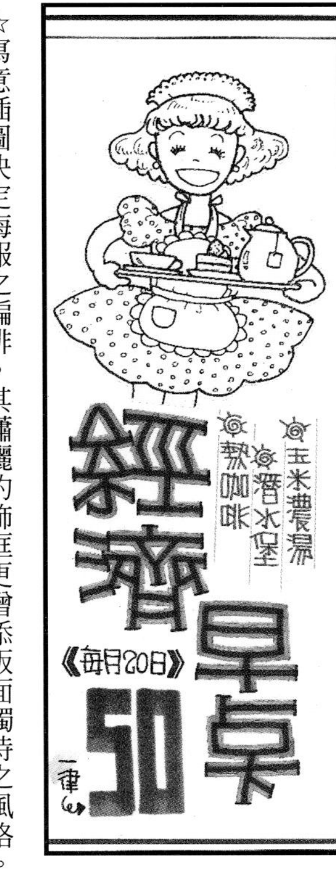

☆以有色張影印爲插圖，其插圖與字形要素各佔版面2/1使海報更有高級感。

3.中間調的裝飾流程

(1)直、橫線分割法

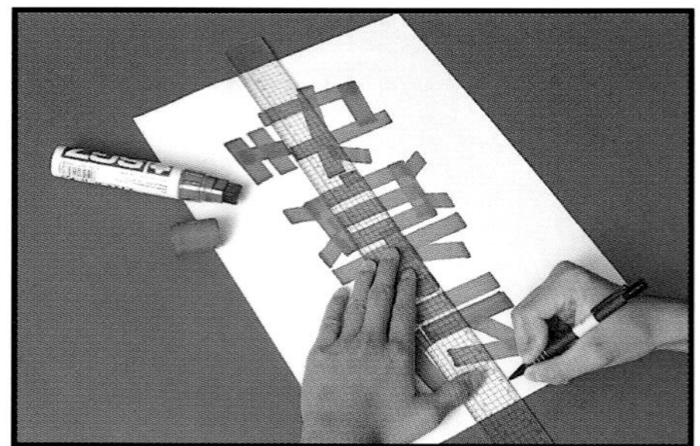

● 直線分割法，以中間調麥克筆書寫後，先以鉛筆畫上分割線。

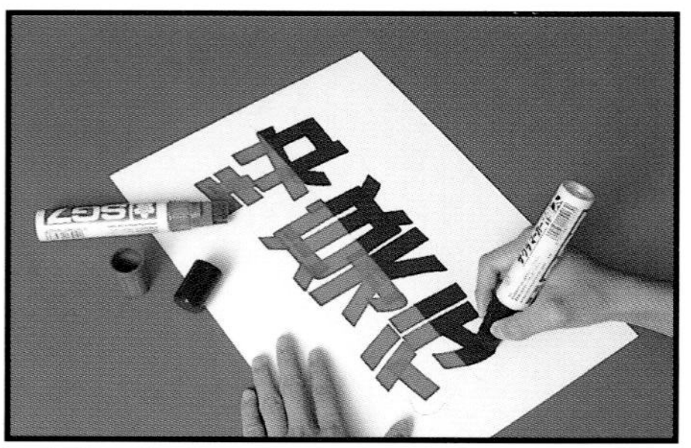

● 再以深色麥克筆在分割線右側重覆書寫一次，須考量大小要相等。

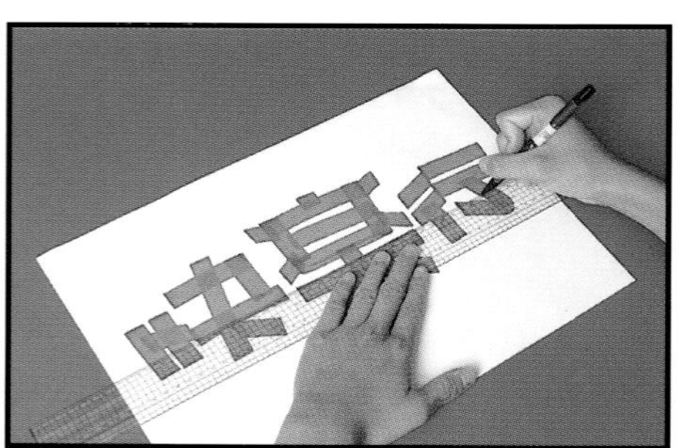

● 橫線分割法，書寫字體後以鉛筆先畫上橫的分割線。

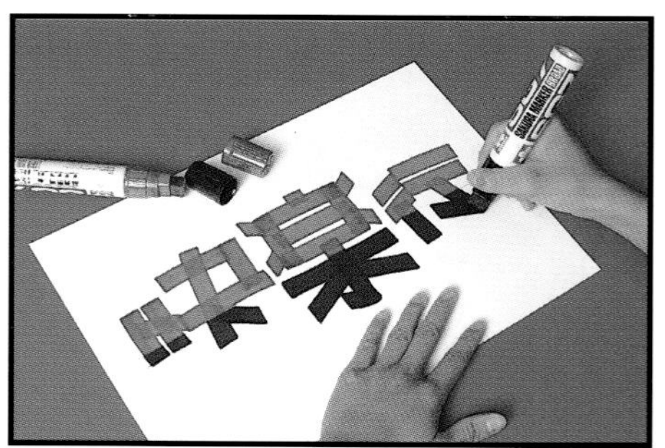

● 再用深色麥克筆於分割線一方重覆書寫，注意筆劃大小要相等。

(2)換部首分割法

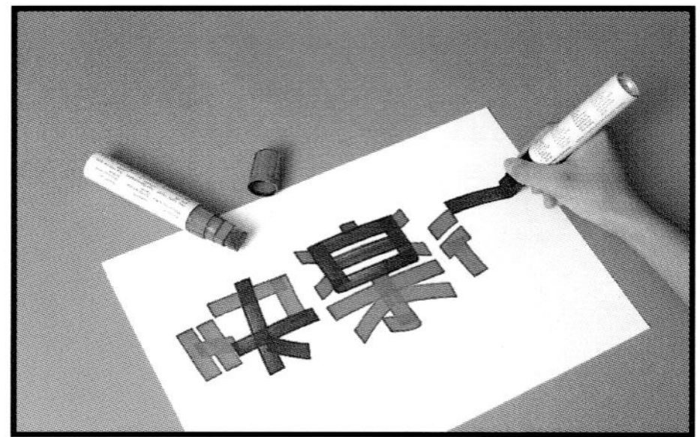

● 此種換部首分割法採取換筆書寫。

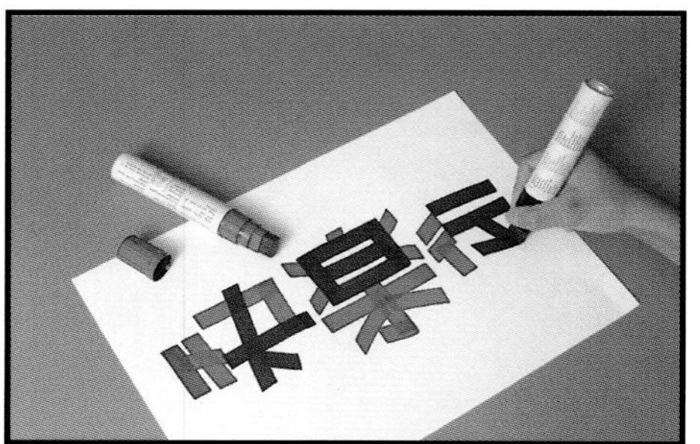

● 換筆書寫使字形較乾淨且不會有暈開的感覺。

(2)換部首分割法

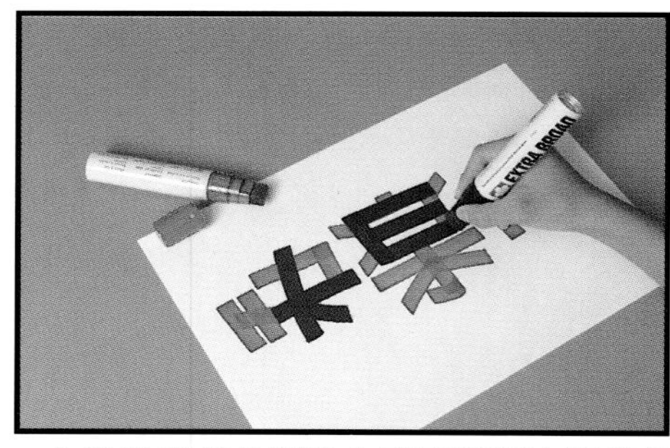

● 此種換部首分割法先書寫整組字再換色書寫。

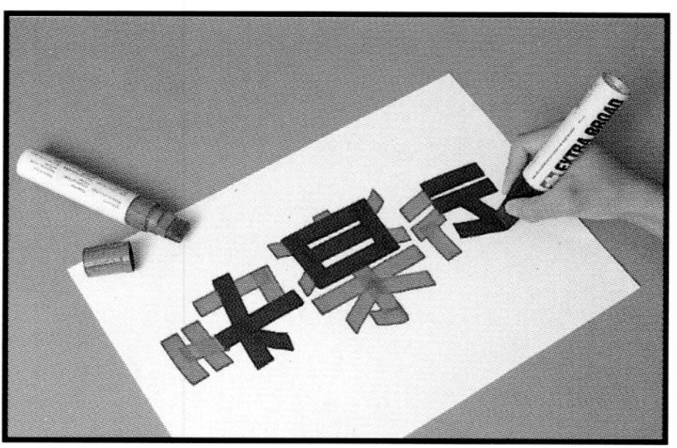

● 書寫時須小心否則會造成暈開的結果。

4.中間調的裝飾範例

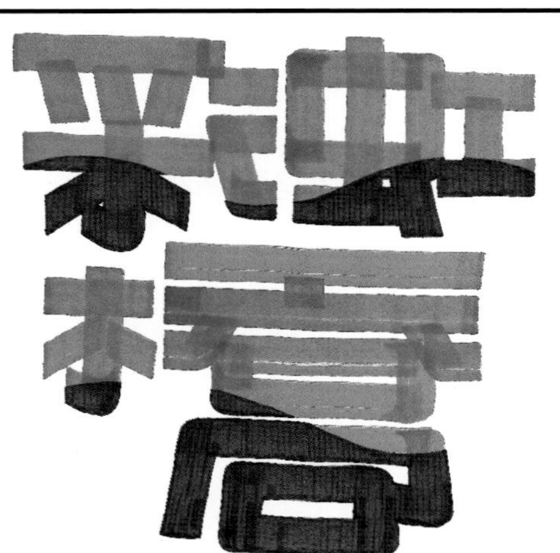

☆使用字體：圓角字。
裝飾技巧：採取璜的曲線分割，除了製造字形動態外也使版面更活潑。

☆使用字體：橫粗直細字。
裝飾技巧：將字形做左右分割使其有另類之效果。

★直橫線分割

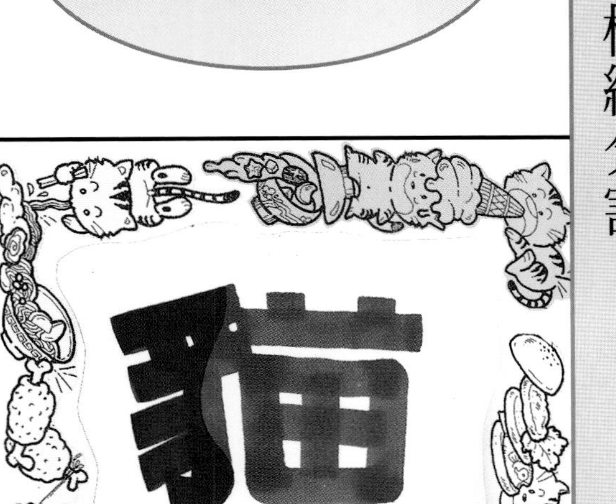

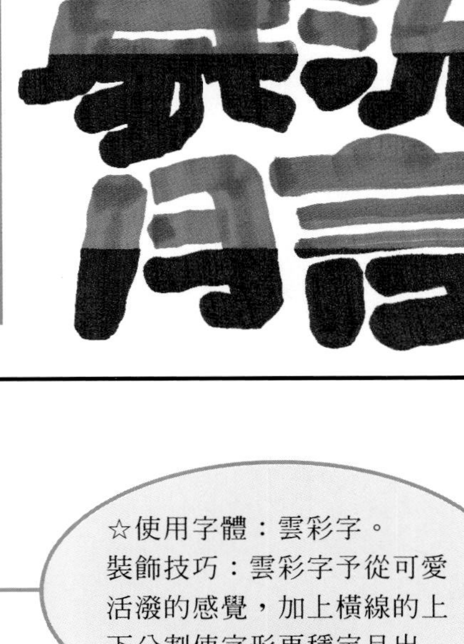

☆使用字體：雲彩字。
裝飾技巧：雲彩字予從可愛活潑的感覺，加上橫線的上下分割使字形更穩定且出色。

☆此張海報以花俏字加上短形分割為主標題，搭配金花友禪等特殊紙的運用，創造出符合主題的東洋風味。

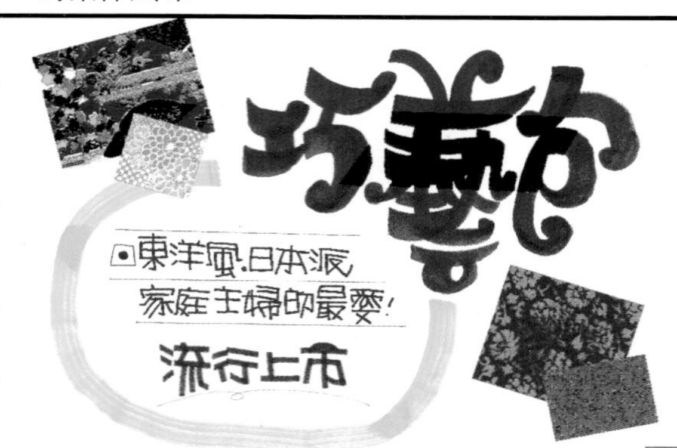

☆使用字體：梯形字。
裝飾技巧：用圓形分割作為裝飾，使整組字完整性更亮並具有設計的風味。

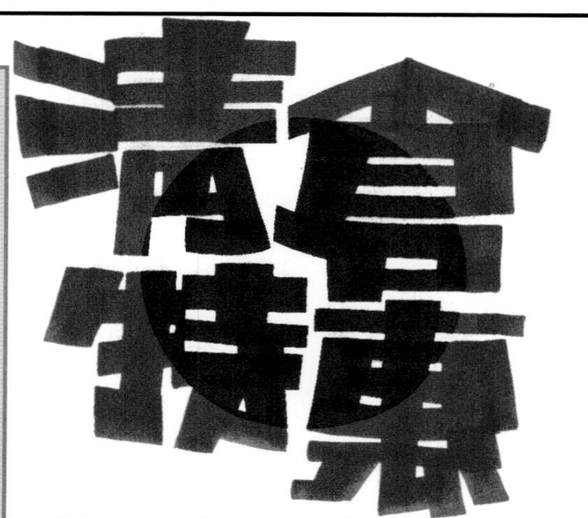

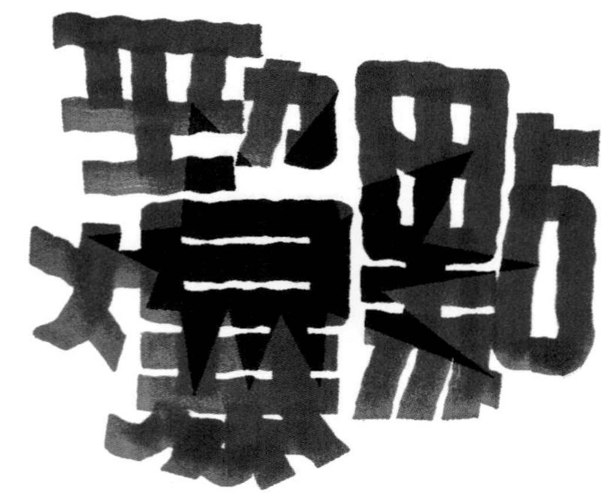

★字裡矩形分割

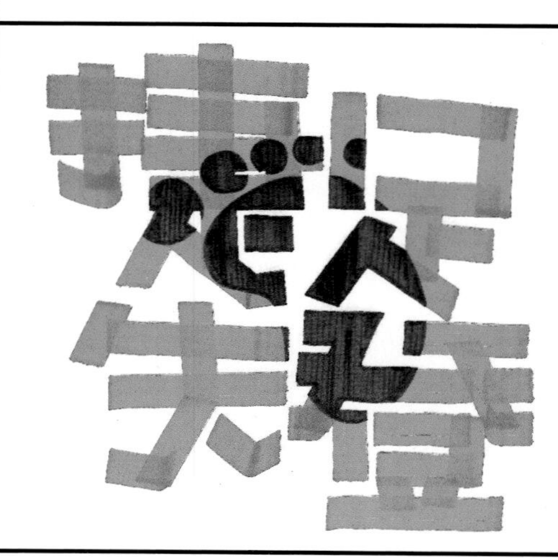

☆使用字體：抖字。
裝飾技巧：配合主題採取爆炸形分割為裝飾，製造勁爆的感覺並使整組字風格獨特。

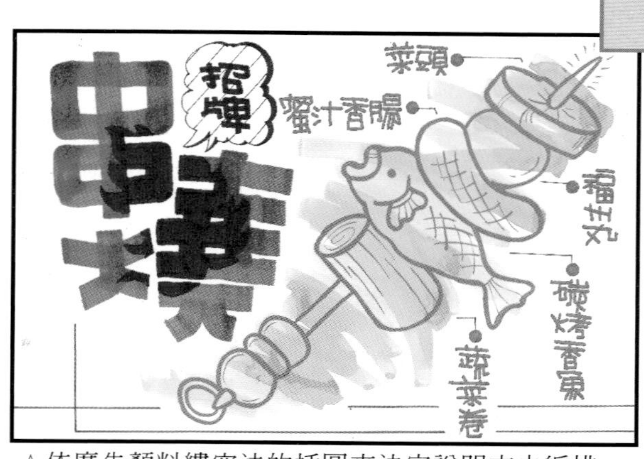

☆使用字體：斷字。
裝飾技巧：採用有趣的腳丫形狀作分割裝飾以配合主題之意，製造出可愛活潑的風格。

☆依廣告顏料縷空法的插圖來決定說明文之編排，主標題的火焰形分割使整張海報更生動。

★換部首分割

☆使用字形：花俏字。
裝飾技巧：先以中間調麥克筆書寫完後，可用雙頭筆描出換部首分割的部份再加以著色即可製造較精緻的感覺。

☆使用字形：收筆字。
裝飾技巧：將換部首分割的部份直接換筆書寫，但須注意筆畫比例分配。

☆使用字形：直粗橫細字。
裝飾技巧：換部首分割時須注意其位置要變換，不能皆是同一部首換色，以增加其活潑度。

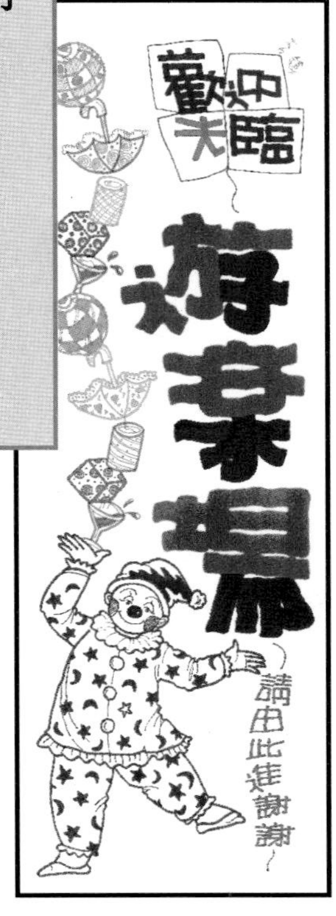

☆鏤空法的插圖其繽紛的色彩製造出熱鬧的感覺，使其與主題相呼應。

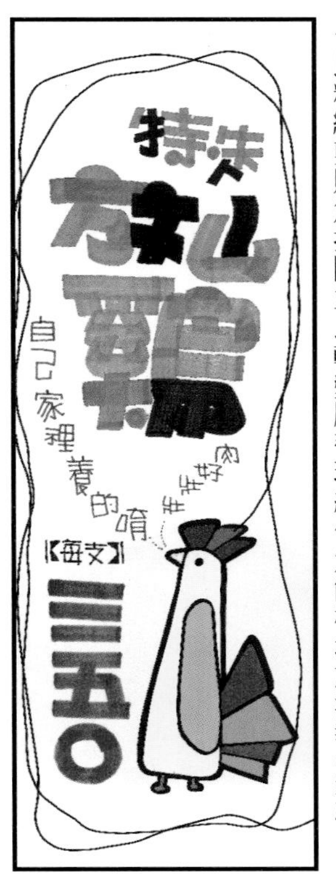

☆以精緻剪貼爲插圖並以轉變膠帶環繞作爲飾框增加海報完整性。

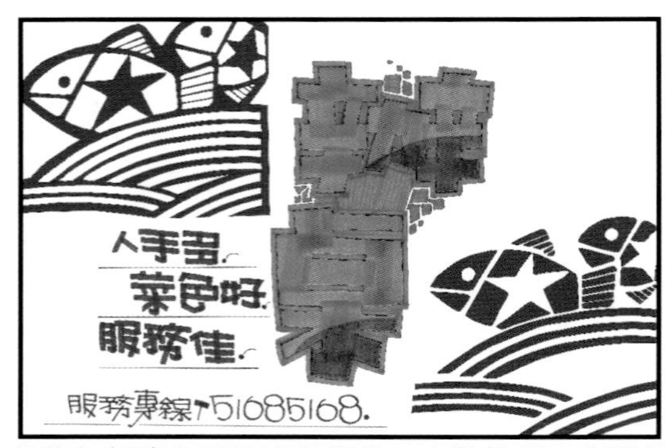

☆角落色割適合用於淺色調的二次裝飾使字富變化

☆字裡圖案分割可用各種形狀以更深的顏色做點綴，但是不適合用於主標題，因其會影響字形之動態。

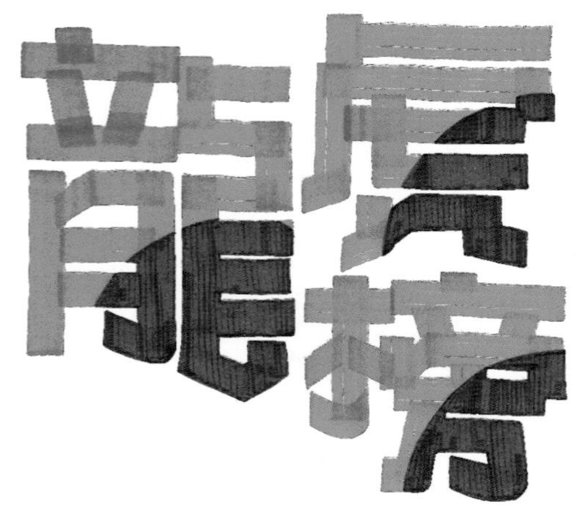

★字裡圖案、角落分割

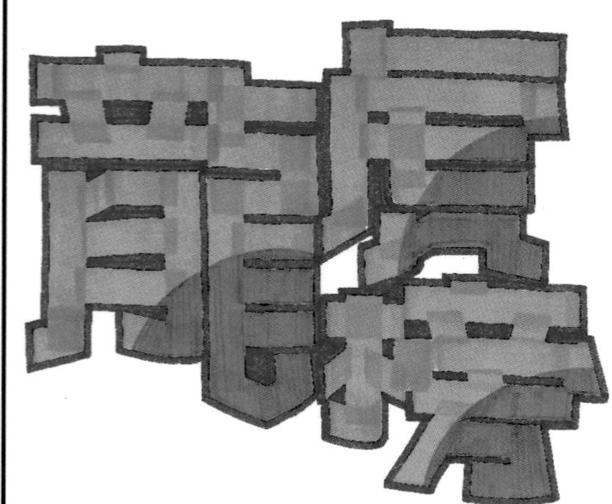

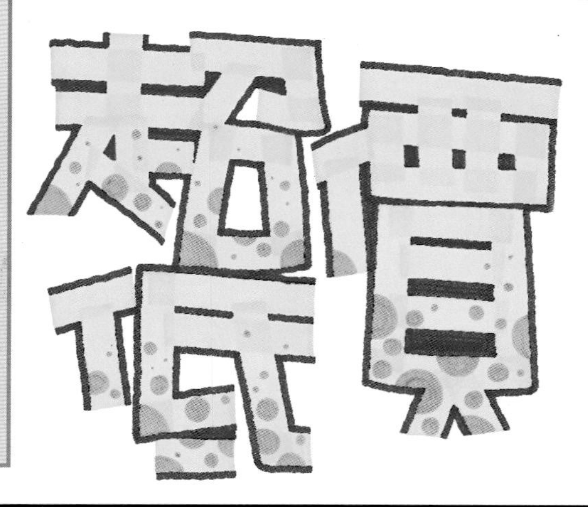

☆角落色割可應用於淺色字加完外框後的第二次裝飾，以表現其特色。

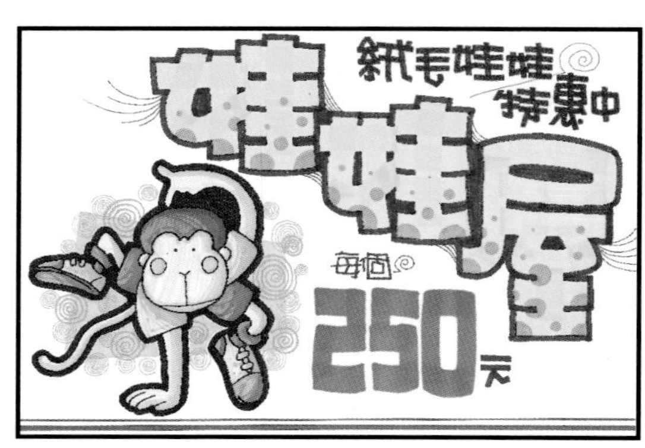

☆此張海報以淺色字加框爲主標題，加上圓圈字裡圖案作爲二次裝飾。

(3) 字裡短形分割法

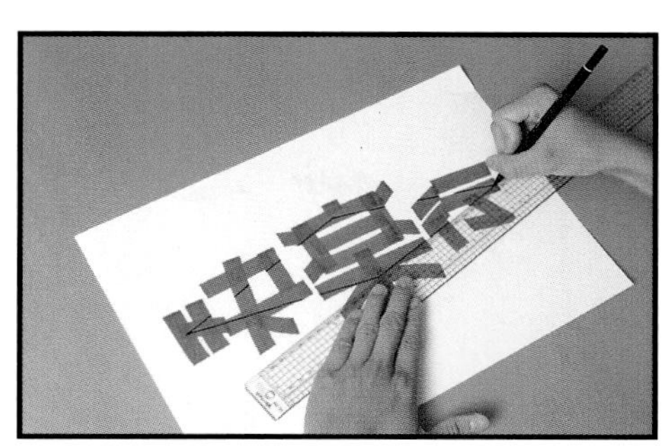

● 書寫完主標題先用尺於其內畫出鉛筆線的菱形。

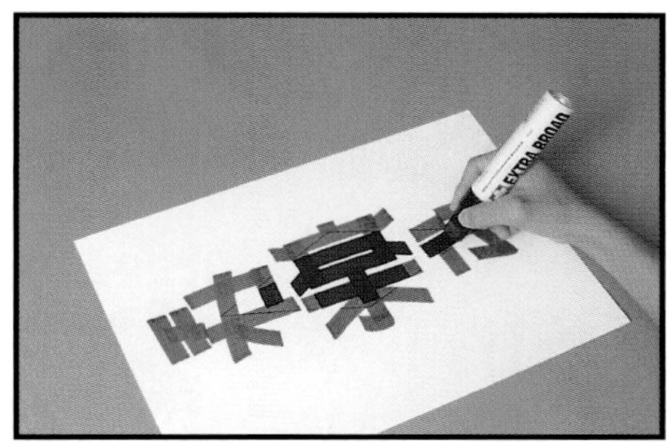

● 先用大麥克筆描繪出筆劃等寬的筆劃。

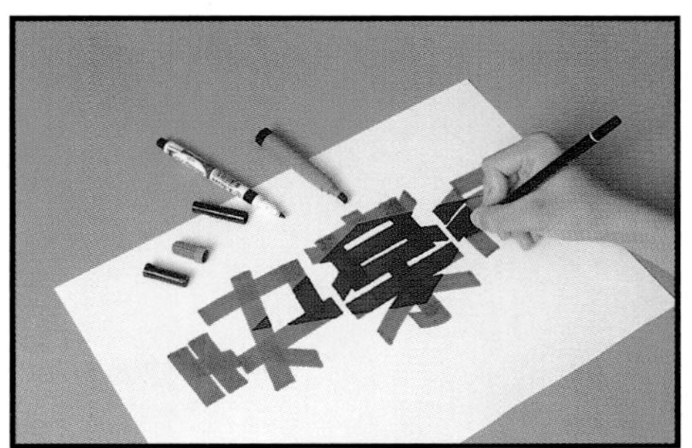

● 再用小天使雙頭筆修飾角落銳利的地方。

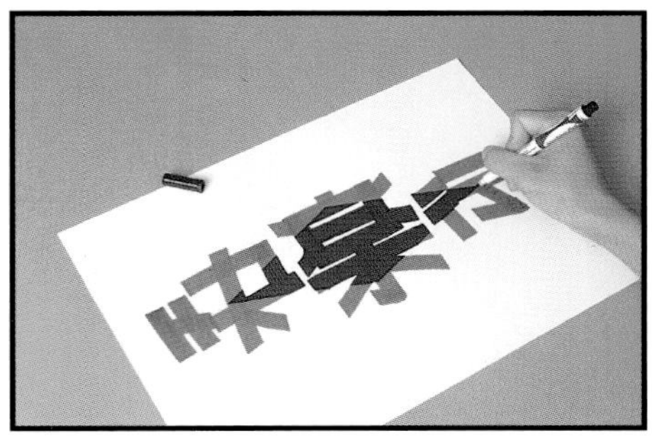

● 最後運用雄獅奇異筆做最完整的修飾。

〈二〉中間調字形裝飾技巧

1.中間調的裝飾流程

(1) 大體色塊

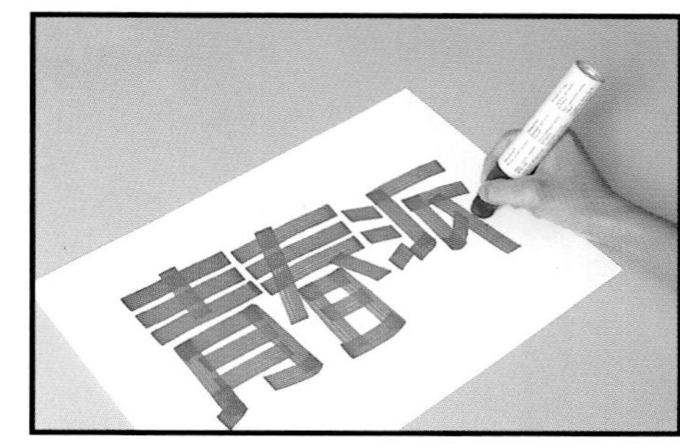

● 利用大麥克書寫出主標題的字架來。

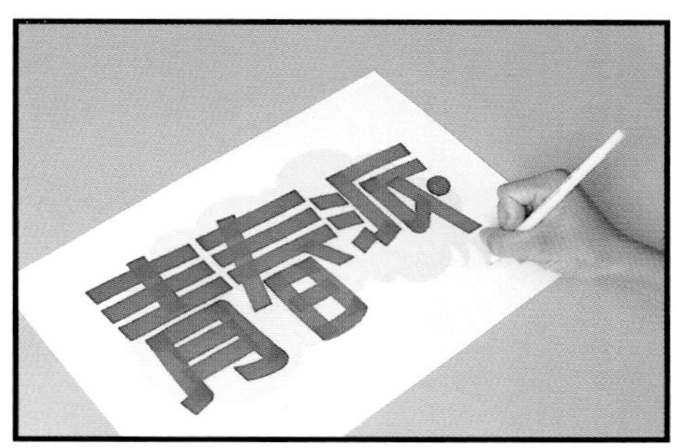

● 再用淺色的雙頭筆平塗底下雲形色塊。

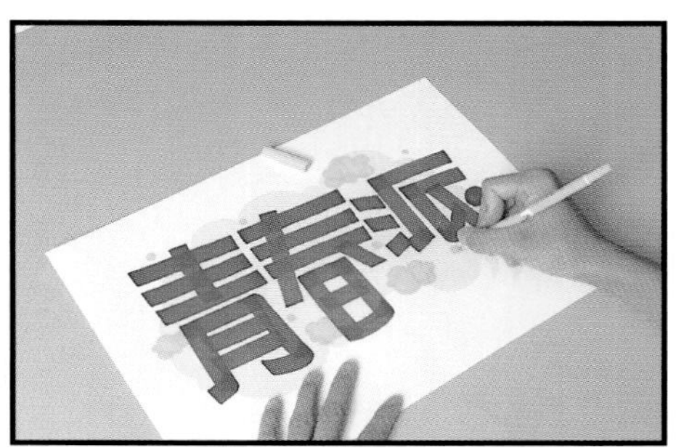

● 其次用較深的類似色予以點綴小雲朵。

● 最後完成不要忘了色塊四角要透氣。

(2) 大體寫意色塊

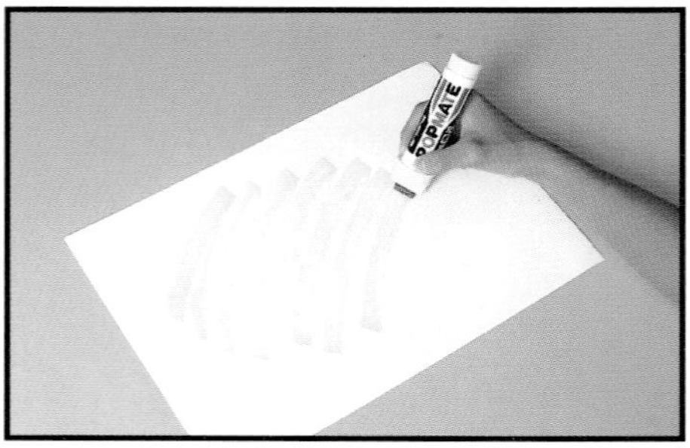

● 運用角20麥克筆快速畫出寫意的線條。

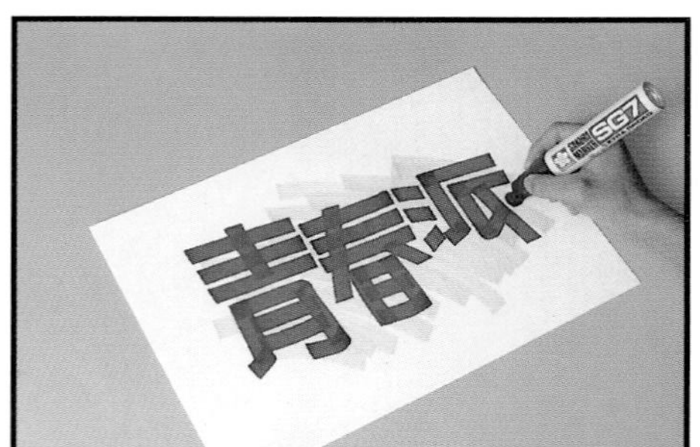

● 再利用大麥克筆書寫主標題於色塊上。

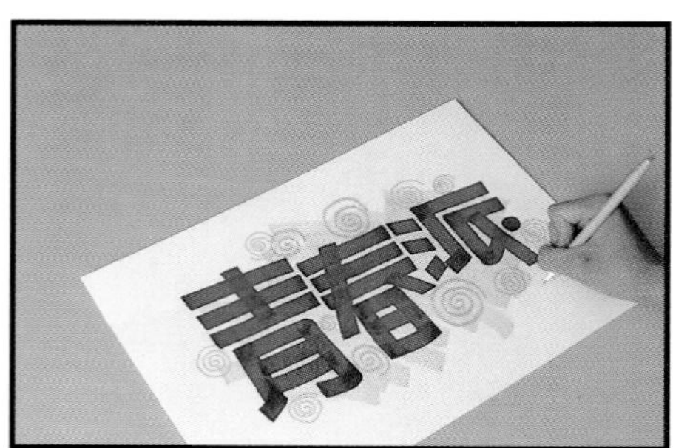

● 其次運用較深色彩的雙頭筆點綴蚊香圖案。

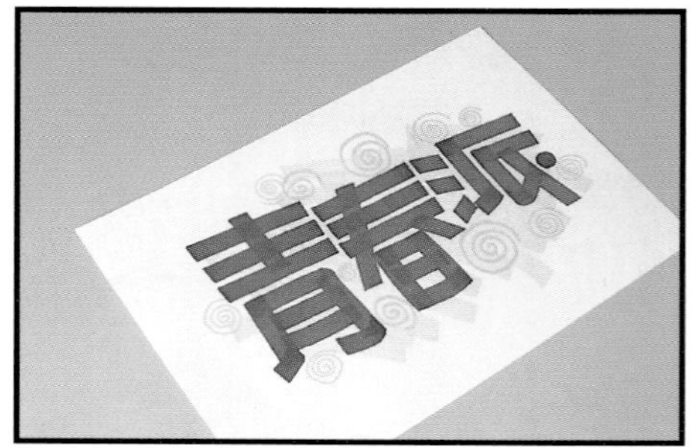

● 書寫字體時要儘量將四個角預留下來使字形更舒適。

(3) 大體雙色寫意色塊

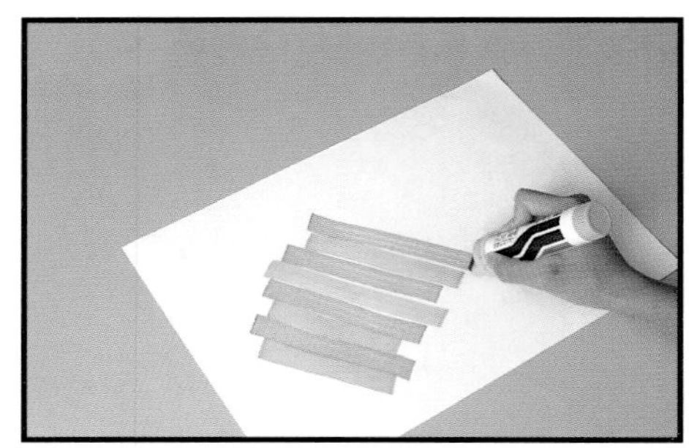

● 挑二枝淺色角20麥克筆依序交替畫斜線。

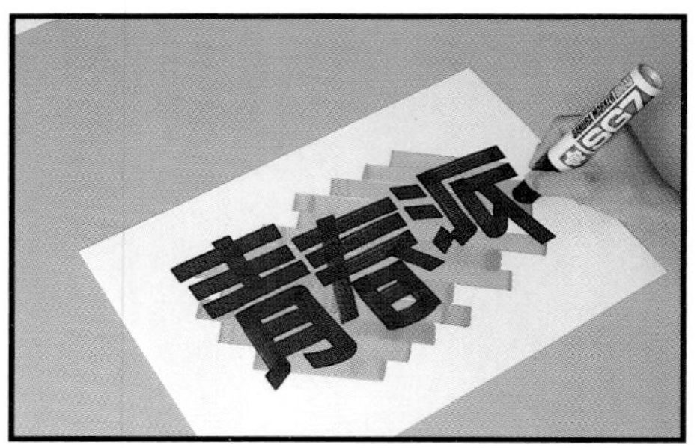

● 以深色麥克筆寫字體於色塊上，注意四角要透氣。

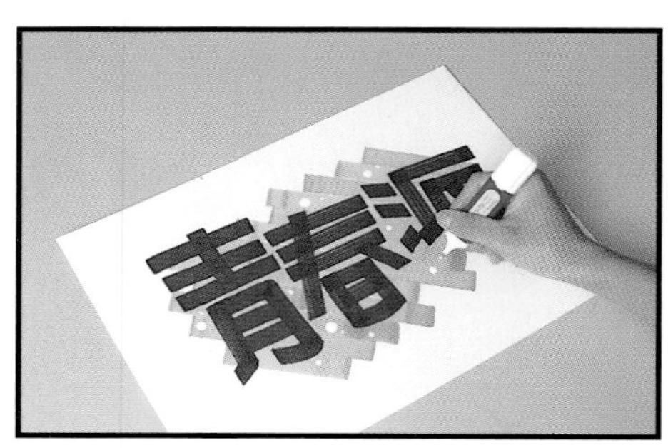

● 以立可白於色塊上畫上圈圈點點點綴，使畫面更豐富。

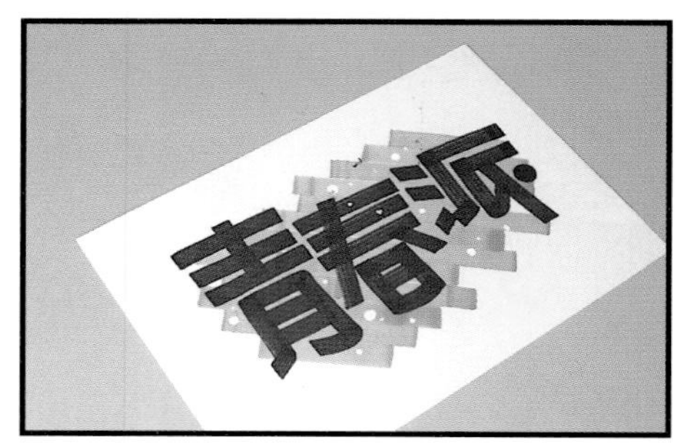

● 以此方法書寫主標題使其更富變化並且予人更出色的感覺。

(4) 寫意彩色色塊

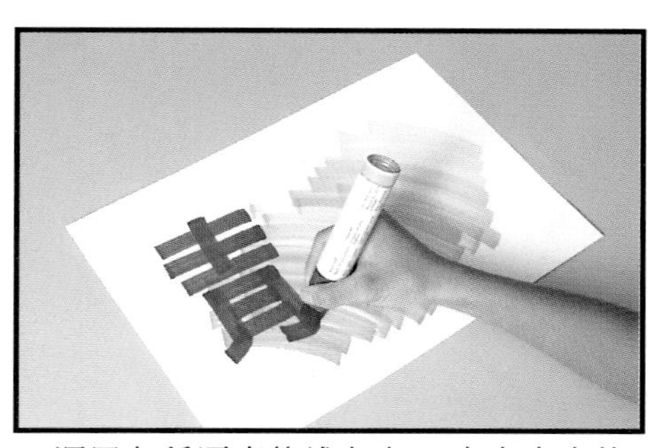

● 運用各種漂亮的淺色角20畫出寫意的線條。

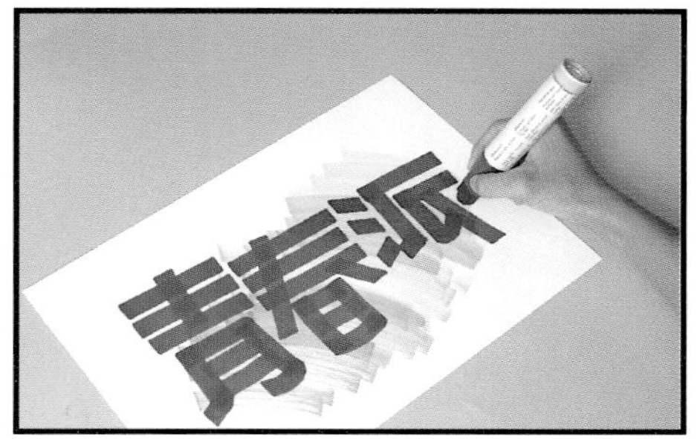

● 書寫字體　，務必注意四角要透氣以表現字形的舒適感。

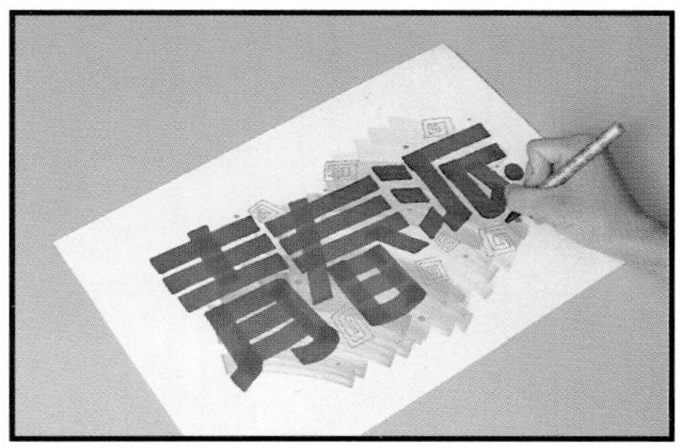

● 再以勾邊筆畫上點綴圖案，使字形完整性更高。

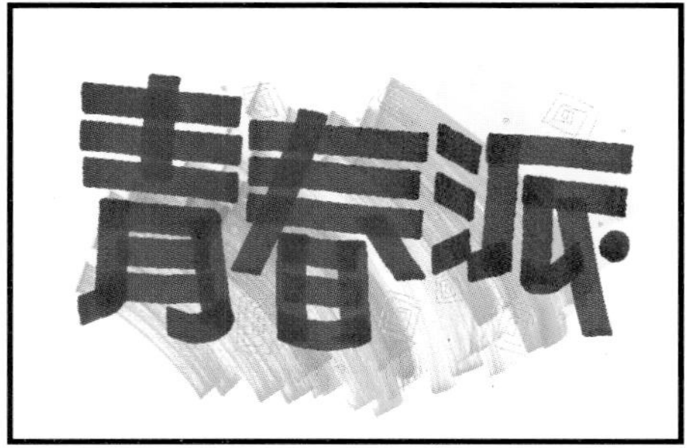

● 寫意彩色色塊做爲主標裝飾可使整張海報呈現較活潑的感覺。

(5) 拼圖色塊

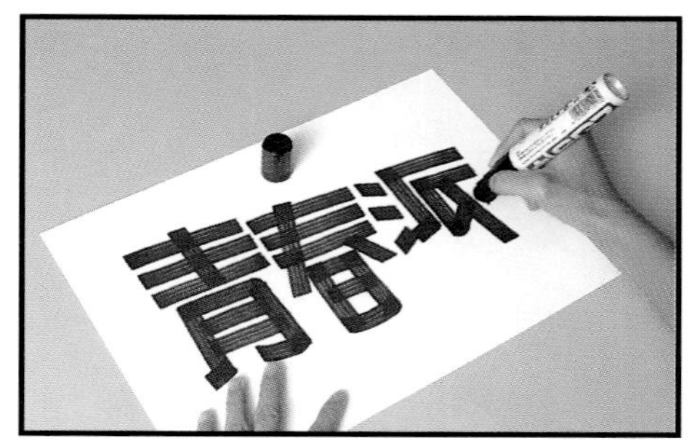

● 選擇深色麥克筆先書寫上主標題。

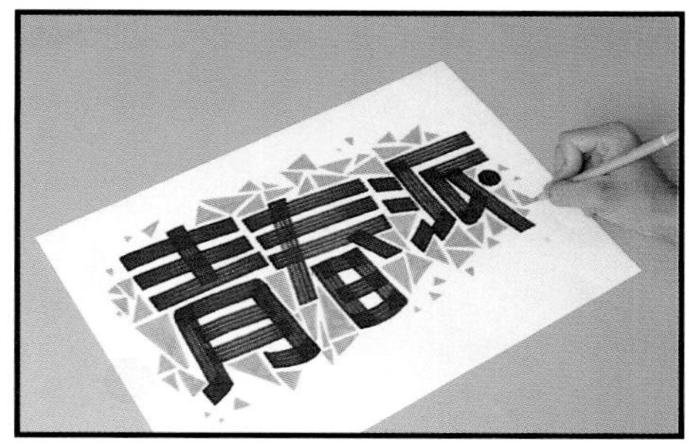

● 畫上淺色的拼圖色塊，注意其大小分配要平均，使其較生動活潑。

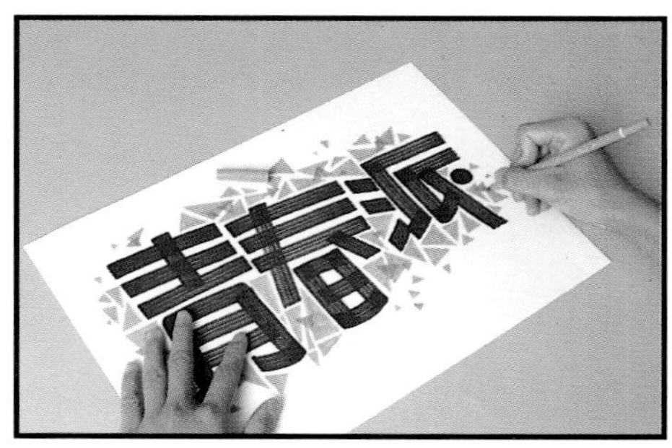

● 將拼圖色塊呈現出放射狀，並以類似色加以裝飾使版面完整性更高。

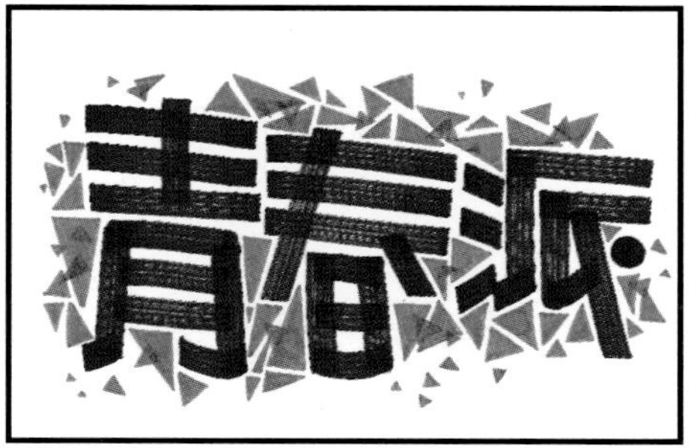

● 拼圖色塊間的距離不宜太過靠近以免產生壓迫的感覺。

☆此張海報採用梯形字加上寫意色塊使主標題有活潑生活的感覺。

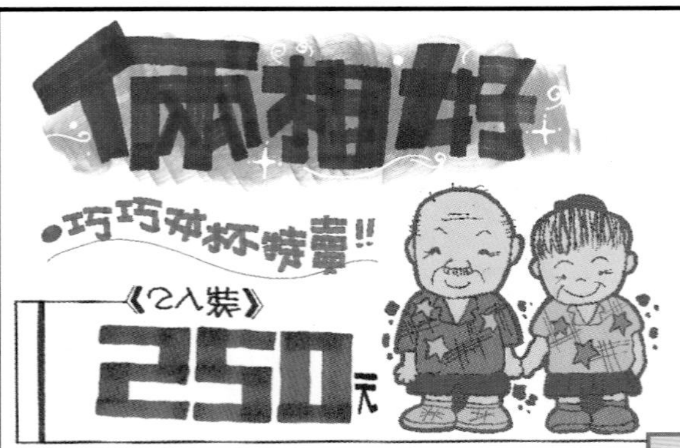

2.深色調的裝飾範例

☆使用字體：花俏字
裝飾技巧：選用二枝漂亮的角20交替畫出斜線，表現出熱鬧繽紛的效果。

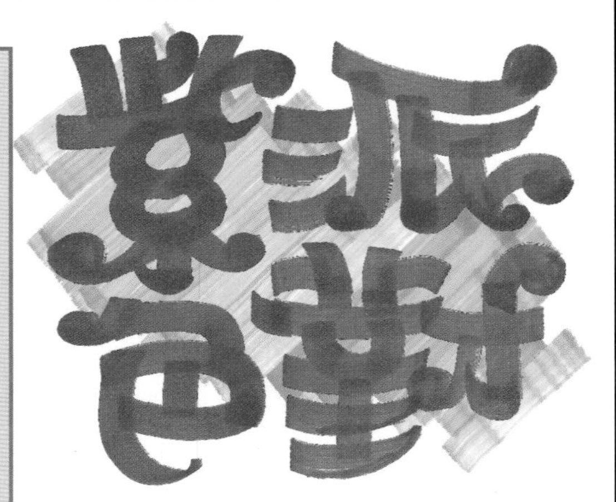

★大體寫意色塊

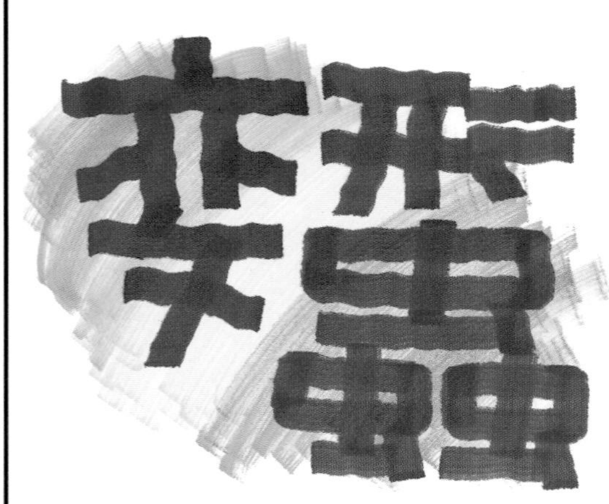

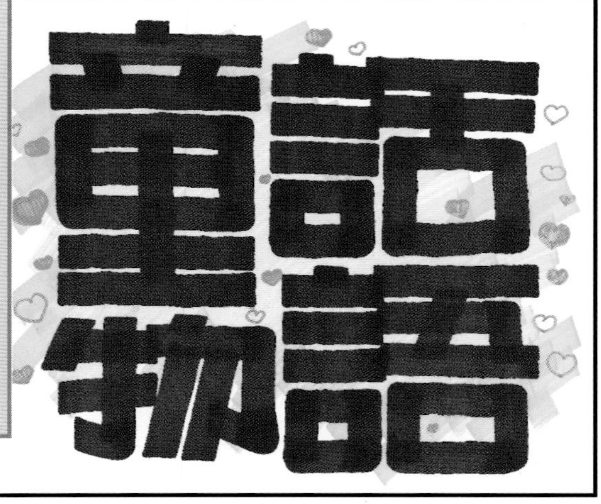

☆使用字體：抖字
裝飾技巧：選擇七種淺色角20依序畫出寫意的效果增加字形絢麗感使其更符合變形蟲的感覺。

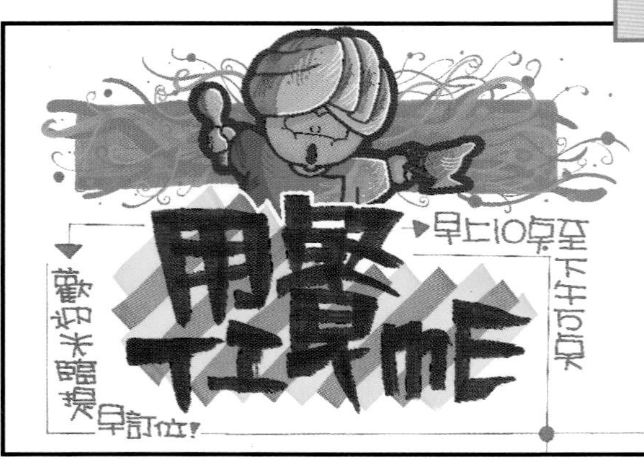

☆使用字體：圓角字
裝飾技巧：挑選一枝淺色調麥克筆畫上寫意色塊並且加上心型圖案點綴。

☆運用收筆字書寫主標頭，展現類似毛筆字的感覺並讓海報動態十足。

☆使用字體：角度字
裝飾技巧：畫上楓葉形的大體色塊並以類似色做點綴使其風格突出較具個性。

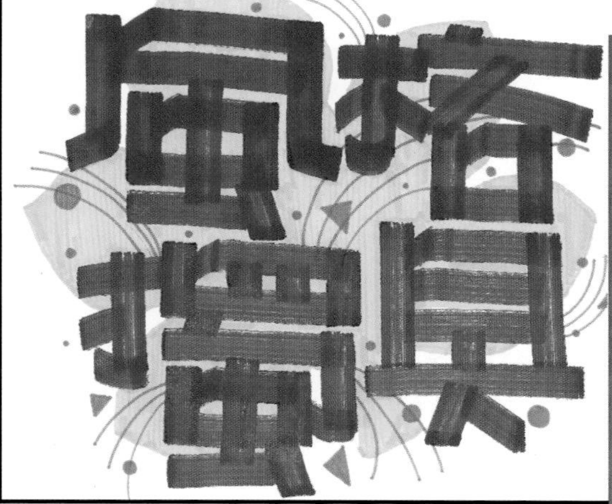

★大體造形色塊

☆使用字體：雲彩字
裝飾技巧：利用雲朵形狀的大體色塊故裝飾並挑配雲彩字。

☆使用字體：闊嘴字
裝飾技巧：以淺色加上大體色塊用以突顯字形，並用類似色加以點綴。

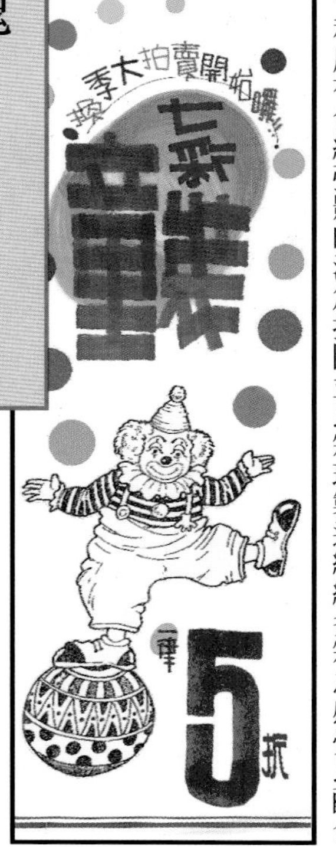

☆利用有色紙張影印法爲插圖並以彩球製造繽紛多彩之感覺以配合主題。

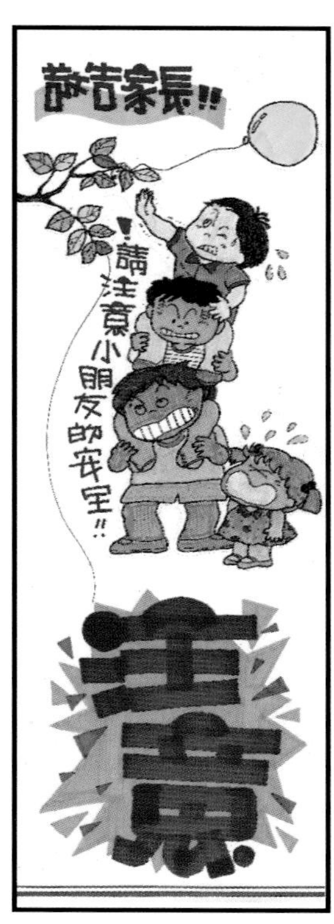

☆此張海報乃是以圖決定整個編排，主標題並採用爆炸大體色塊表現。

☆主標題採字拼圖色塊製造細緻感，搭配色塊拼貼的聖誕老公公插圖和樹狀的指示圖案相呼應 。

★大體拼圖色塊

☆使用字體：翹角字。
裝飾技巧：利用拼圖色塊其造型製造嘉年華予人之熱鬧繽紛感。

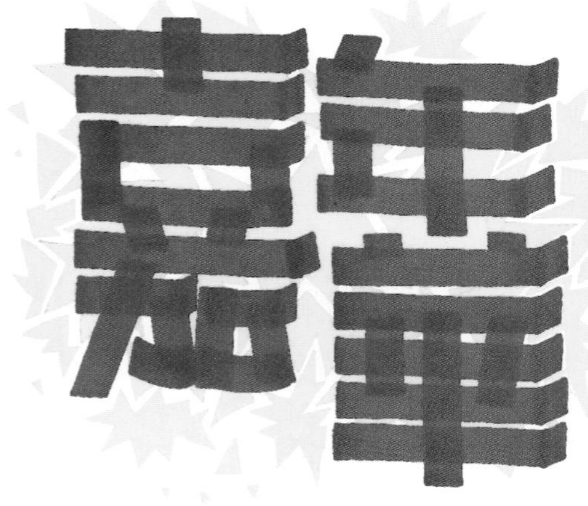

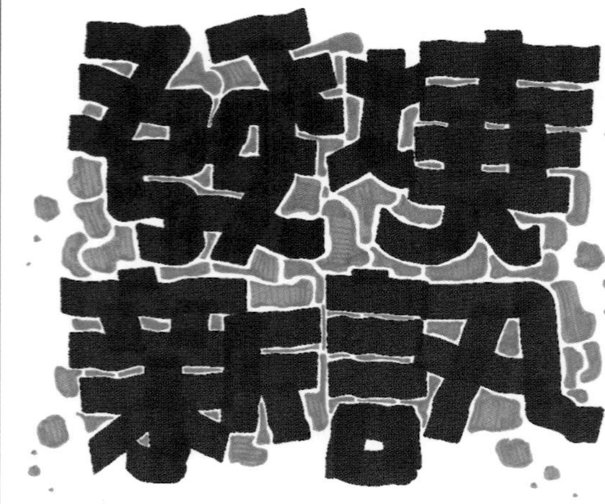

☆使字字體：抖字。
裝飾技巧：以拼圖色塊增加字形動態並使字形更明顯、出色。

☆使用字體：圓角字。
裝飾技巧：圓形的拼圓色塊能製造螺旋狀向外發散的感覺並使整組字個性十足。

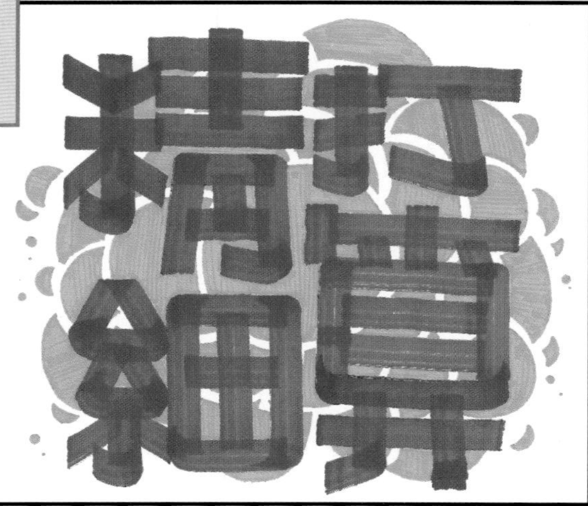

(6) 單一色塊

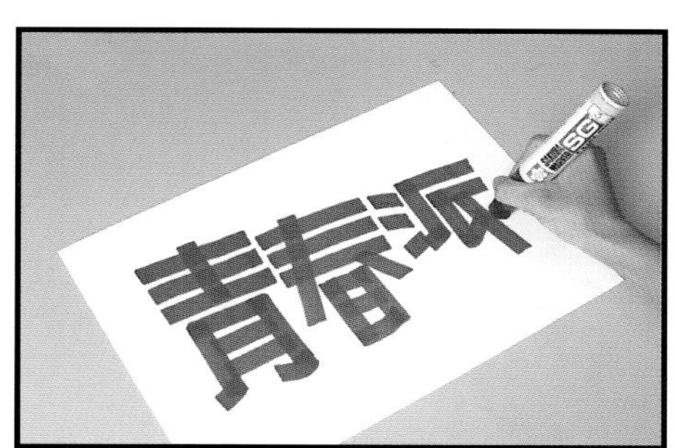

● 挑選一喜愛的深色麥克筆來書寫字體。

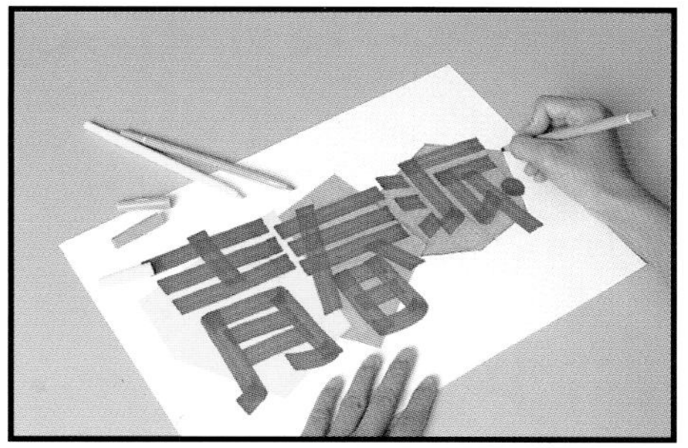

● 畫上不同色的單一色塊，注意色塊之間須相連接才有集中的效果。

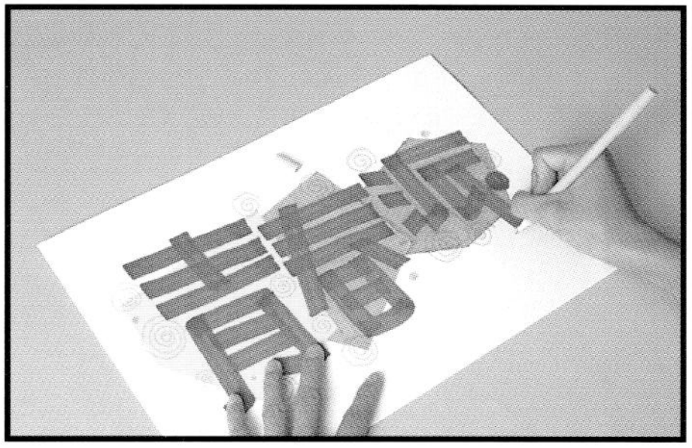

● 畫上蚊香圖案作爲點綴以使版面更生動活潑。

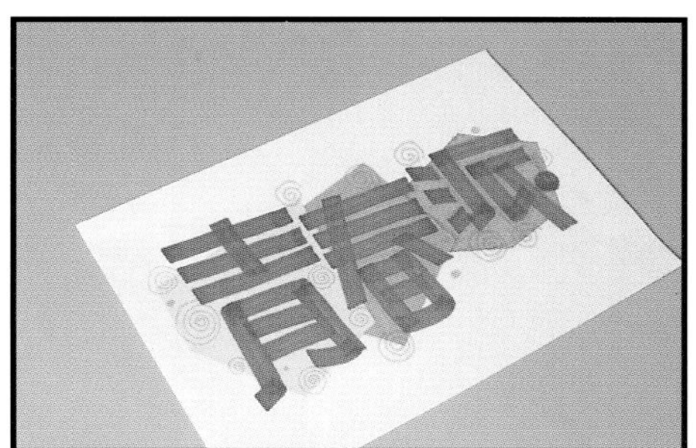

● 加點綴時須使用灰色筆或立可白等無色彩色系，以免畫面雜亂得到反效果。

(7) 棋盤線裝飾

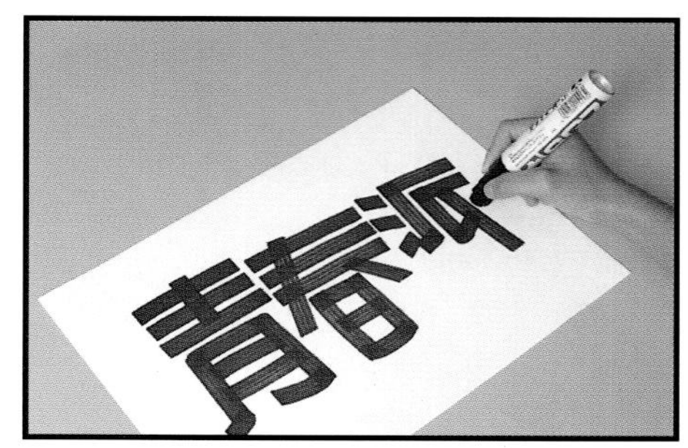

● 先以深色麥克筆書寫標題的字架。

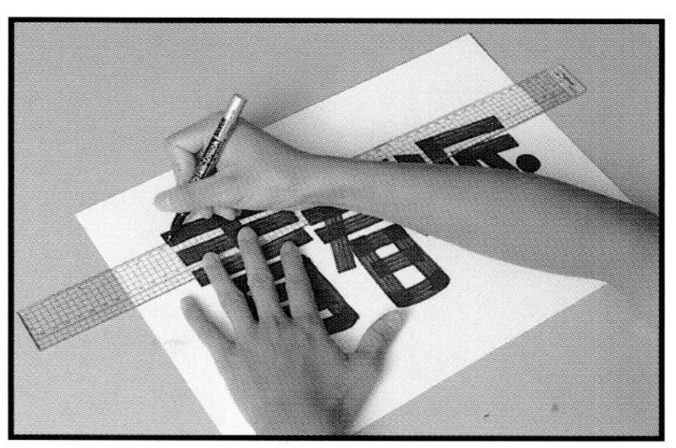

● 其次，以細勾邊 筆在字上畫出相交之格線，注意不可太密不免破壞字形架構。

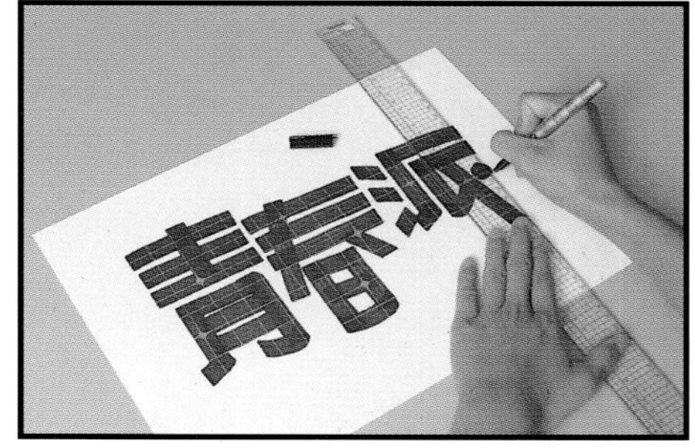

● 加上放射水滴形的亮點於線條交錯處，表現出新奇並具現代感，但注意不可過多以免破壞字形。

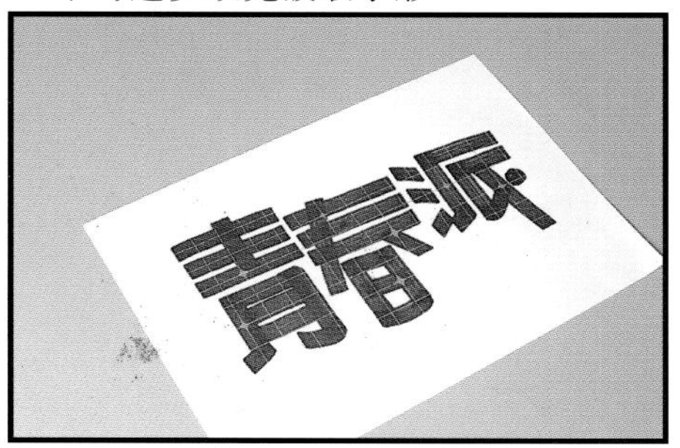

● 注意其直線與橫線不宜太密，否則字形會顯得擁塞。

★單一色塊

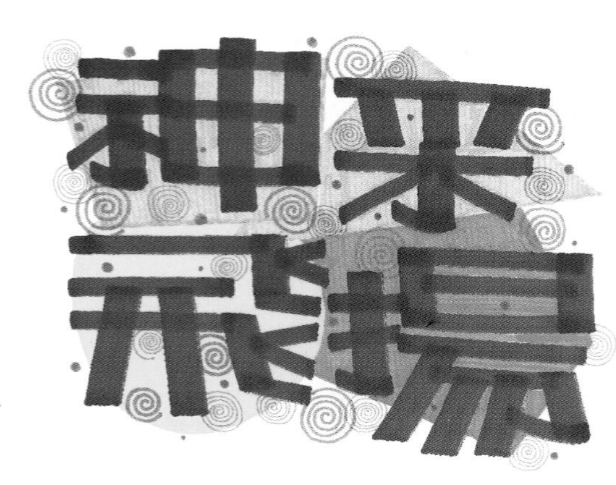

☆使用字體：直粗橫細字。
裝飾技巧：利用各種不同色的造型方塊作裝飾，加以灰色蚊香圖案點綴整合版面。

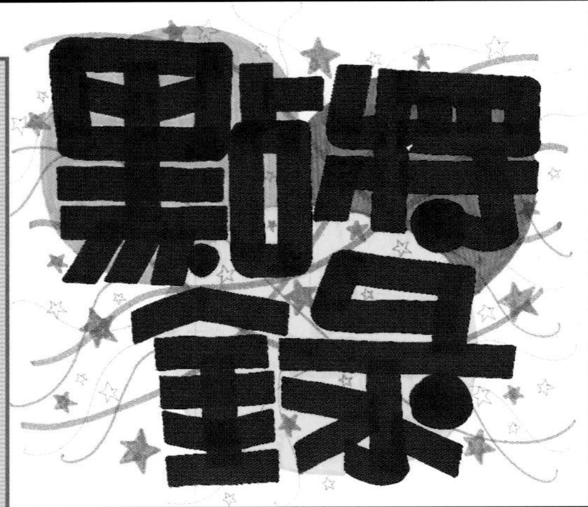

☆使用字體：打點字。
裝飾技巧：配合打點字來運用圖形的單一色塊裝飾不但色彩豐富更增添可愛感。

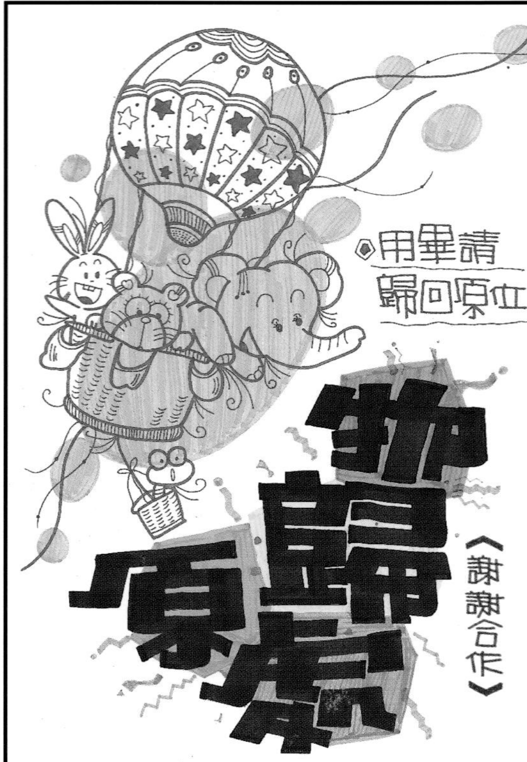

☆利用直粗橫細字和單一色塊裝飾來作爲標題，再加上麥克筆縷空法的插圖。

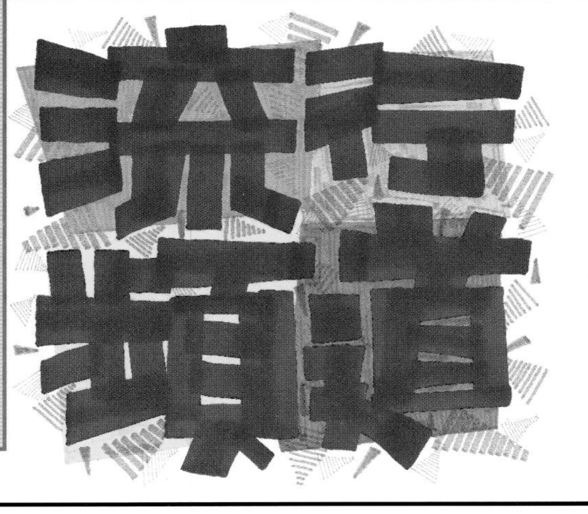

☆使用字體：梯形字。
裝飾技巧：以色彩動人的短形單一色塊裝飾字形，搭配灰色點綴圖案。

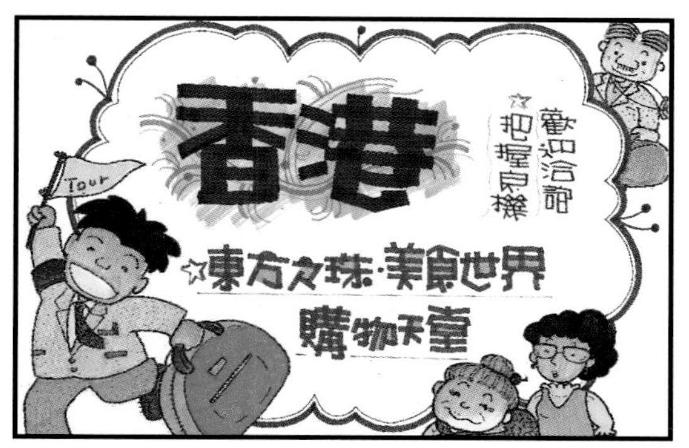

☆以可愛的麥克筆平塗法插圖來增加版面的活潑度。

☆使用字體：打點字。
裝飾技巧：運用幾何圖形做角落色塊，增加字體活潑度。

★角落、字裡色塊

頂尖拍擋

使用字體：橫粗直細字。
裝飾技巧：盡量找口字來做。

逍遙遊

粉墨登場

歡迎洽購
全面特惠
價格實在
新鮮美味
敬請把握
機會不再

☆以上各種裝飾皆可靈活應用於副標題，使版面更可愛出色。

☆使用字體：收筆字。
裝飾技巧：使用相同的淺色調來作字裡色塊，並盡量跳開。

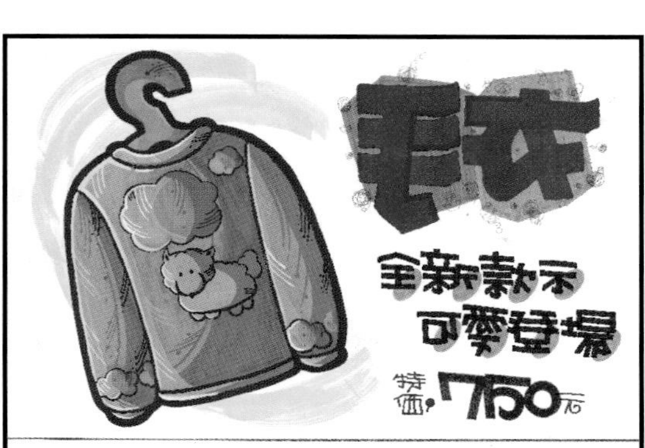

☆此海報除了主標運用單一色塊裝飾外，副標更加了角落色塊使版面完整。

★銀色勾邊筆裝飾

☆使用字體：斷字。
裝飾技巧：銀色勾邊筆加中線打圈裝飾能讓字形均衡而穩定並且更有精緻的效果。

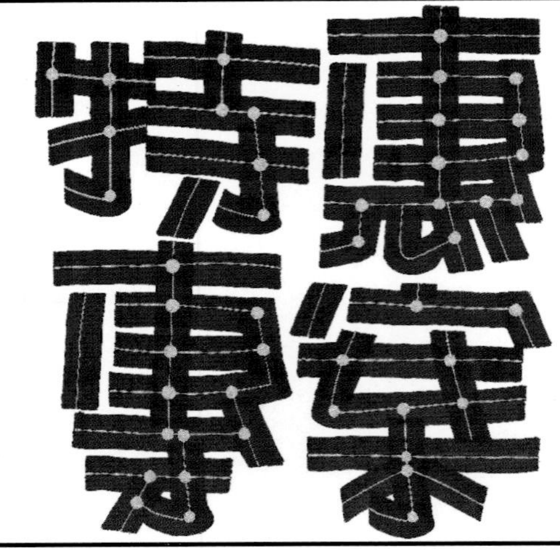

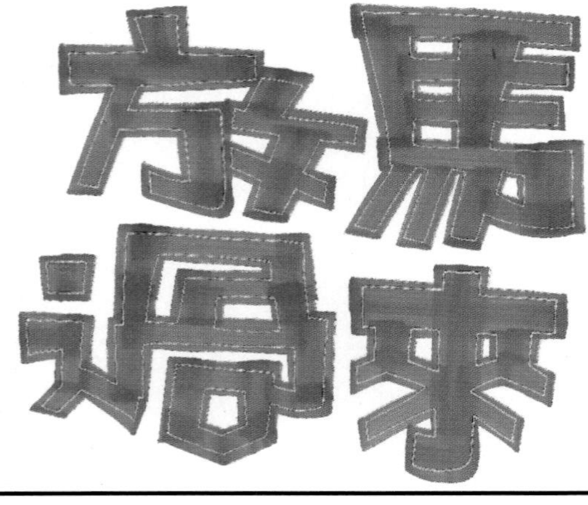

☆使用字體：梯形字。
裝飾技巧：以銀色勾邊筆往內加框不但使字形更加精緻也讓整組字有內縮的感覺。

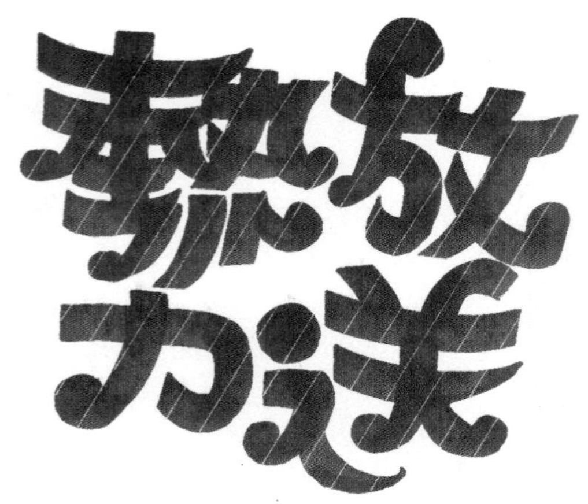

☆使用字體：花俏字。
裝飾技巧：書寫完字體後以細勾邊筆等距離畫上斜線，能使字形 有均衡感且精緻。

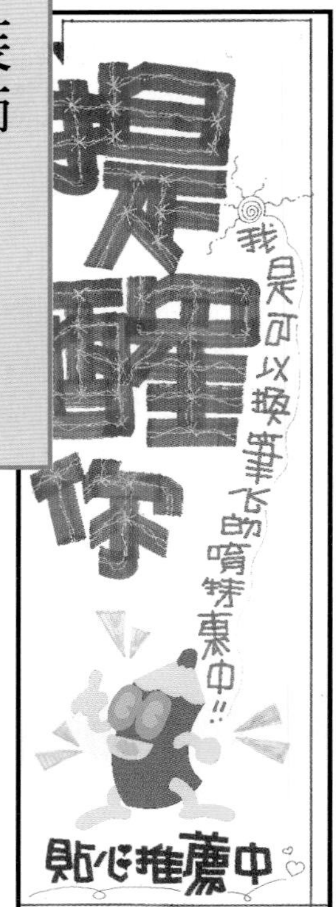

☆主標題採取曲線加中線打叉裝飾讓其字形更精緻且富動態。

☆此張海報以圖爲主形成有趣的編排使整個版面有獨特的創意。

三、特殊裝飾

綜合前述的所有裝飾概念，讀者要理解並牢記其觀念才能將POP字體的創意空間加以延伸，接下來要介紹的是特殊裝飾偏重於質感的表現像石頭、軟木塞、草繩、玻璃、錯開等變化，可使海報的主題表現更加明顯。

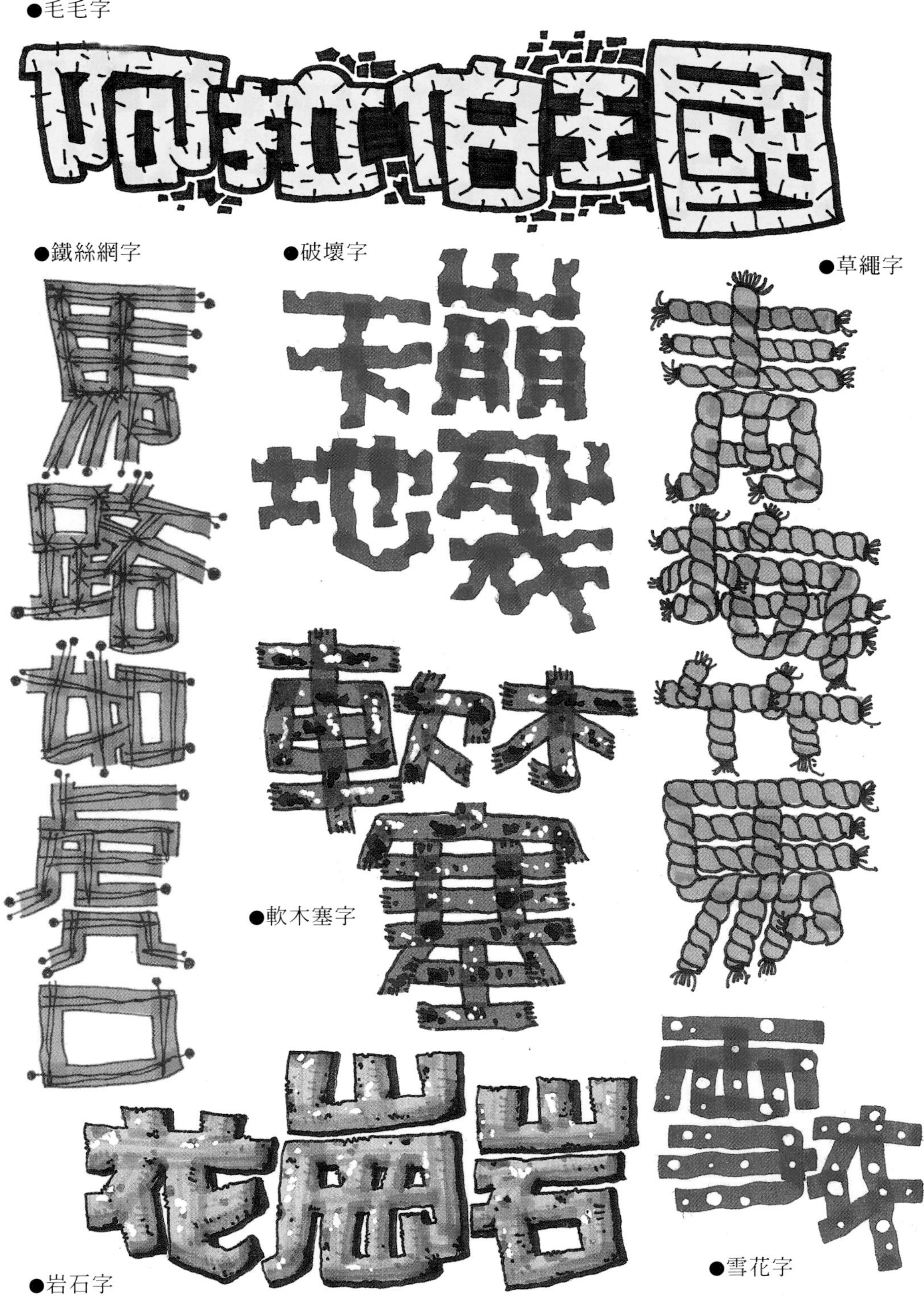

●毛毛字

●鐵絲網字

●破壞字

●草繩字

●軟木塞字

●岩石字

●雪花字

★金屬字

特殊裝飾字(1)

展現主標題金碧輝煌的感覺要強調其立體感及多層次的效果及光線來源亦能表現出金屬字的特色。

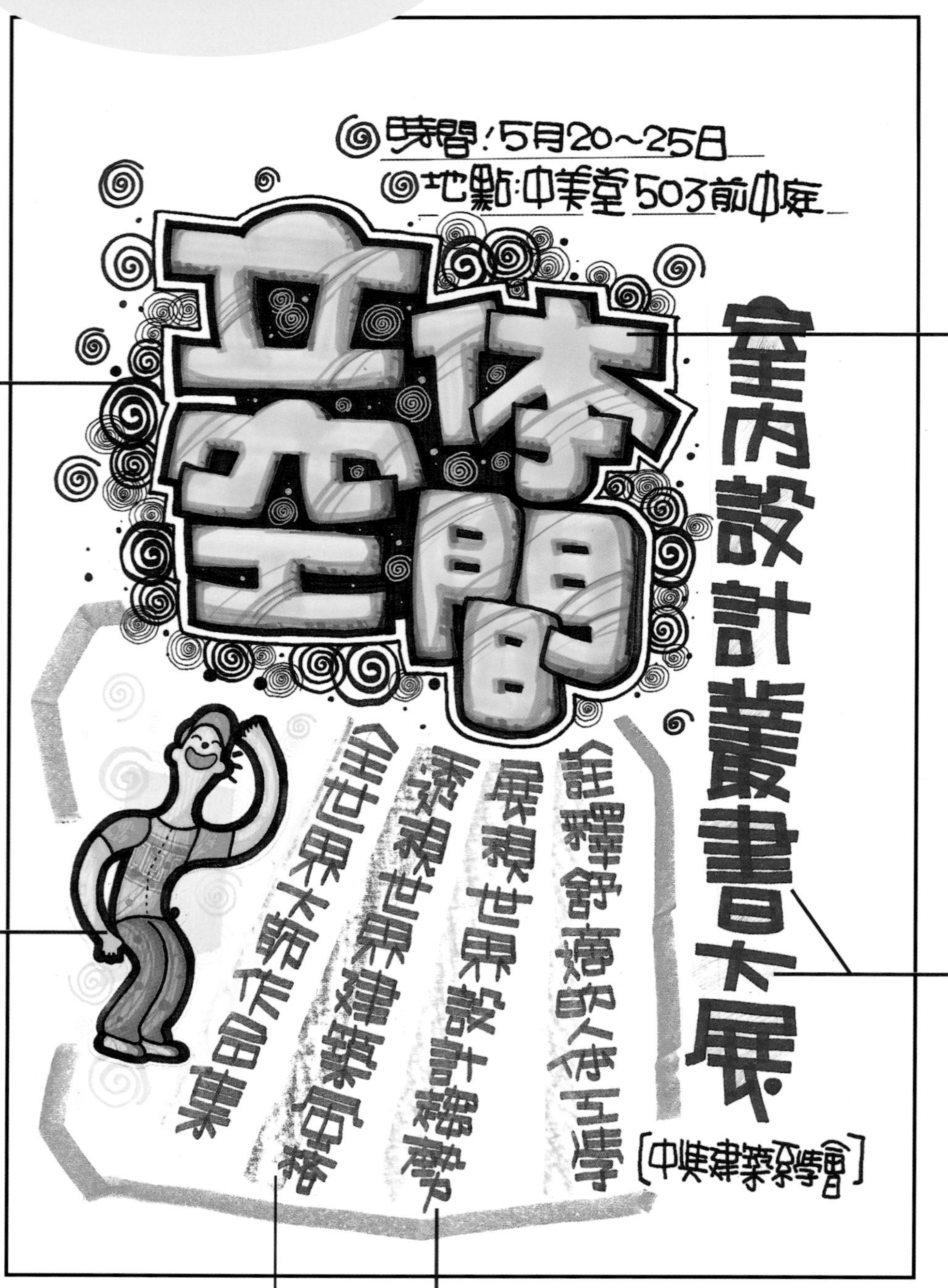

●其背景點綴可運用雙頭筆三枝筆的概念增加空間感。

●金屬字的層次要特別的加以區分可使質感增加。

●趣味前衛的插圖可增加海報的創意張力。

●副標題裝飾也可運用色鉛筆做字裡色塊的裝飾。

●飾框與輔助線運用蠟筆做效果相當特別。

●精緻廣告顏料重疊法，可使插圖表現更有張力。

●玻璃字的亮點是不可或缺的要素。

●整合畫面採內粉彩的效果使整個版面更生動。

●副標題裝飾採曲線分割並融入飾框極具趣味性。

讓晶瑩剔透的感覺完全表達，並留意筆觸的瀟灑及亮點的點綴，就能將透明的感覺呈現出來。

★玻璃字

特殊裝飾字(2)

●飾框與輔助線運用蠟筆做效果相當特別。

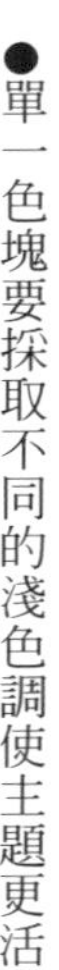

●單一色塊要採取不同的淺色調使主題更活潑。

●指示圖案可運用極富創意的造形加以表現。

●做完色塊裝飾後要採無色彩的點綴（灰色），並可使用開幕熱鬧的緞帶裝飾。

●麥克筆上色是最札實的插圖表現技巧。

〈大象班〉

畫在這裡

抓住最棒的一刻

表現無禁忌的動作

記錄歡樂的童年

瞧瞧誰的姿勢最炫看這裡！

佑欣幼稚園

★底片字

特殊裝飾字(3)

棕黑色大枝麥克筆書寫，並小心每個筆畫都需斷掉，並用立可白點出底片的鏤空部份，就能傳達主題的涵意。

★草繩字

特殊裝飾字(4)

先用淺色麥克筆書寫字架，並用較深的顏色劃出繩子的立體弧度，再運用最深的小筆劃出一結一結的效果即可。

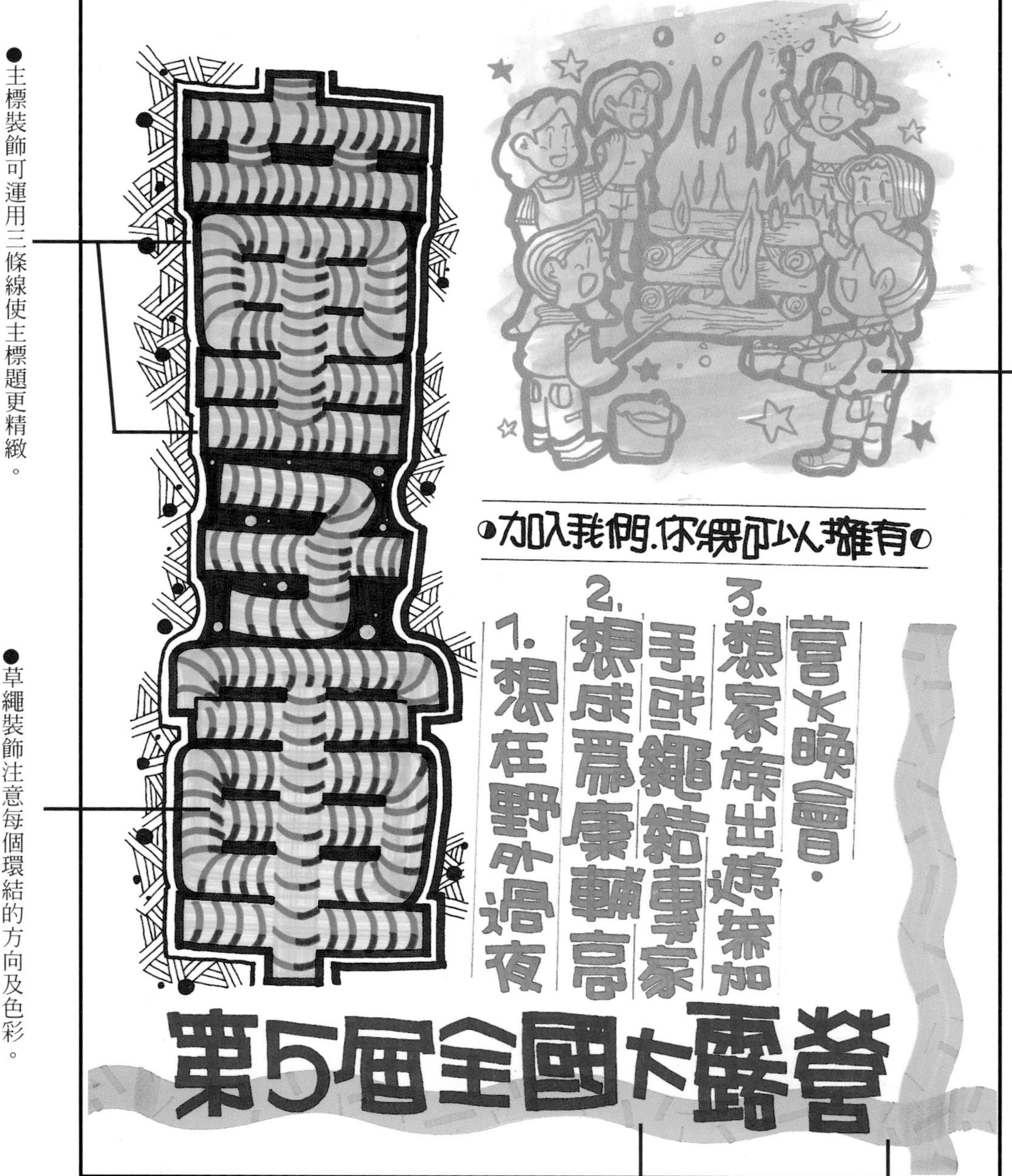

●主標裝飾可運用三條線使主標題更精緻。

●草繩裝飾注意每個環結的方向及色彩。

●廣告顏料寫意上色法是創意快速的插圖表現技法。

●曲線飾框除了可增加畫面的活潑性外更可使字形裝飾。

★錯開字

特殊裝飾字(5)

先用淺色筆書寫字架，並用深色筆往四角任何一方做出錯開的效果並採取立體錯開框可使主標題更明顯。

●廣告顏料平塗法可使插圖更形精緻。

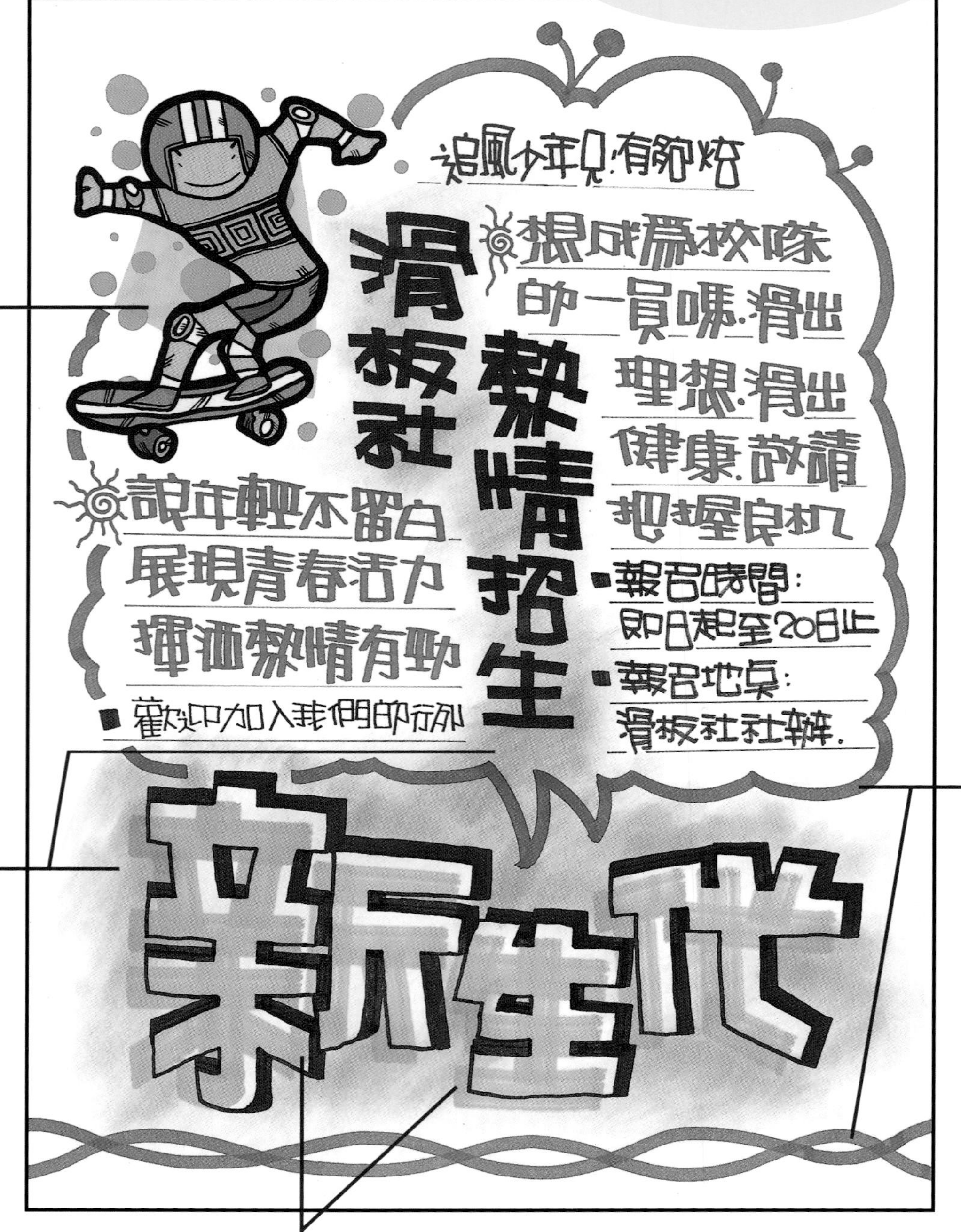

●粉彩的裝飾可軟化版面的硬調亦可有瀟灑的效果。

●有趣的雲朵框及雙曲線的輔助線是活潑版面的關鍵。

●錯開字先寫淺色主標與選擇同一方向用深色筆畫出錯開立體框使主題更明顯。

●折線的飾框可利用粗細來增添版面的趣味性。

【貼♡.細♡.閑♡.耐♡.愛♡】

情人節物語夢幻登場

1.金莎巧克力花束

2.立体紙雕情人卡

夢幻夢組合

3.百合花香迷你香水

4.可愛純金♥戒子

夢幻價格

2150

●字與字塊都作出有渲染夢幻的效果。

●利用水性色鉛筆作出較特別的效果。

●有色紙張影印插圖是快速精緻的表現技法。

●哥德體的數字是屬於較高級的數字表現。

★夢幻字

特殊裝飾字(6)

先用水性麥克筆畫出寫意色塊並沾水使色塊有暈開的效果，書寫大字後利用棉花沾引苯，做出筆劃有暈開的效果即可。

★煙霧字

特殊裝飾字(7)

利用衛生紙沾上補充液於主標上故出隱約的煙參的效果，注意要有深有淺的疏密以不破壞主題字架爲準。

●以圖爲底的插圖表現很容易使畫面更精緻。

●淺色的雲朵色塊與主標題相呼應。

●說明文的編排活潑不呆板。

●利用衛生紙沾甲笨做出煙霧的效果。

禁止吸煙

●發揮公德♡拒吸二手煙●

拒煙抗煙

殺手也污

是破壞

吸煙有

大家一起來拒煙

不吸煙

染空氣

身体的

礙健康

《北星醫院》

●精緻剪貼可成爲整張海報的重點且其整合畫面的作用。

四、二次裝飾技巧

一張海報的完成其步驟是非常簡單的，除了掌握字體的大小、顏色外，最主要的是主副關係的養成，所以主標題爲二個裝飾，副標題一種。其次爲筆的顏色，爲主標題是深色〈藍、黑、紫〉副標題爲中間調〈紅、綠、咖啡、土黃、洋紅、青〉，反之主標題爲中間調或淺色調〈黃、橙或粉色角20〉其副標題爲深色調，這樣主副關係才會有所區別。別忘了副標題不宜用淺色麥克筆書寫，因爲加框時會破裝字架。以下的範例可提供你做最完整的參考。

●淺色主標題

●飾框可將說明文突顯並增添版面的趣味性。

●廣告顏料平塗法並用粉彩做背景使插圖更精緻。

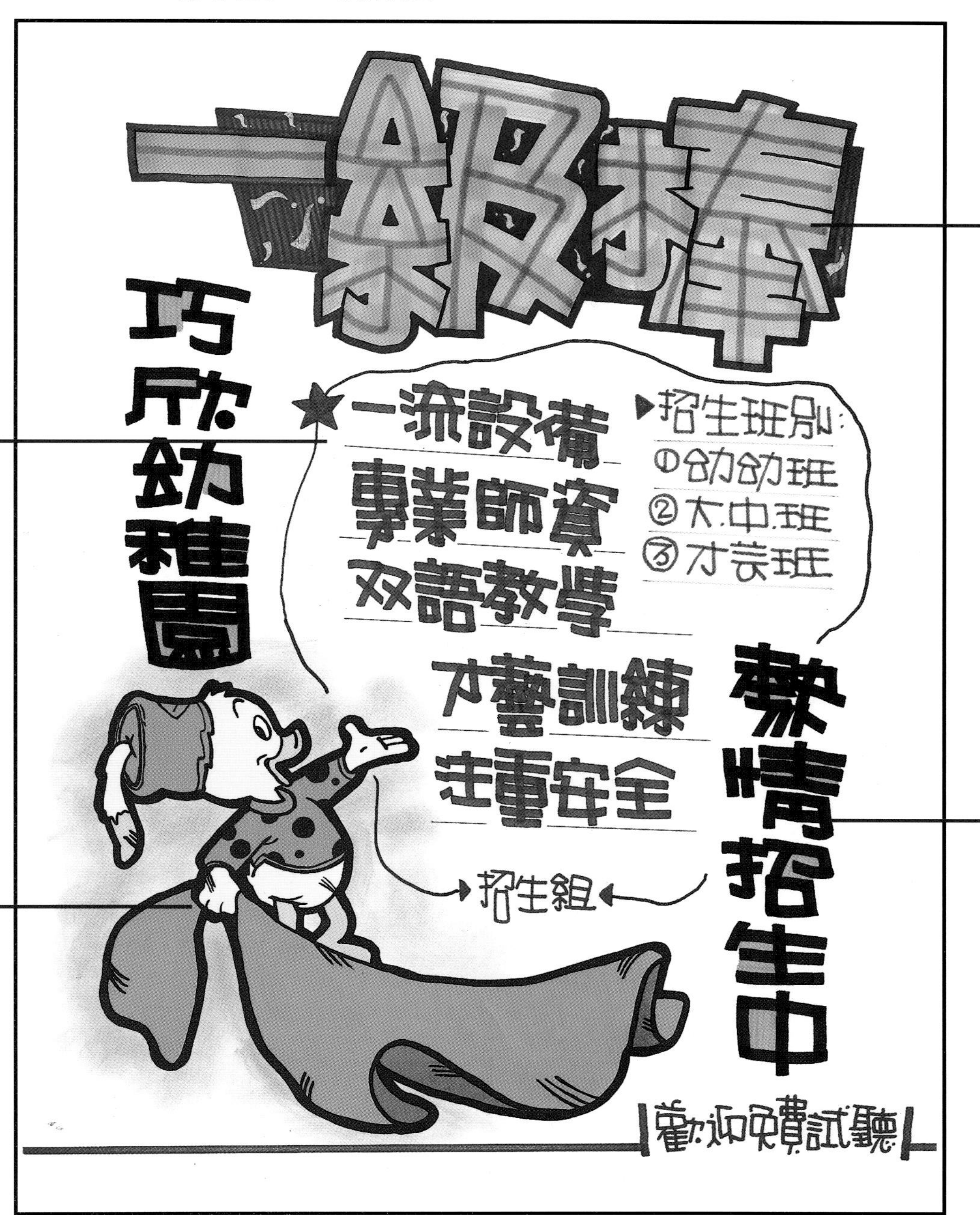

●主標爲淺色加完深框並用淺色筆加中線做第二裝飾。

●主標爲淺色副標爲深色「黑」，並做字裡淺色色塊裝飾。

●中間色主標題

●廣告顏料重疊法可大大提升版面的精緻度。

●瀟灑的飾框使構圖更生動。

●主標爲中間色副標爲深色「黑」並做漸層寫意色塊。

●當主標爲中間色故採直線分割做裝飾，並用淺灰色加外框做第二裝飾再加上拼圖色塊使版面更活潑。

海鮮線滙

森林之歌

動物宣言

排骨.蹄膀.

養生之道現在開始

●深色主標題

●主標爲深色副標爲中間色「線」做出曲線分割的裝飾。

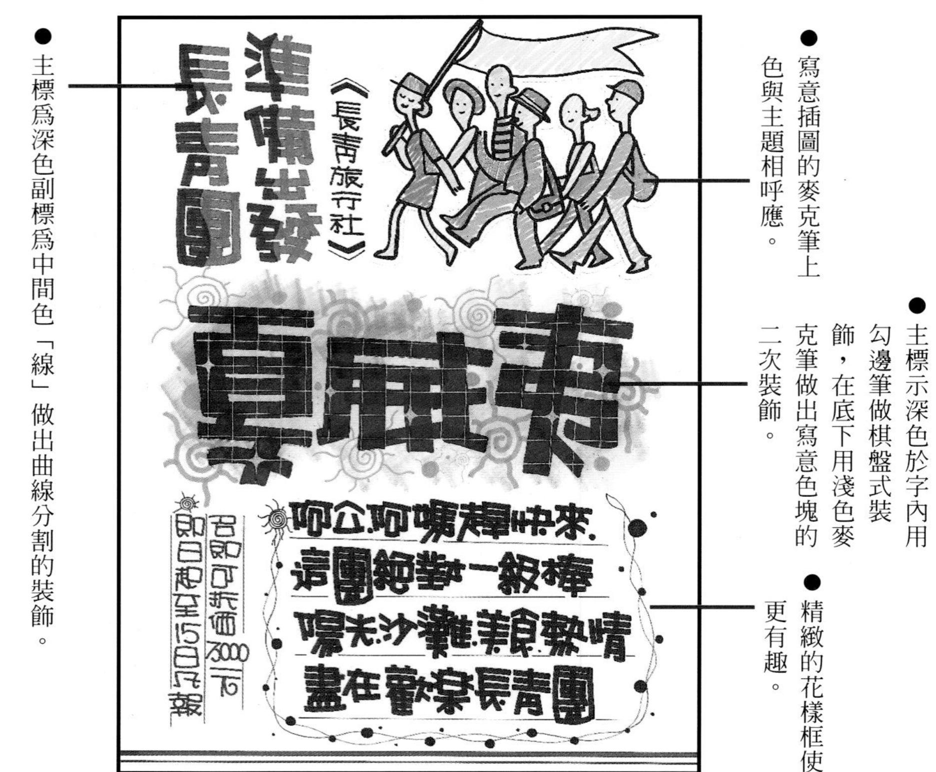

●寫意插圖的麥克筆上色與主題相呼應。

●主標示深色於字內用勾邊筆做棋盤式裝飾，在底下用淺色麥克筆做出寫意色塊的二次裝飾。

●精緻的花樣框使版面更有趣。

〈一〉淺色調裝飾〈加外框〉

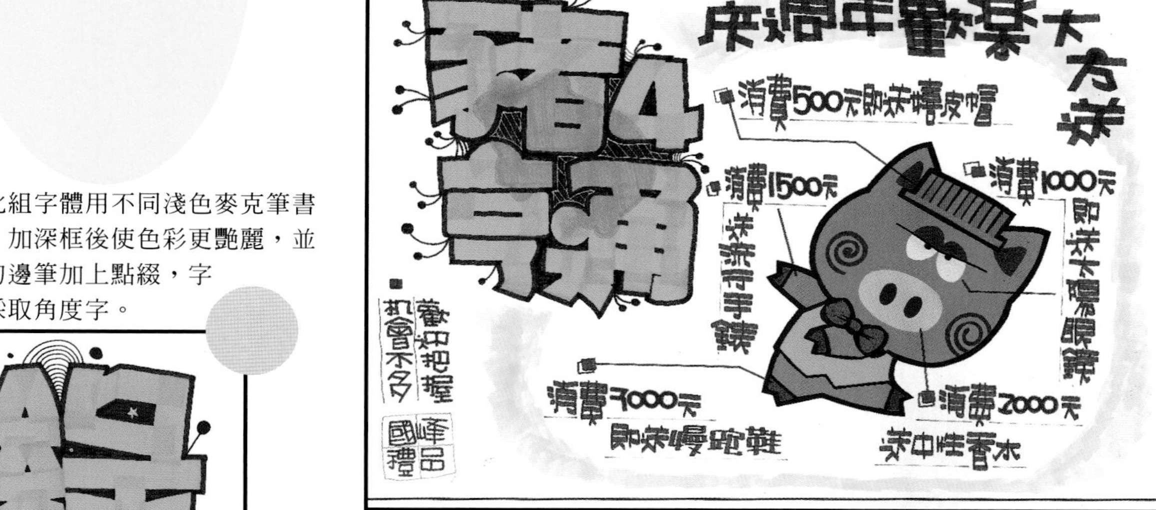

▼此組字體用不同淺色麥克筆書寫，加深框後使色彩更艷麗，並用勾邊筆加上點綴，字體採取角度字。

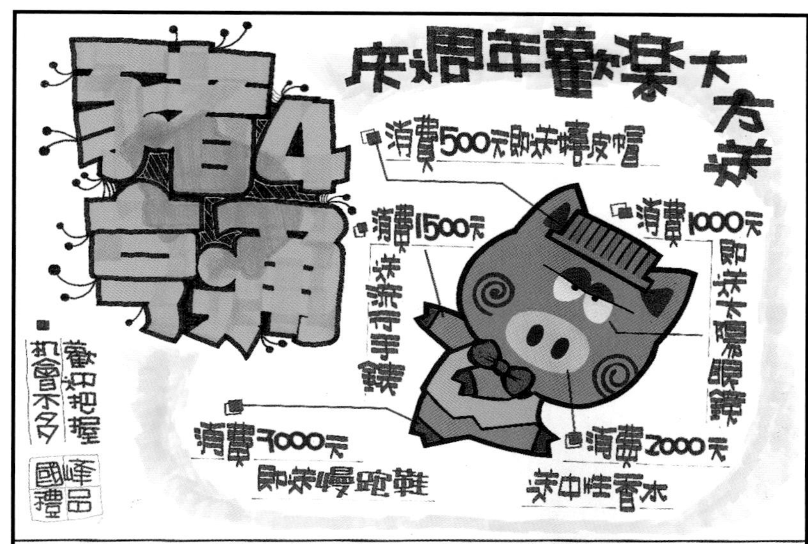

▲此主標題加完框後並加上毛毛，字內加上豬的造形分割法使其主題精緻，精緻前貼插圖並配合有趣說明文編排，使海報訴求更活潑。

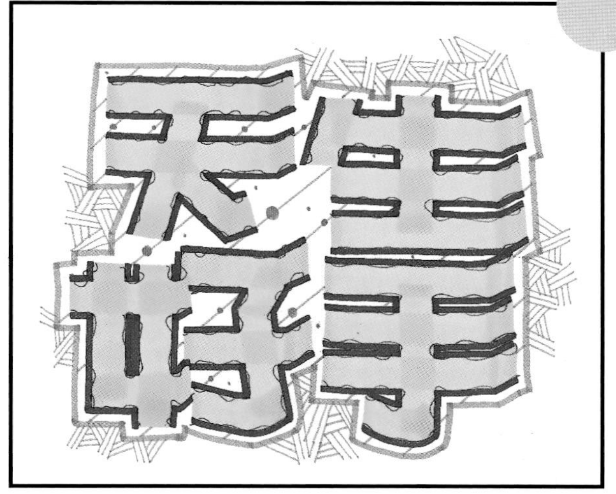

▲此組字採用翹角色，並加上複框，一直一曲再用淺色筆加上外框打斜線並在其外加上三條線的點綴。

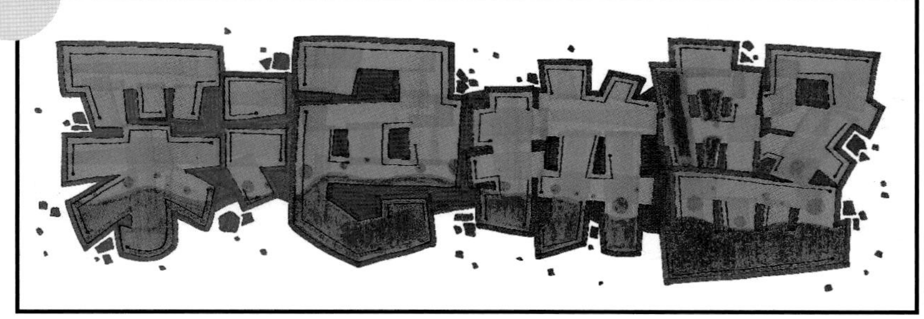

▲此組字採取梯形字，首先每個字加上不同顏色的外框，並於字形內加上複框，並做曲線分割使主題更有變化，拼圖色塊的點綴更形完整。

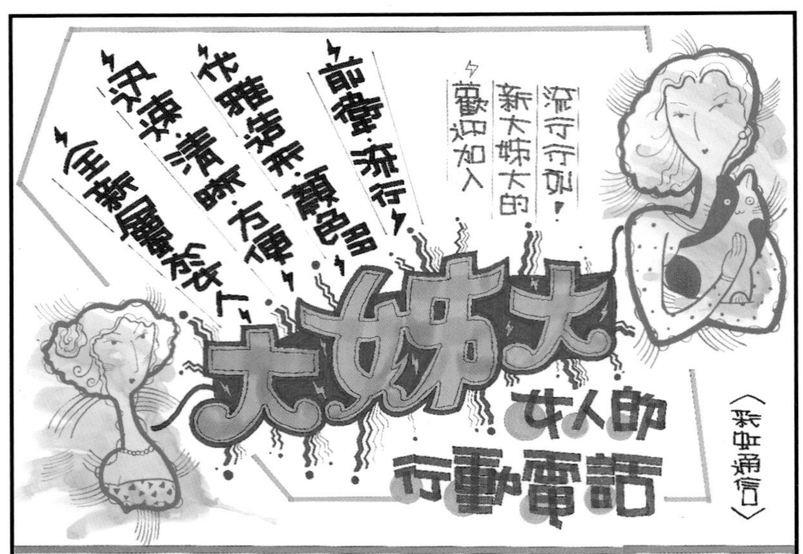

▲此張海報字體採取花俏字，並用深色框加上複線外粗內細，並在字外加上抖線裝飾，搭配寫意法插圖使其呼應並有連續通話的意境，使版面主旨更明確。

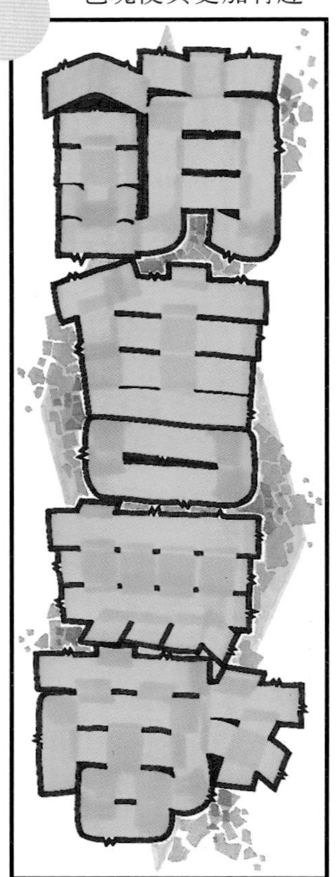

▼此張字體採取抖字並在右上加上錯開框使其有立體的效果並加上拼圖色塊使其更加有趣。

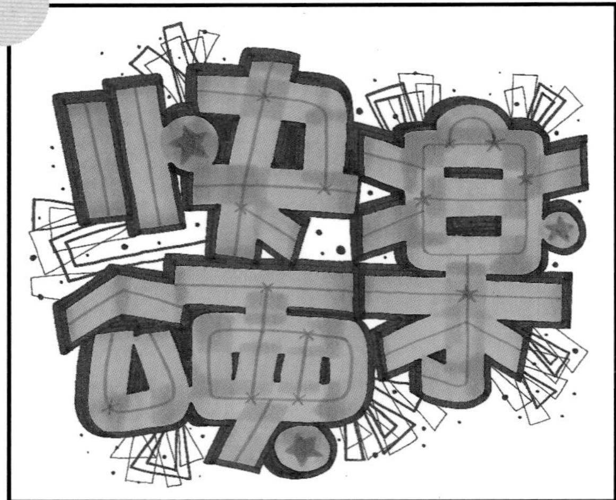

▲此張字體採取打點字，並於左上加上立體框並在字內加上淺色中線，字外方形線條點綴使字形更有動感。

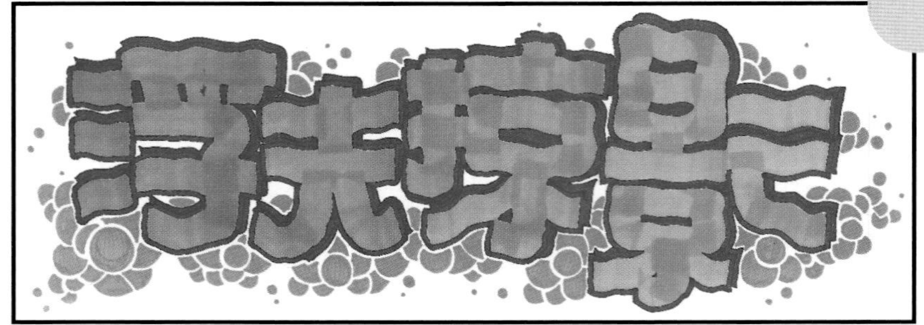

▲此張字體爲員角字，並用抖框來增加字體的趣味感，其下背景運用淺色色塊並加上拼圖形式圖案點綴。

〈二〉中間調裝飾〈加中線〉

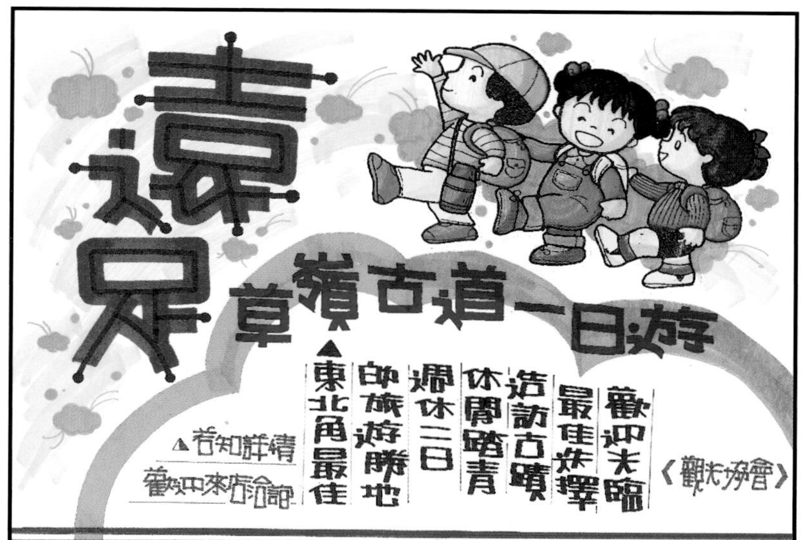

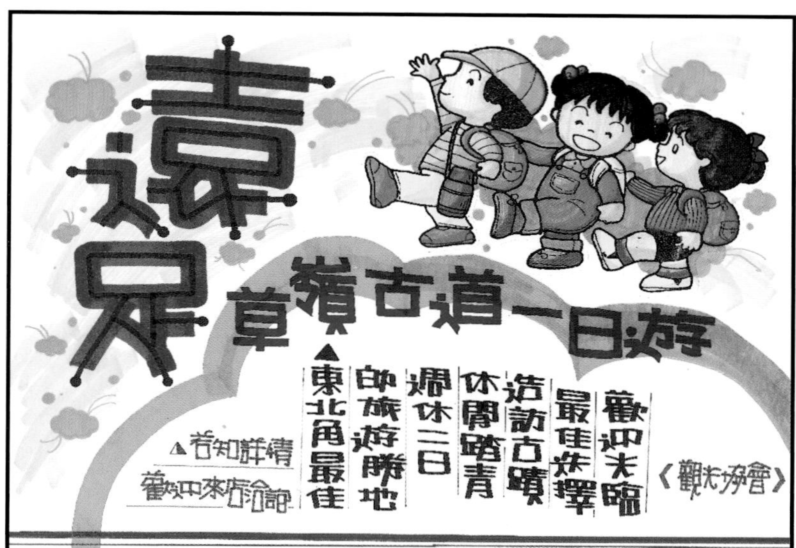

▲此張採取圓角字，並在字內用深色調加中線並突出字外，使字形更有趣，其寫意色塊並加上雲朵點綴，並把飾框當成山，使整個版面更加融合。

▼此張字體爲打點字，並用點的筆劃加上星星，並於字外框加上複框並打斜線加星星使整組字更完整。

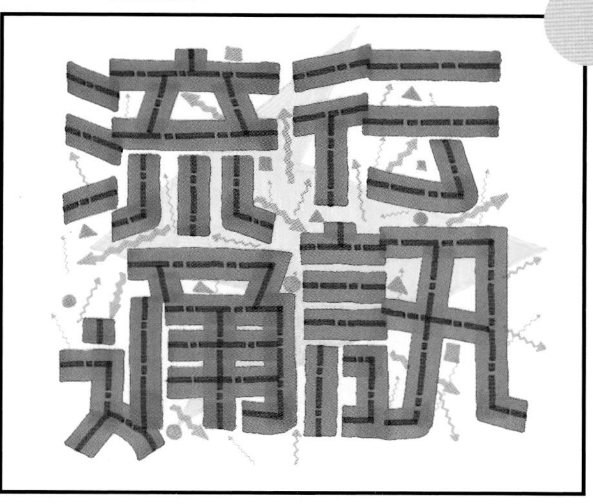

▲此張字體採取斷字，並用破線於字體中間做變化，並於背景加上淺色閃電色塊使主題更加明確。

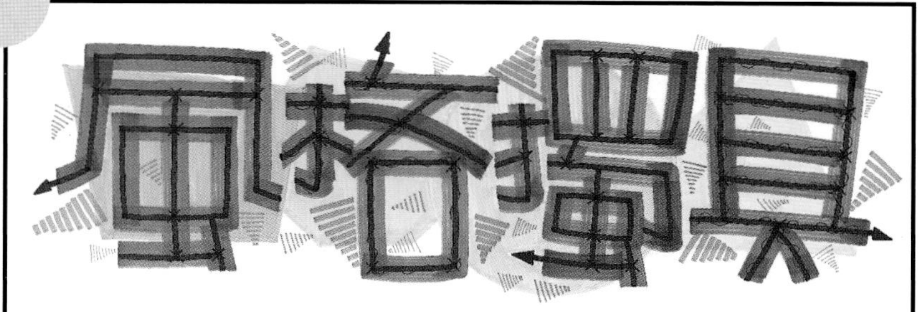

▲此張字體採取闊嘴字，並用一直一曲線採加中線打叉使字形穩定，並於字形背後加單一色塊，並用灰色調加以點綴裝飾使整組字更精緻。

▼此張海報主題採取翹角字，並用深色加中線及黃色做陰影框，其類似色寫意法使版面更活躍。

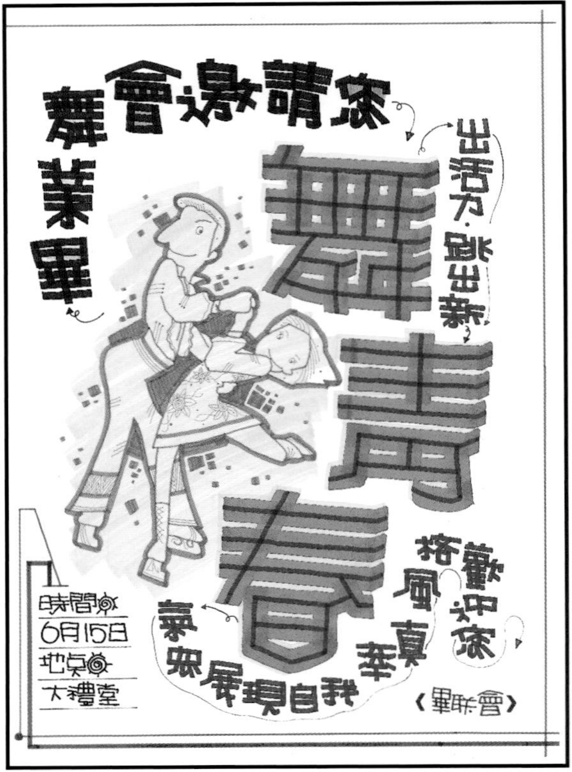

●此主標題採取翹角字，運用深色筆加複抖線增加其字形的穩定性。背景採取拼圖色塊使主題更加活潑生動。

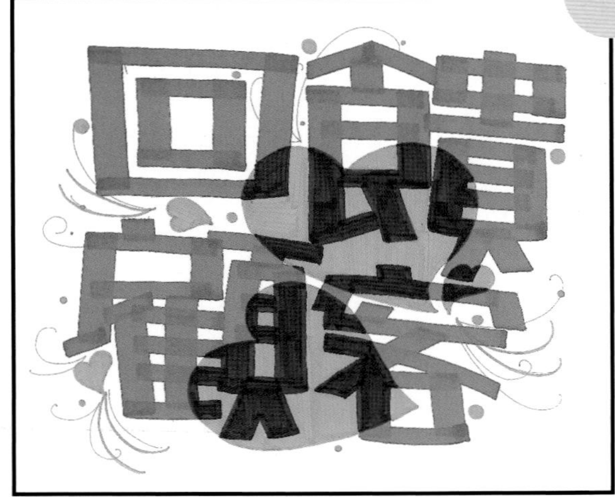

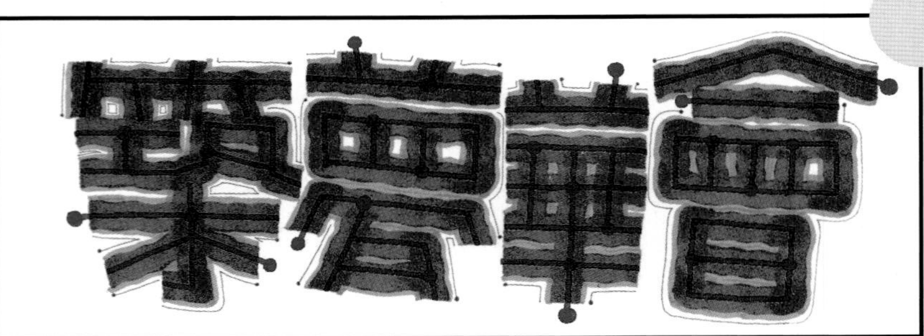

●此主標題採取抖字，並採取深色畫中線打點並突出筆劃以增加其趣味性。並用淺色筆加外框及複框，讓整組字更有張力。

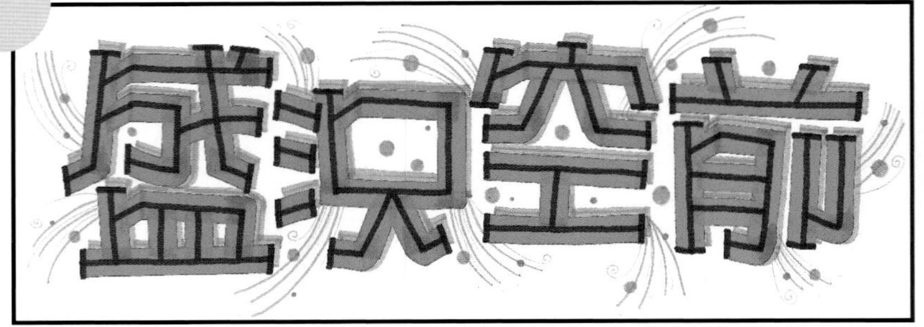

●此主標題採取角度字，並用深色筆加中線並前後加一損使字形穩定，再灰色加陰影錯開框且加上毛毛及大小不同的點使主題更有趣。

▼深色色塊使字形穩定，其背景彩色拼圖色塊更形出色。並運用有色影印紙張插圖加上文案編排。

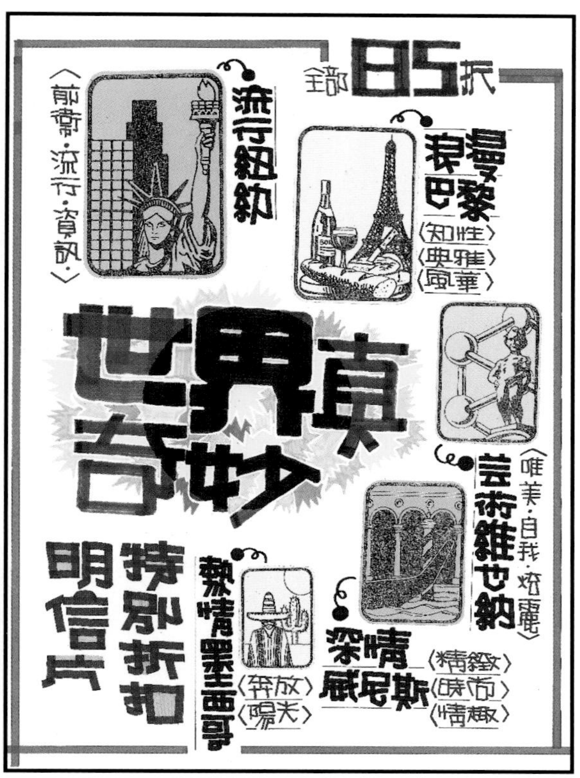

●其字體採橫細直粗字，並運用字裡短形分割的愛心圖案使字形更穩定，並與背景相融合，其設計意味相當濃厚，並點綴心形圖案使其更活潑。

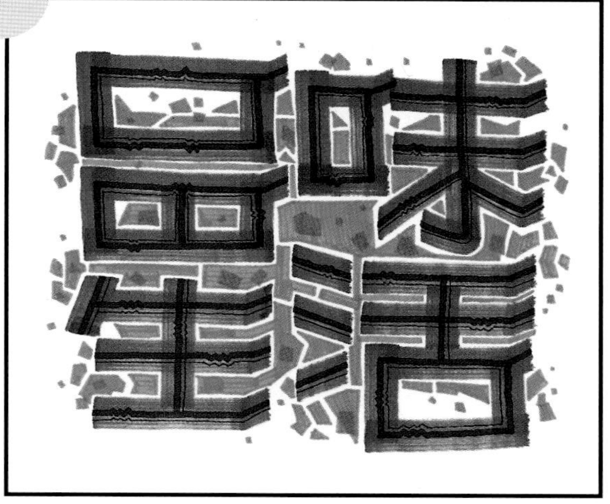

〈三〉、中間調裝飾〈分割法〉

●其字體採取圓角字，並應用換部首分割法使主題更穩定，其背景淺色的雲朵色塊使整組字更精緻完整。

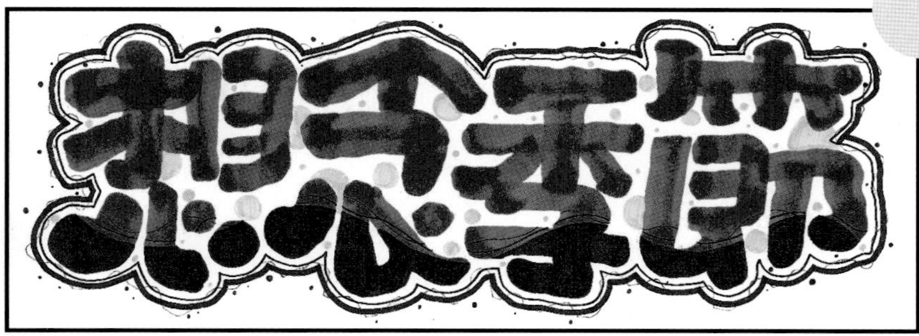

●其字體採取雲彩字並運用曲線分割法使字體有軟性的訴求，並於字加上複框且在其內加上了版點的點綴使其看起來更精緻。

●此張字體採取角度字，並運用換部首分割法，使字體更穩重，並在底下做出類似色點的裝飾使其有夢幻的效果。

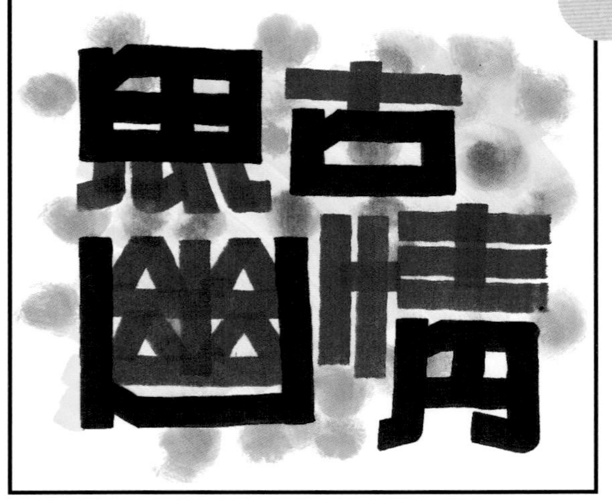

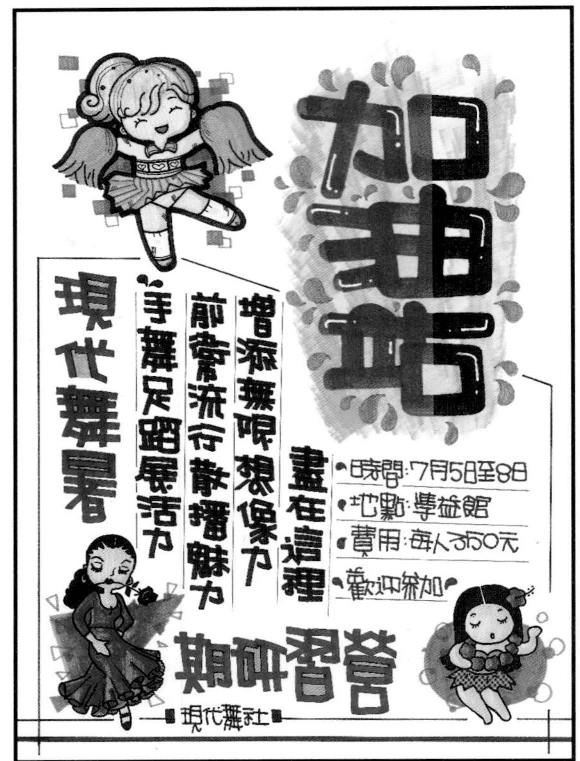

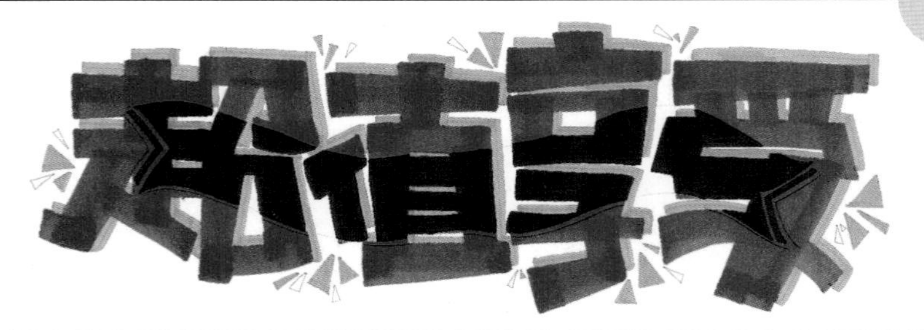

●此張字體採取梯形字，並在整組字加上緞帶的矩形分割使字體充滿創意，並用淺色加立體錯開框並加三角形使整組字更完整。

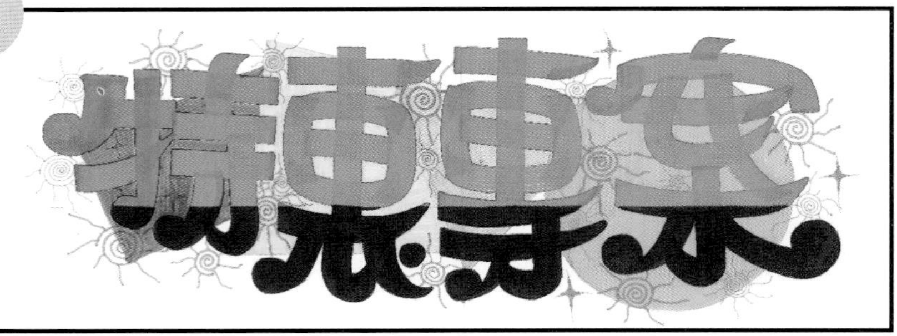

●此張字體採取花俏字，並且採直橫線分割，使字形動而不亂，其背景採取單一色塊的幾何圖形，增添其創意空間。

〈四〉中間調裝飾〈角落分割〉

此裝飾是屬於較不穩定的表現技法不適於主標題的裝飾其份量不夠，較適合在副標題裝飾及主標題的二次裝飾，配合以下的範例有更詳盡的說明。

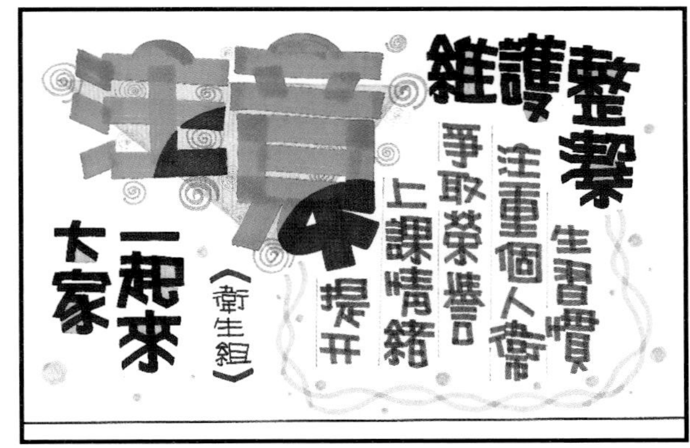

● 角落分割用於主標題裝飾力量較小，不夠穩定。

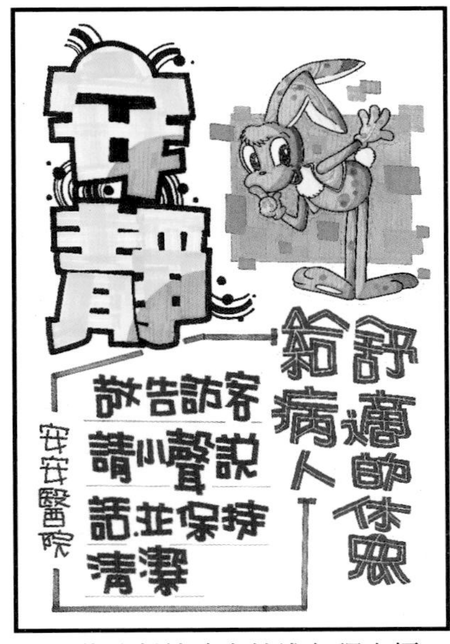

● 角落分割較適合於淺色調主標的第二裝飾。

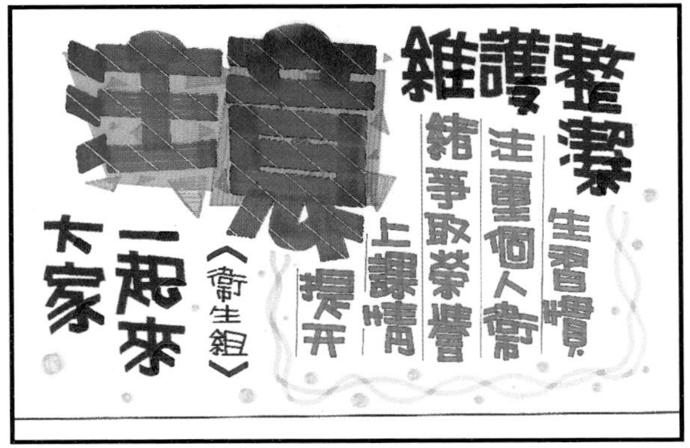

● 角落分割也可應用在副標題的裝飾使其精緻。

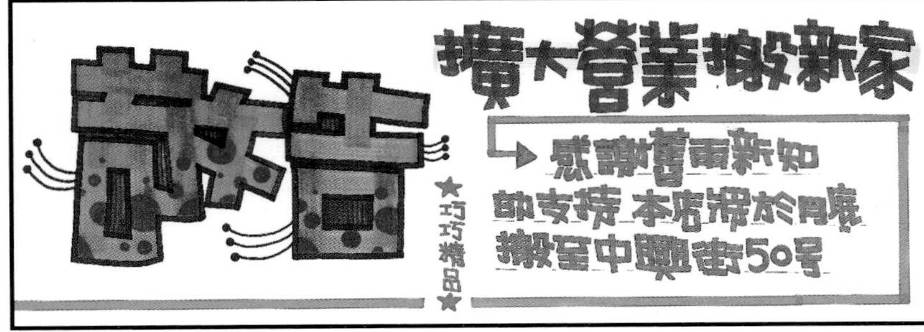

● 字裡圖案分割可應用於主題的第二裝飾。

〈五〉中間調裝飾〈字裡圖案分割〉

爲了增加創意所以此種裝飾廣被使用，但卻忽略其穩定性，所以不適合於主標題，但可應用在第二裝飾及副標題上。

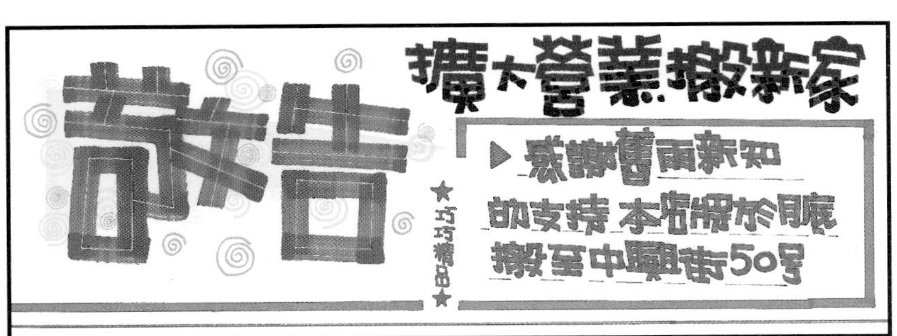

● 字裡的圖案分割應用於副標題也有不錯的效果。

〈六〉深色調裝飾〈加色塊〉

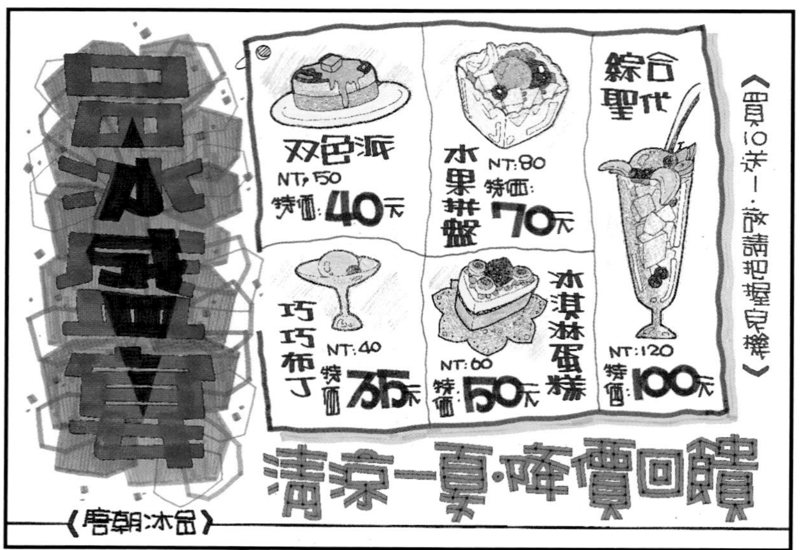

▲此張海報字體採取直粗橫細字，並於底下採取類似色重疊色塊使其更精緻，並於字內加上菱形分割法，和趣味的插圖編排使版面更活潑。

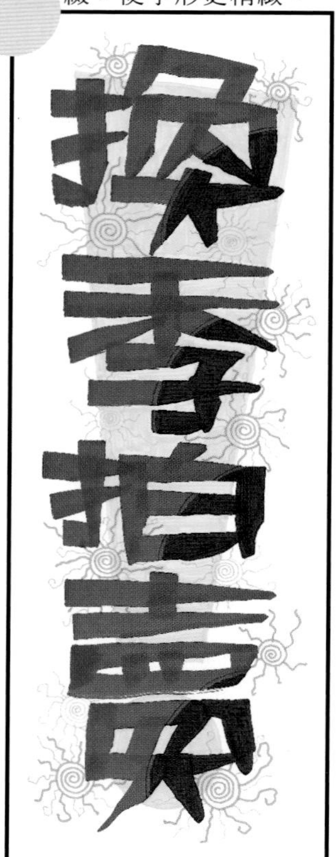

●此張字體採取收筆字，並於底下加上淺色驚嘆號色塊，並用蚊香做點綴，使字形更精緻。

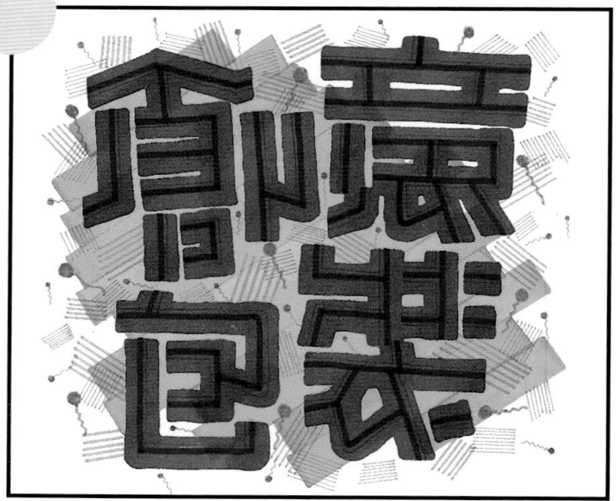

●此張字體採取斷字，並於背景採取雙色寫意色塊增添主標的亮度及用深色筆於字內加上複線中線使字形更形出色。

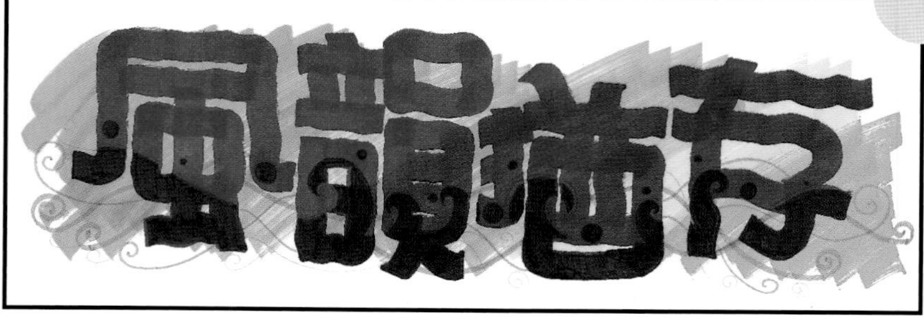

●此張字體採取抖字，並於底下做出寫意漸層彩色色塊，使其主題更浪漫，並於整組字其下做出海浪的分割使字形更穩重。

〈七〉深色調裝飾〈勾邊筆加中線〉

〈晶晶百貨〉

特賣會

母親節超級購物節

即日起至5月13日止．敬請把握良機

●此張海報主標題採取梯形字，並先用勾邊筆在字內加線使其更加亮眼，背景採單一色塊，並運用灰色做出彩帶的效果，搭配廣告顏料平塗法使海報更精緻。

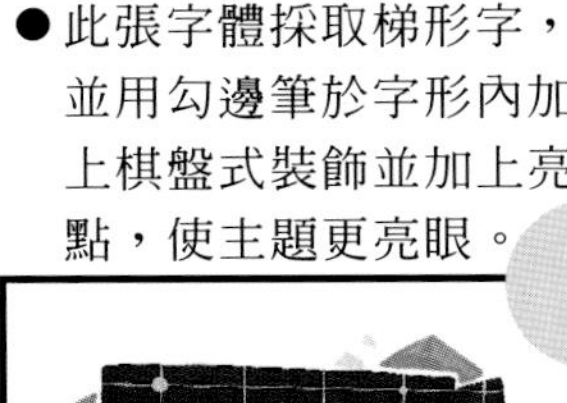

●此張字體採取梯形字，並用勾邊筆於字形內加上棋盤式裝飾並加上亮點，使主題更亮眼。

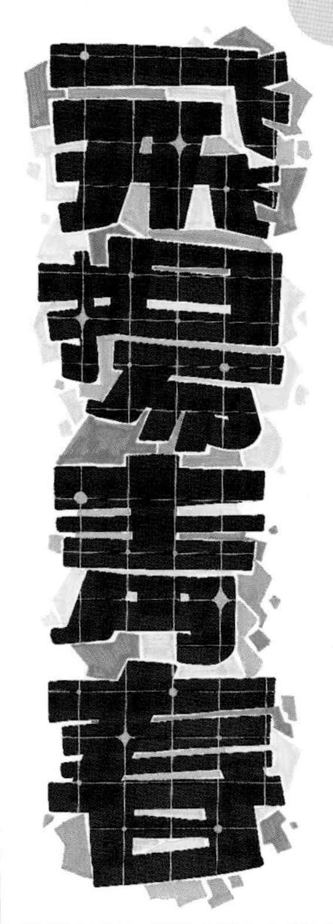

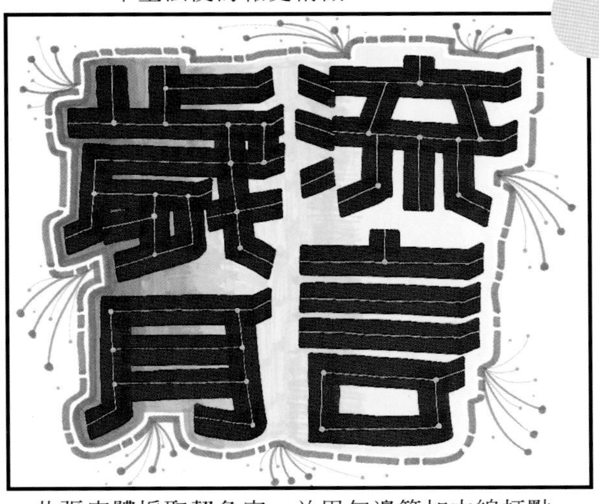

●此張字體採取翹角字，並用勾邊筆加中線打點，並在字形背後加上漸層的色塊，且加複框使整組字更加精緻。

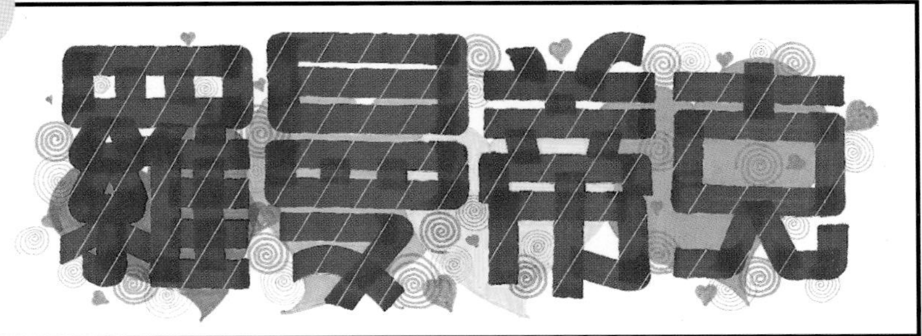

●此字體採取圓角字，先於字形內打上等間距的斜線，採用勾邊筆，並於底下加上心形，不同顏色的色塊與主題更加吻合。

〈八〉深色調裝飾〈字裡色塊〉

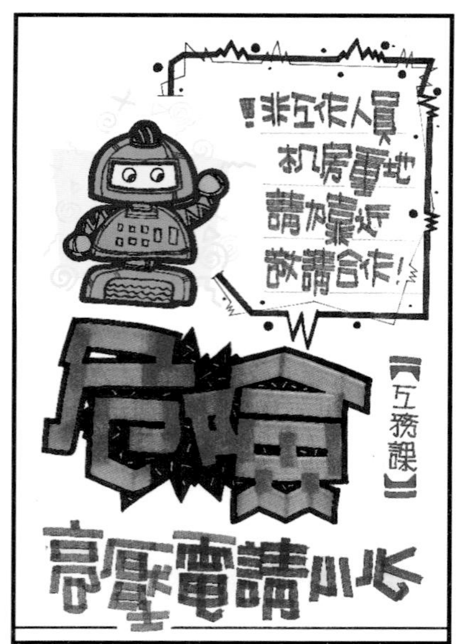

● 字裡色塊放在副標可使主副關係更明確。

此種裝飾若是應用在主標題上會有力不從心的效果，份量不夠，所以選擇副標題會較合適。

● 字裡色塊放在主標會呈現出不穩定的感覺。

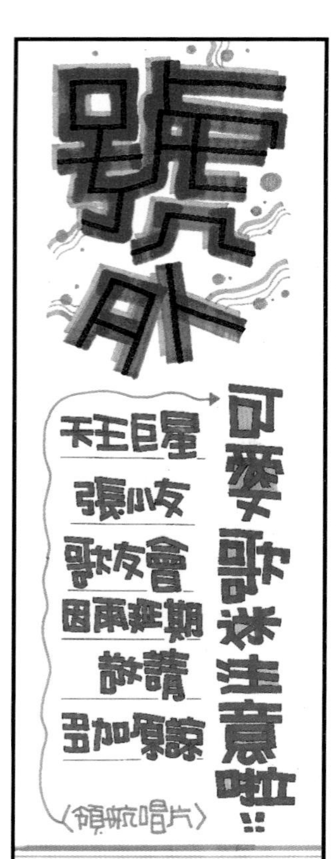

● 字裡色塊放於副標可突顯副標的訴求重點。

● 角落色塊有活絡版面的作用使版面更活潑。

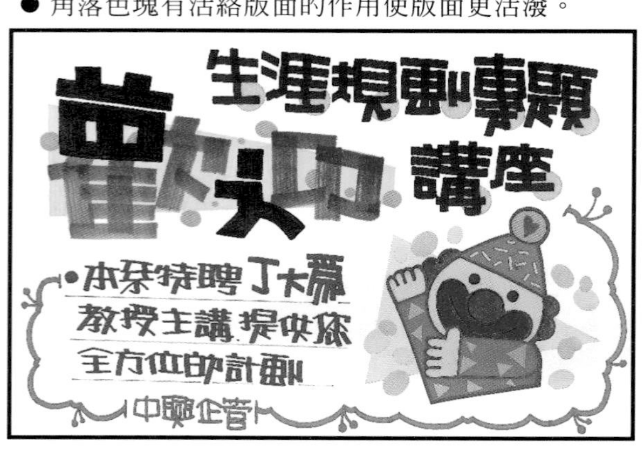

〈九〉深色調裝飾〈角落色塊〉

可利用不同的造形來突顯出主題的訴求，但其面積未達1/3至1/2所以應用於主標力量會不足所以放於副標較爲合適。

● 角落色塊運用在主標會有不穩定的感覺。

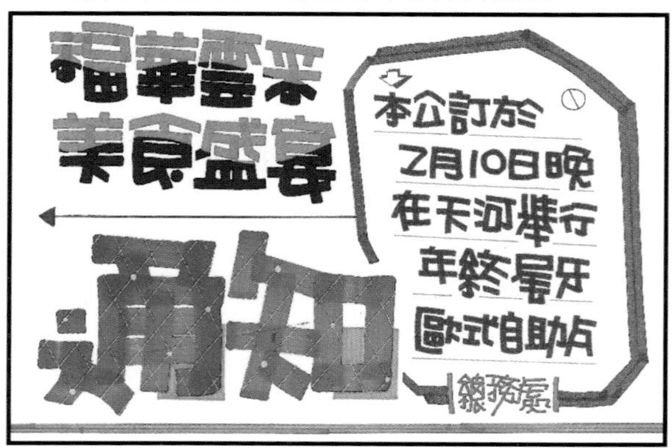

● 角落色塊放於副標可讓整體訴求更形完整。

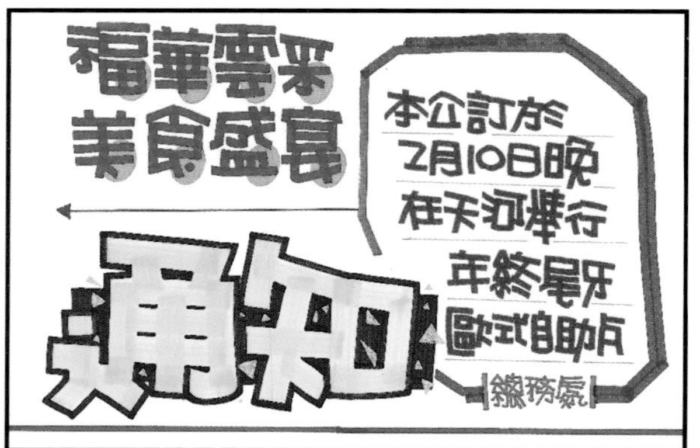

五、疊字創意表現

疊字顧名思義就是會有重疊的效果使字形更突出有趣，但很多人都想學習卻不得其門而入，在此筆者提供多年的實戰經驗特地整理出書寫的公式，裝飾技巧及創意空間，讓你在繪製POP海報時有更多的選擇，更能展現高水準的POP字形的技巧，全面提昇強而有力的POP實力。

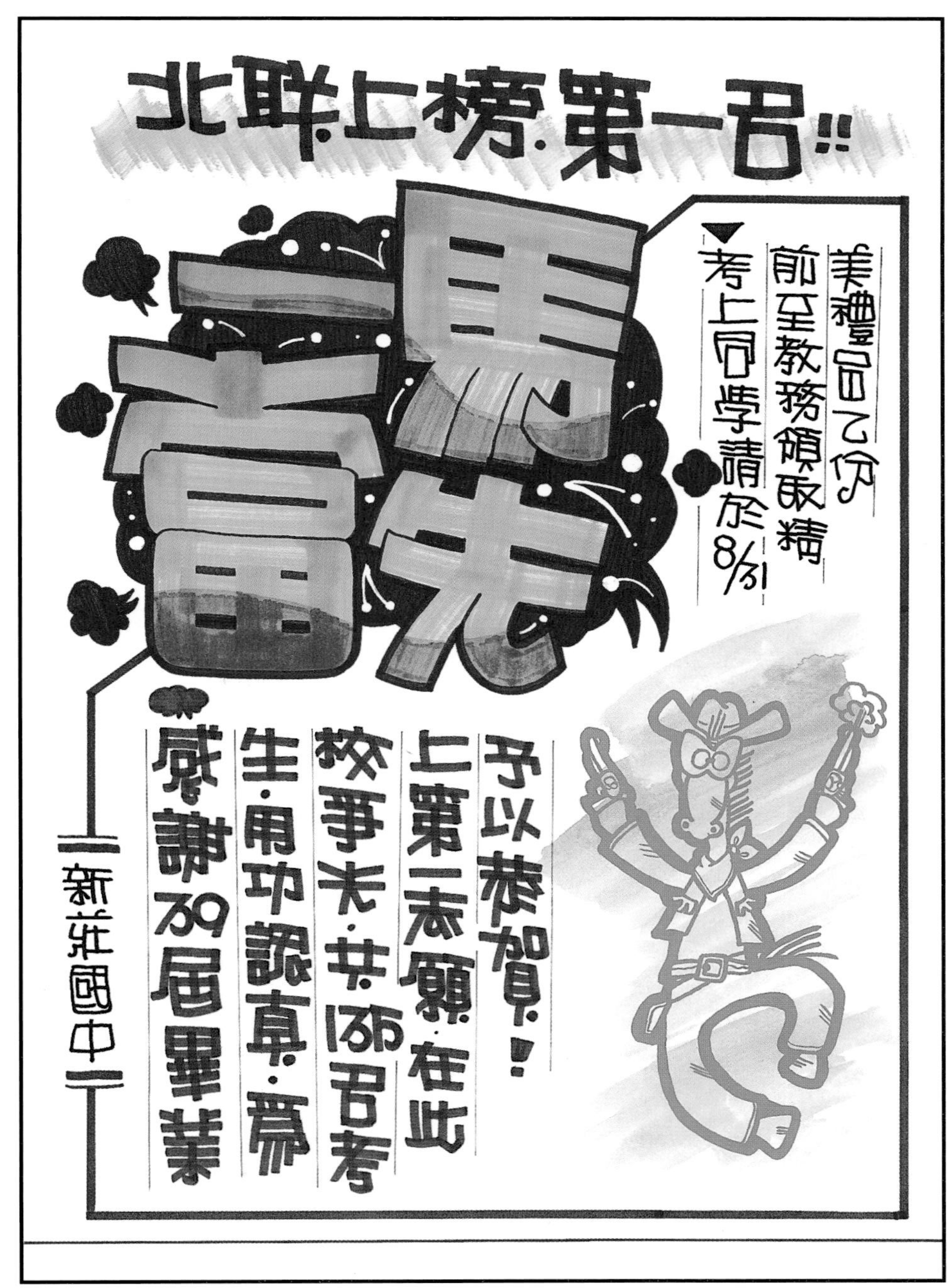

● 疊字的主標題讓人有眼光一亮的效果，其難度較高但卻有不同凡響的訴求張力，所以要將此字形好好學習。

<一> 疊字的書寫公式

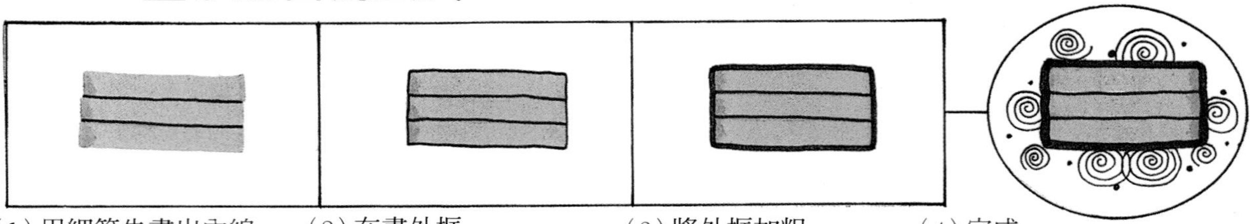

(1)用細筆先畫出內線 (2)在畫外框 (3)將外框加粗 (4)完成

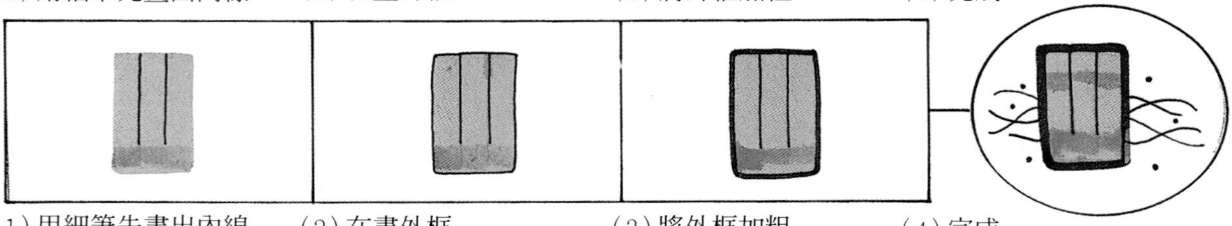

(1)用細筆先畫出內線 (2)在畫外框 (3)將外框加粗 (4)完成

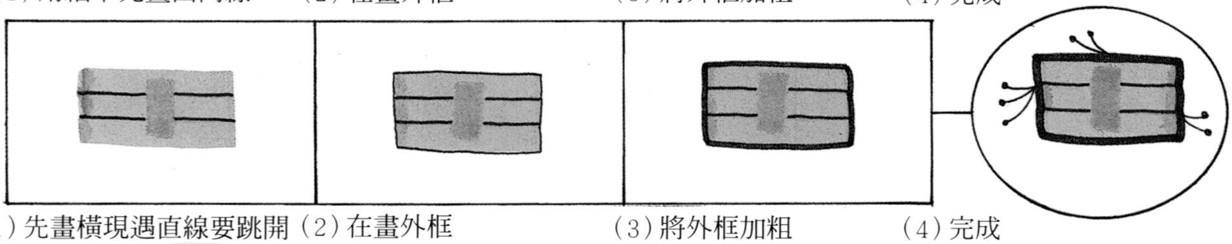

(1)先畫橫現遇直線要跳開 (2)在畫外框 (3)將外框加粗 (4)完成

(1) 橫線直線的書寫技巧<兩筆省一筆>

(2) 遇口要先寫

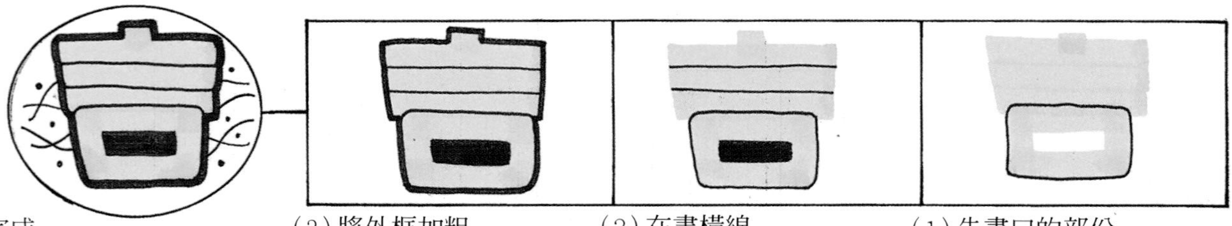

(4)完成 (3)將外框加粗 (2)在畫橫線 (1)先畫口的部份

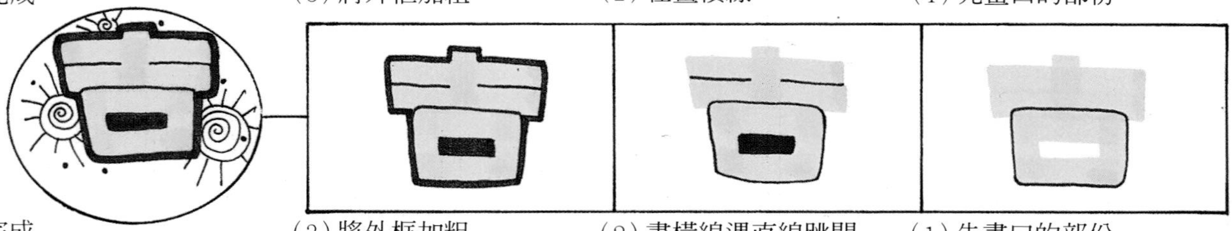

(4)完成 (3)將外框加粗 (2)畫橫線遇直線跳開 (1)先畫口的部份

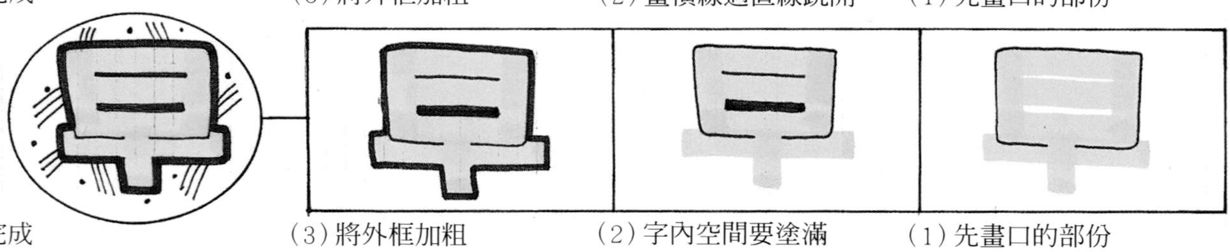

(4)完成 (3)將外框加粗 (2)字內空間要塗滿 (1)先畫口的部份

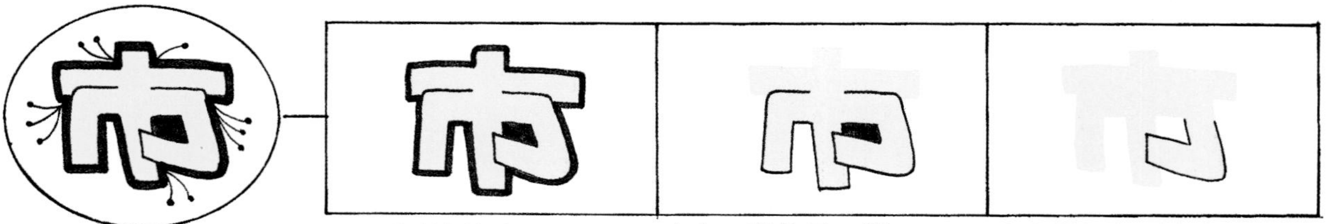

(4)完成　(3)將外框加粗　(2)二筆共用一筆　(1)遇打勾要先寫

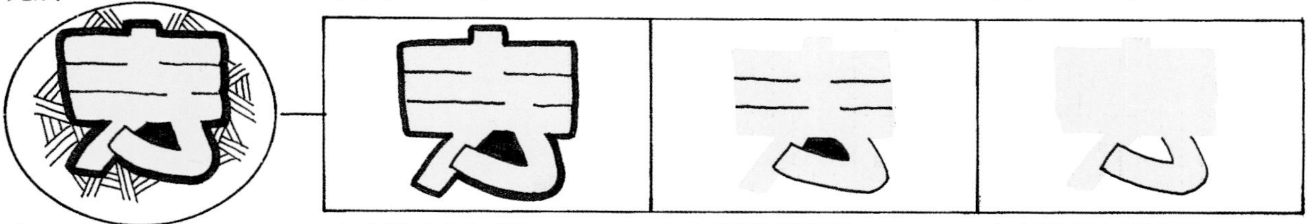

(4)完成　(3)將外框加粗　(2)直線要跳開　(1)遇打勾要先寫

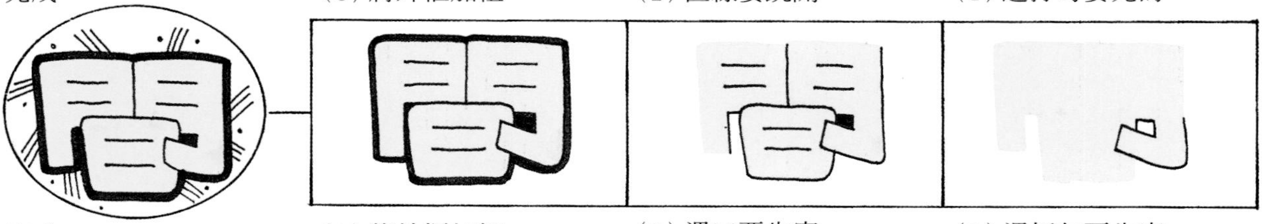

(4)完成　(3)將外框加粗　(2)遇口要先寫　(1)遇打勾要先寫

(3) 打勾要先寫

(4) 戴帽字最後寫

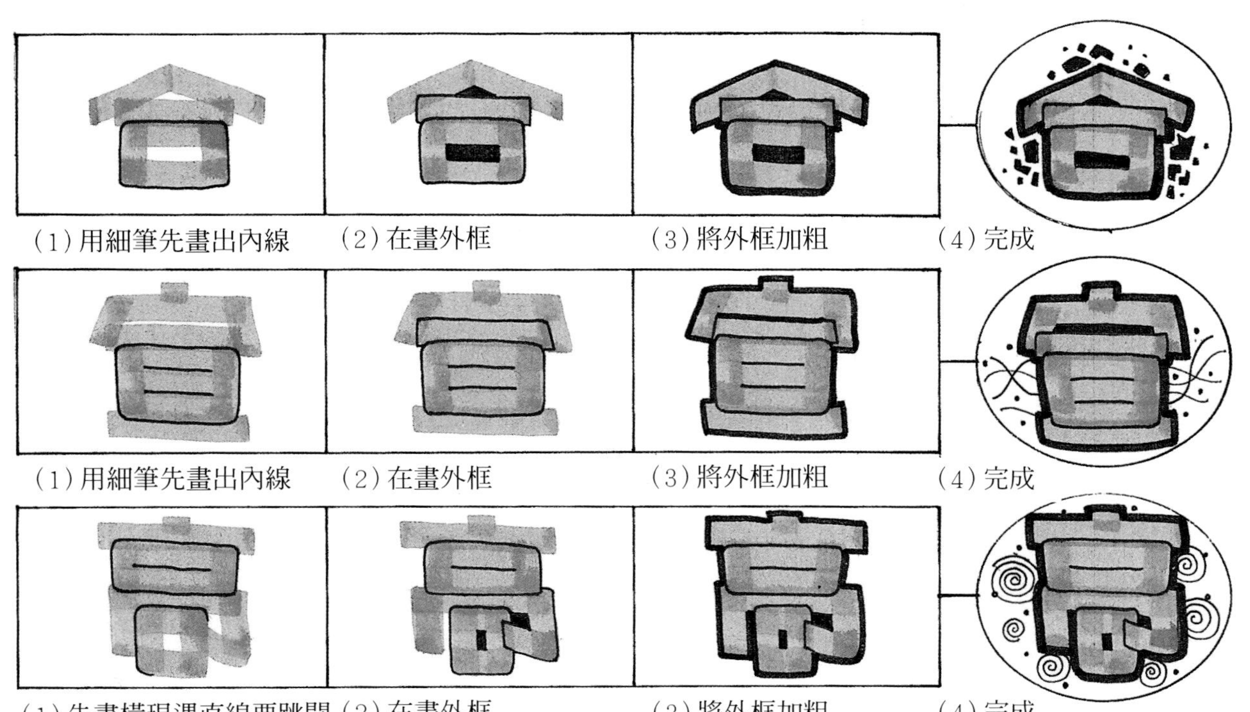

(1)用細筆先畫出內線　(2)在畫外框　(3)將外框加粗　(4)完成

(1)用細筆先畫出內線　(2)在畫外框　(3)將外框加粗　(4)完成

(1)先畫橫現遇直線要跳開　(2)在畫外框　(3)將外框加粗　(4)完成

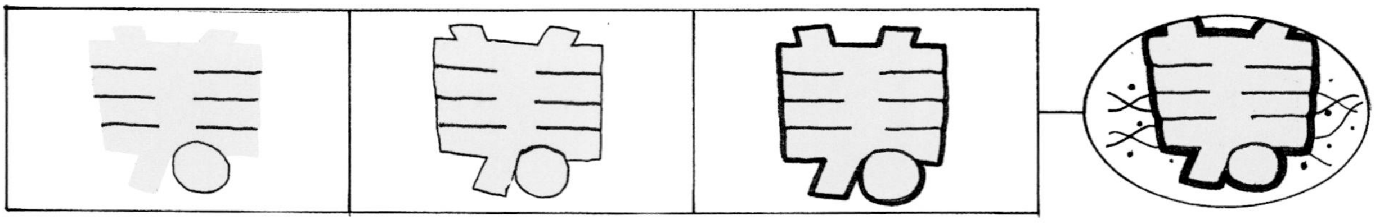

(1)畫圈打點先寫　(2)二筆共用一筆　(3)加粗外框　(4)完成

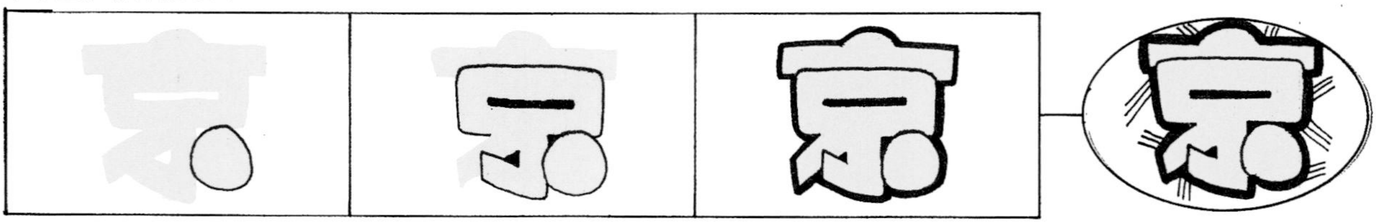

(1)畫圈打點先寫　(2)遇口要先畫　(3)加粗外框並塗滿　(4)完成

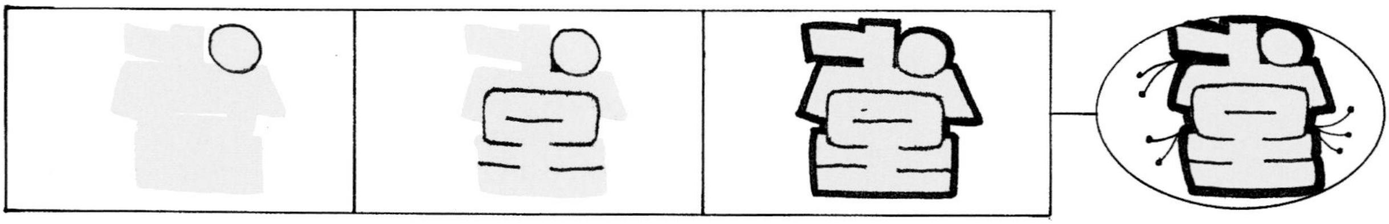

(1)畫圈打點先寫　(2)遇口要先畫　(3)在寫戴帽並加粗外框　(4)完成

(5)畫圈打點要先寫

(6)部首與配字的關係

書寫此種字形時，要考量自首與配字誰受的傷害較少就應被重疊，這樣才不會傷害到字形的主體架構。

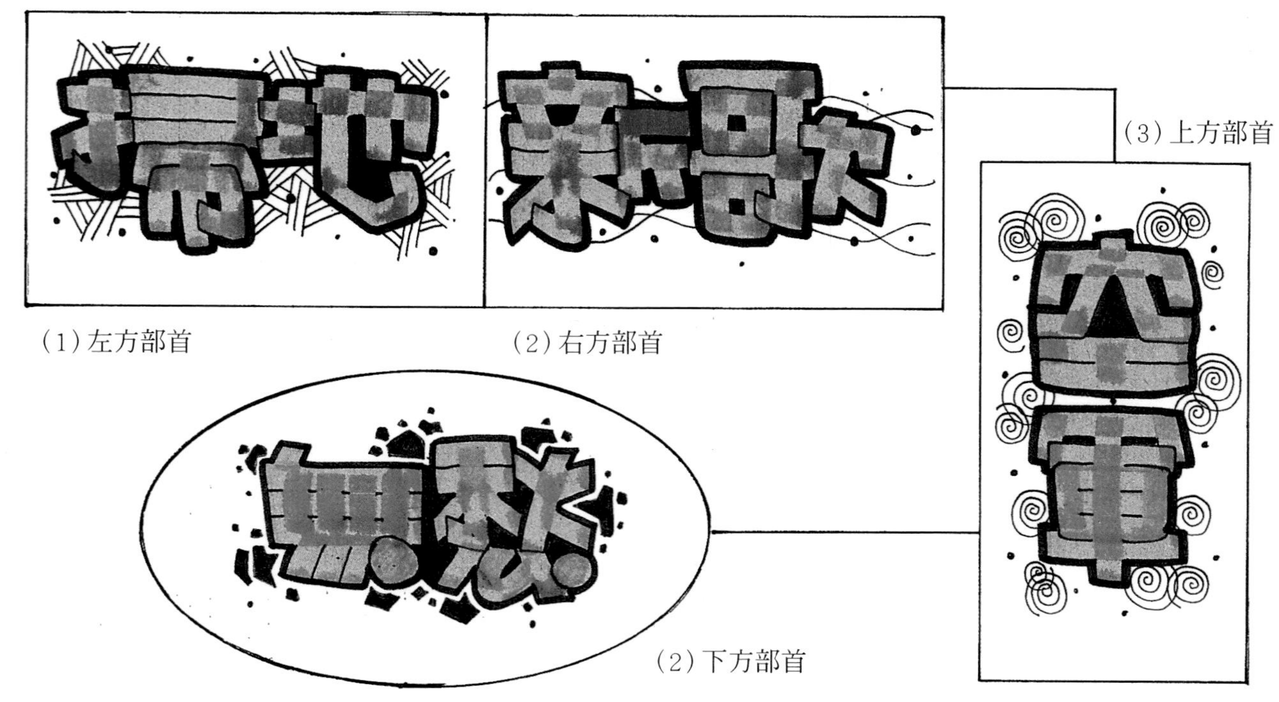

(1)左方部首

(2)右方部首

(3)上方部首

(2)下方部首

(7)疊字的基本應用與設計

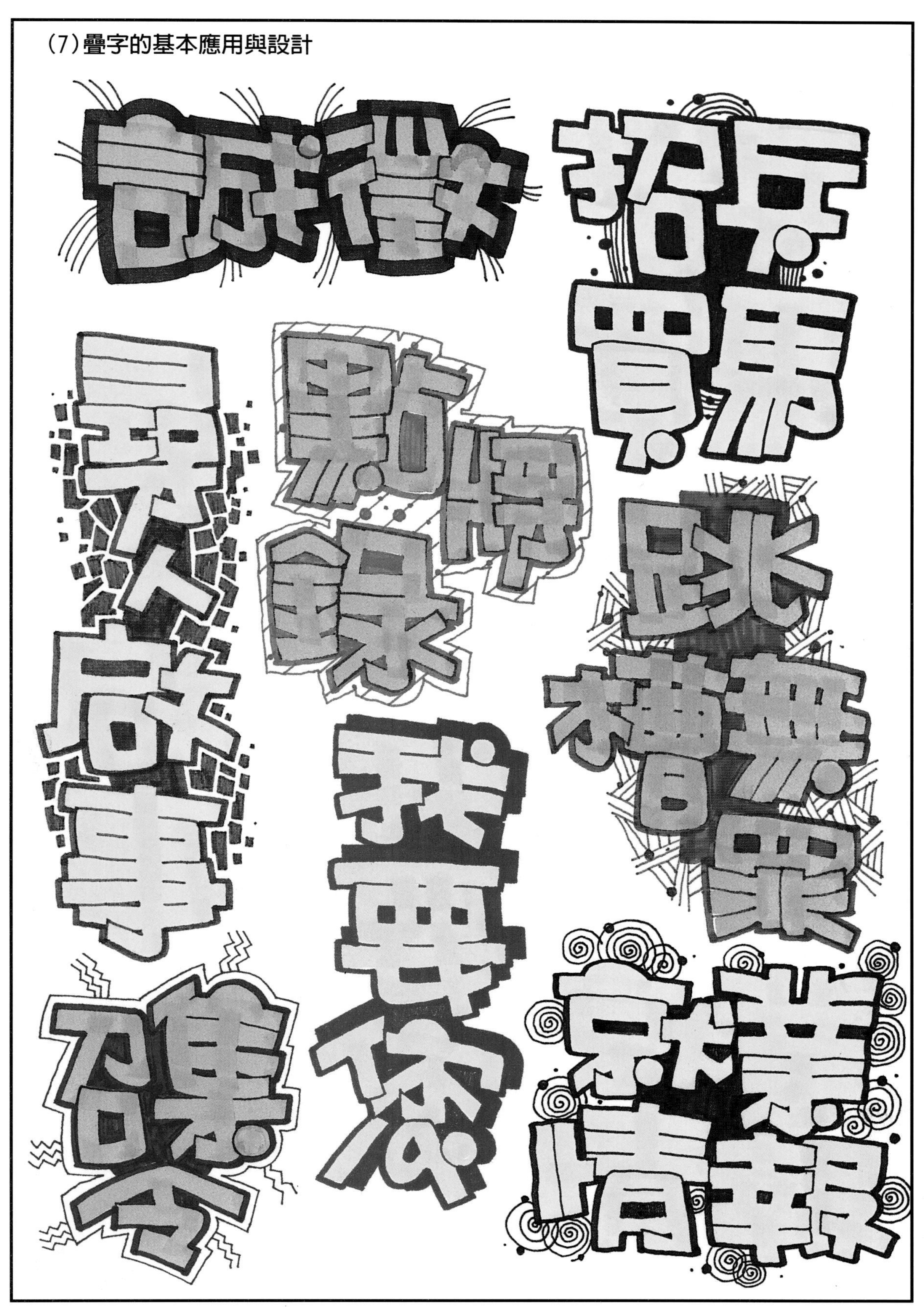

● 以上的範例讀者可考量整組字的組合外並可加入背景，飾框可使主題有更多的創意說服力。

〈二〉疊字加框字形

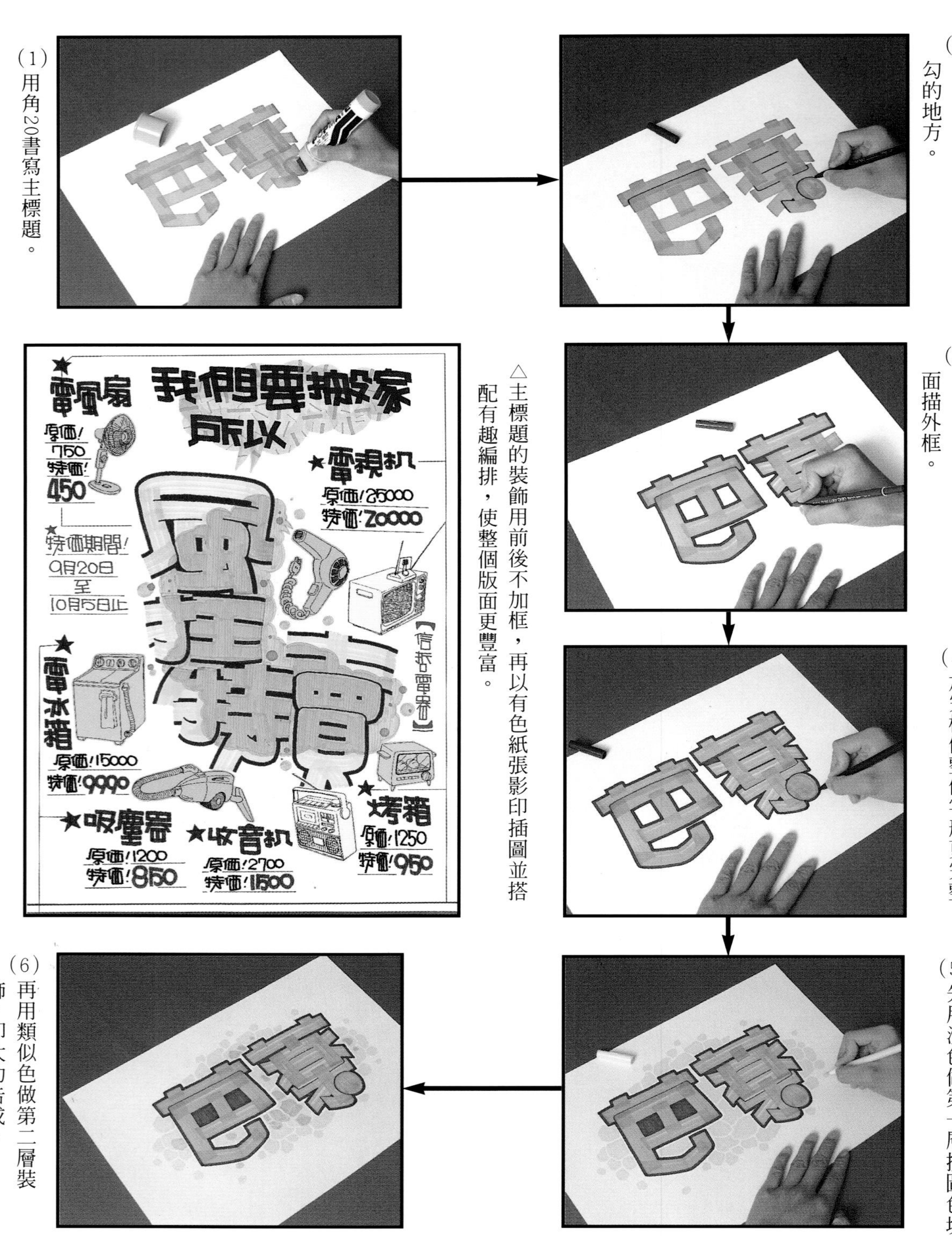

(1) 用角20書寫主標題。

(2) 先用雙頭筆畫出打圈及打勾的地方。

(3) 用雙頭筆尖頭描內框，斜面描外框。

(4) 加完框使整個字形更完整。

(5) 先用淺色做第一層拼圖色塊。

(6) 再用類似色做第二層裝飾，即大功告成。

△主標題的裝飾用前後不加框，再以有色紙張影印插圖並搭配有趣編排，使整個版面更豐富。

● 加框可使疊字更有特色，可利用單複直曲抖破來突顯整張海報的主題訴求。

疊字加框字形

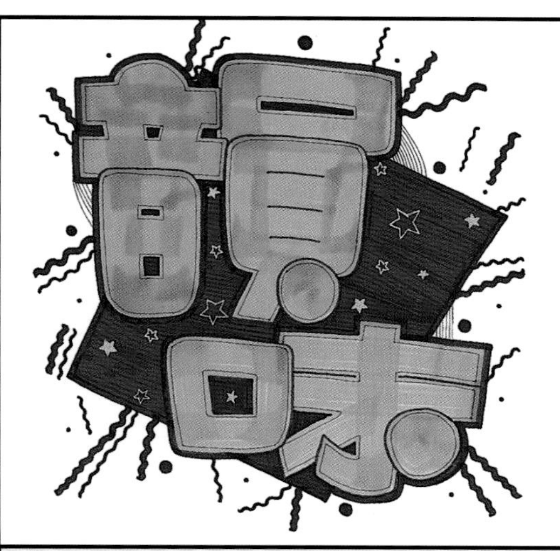

△複框裝飾

先用淺色寫字，再以深色雙頭筆描邊（外粗內細），並塗上色塊，最後再用勾邊筆點綴。切記框和色塊要同顏色。

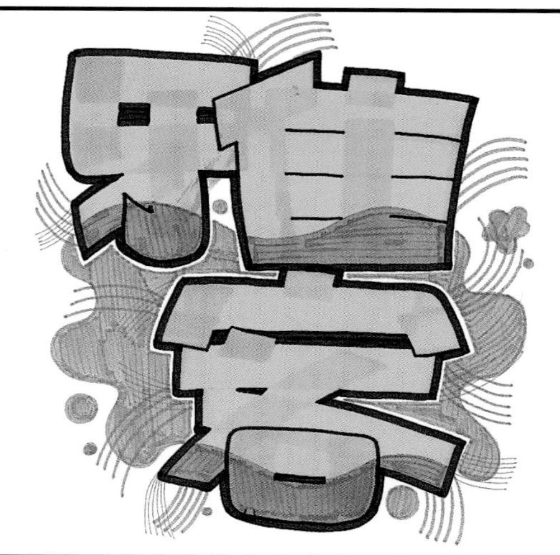

△全部加框裝飾

寫完淺色字並加上框後，以類似色做曲線分割，最後加上水滴狀的淺色色塊，增加整組字的活潑感。

△錯開框裝飾

先用深色尖頭加框，再以斜面作錯開框增加立體感，最後加上整組框並以三條線作裝飾，讓版面更生動。

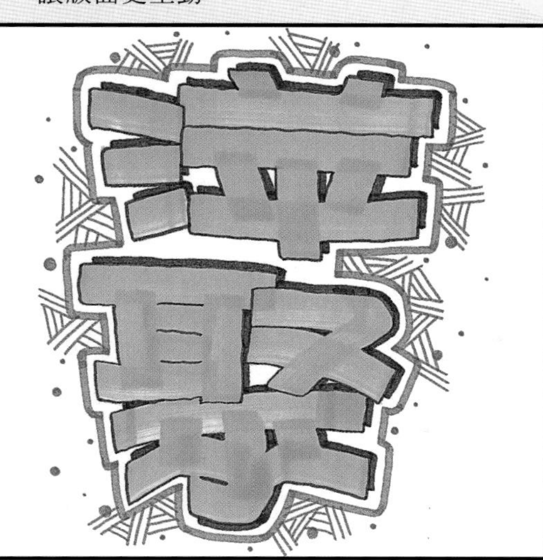

△加中線裝飾

以深色先做加框第一次裝飾，再以淺色調加中線作為二次裝飾，背景則用三條線製造出空間感。

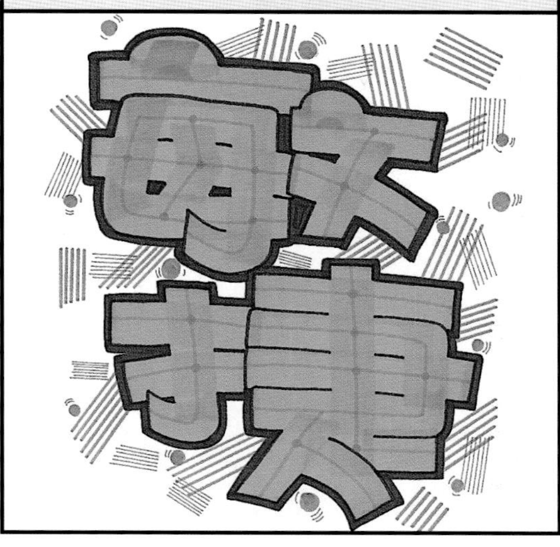

● 除了疊字書寫技巧要熟悉外，並可綜合之前的第二裝飾讓主標題更出色更精緻。

〈三〉疊字立體框裝

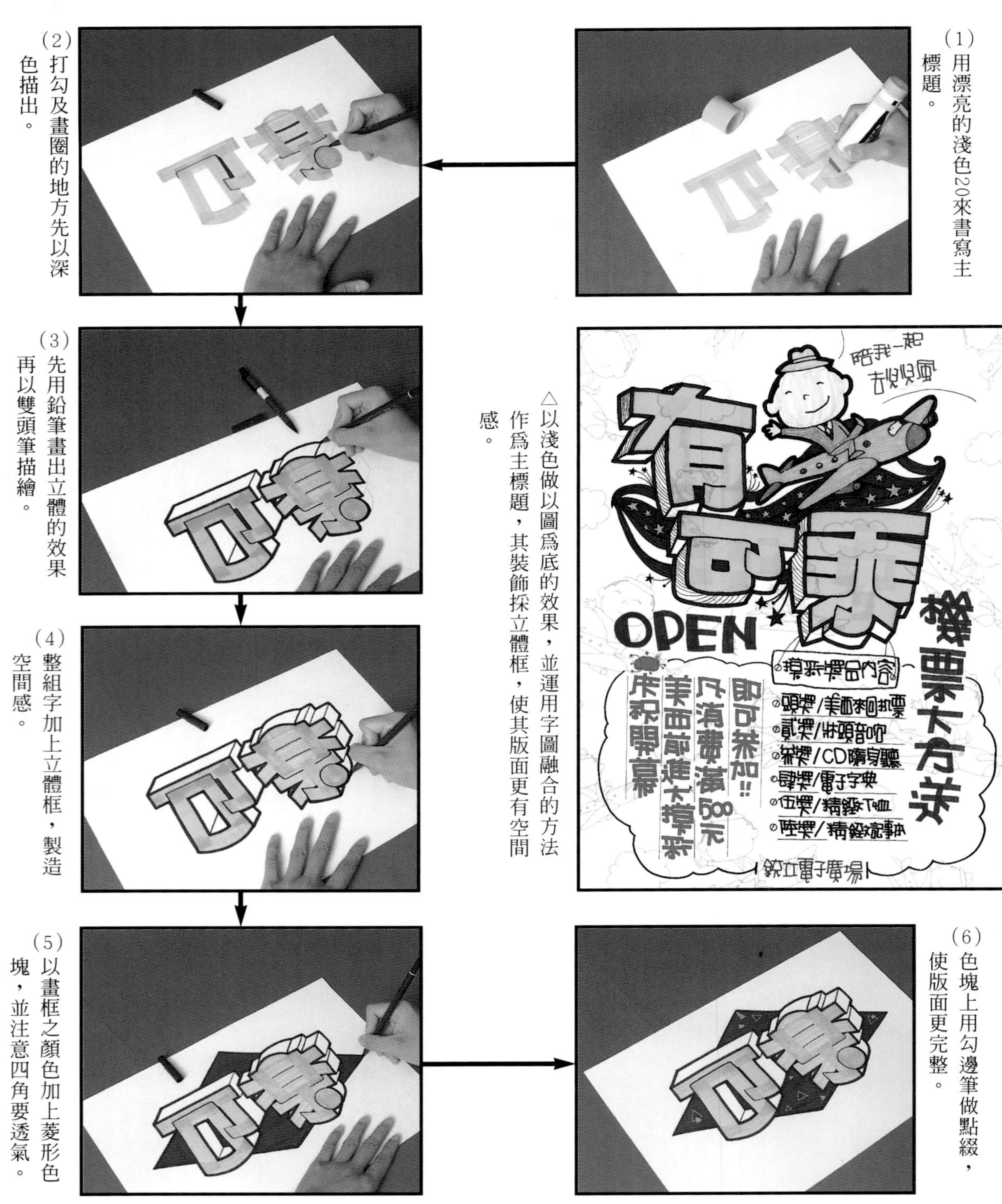

(1)用漂亮的淺色20來書寫主標題。

(2)打勾及畫圈的地方先以深色描出。

(3)先用鉛筆畫出立體的效果再以雙頭筆描繪。

(4)整組字加上立體框，製造空間感。

(5)以畫框之顏色加上菱形色塊，並注意四角要透氣。

(6)色塊上用勾邊筆做點綴，使版面更完整。

△以淺色做以圖爲底的效果，並運用字圖融合的方法作爲主標題，其裝飾採立體框，使其版面更有空間感。

● 立體框可突顯整組字的立體感，使字有空間張力展現特殊的質感。

疊字立體框裝飾

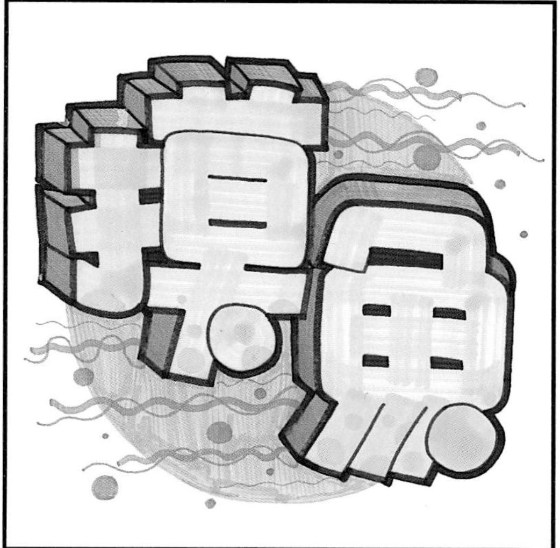

△左上立體框裝飾

以淺色角20寫字後並加立體框，再用淺色調在立體框上著色並製造明暗效果。背景則製造出海浪效果使主題更貼切。

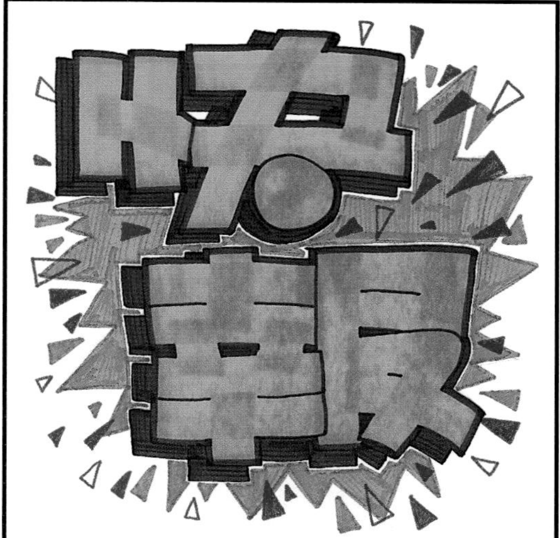

△左下立體框裝飾

用深色加上立體框作爲一次裝飾，淺色調加中線作爲第二次裝飾，加以爆炸框爲背景使主題更加吻合。

△右上立體框裝飾

加上深色立體框後，以類似色作圖案分割，並運用三枝筆概念作蚊香背景使整組字更加活潑可愛。

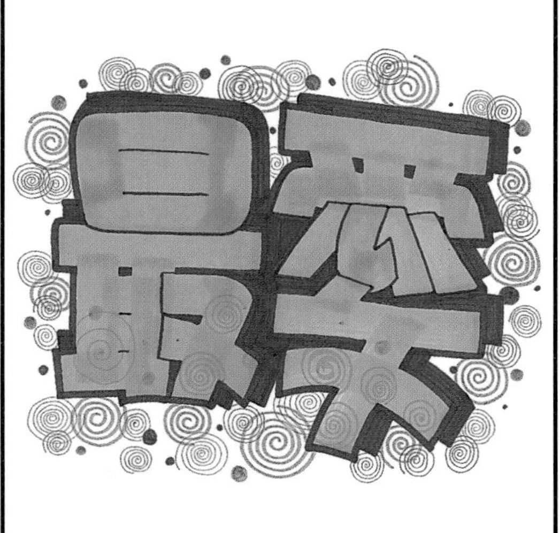

△右下立體框裝飾

將淺色字加上空白立體框，並做角落色塊使整組字更豐富，背景利用楓葉圖案使主題更突顯。

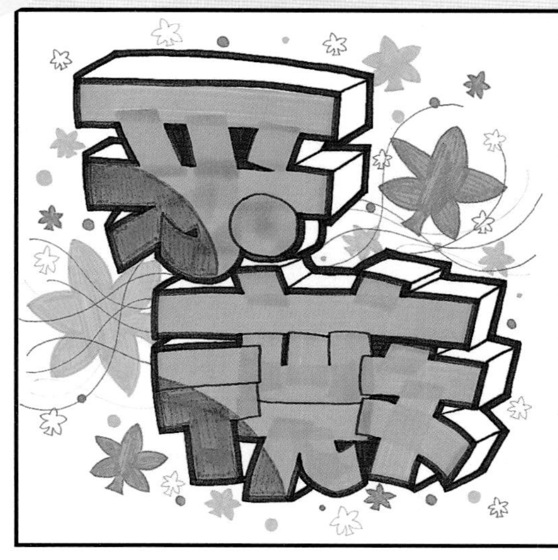

● 其立體面亦可採取上色或留白，並配合具特色的背景使字形更加突出。

〈四〉疊字骨架字裝飾

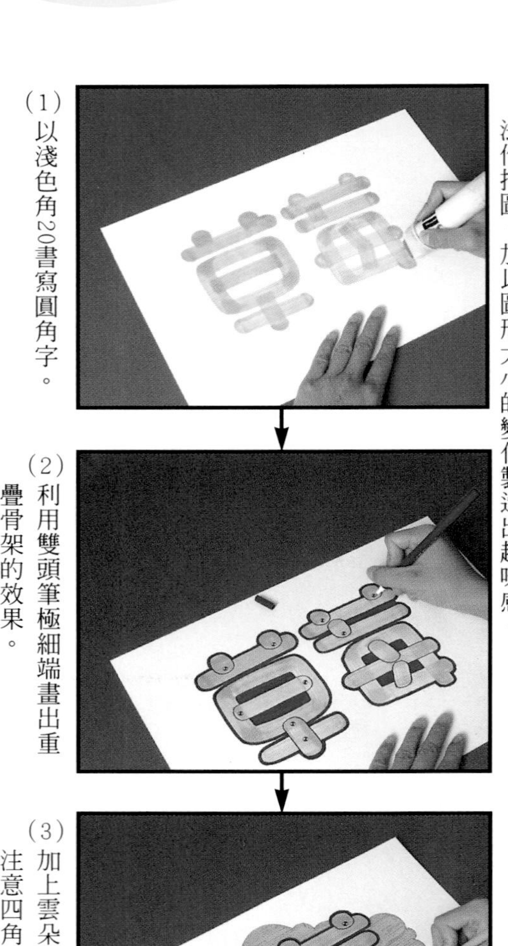

(1) 以淺色角20書寫圓角字。

(2) 利用雙頭筆極細端畫出重疊骨架的效果。

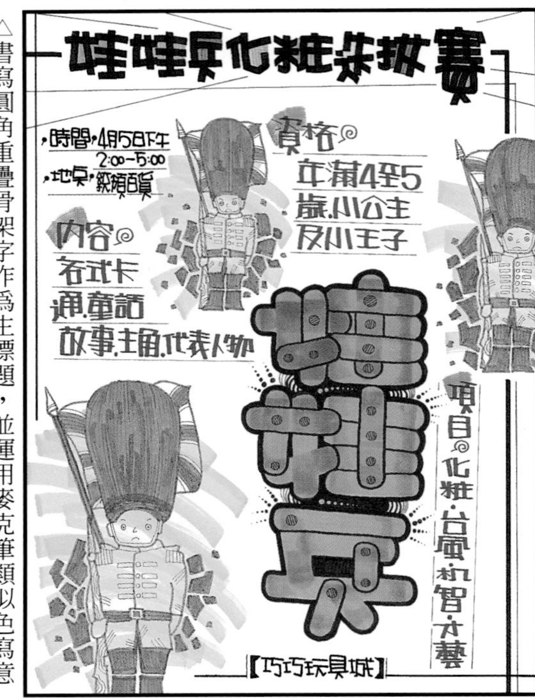

△書寫圓角重疊骨架字作爲主標題，並運用麥克筆類似色寫意法作插圖，加以圖形大小的變化製造出趣味感。

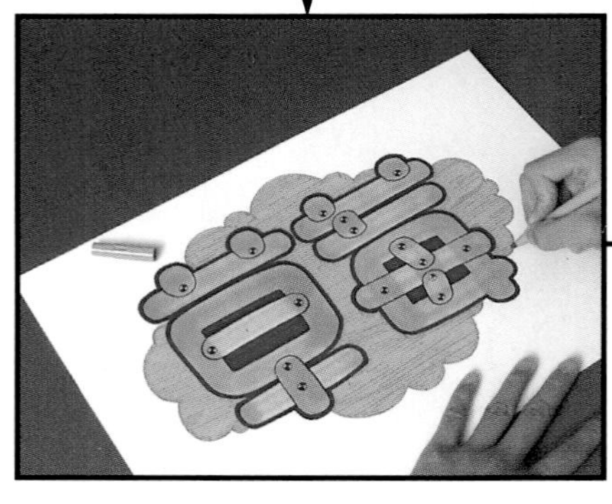

(3) 加上雲朵造型的色塊，並注意四角透氣。

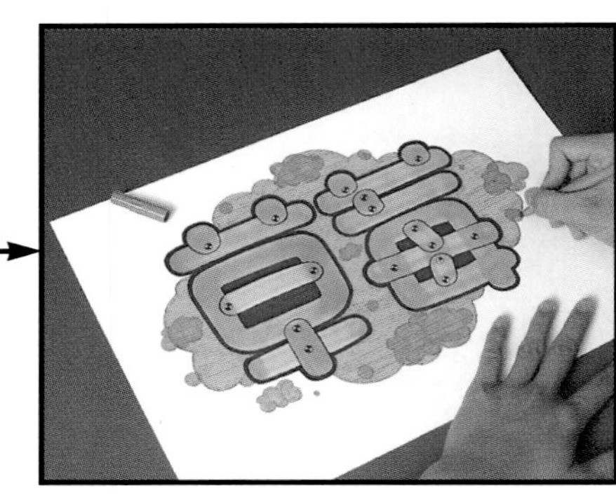

(4) 最後以類似色點綴，使版面更完整。

△複框骨奇字裝飾

將淺色骨架字加上深色複框並以線條色塊爲背景，最後用勾邊筆做點綴，使版面完整。

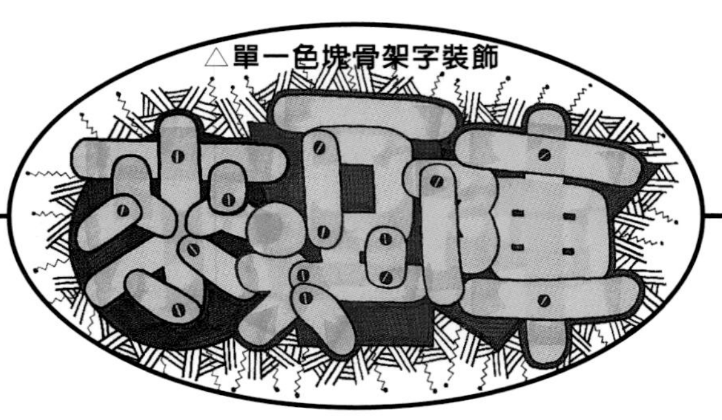

以不同之深色調爲每個字形畫出重疊骨架並加上單一色塊，使其有設計感。並運用三條線作背景裝飾以增加整體動態。

〈四〉疊字骨架字裝飾

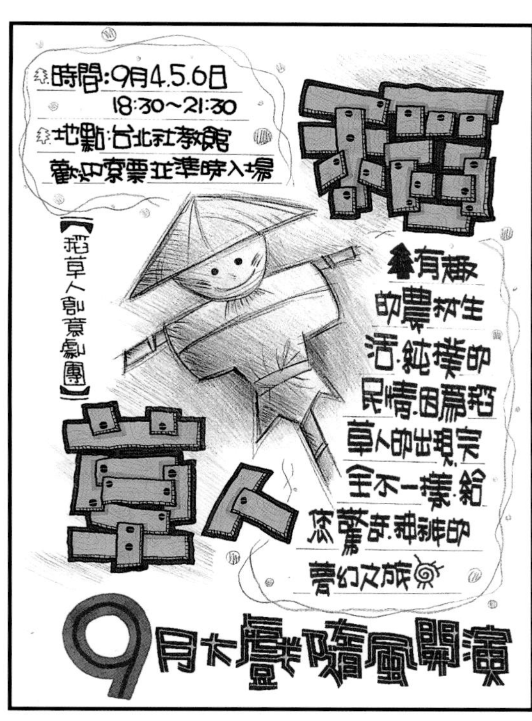

△以重疊木板字爲主標題，搭配色鉛筆寫意插圖，表現出淳樸草根味並能與主題更加融合。

(1)用淺色的角20書寫主棟，注意接角處不要連後。

(2)以極細端製造木頭重疊的效果並加上外框，最後以類似色畫上木頭紋理。

(3)先用雙頭筆尖端加上整組字框後，運用三條線概念作背景處理。

(4)加上圈圈點點裝飾，即大功告成。

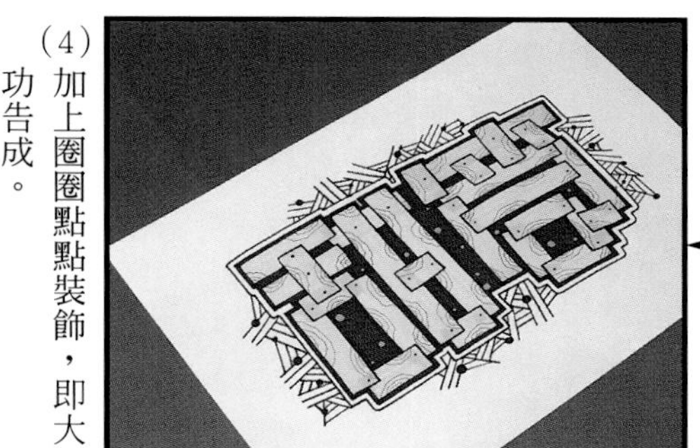

△類似色漸層木頭字裝飾

淺色字加上不同的深色框做出木頭裂縫的特殊效果，並以類似色畫出木紋，再運用角20製造漸層浪漫的感覺。

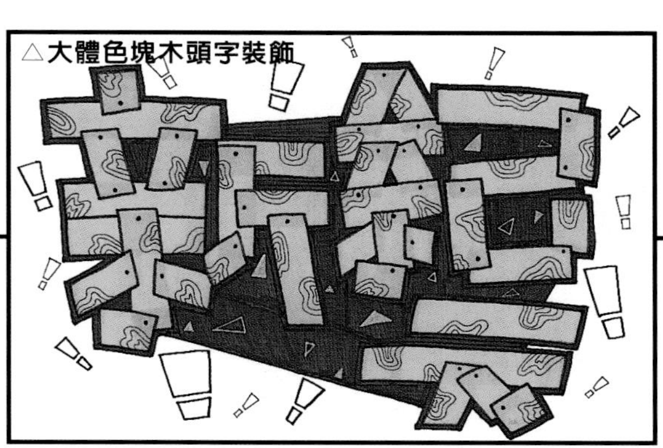

△大體色塊木頭字裝飾

加框後再以相同顏色作大體色塊和特殊木紋裝飾，並加上勾邊筆點綴，使完整性更高。

〈六〉疊字曲線框裝飾

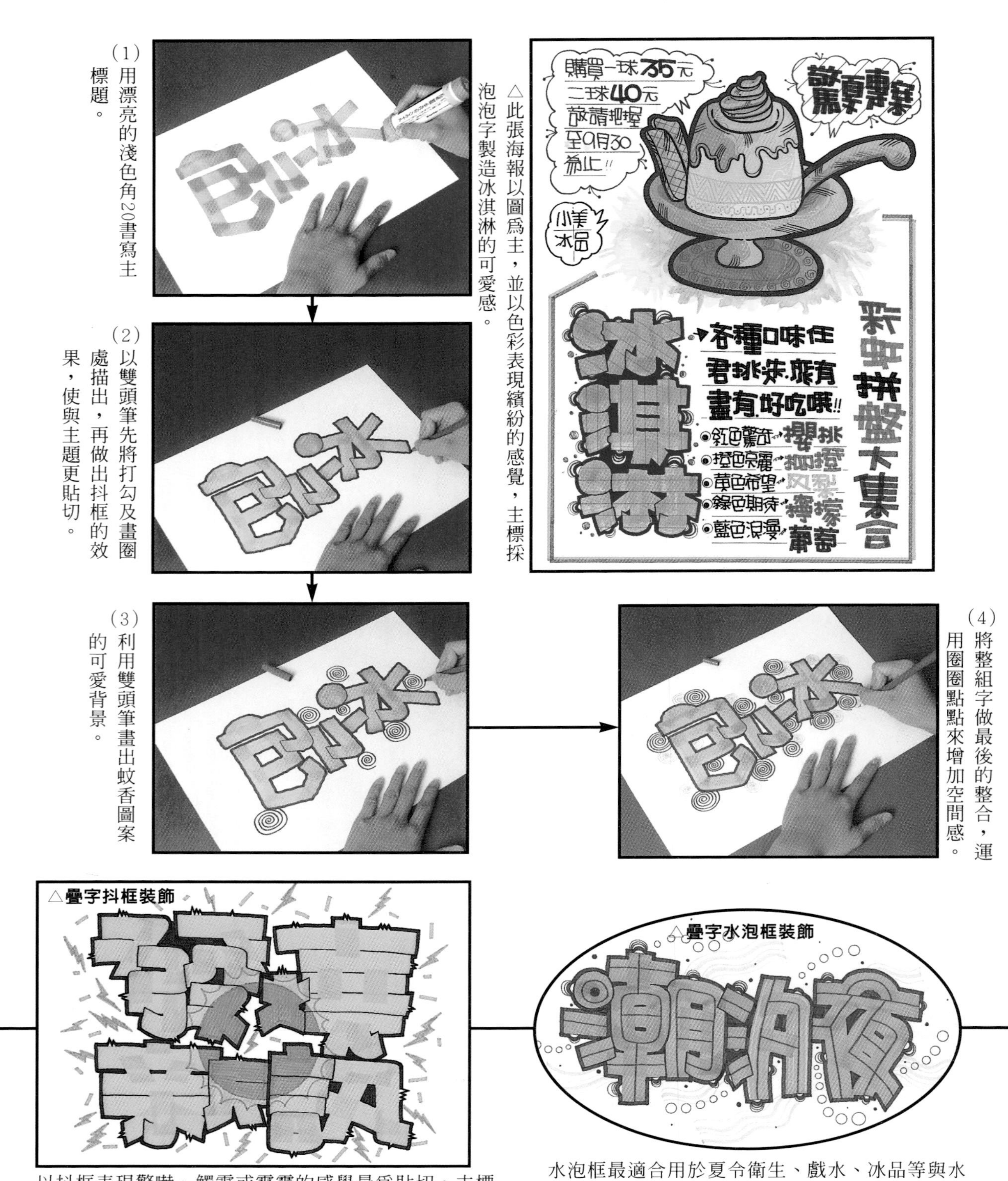

(1) 用漂亮的淺色角20書寫主標題。

(2) 以雙頭筆先將打勾及畫圈處描出，再做出抖框的效果，使與主題更貼切。

(3) 利用雙頭筆畫出蚊香圖案的可愛背景。

(4) 將整組字做最後的整合，運用圈圈點點來增加空間感。

△此張海報以圖爲主，並以色彩表現繽紛的感覺，主標採泡泡字製造冰淇淋的可愛感。

△疊字抖框裝飾

以抖框表現驚嚇、觸電或霹靂的感覺最爲貼切，主標並加以字裡矩形色塊爲二次裝飾使版面更完整。

△疊字水泡框裝飾

水泡框最適合用於夏令衛生、戲水、冰品等與水有關之海報，用以製造清涼冒泡的聯想。

〈七〉疊字彩色裝飾

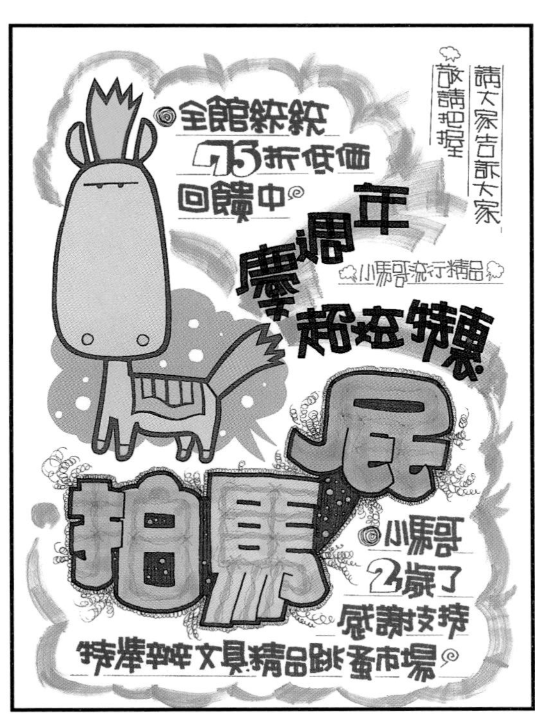

△運用精緻剪貼以圖爲主的方式來增加主題的趣味性。主標並採換色裝飾使整個海報編排更生動。

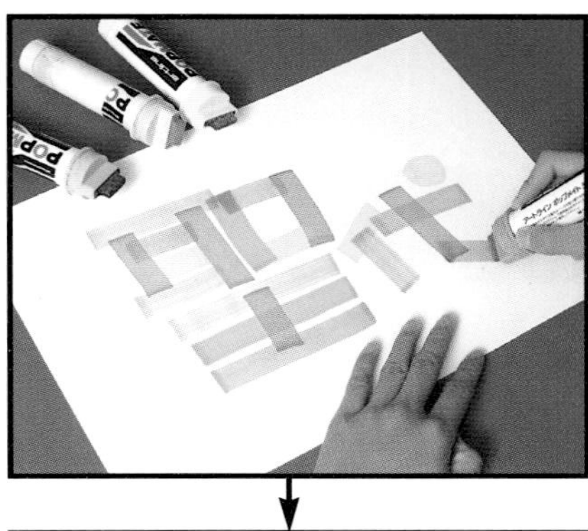

(1) 選擇漂亮的淺色角20來書寫，每個筆劃皆換色即可形成。

(2) 以深色筆加框，使整個字形更明顯。

(3) 利用深色水滴狀的色塊表現聖代可愛感。

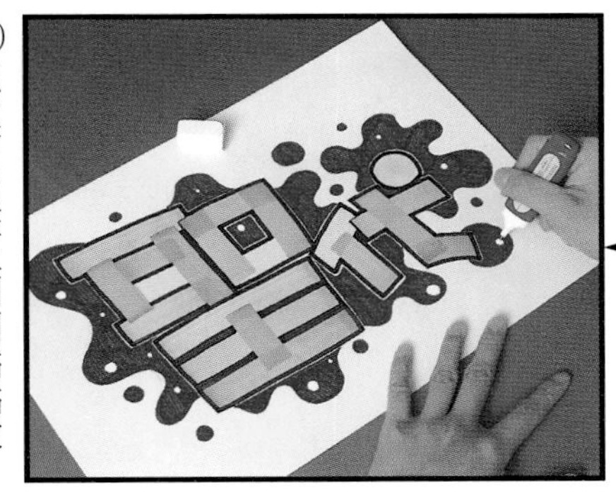

(4) 以立可白畫上圈圈點點做最後點綴即可完成。

△疊字彩色筆畫裝飾

採每一筆劃換色製造七彩的感覺，並予以加框但注意不全部加框以免字形架構模糊。最後加上大體色塊並做裝飾即可完成。

△疊字彩色框裝飾

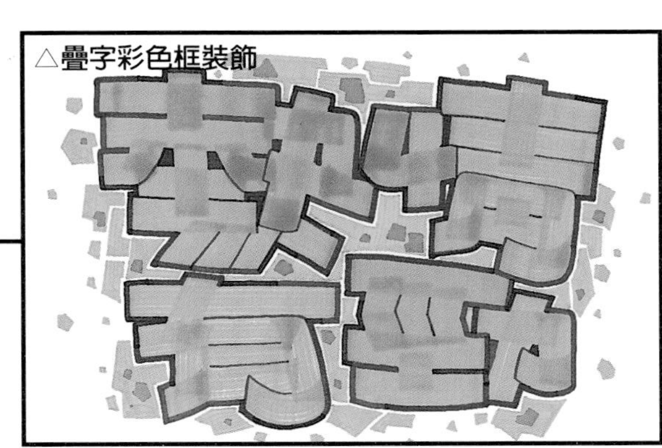

將淺色字畫上不同顏色之深色外框，使其字形有活潑亮麗的感覺，最後再加上拼圖色塊並以類似色做點綴。

〈八〉疊字裂字裝飾

(1) 選擇漂亮的淺色角20書寫主標題。

(2) 用雙頭筆斜面作前後不加框，再以極細端加複框使字形更精緻。

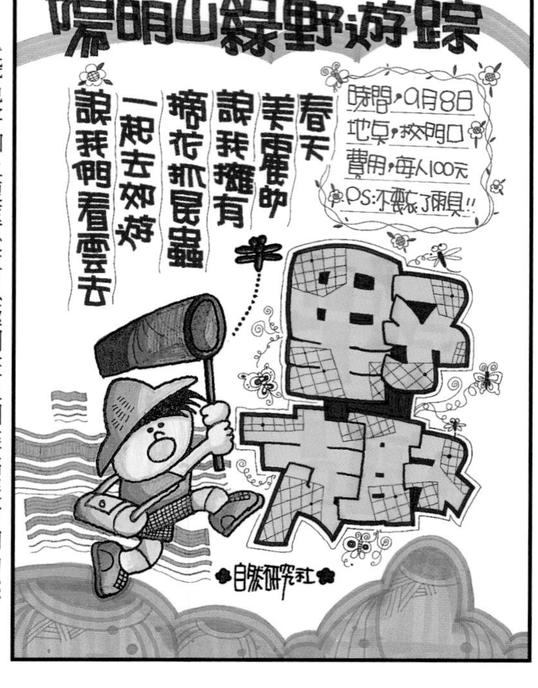

△淺色字加上複框後再以極細畫上蝴蝶點綴增加動態，讓主標有與圖同一情境之效果，使整張海報更出色。

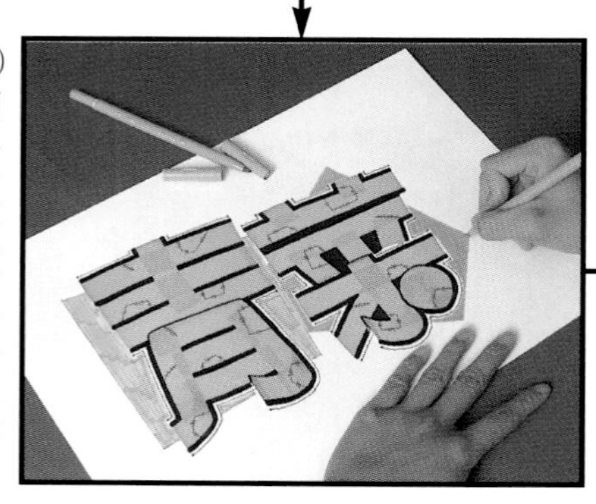

(3) 加上單一矩形色塊，使整個字形更突出。

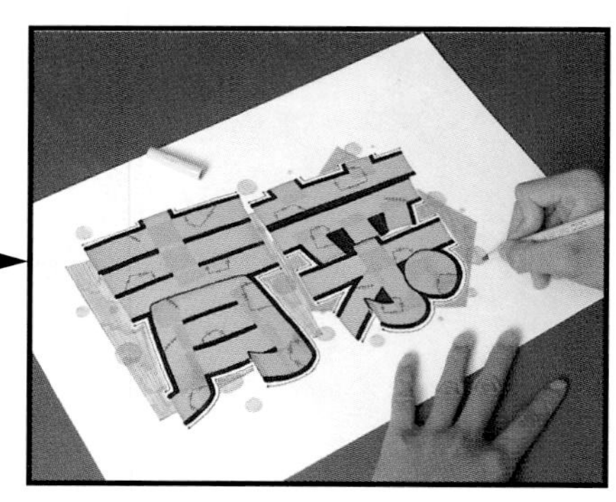

(4) 以淺灰色畫上圈圈點點做點綴。

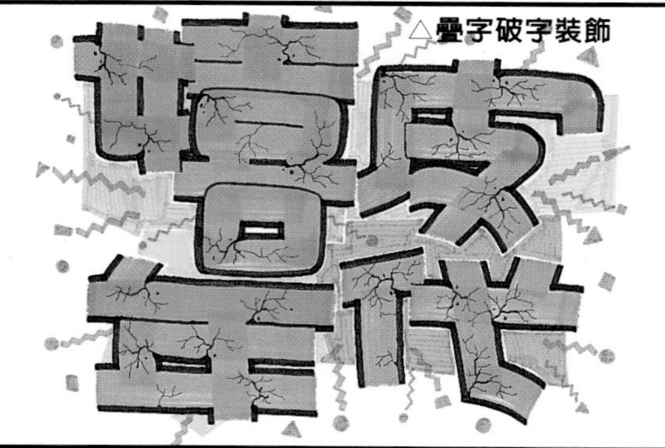

△疊字破字裝飾

將淺色字畫上前後不加框之後，由接角處畫出裂開的效果並選擇漂亮的淺色做單一色塊。最後用淺灰色做點綴即可完成。

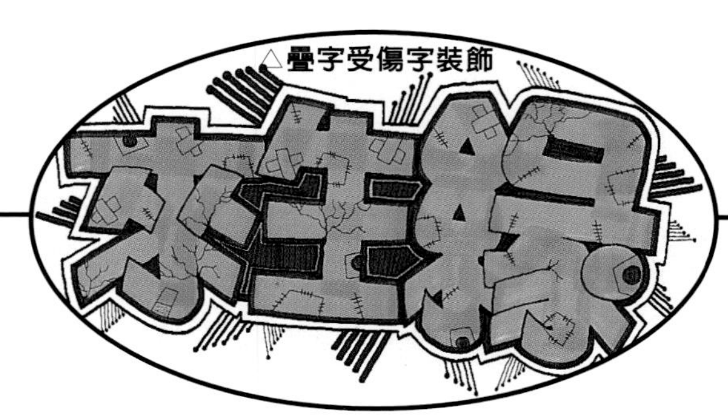

△疊字受傷字裝飾

以深色加複框後，再加上補丁、膏藥、劣縫等以製造出傷痕累累之效果，最後以毛毛點綴使整組字更完整。

〈九〉疊字汽球字裝飾

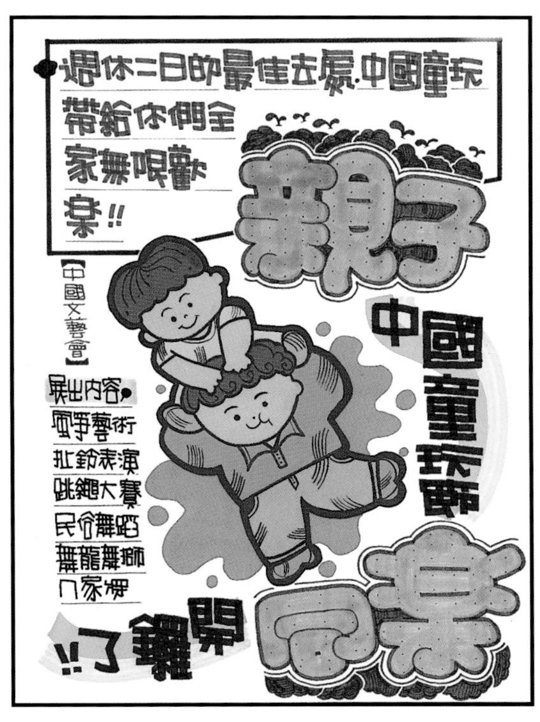

△順著圖形決定海報的編排以增加活潑感，主標採氣球字更能符合海報可愛溫馨的感覺。（字體為洞洞字）

(1) 以淺色筆書寫圓角字。

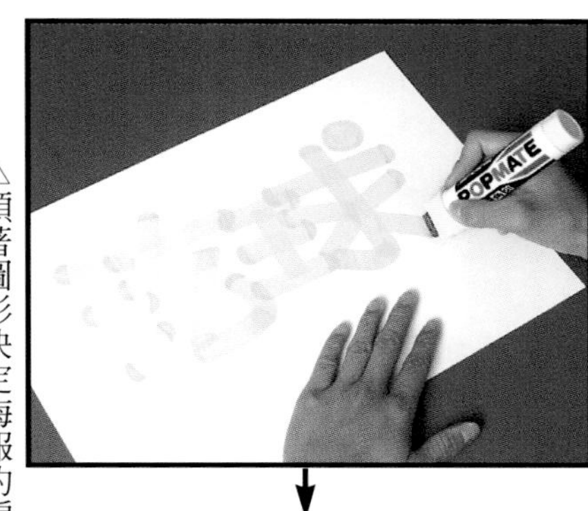

(2) 用類似色畫出立體效果，並加上深色框。注意打勾及畫圈要先描出。

(3) 先用淺色畫出第一層，再以較深之顏色畫上渲染的效果。

(4) 加上立可白點綴以增加完整性。

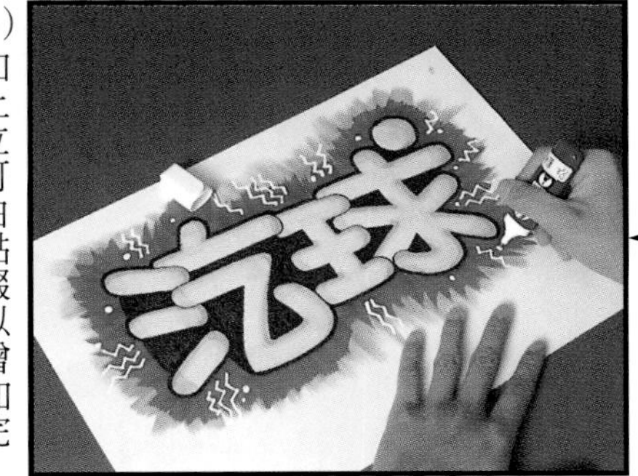

△疊字餅乾字裝飾

淺色字加上深色框後，再畫上小三角形以製造餅乾的效果，最後以彈簧裝飾製造動態。

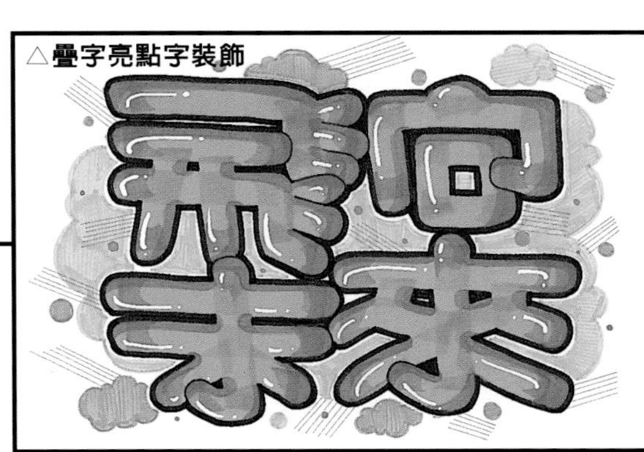

△疊字亮點字裝飾

先做出汽球字的感覺，加運用立可白點出反光的效果，使整個字有透明的效果，讓字形更有趣。

〈八〉疊字裂字裝飾

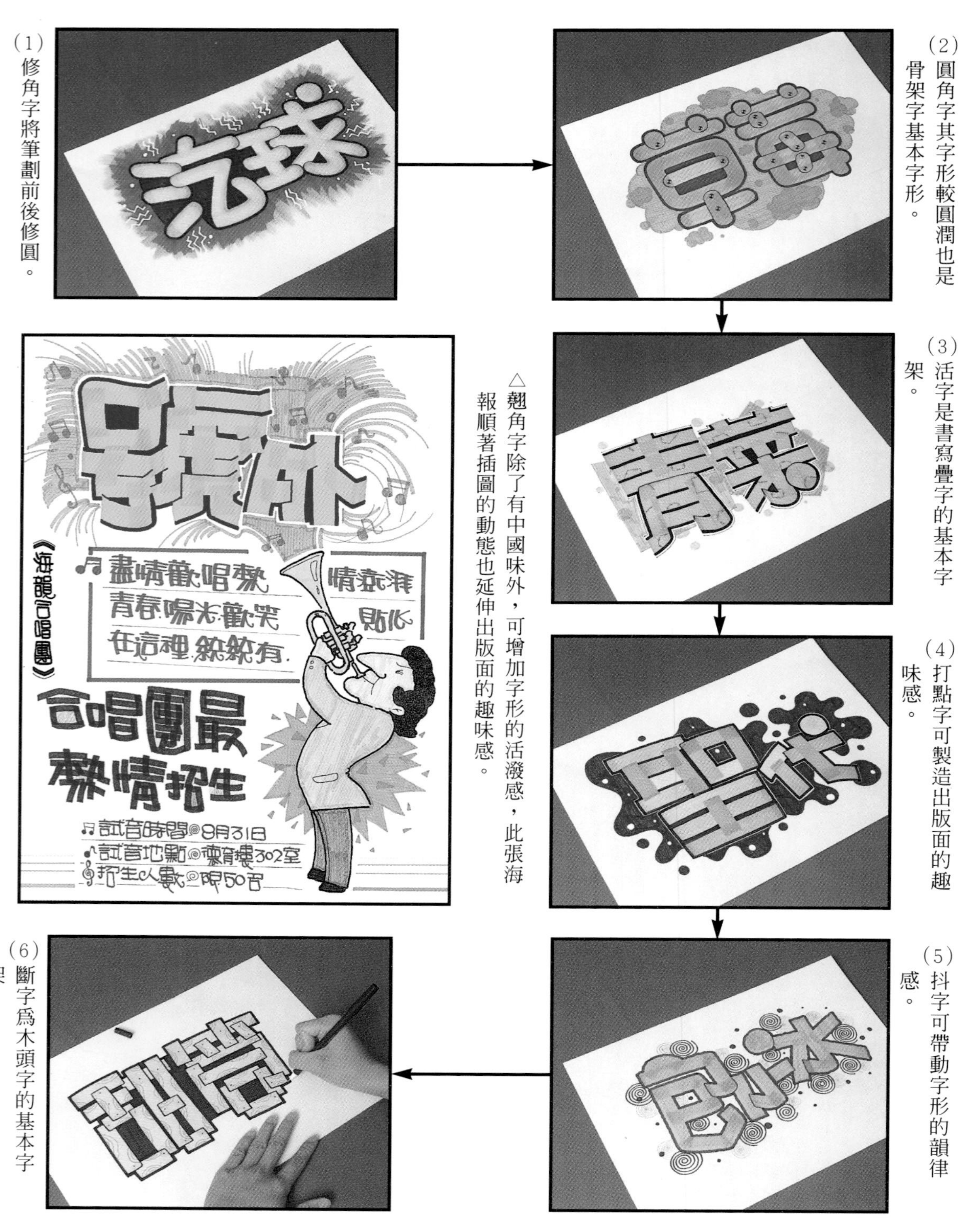

(1) 修角字將筆劃前後修圓。

(2) 圓角字其字形較圓潤也是骨架字基本字形。

(3) 活字是書寫疊字的基本字架。

(4) 打點字可製造出版面的趣味感。

(5) 抖字可帶動字形的韻律感。

(6) 斷字爲木頭字的基本字架。

△翹角字除了有中國味外，可增加字形的活潑感，此張海報順著插圖的動態也延伸出版面的趣味感。

● 不同字形也有強烈的趣味性，更能表現出主題的特色，所以可善加運用此種技巧。

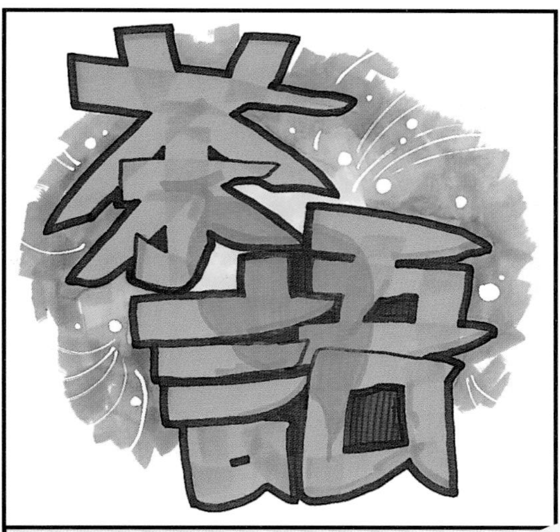

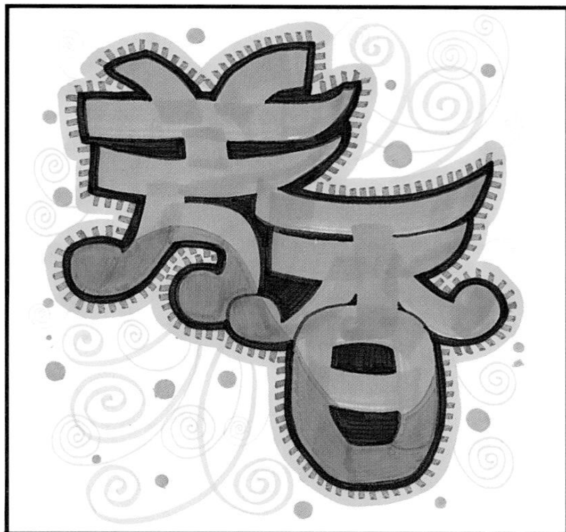

△疊字收筆字裝飾

此字形有變體字的意味，描完框後將其背做出淺色彩色的效果，並於字體內畫出茶葉形狀的分割。

△疊字花俏字裝飾

花俏字本身亦屬活潑有動力的字體，注意撇及點的寫法。並於字體內做出曲線分割及用類似裝飾花俏的外框。

△疊字雲彩字裝飾

雲彩字其筆劃大小不一切記前記後要修圓角，其字內做出立體效果並加立可白亮點，其外用雙頭筆做出花俏裝飾。

△疊字梯形字裝飾

先做出立體字的效果，並在背後加上深色拼圖色塊，並做出換部首的裝飾使整組字更完整。

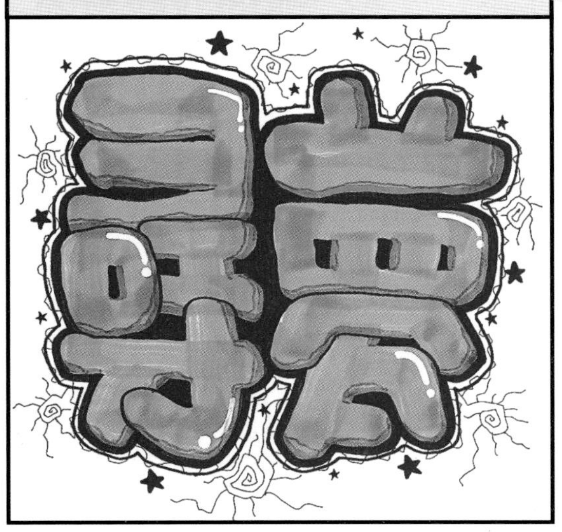

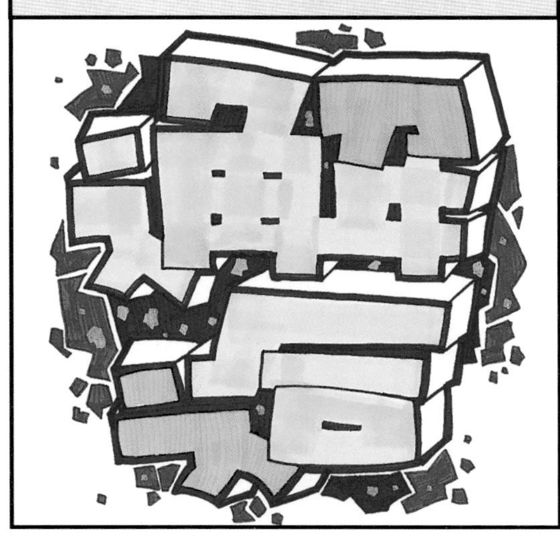

● 特殊裝飾除了要考量疊字的書寫技巧，並要掌握字形的特色，才能發揮綜合的韻味。

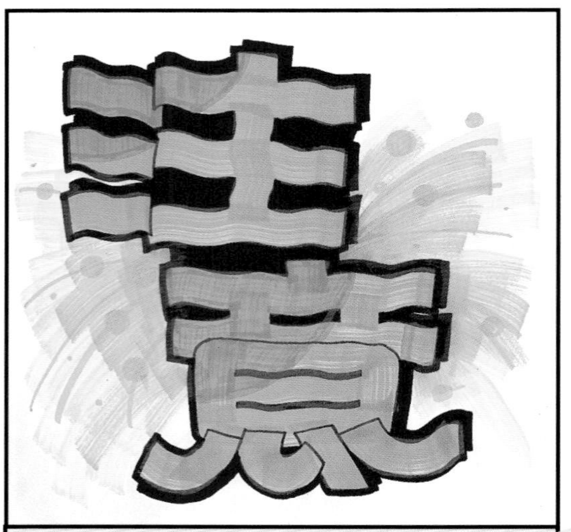

△疊字抖字裝飾

書寫抖字時其弧度不宜太多太雜，挑配字架並注意疊字的技巧並做字內的角落分割，其背景漸層使用體更突出。

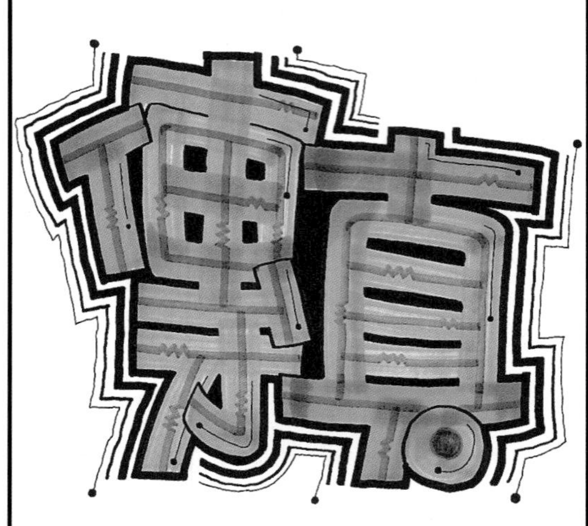

△疊字闊嘴字裝飾

除了將口字予以擴充放大並採用較深的筆觸加中線，且向外重複畫框，粗到細，使字形更精緻。

△疊字打點字裝飾

除了將畫圈打點要先寫外，其背景曲線的手法使字形更加活潑，並在字內做出類似色的字裡圖案分割。

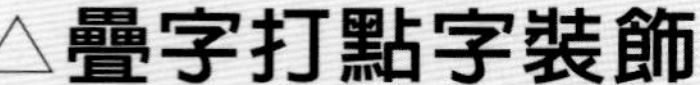

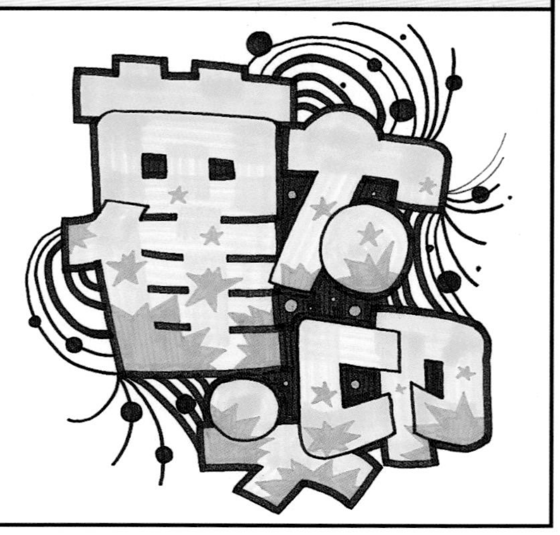

△疊字弧度字裝飾

除了讓字形有變化，並於字內做出立體陰影字的效果，搭配深色的拼圖色塊的背景使字形更出色。

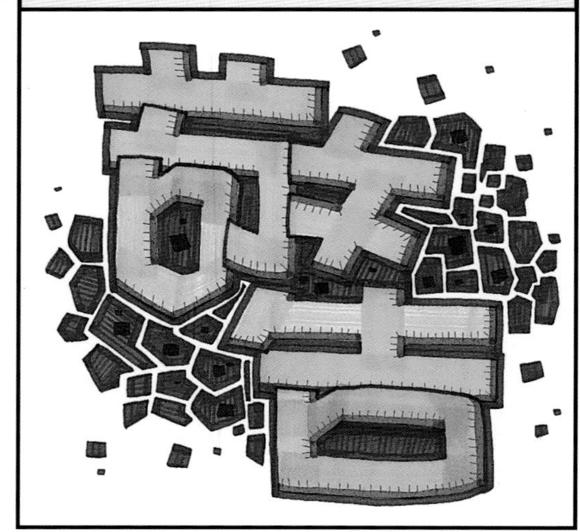

肆、創意字形

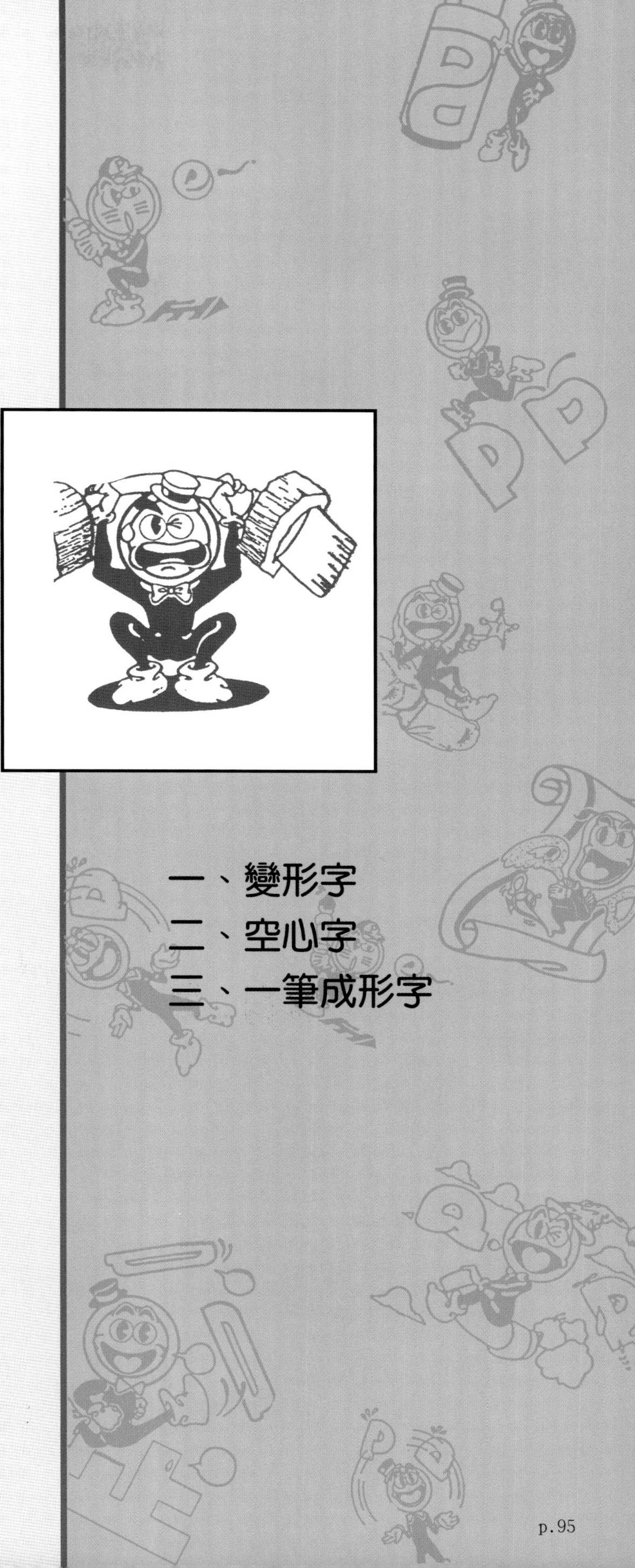

一、變形字
二、空心字
三、一筆成形字

一、變形字

〈一〉基本變形字

肆、創意字形

變形字是從麥克筆字加以延伸予以創意，使POP字的變化空間更大，更多元化，其下的變化空間將爲讀者慢慢介紹，請詳讀並牢記其內容。

★上下左右變形字書寫步驟

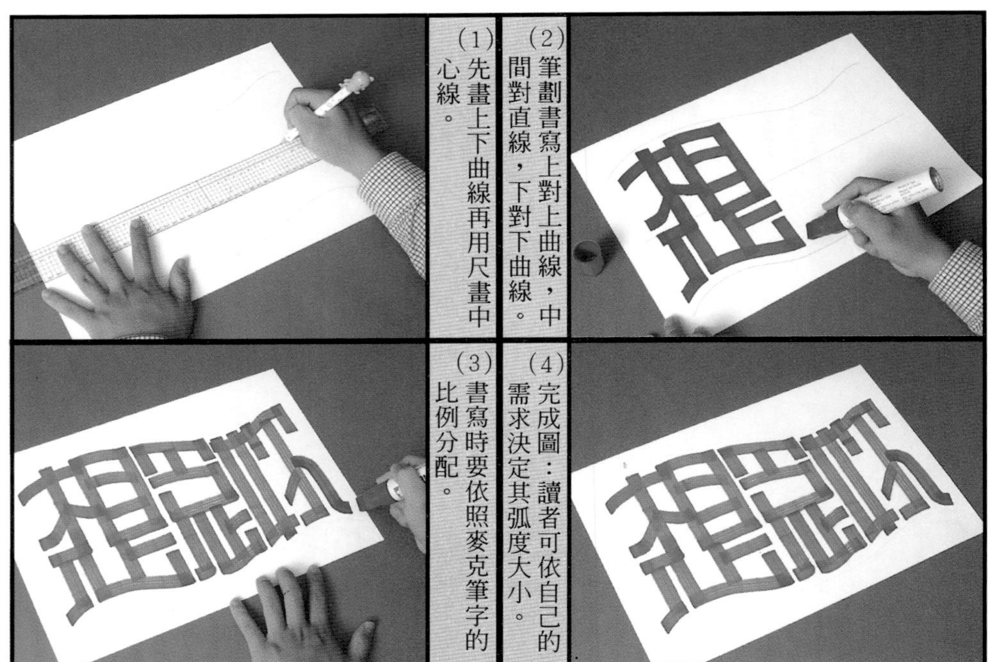

(1) 先畫上下曲線再用尺畫中心線。

(2) 筆劃書寫上對上曲線，下對下曲線，中間對直線。

(3) 書寫時要依照麥克筆字的比例分配。

(4) 完成圖：讀者可依自己的需求決定其弧度大小。

(1) 上下變形字

快樂向前走

追趕跑跳碰

希望在明天

● 底下採色漸層並在字形中間加線使字更加穩定。

● 此裝飾採愛心的單一色塊並用勾邊筆加中線

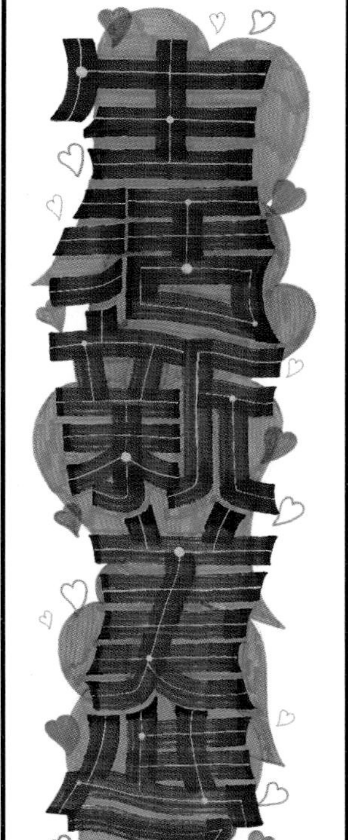

(2) 左右變形字

(3) 字形變形字

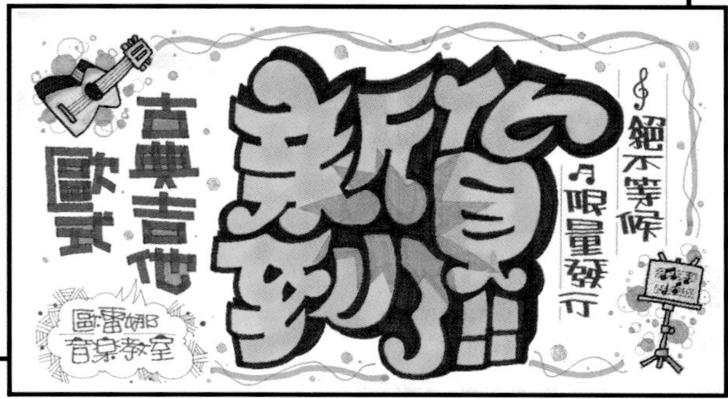

● 此張告示牌採花俏字變形字並採取立體錯開框，並在中間做爆炸形圖使海報更生動。

〈二〉創意變形字

除了延續麥克筆字的字架外，還可以增加其變化空間，接下來爲大家介紹的變化，(1)連字變形字(2)筆劃變形字(3)字圖融合變形字。皆可提升變形字的說服力。

★字圖融合變形字書寫步驟：

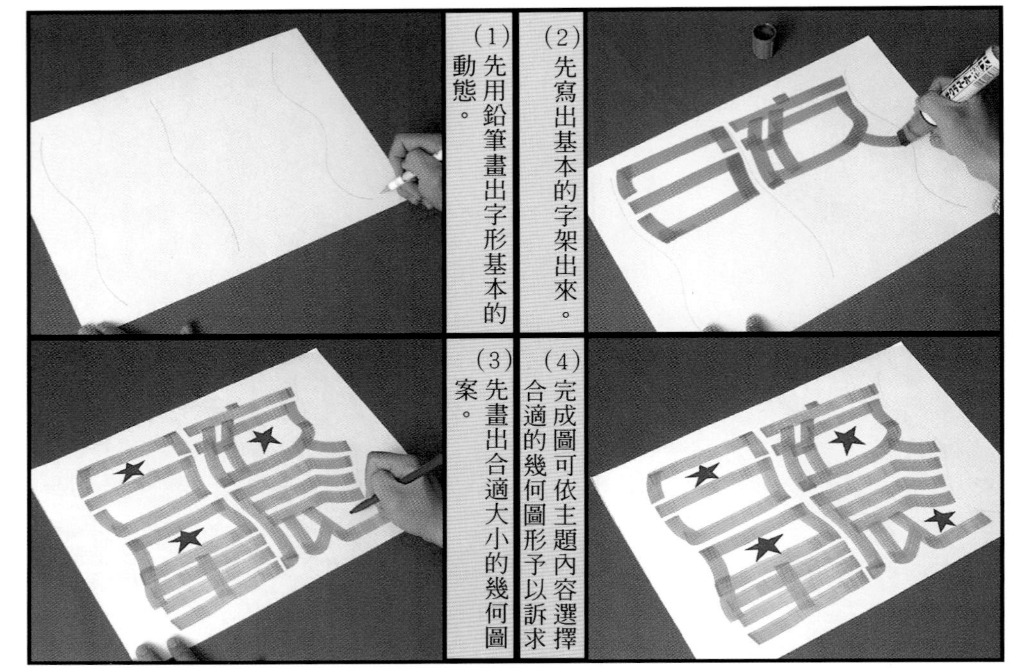

(1)先用鉛筆畫出字形基本的動態。

(2)先寫出基本的字架出來。

(3)先畫出合適大小的幾何圖案。

(4)完成圖可依主題內容選擇合適的幾何圖形予以訴求

(1)連字變形字

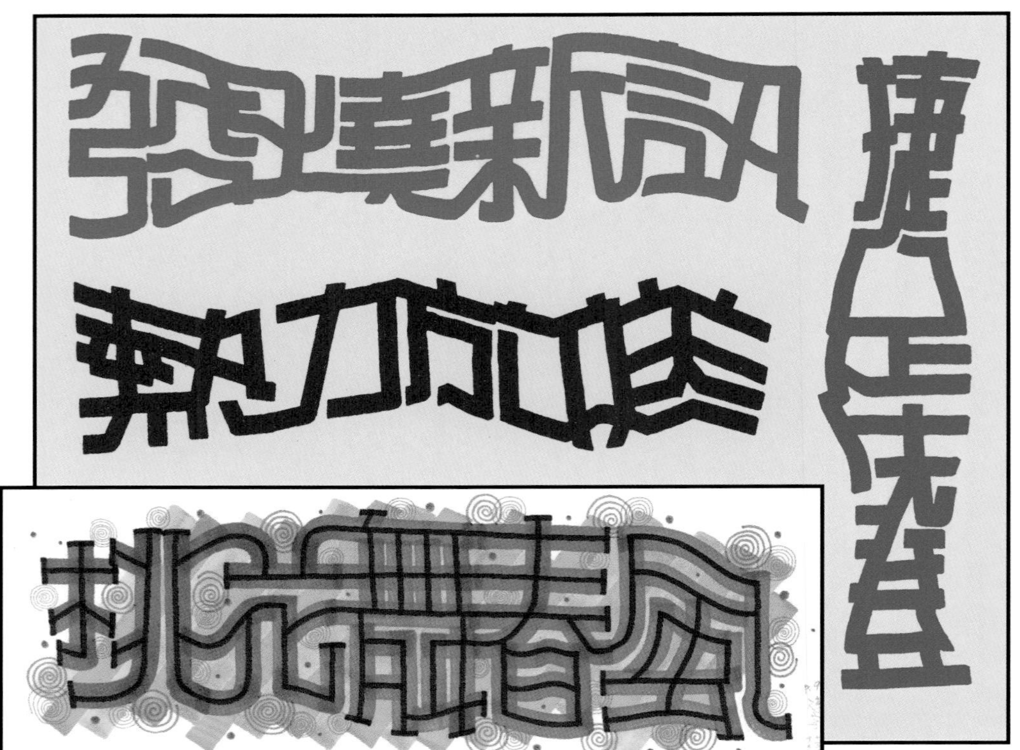

● 其底下採雙色寫意色塊，並予最後作蚊香圖案裝飾點綴使整組字更加完整。

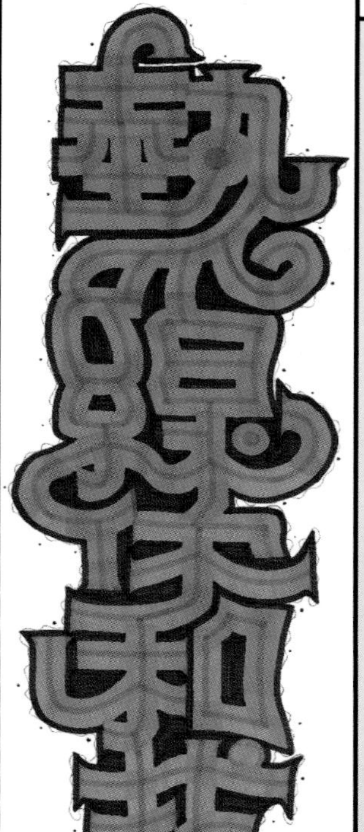

● 將整組字其筆劃前後作變化並加深色曲線框，並予中間加類似色中線。

(2) 筆畫變形字

(3) 字圖融合變形字

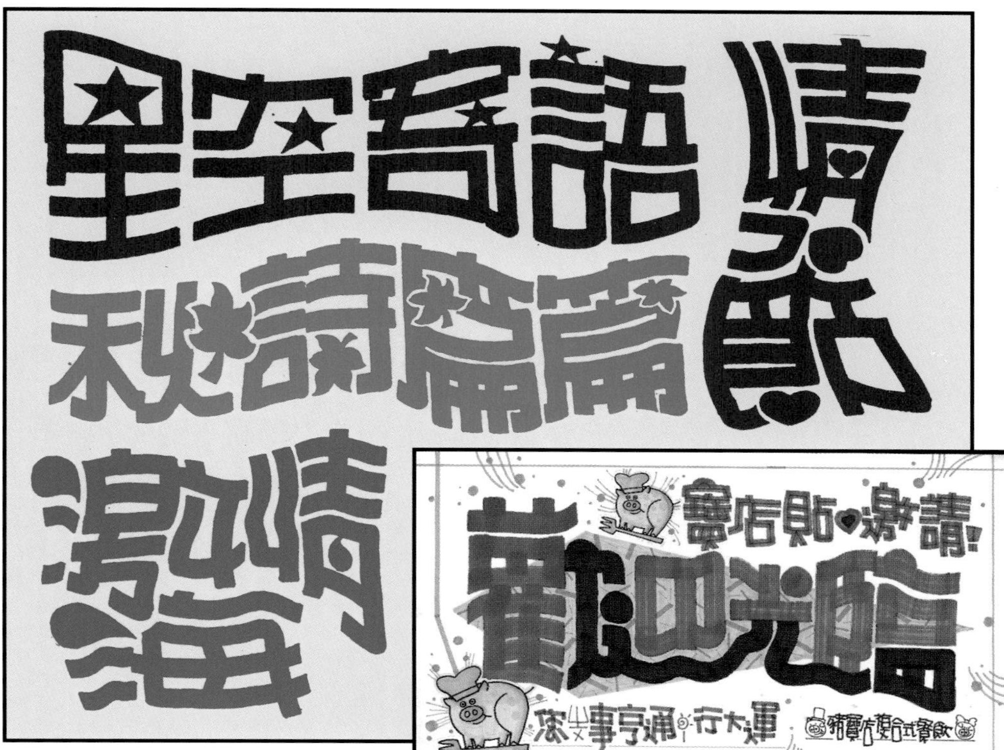

● 此張告示牌採取打點來製造整組字的趣味感，並於底下加上淺色菱色色塊使字更有趣。

〈三〉造形變形字

先決定好其書寫的造形，其內的筆劃可相互滲書寫，讓訴求的主題更加明顯，但造形不要選擇怪異的風格，避免書寫時的障礙。

★內矩形變形字書寫步驟：

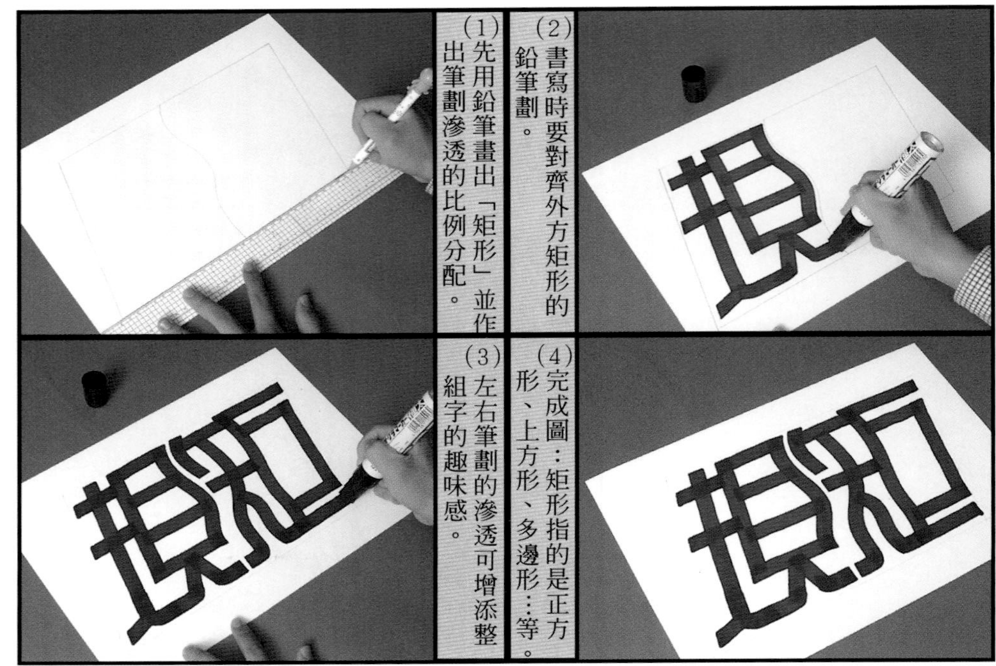

(1)先用鉛筆畫出「矩形」並作出筆劃滲透的比例分配。

(2)書寫時要對齊外方矩形的鉛筆劃。

(3)左右筆劃的滲透可增添整組字的趣味感。

(4)完成圖：矩形指的是正方形、上方形、多邊形…等。

(1)內矩形變形字

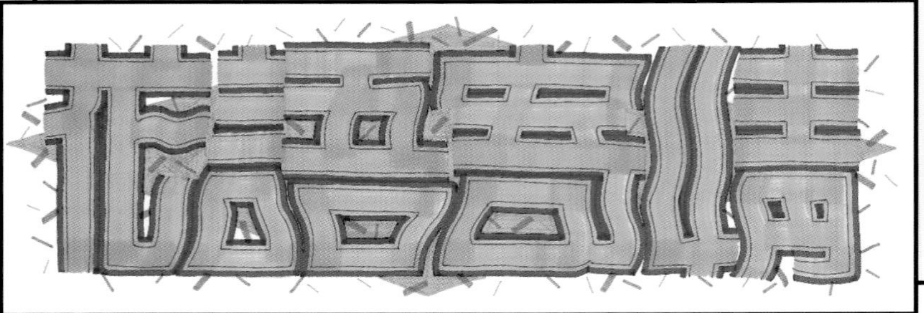

● 整組字加完框後再加複框且前後不加框，且並在後面作淺色色塊裝飾。

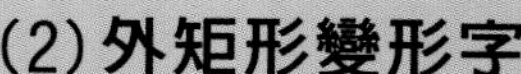

(2)外矩形變形字

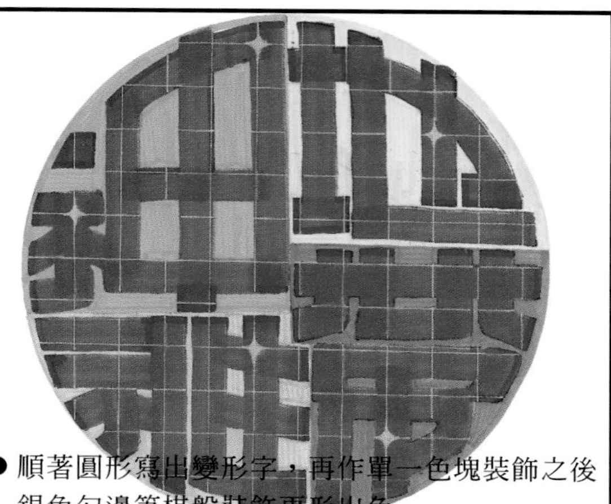

● 順著圓形寫出變形字，再作單一色塊裝飾之後銀色勾邊筆棋盤裝飾更形出色。

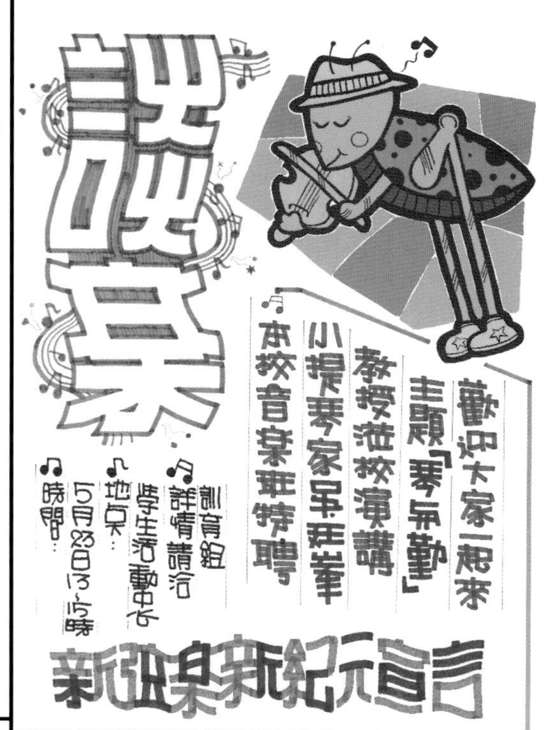

● 字延著波浪形書寫且是空心字，插畫採取廣告顏料平塗法使海報更精緻，並搭配音符點綴使其更生動。

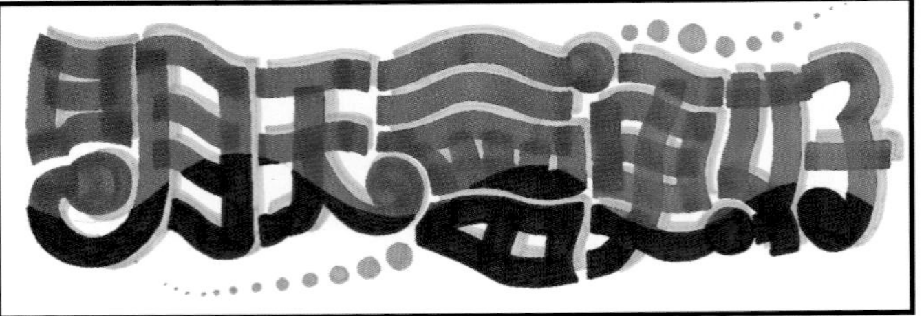

● 先做曲線分割並在其後加上淺色的陰影框使其更出色。

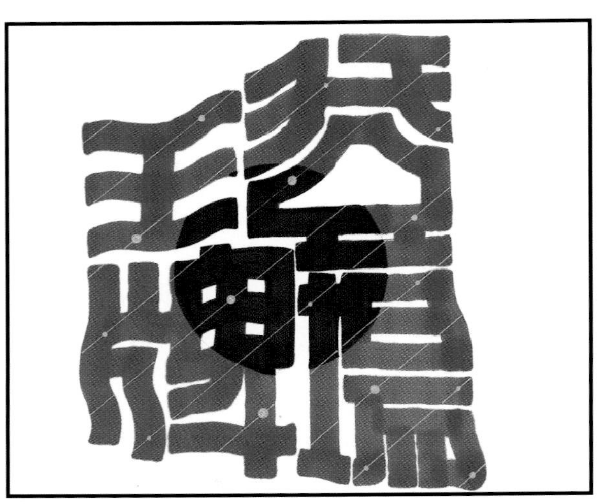

● 先用勾邊筆打斜線之後並在字形中間做矩形分割使字形更穩重。

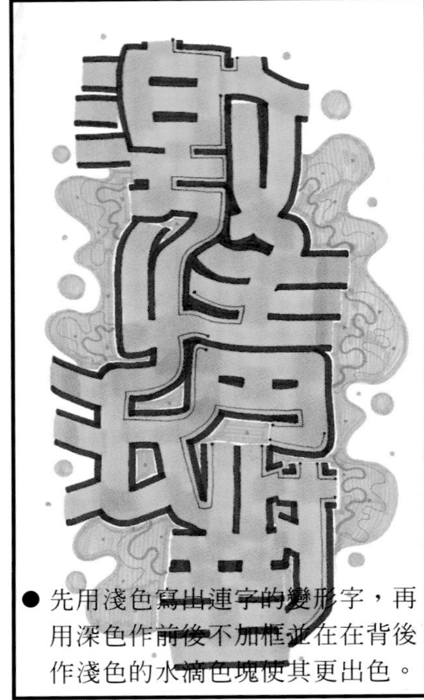

● 先用淺色寫出連字的變形字，再用深色作前後不加框並在在背後作淺色的水滴色塊使其更出色。

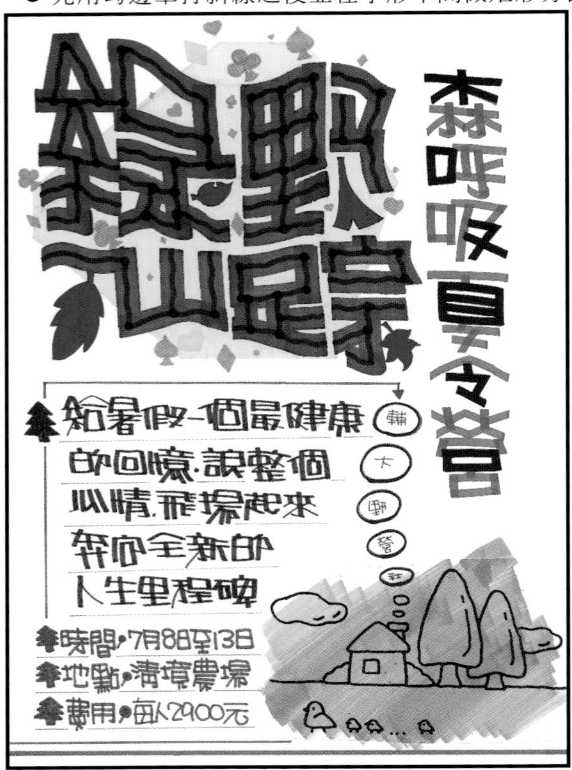

● 此張海報主標題採用字圖融合方式，配合彩色寫意背景的插圖呈現活潑可愛的感覺。

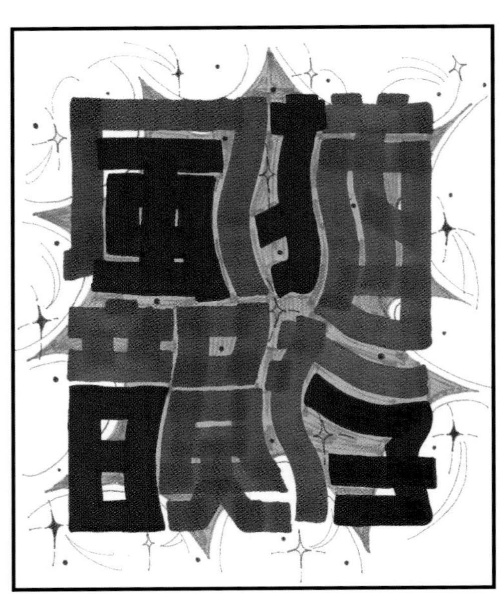

● 此裝飾採取換部首的寫法並在底下作爆炸的色塊可使字形更加出色。

二、空心字

空心字的書寫技巧可融合各種不同的字形，並且可挑配不同的字形裝飾來增加主題的訴求空間，所以其變化空間相當的廣泛，技巧也相當得簡單，以下爲讀者作更詳盡的介紹。

★空心字書寫步驟

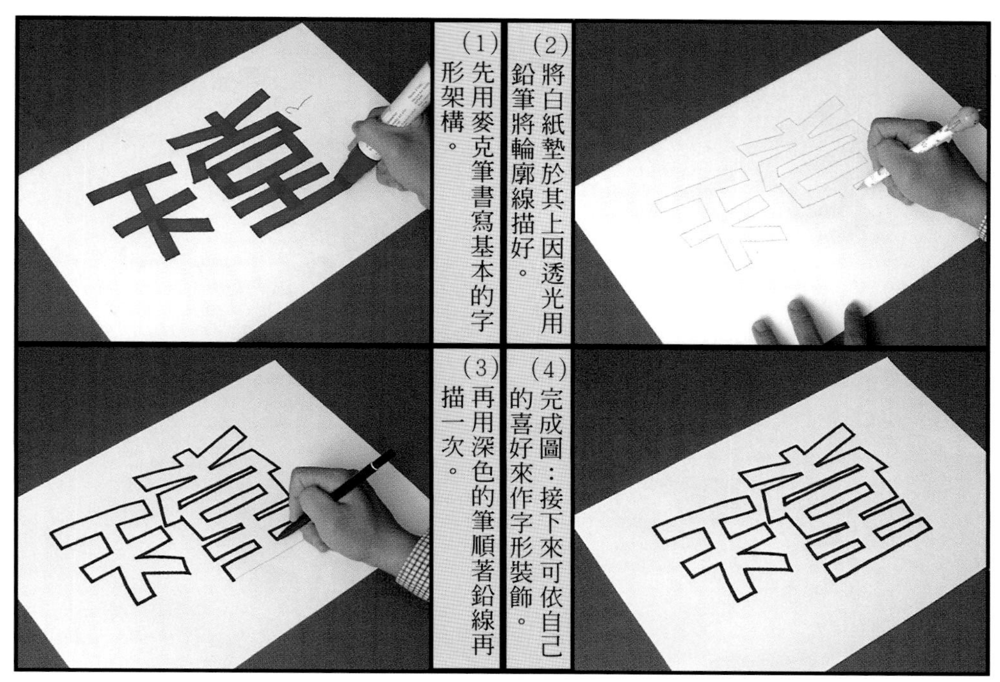

〈一〉空心字書寫公式

1. 基本筆法

(1)所謂的空心字就是將字形的外框加以描繪即可。

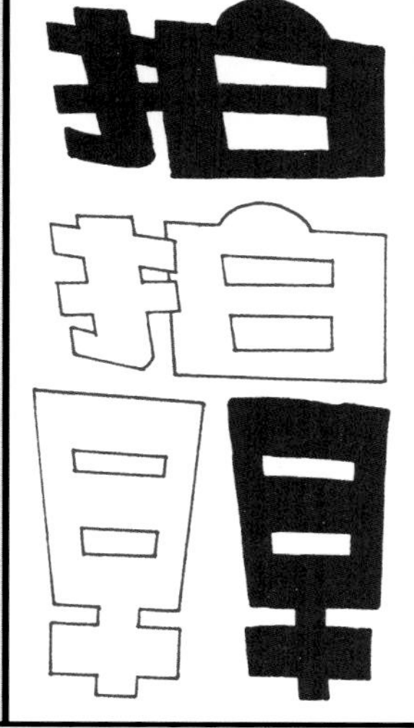

2. 口字先寫

(2)遇口字先加框再寫其它配字讓字形更完整。

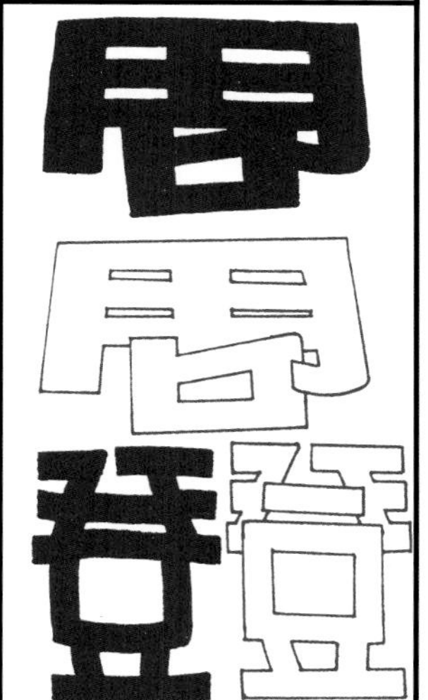

3. 打勾先寫

(3)遇打勾的筆劃要先寫，再寫其它配字，使其有重疊的效果。

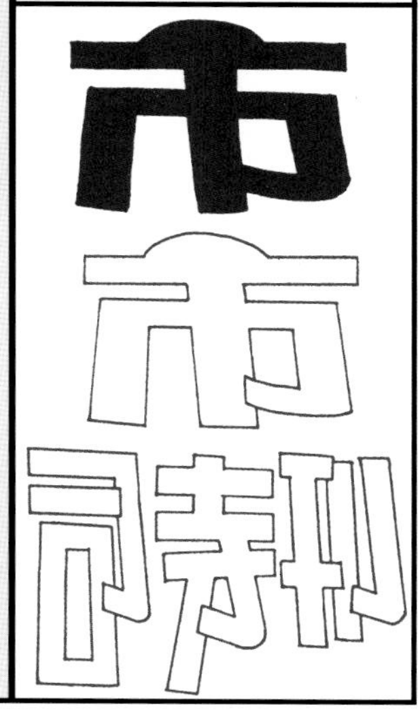

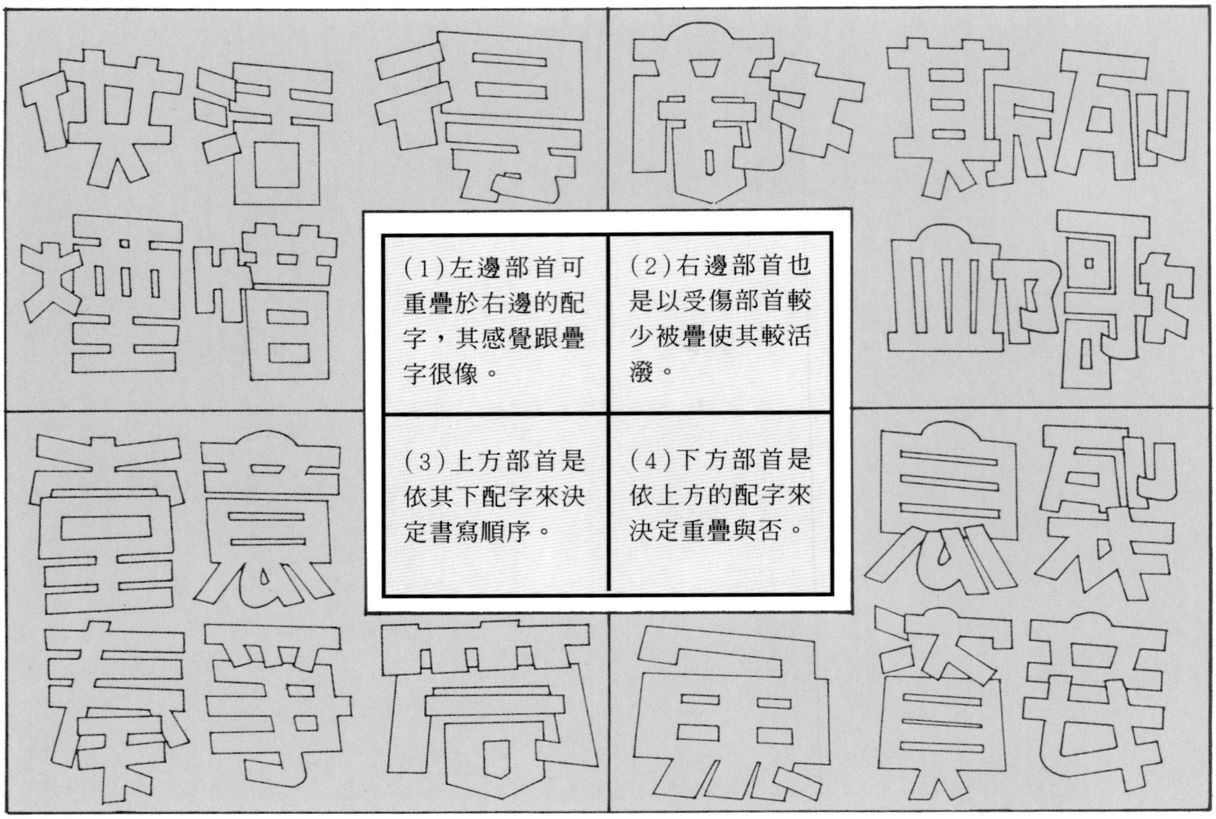

(1)左邊部首可重疊於右邊的配字，其感覺跟疊字很像。	(2)右邊部首也是以受傷部首較少被疊使其較活潑。
(3)上方部首是依其下配字來決定書寫順序。	(4)下方部首是依上方的配字來決定重疊與否。

〈二〉部首與配字的關係

4. 打點先寫

(4)遇打點字也要先寫，此種技巧可讓整個字更加的有活潑感。

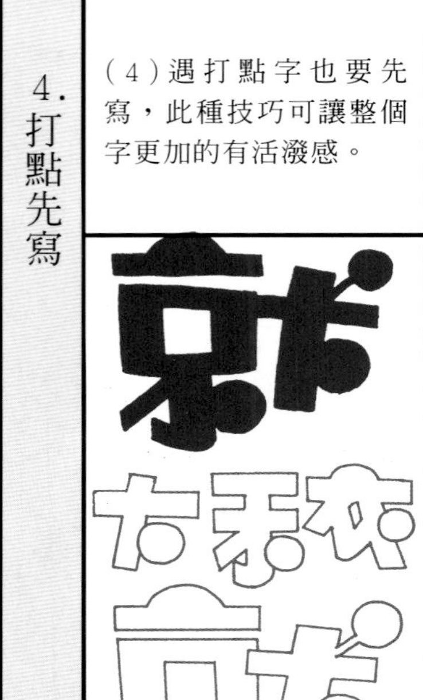

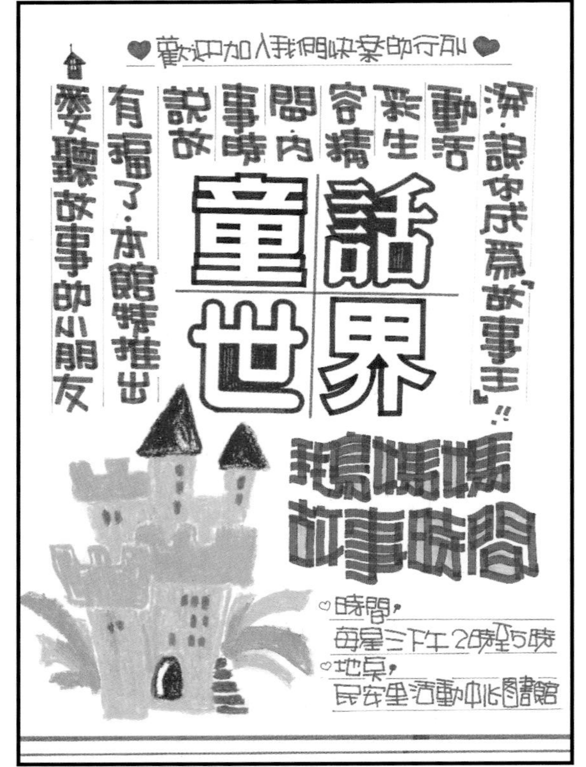

●臘筆的插圖表現形式可讓海報產生有趣的效果，主標題爲鏤空印刷字副標題亦採取變形使版面更有變化。

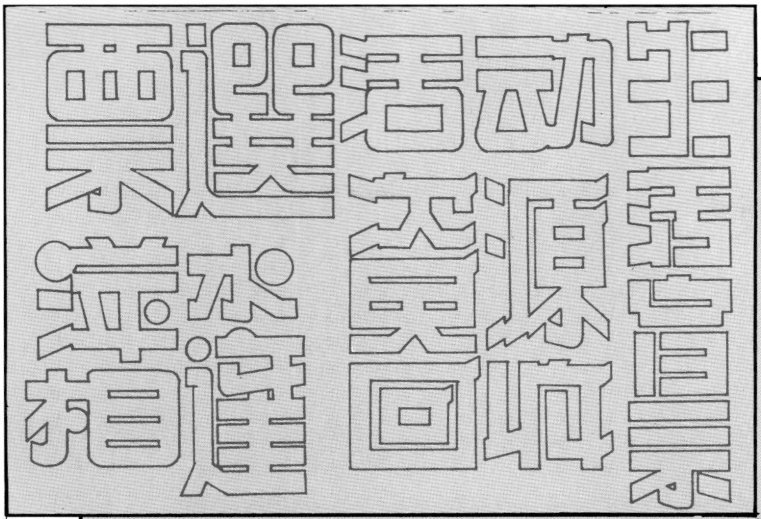

〈1〉 正字空心字

〈2〉 活字空心字

〈三〉空心字的創意與變化

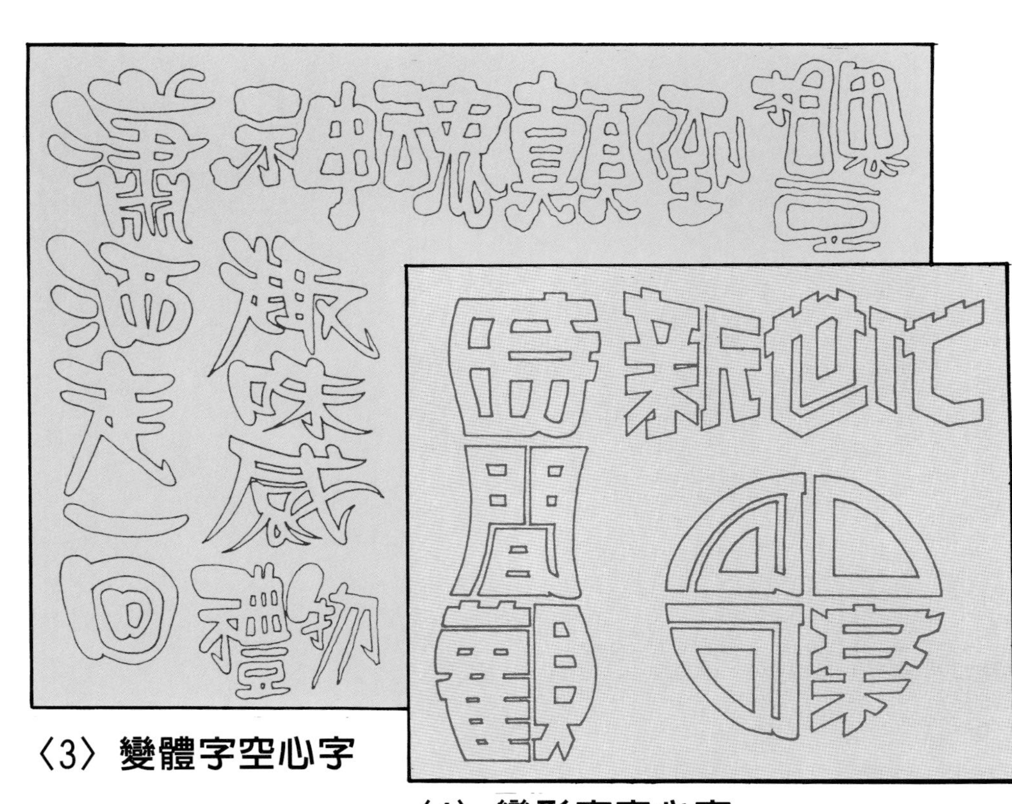

〈3〉 變體字空心字

〈4〉 變形字空心字

〈5〉筆劃變化空心字

〈6〉字圖融合空心字

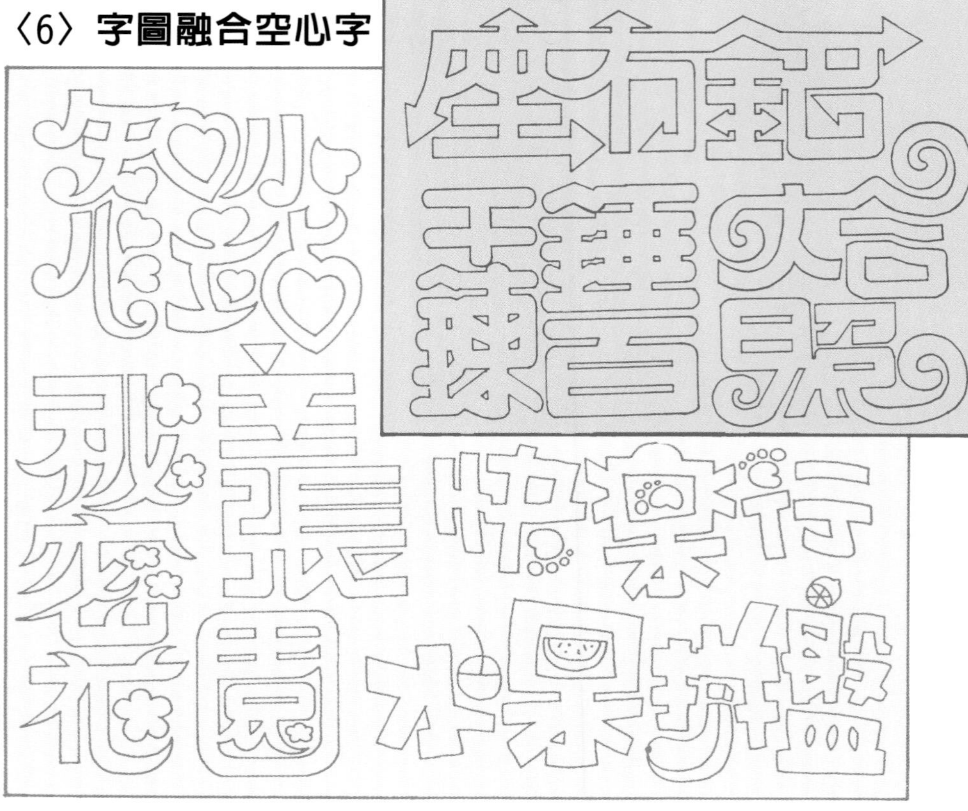

〈7〉印刷字空心字

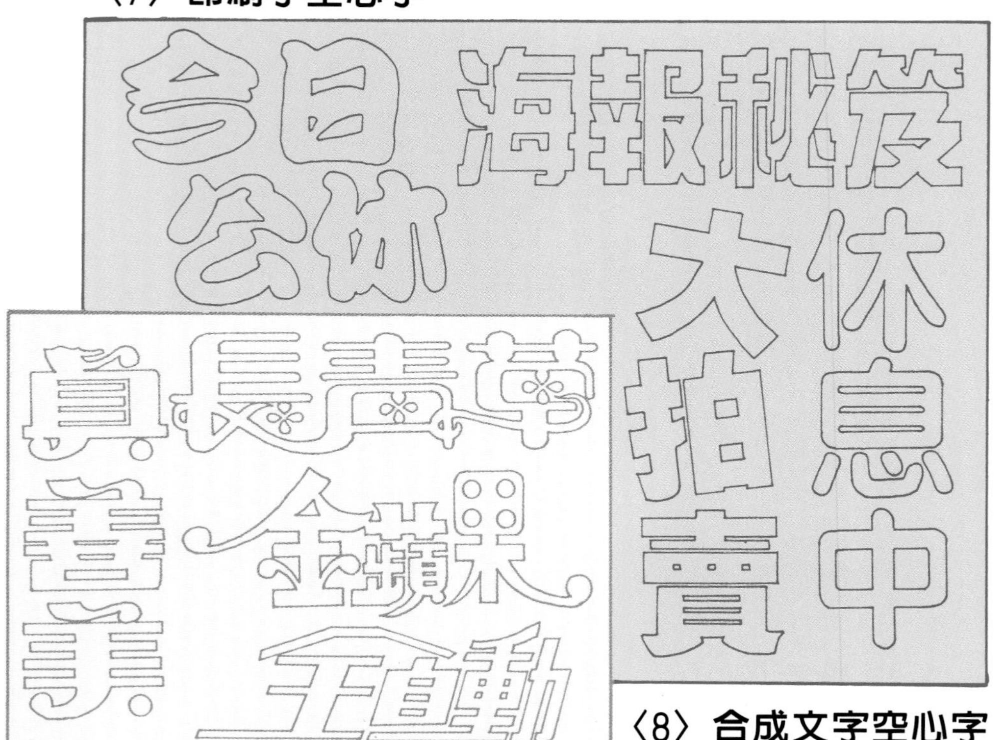

〈8〉合成文字空心字

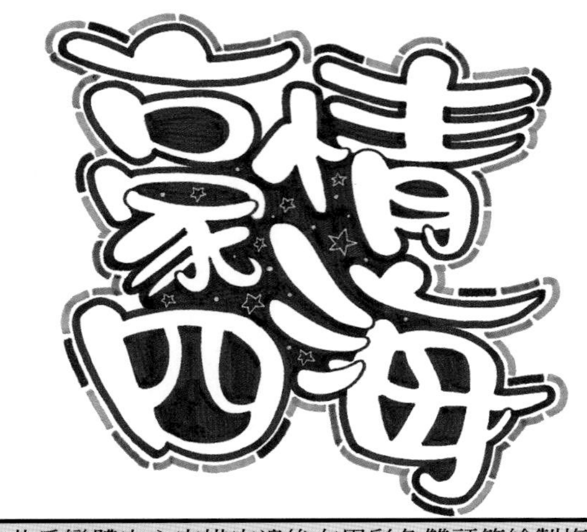

● 此為變體空心字描完邊後在用彩色雙頭筆繪製複框，使其生動活潑。

● 此為正字空心字，在字內打斜線，外加副框

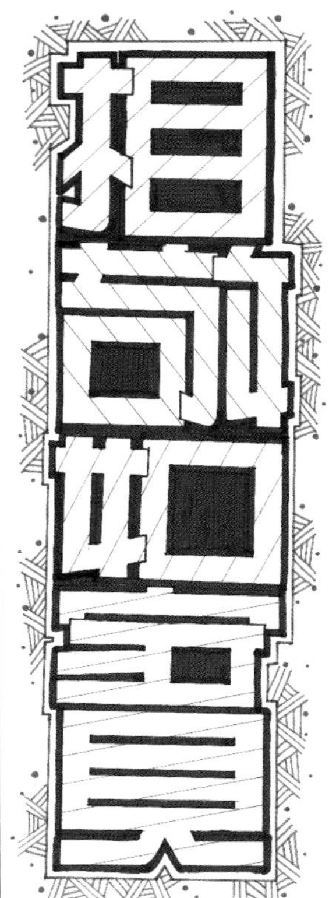

● 此為變形空心字其裝飾表現為高反差。

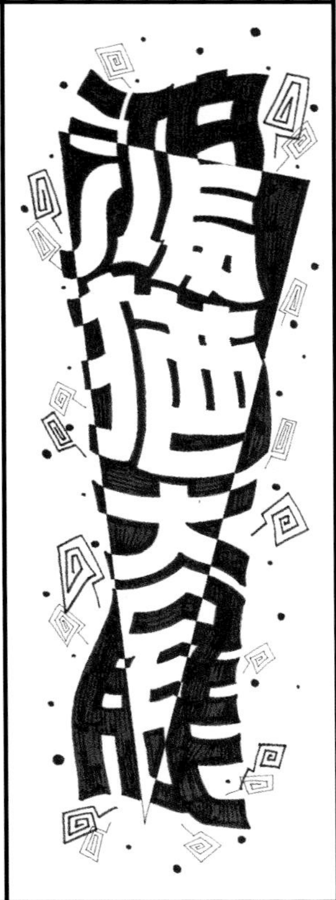

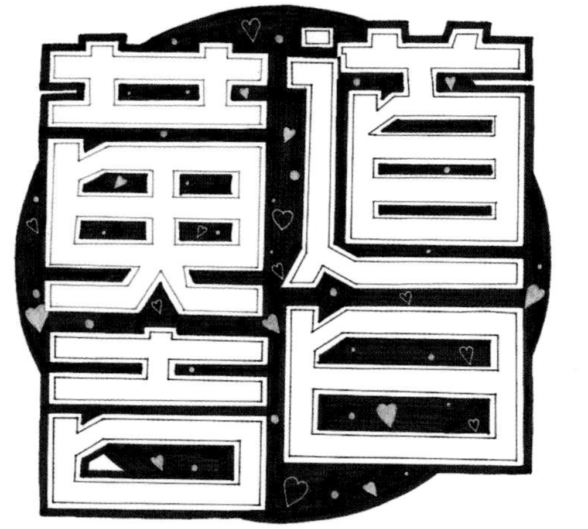

● 此為正字空心字，其筆法為角度字除了加一個圓形的大體色塊外，又往內加複框使整組字更精緻。

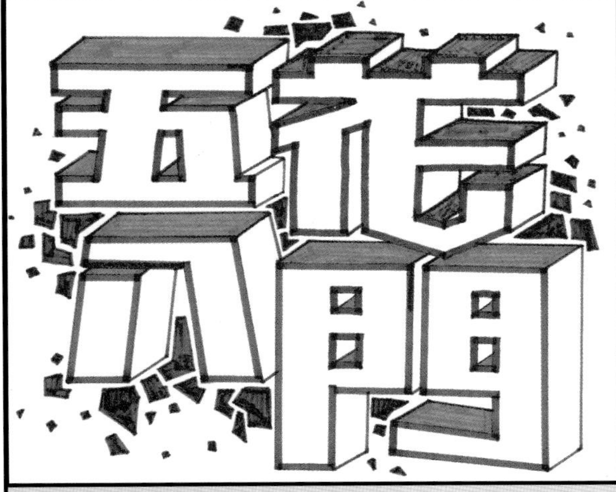

● 此為活字空心字，字架是直粗橫細字先加上立體框，並再暗面加深，再加上拼圖色塊使其更完整。

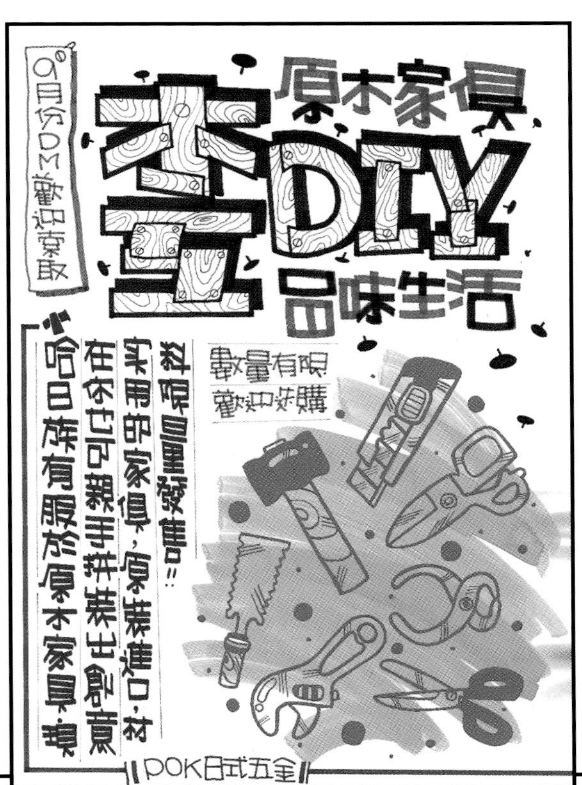

● 此海報字為木頭空心字，使主題更加明確，並採寫意類似色平塗使整體感覺更加輕鬆有趣。

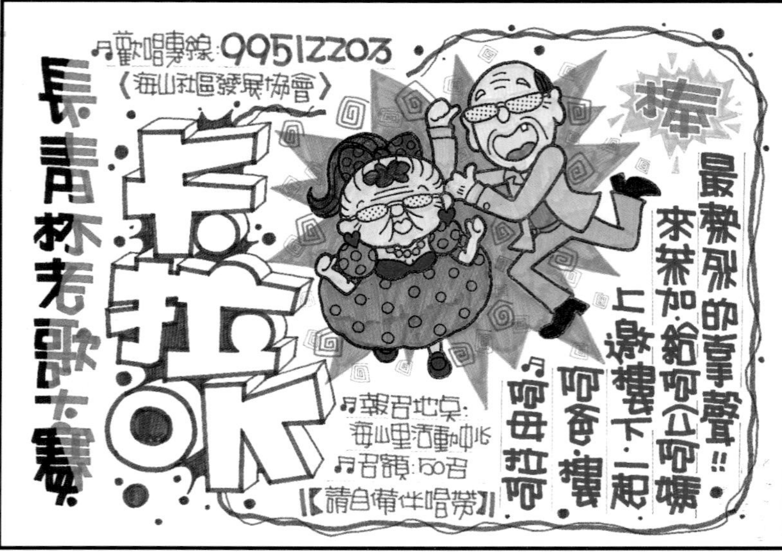

● 此張海報字形爲活字空心字，並採取梯形字立體框，配合生動的插圖。

● 此爲印刷空心字字體爲綜藝體，每個字裝飾爲立體錯開斜線底紋亦採熱鬧繽紛的圖使畫面更活絡。

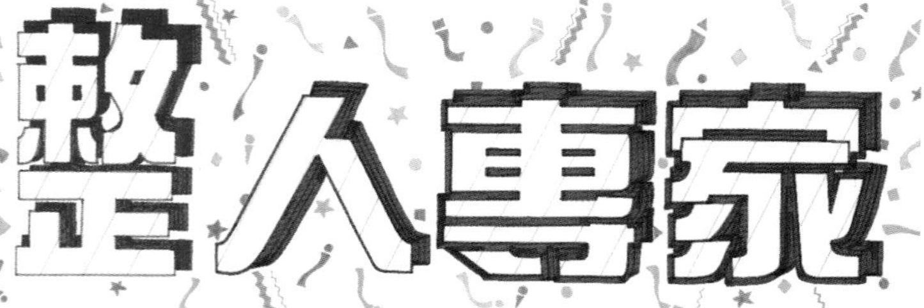

● 此爲變形空心字體表現爲連字，加完框後並運用綠色類似色做圓形拼圖色塊使其看起來更有趣。

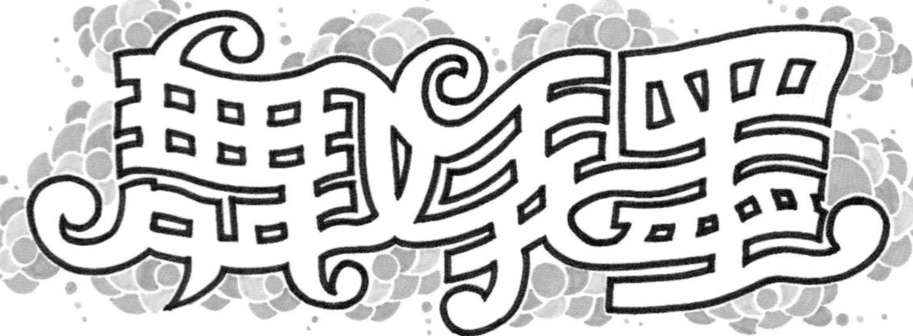

● 此爲變體空心字，除了換字的顏色外並做曲線分割，讓字形看起來更有動態，並用灰色加外框並做點綴。

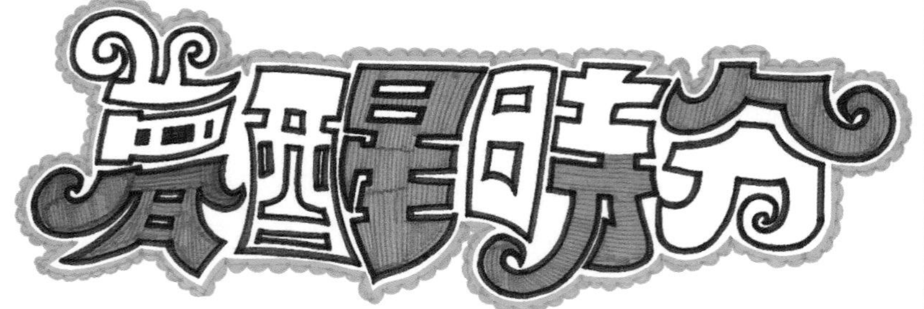

● 此爲活字空心字，字體爲梯形字做出立體猶如石頭的質感並做出裂痕的效果，配合落石的點綴更形出色。

● 此爲印刷空心字，字體爲圓體，其下做出圓形單一色塊的表現，其內極細做複框皆有不錯的效果。

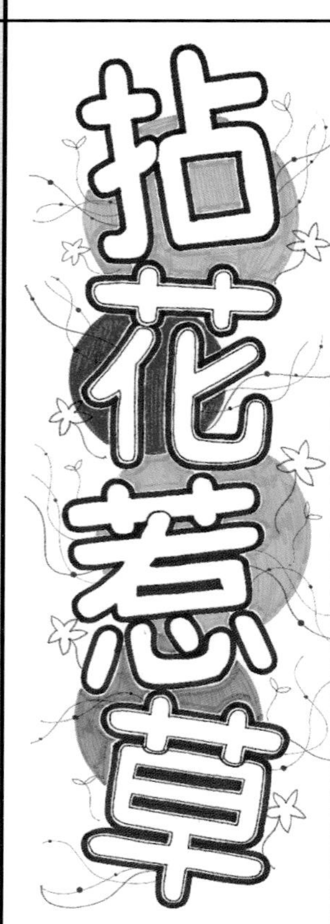

● 此爲正字空心字，字體爲翹字字首先做出立體框並加上深色且在四週加上線條使其字形更出色。

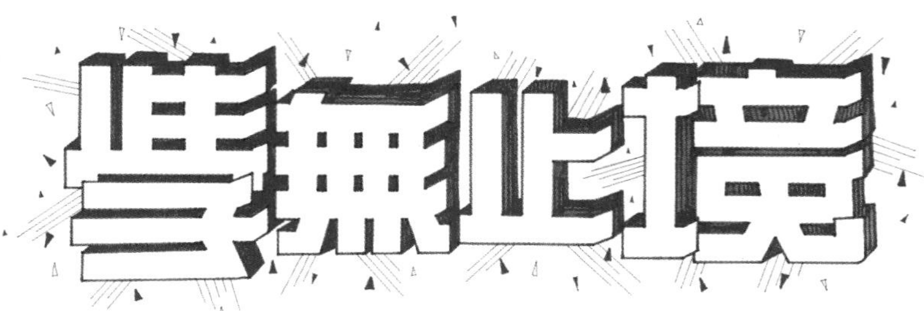

● 此爲變形空心字，將整組字於八邊形內做變化，讓字形看起來不單調。

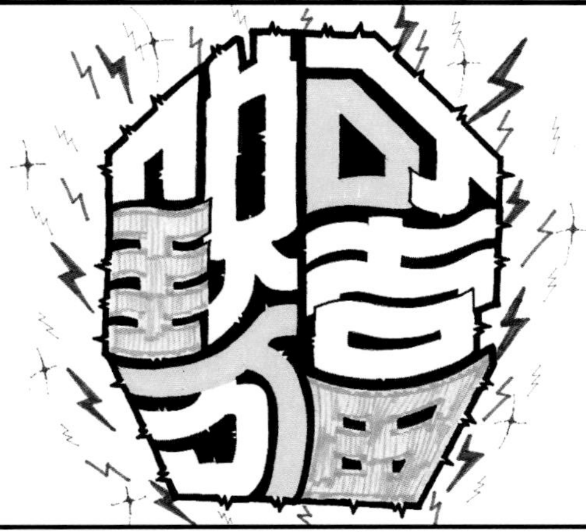

● 此爲活字空心字，字體爲抖字加完框後再其內畫上海浪圖形跟主題更穩合，再點綴蚊香曲線使其更生動。

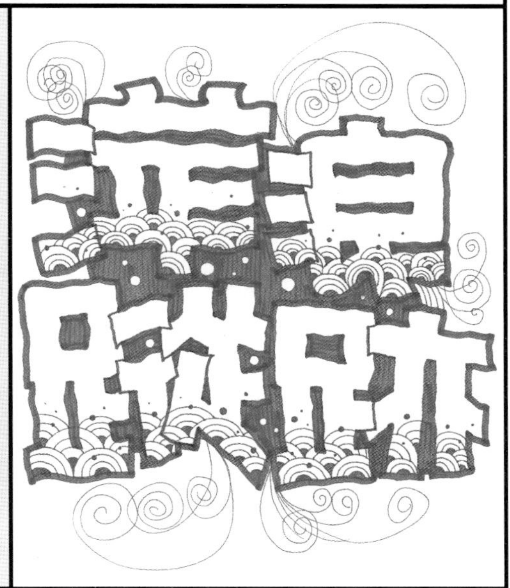

● 此爲變體空心字，字體爲仿毛筆字，並融入字圖使其字形更具設計感。

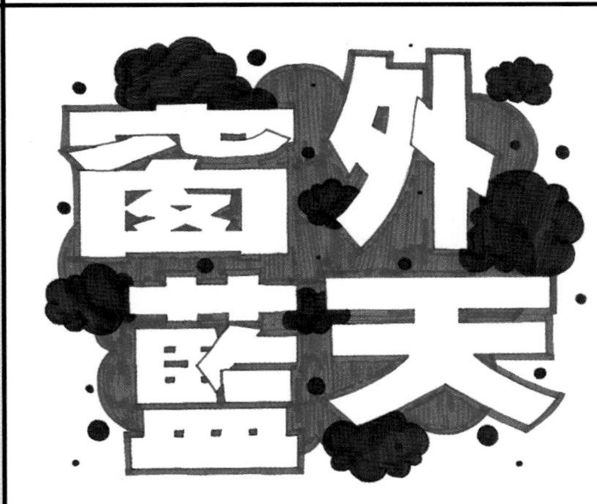

● 此爲印刷空心字，字體爲特黑體，配上符合主題的雲彩深色色塊。

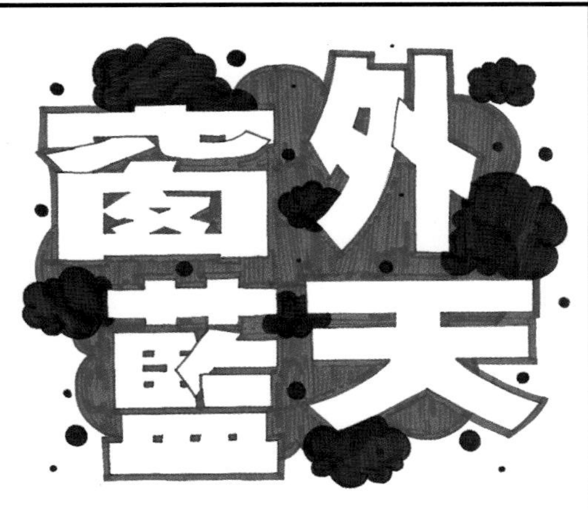

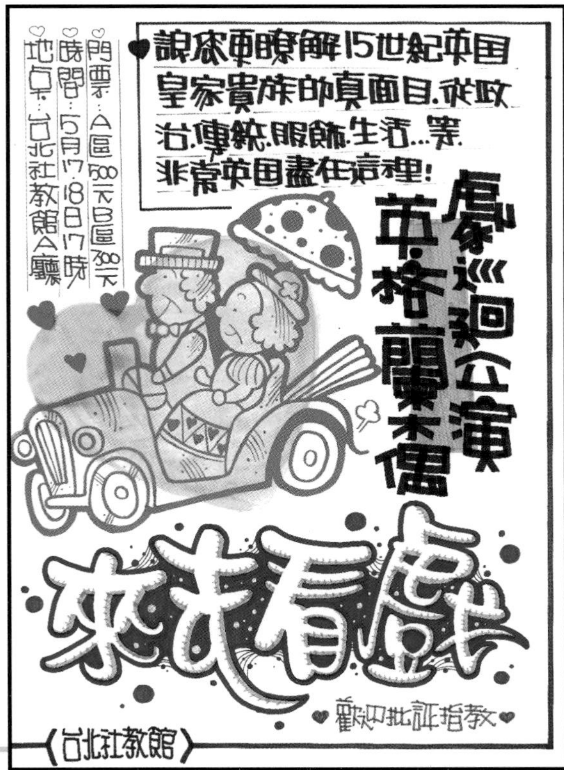

● 此張海報主標題爲變體空心字，並做出立體的效果，插圖採取廣告顏料類似鏤空法，使版面更加出色。

三、一筆成形字

★一筆成形字書寫步驟

此種字體較爲寫意不受拘束、深受讀者的喜愛，在此將作更完整的說明與介紹，因此更增加了POP字形的創意空間。

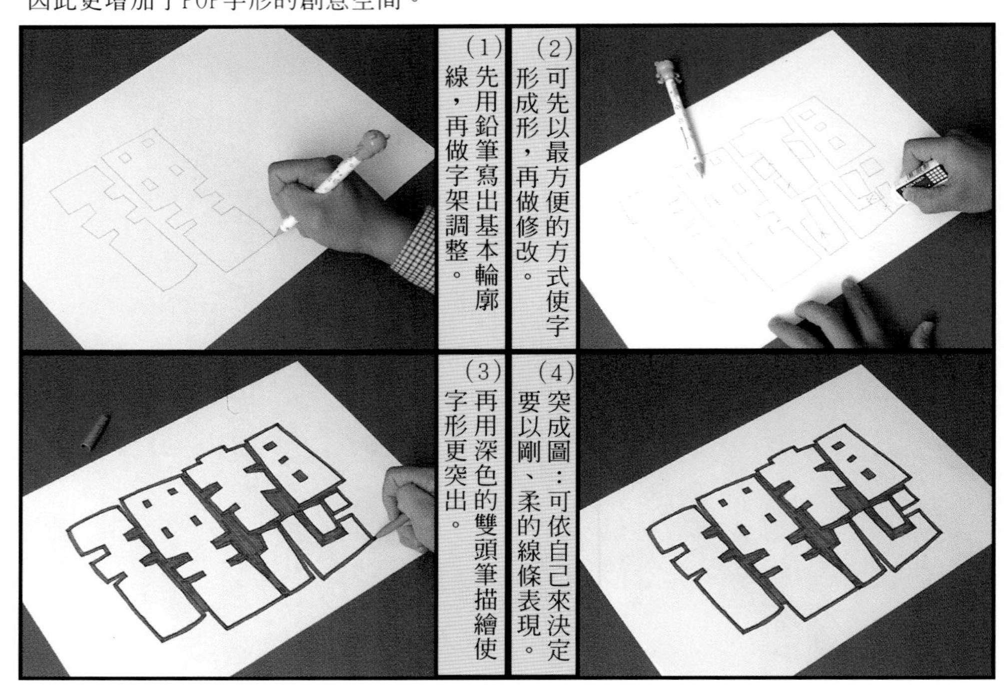

(1)先用鉛筆寫出基本輪廓線，再做字架調整。

(2)可先以最方便的方式使字形成形，再做修改。

(3)再用深色的雙頭筆描繪使字形更突出。

(4)突成圖：可依自己來決定要以剛、柔的線條表現。

〈一〉一筆成形字字學公式

1. 基本筆法

(1)先將其字的外輪廓加以描繪即可成形，可將字架作不同比例的調整。

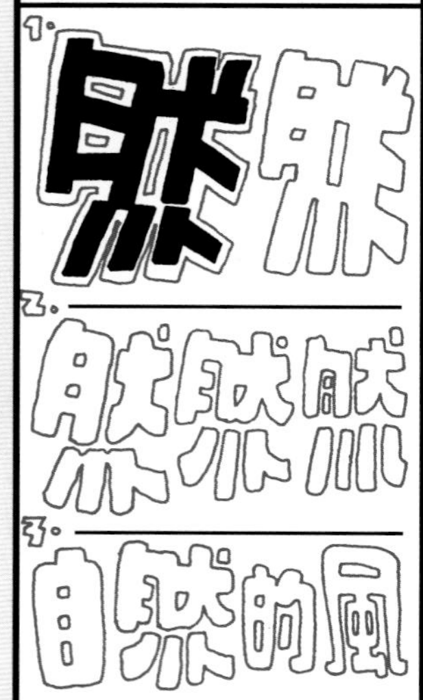

2. 一筆成形

(2)書寫一筆成形字時，都須由中心向外書寫，強調流暢的一筆成形的效果。

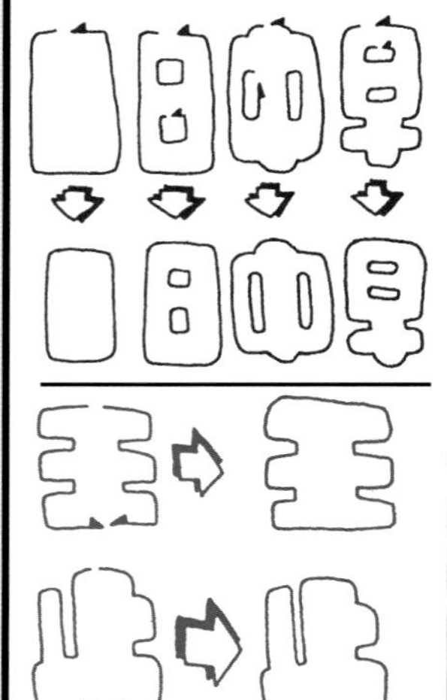

3. 點的變化

(3)點的書寫原形，形同畫圈的感覺也強調一筆成形的效果，可依不同的依估做不同的分配。

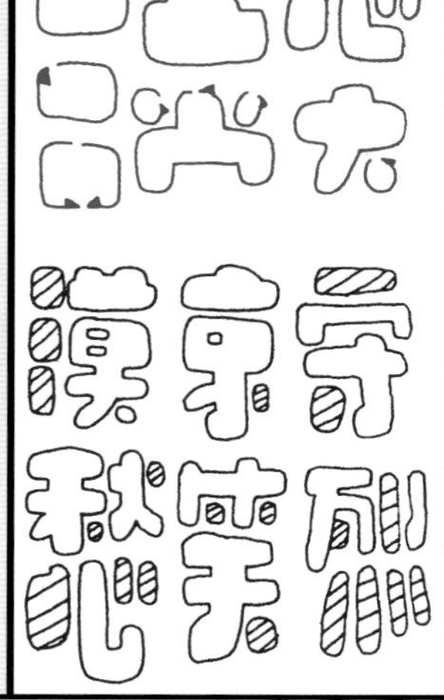

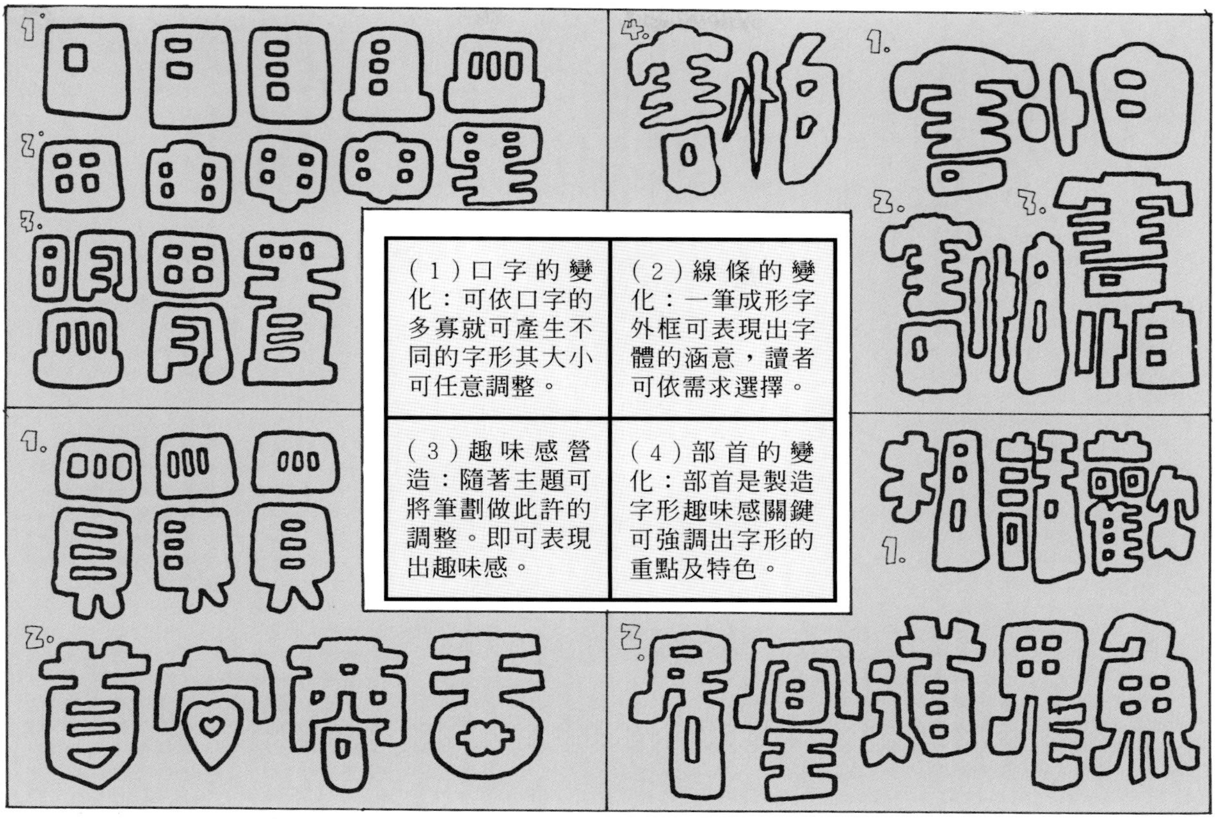

(1)口字的變化：可依口字的多寡就可產生不同的字形其大小可任意調整。	(2)線條的變化：一筆成形字外框可表現出字體的涵意，讀者可依需求選擇。
(3)趣味感營造：隨著主題可將筆劃做此許的調整。即可表現出趣味感。	(4)部首的變化：部首是製造字形趣味感關鍵可強調出字形的重點及特色。

〈二〉一筆成形字的創意與變化

4.筆劃流暢性	(4)書寫直線或橫線時可帶一筆成形或分二次書寫皆可，只要把字形的流暢感強調出來。

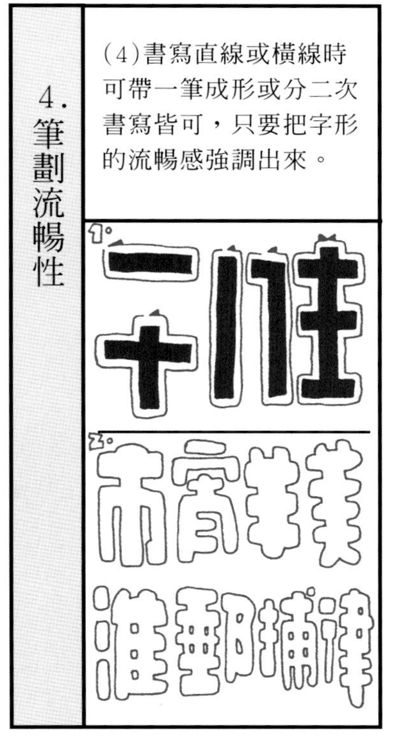

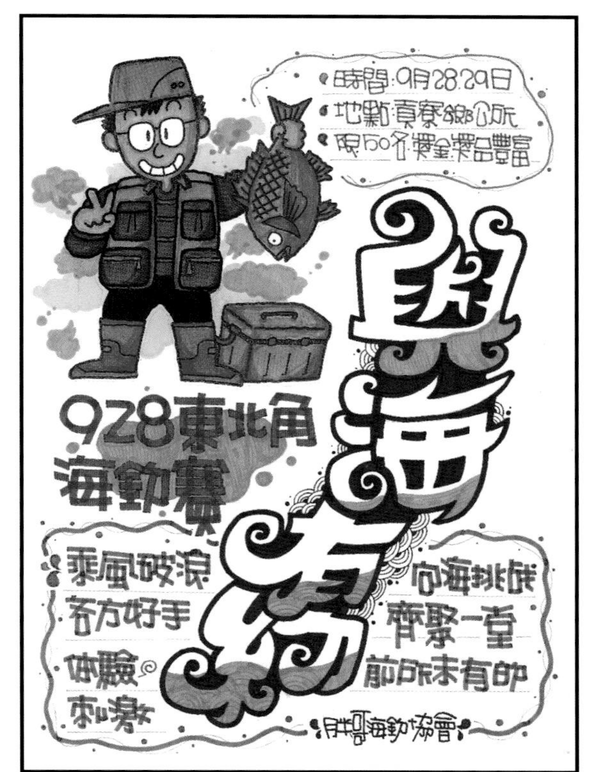

●其字形予筆劃尾端作出海浪的效果，並在其外框裝飾與海有關的圖形使主題更明顯，再配合亮麗可愛的插圖，使海報更出色。

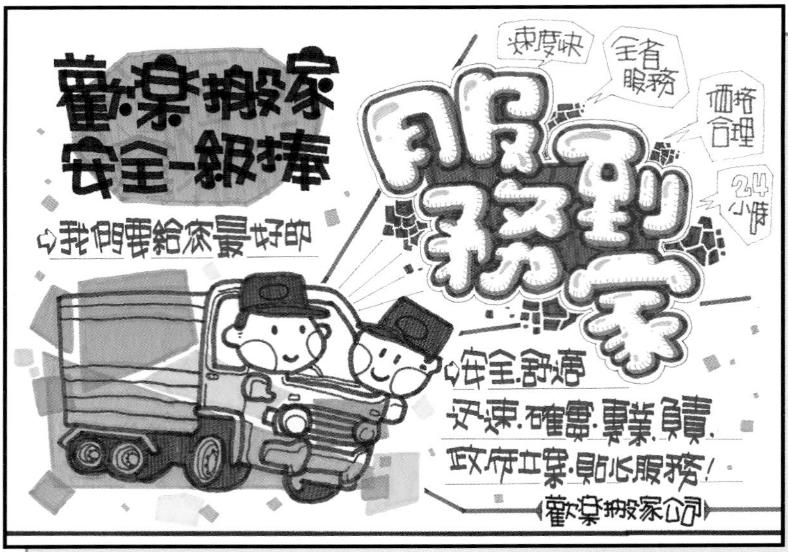

歡樂搬家
安全一級棒

我們要給您最好的

服務到家

速度快

全省服務

價格合理

24小時

安全舒適

快速.確實.專業負責.

政府立案.貼心服務!

〈歡樂搬家公司〉

〈三〉圓角一筆成形字

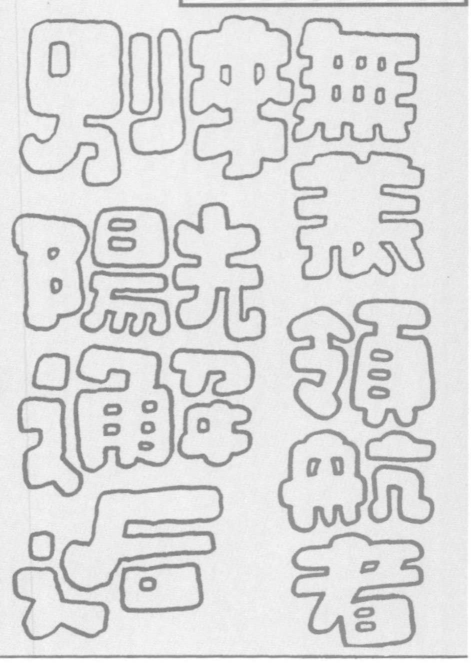

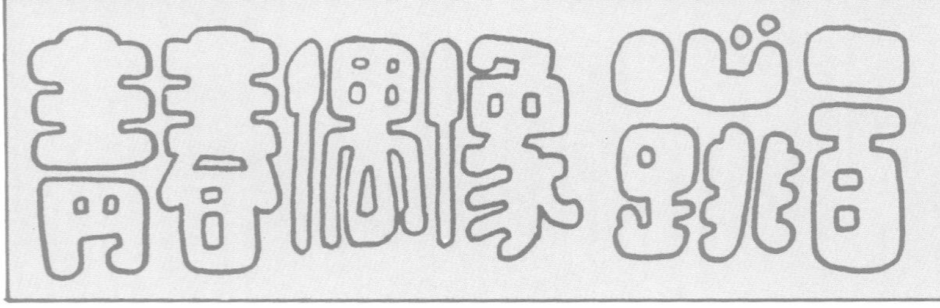

● 其字架爲圓角一筆成形字可傳達出圓潤可愛的效果，配合生動活潑的插圖表現，讓整張海報更加出色。

〈五〉筆劃變化一筆成形字

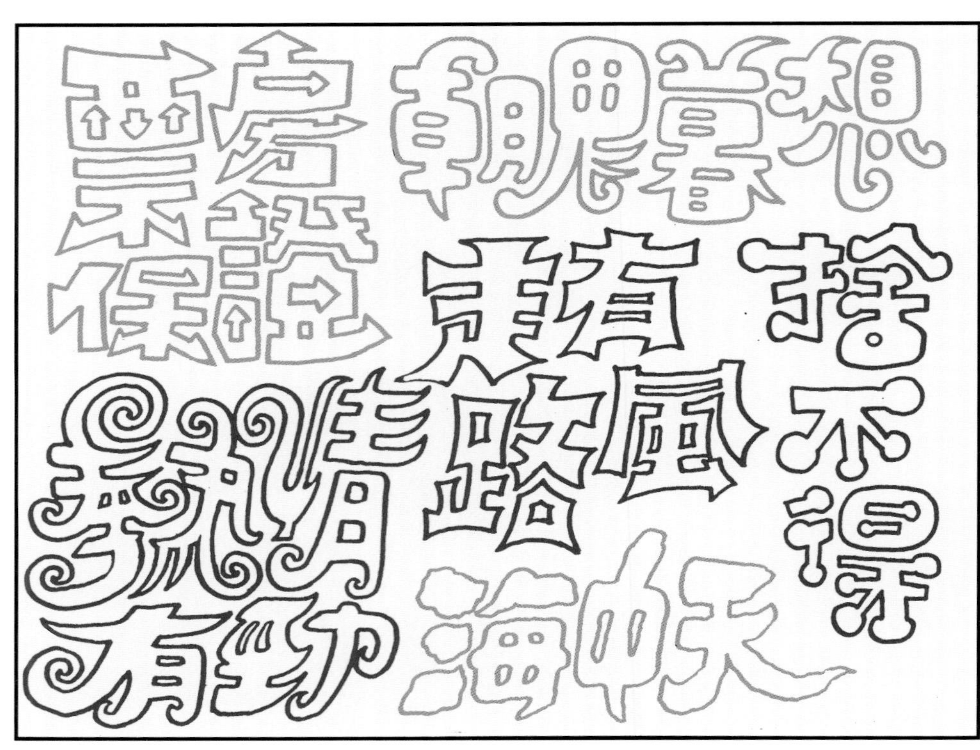

〈四〉直角一筆成形字

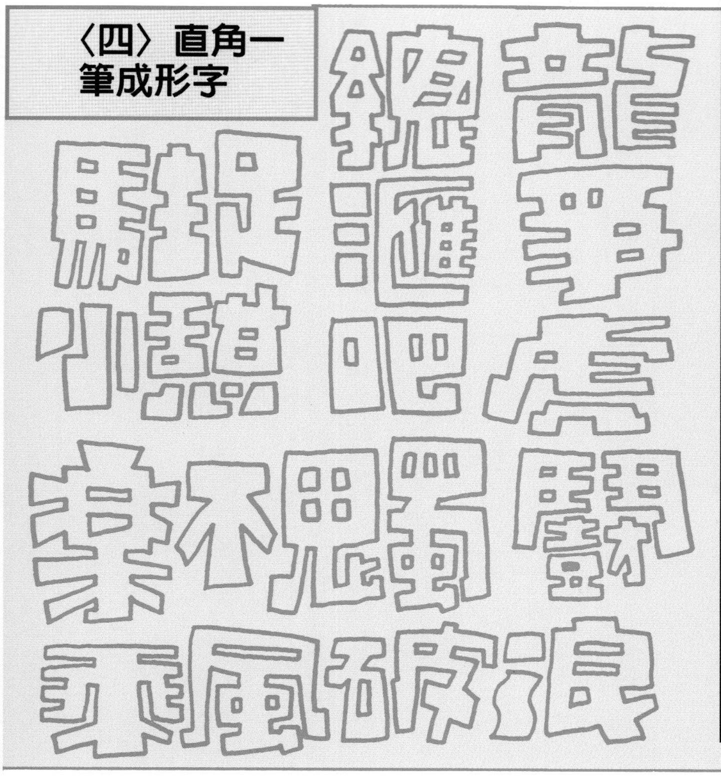

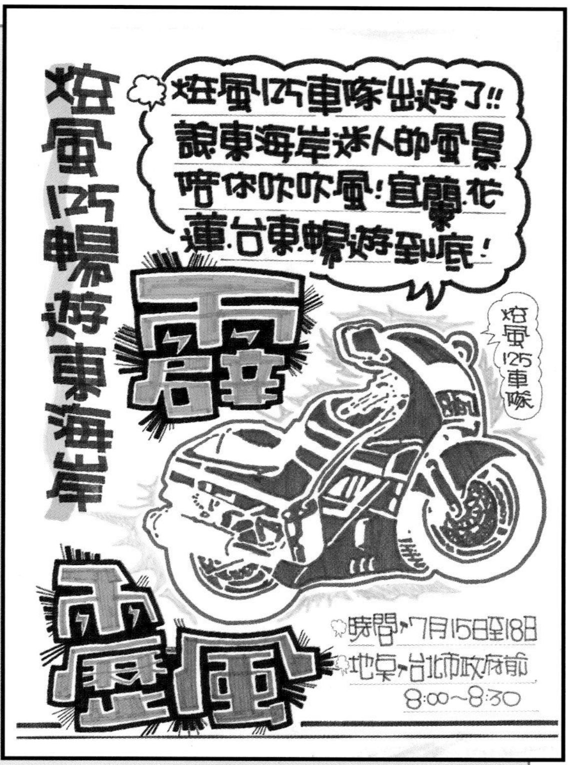

● 直角的變化可表現出較硬的風格，但也表現出寫意嬉皮的一面，插圖採取剪影上色法可使其空間更寬廣。

〈六〉字圖融合一筆成形字

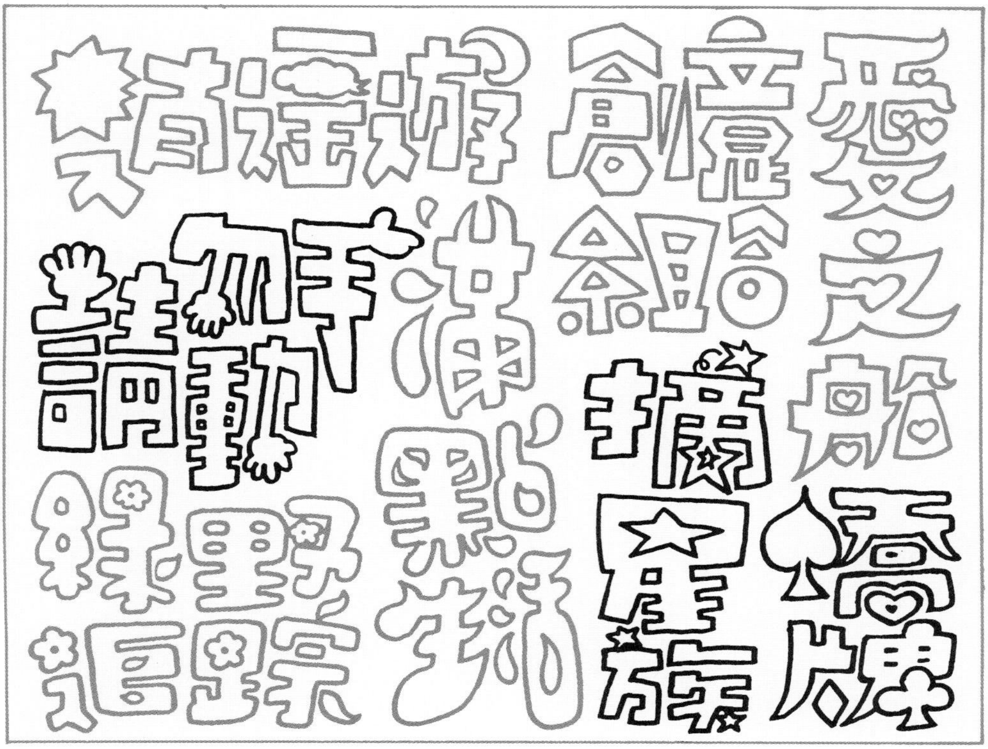

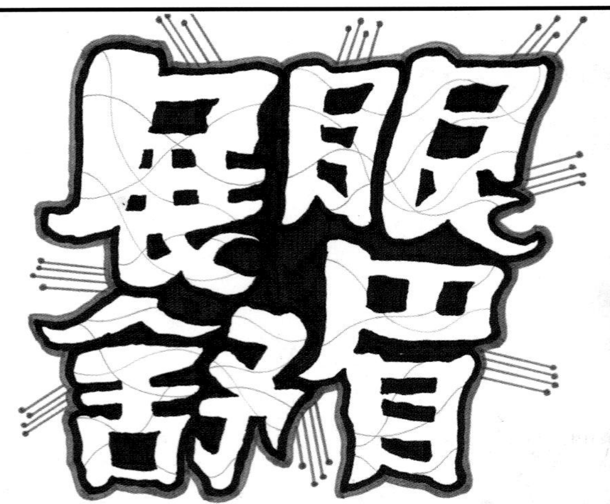

● 將一筆成形字筆劃修尖即有不同的風貌有變體字的效果，可用類似色加雙色框，再點綴。

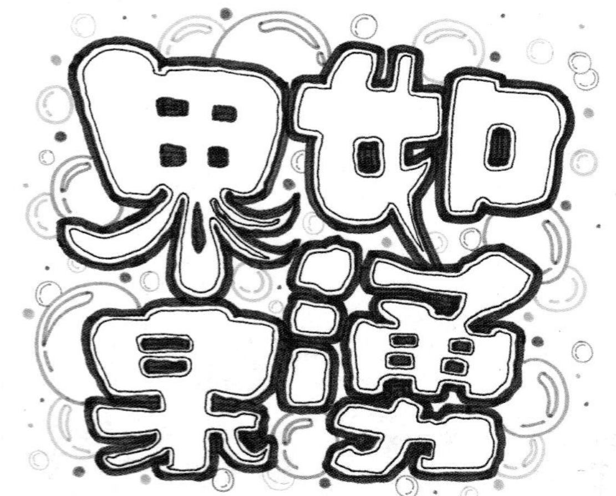

● 將筆修出圓潤的效果可使字形更可符合主題，再用極細往內加複框，背景搭配泡泡使其更突出。

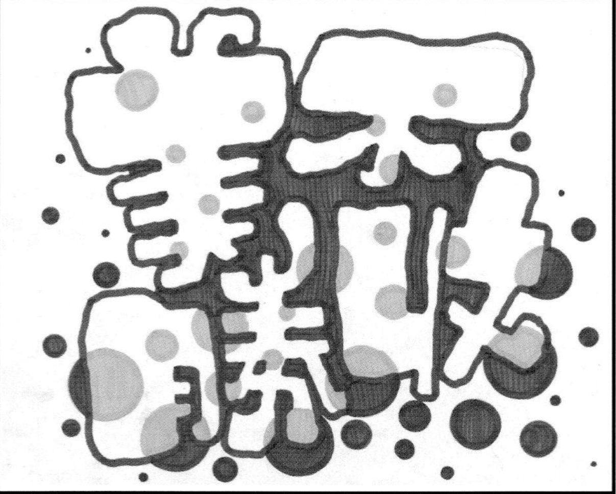

● 抖框的一筆成形字給予人較柔順的感覺，並用淺色在色內做出滿版點圖案與外框的點相輔相成。

● 將筆劃加入幾何圖形讓字形更有設計感。

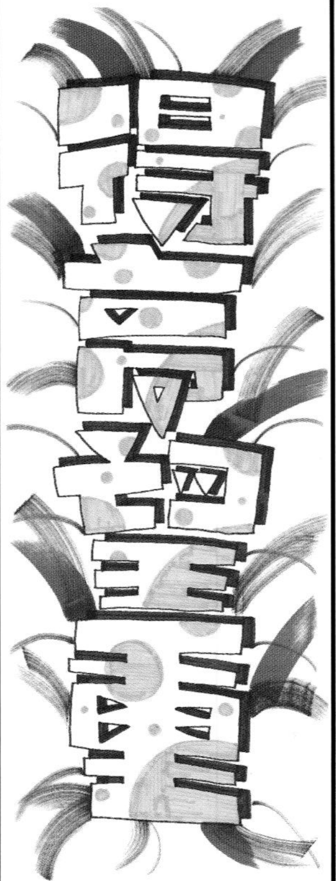

● 筆劃末端作變化，可使整個字架更有特色。

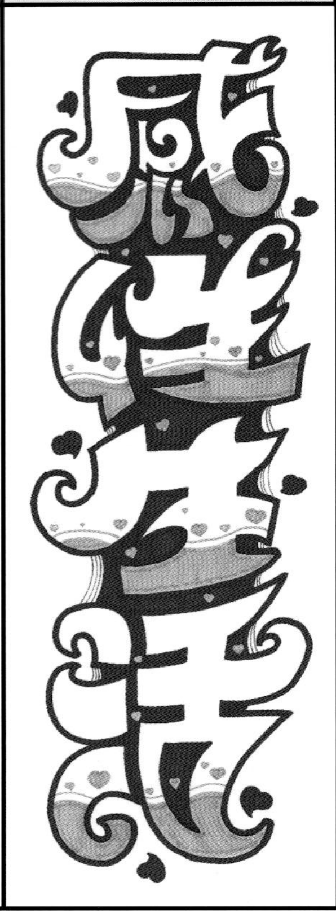

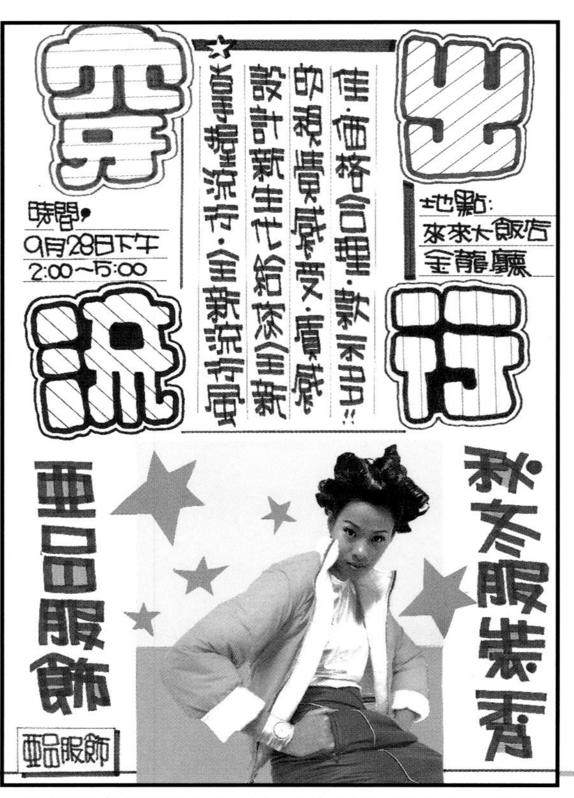

● 此張海報採取換字顏色加複框及打斜線，讓主標題標新立異，並搭配亮眼的圖片，使版面呈現出高級設計感。

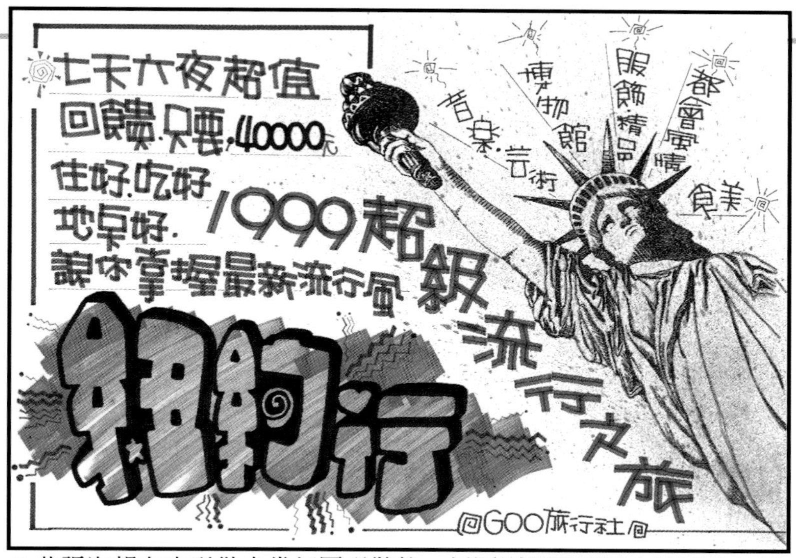

●此張海報在字形做出幾何圖形裝飾，插圖則運用影印十噴刷的效果。

●此組字形不僅有仿變形字的韻味並在其筆劃末端做效果，除了增加設計味外並做部首分割及可愛框裝飾。

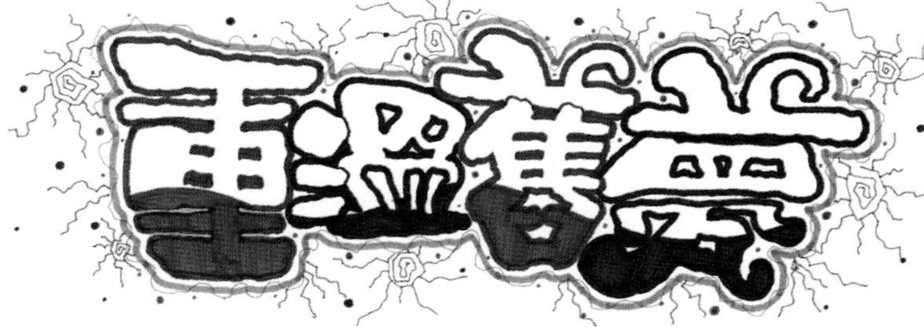

●整組字呈現出濃厚的變體字風格，其深色色塊除突顯字架外更有岩石的感覺再加上裂痕，使其字形更出色。

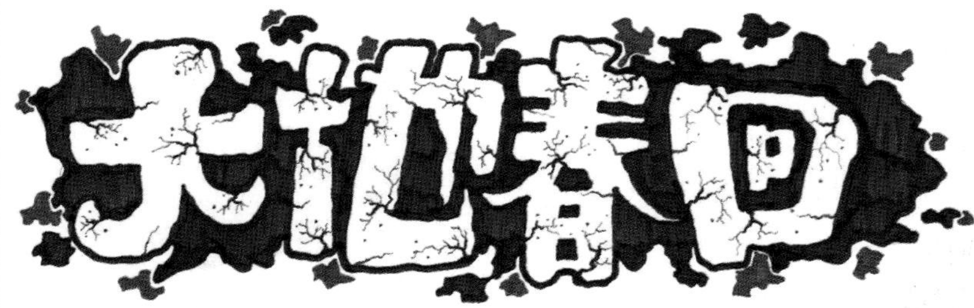

●整組字給予人有雲朵的感覺，除用類似色在後方做出雲朵拼圖色塊使主題更形出色動人。

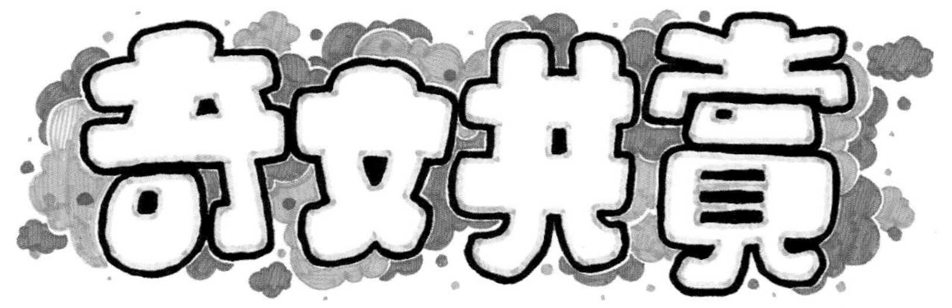

●將筆劃加上箭頭的效果，除了使字形有前進的感覺外，更可改變死板的觀念，其背景也採水波狀更穩合主題。

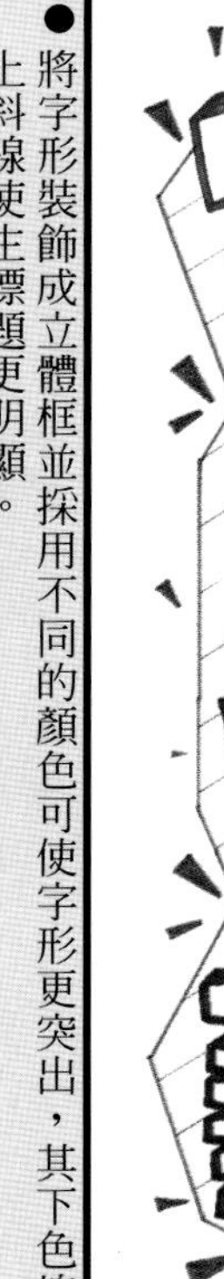
●將字形裝飾成立體框並採用不同的顏色可使字形更突出，其下色塊打上斜線使主標題更明顯。

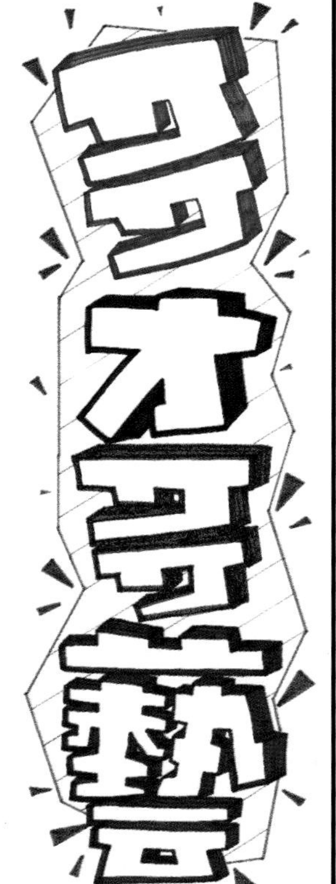

●筆劃的粗細可帶動字形的變化，其下夢幻的背景是用甲笨沾顏料即可形成，再用極細作點綴圖案。

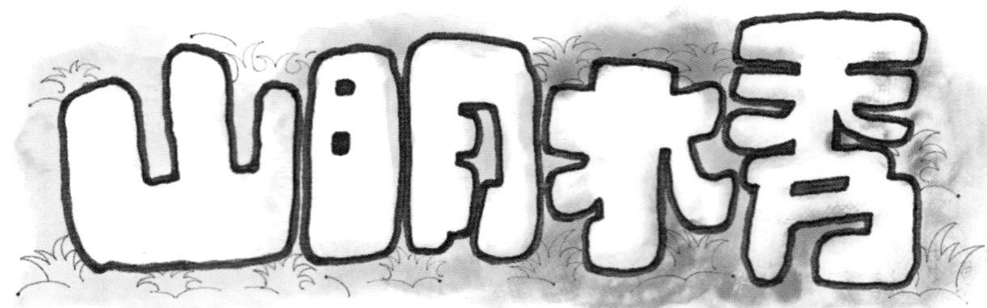

●整個字形利用愛心做串連的動作，用深色單一色塊使字形更突出。

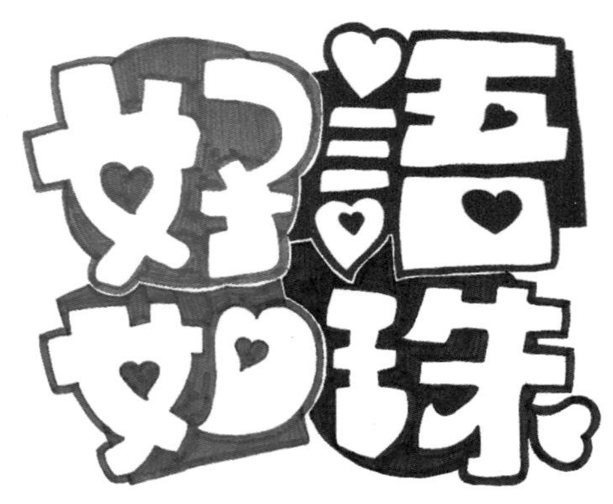

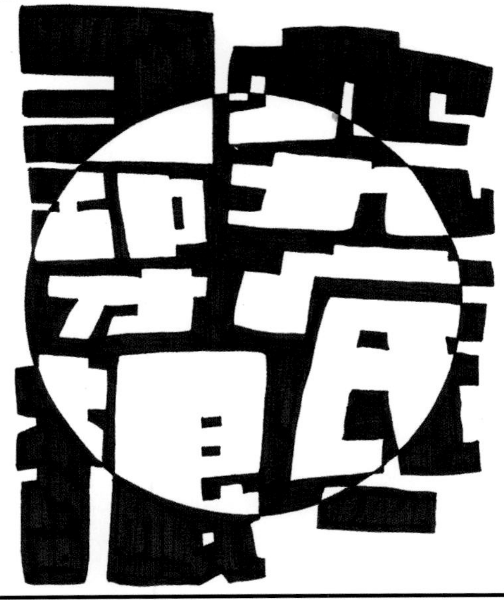

●裝飾採取高反差的設計風格使其更加精緻。

●將筆做銳利的表現可使整組字更加的有衝勁，再配合爆炸圖案更突出。

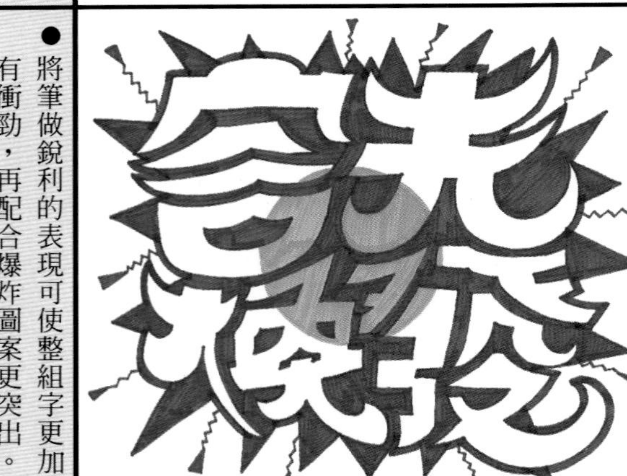

●筆劃粗細的變化可增添字形的趣味感，並能延伸字形的創意及動態。

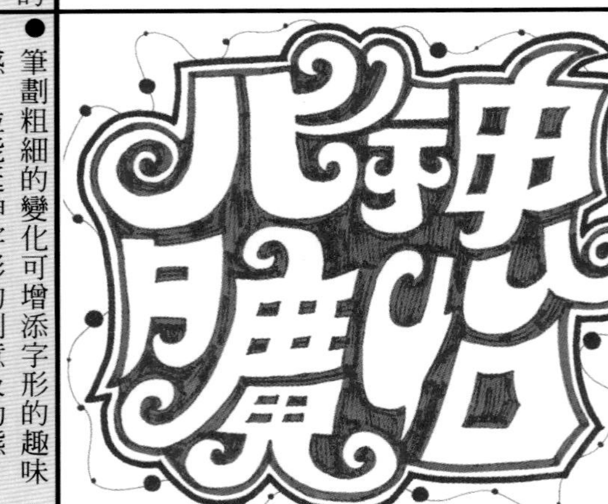

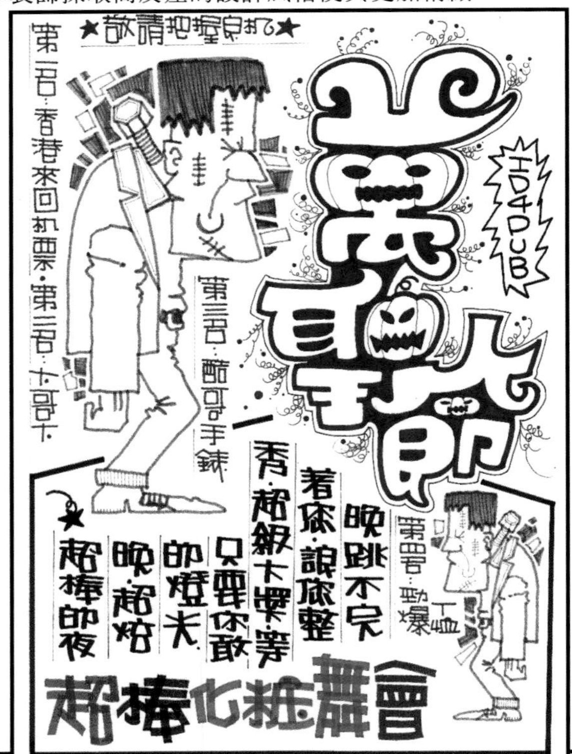

●此張海報字體採字圖融合的表現技巧，讓萬聖節的氣氛更加濃厚，並配合恐怖的插圖，使主題更能突現。

伍、胖胖字書寫技巧

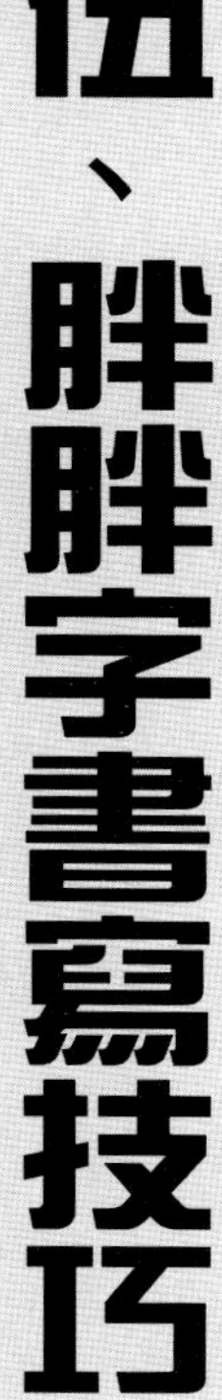

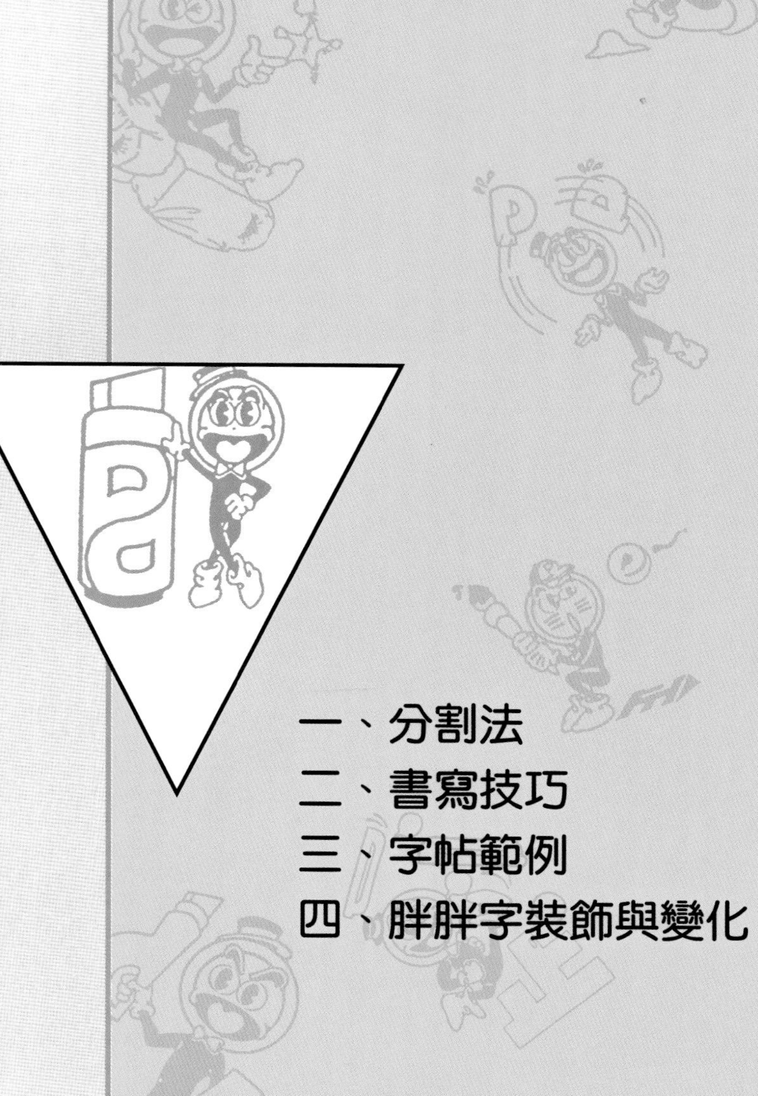

一、分割法

二、書寫技巧

三、字帖範例

四、胖胖字裝飾與變化

伍、胖胖字書寫技巧

一、分割法

書寫胖胖字最重要的就是字形比例的掌握，其中又以部首所占面積最爲重要。瞭解此一關係後再注意書寫順序，必可書寫出完整的胖胖字。但又因POP字形書寫時須考量直、橫筆劃的多寡而決定部首的比例面積，所以筆者整理出以下的範例及各種部首比例介紹詳細說明書寫原則，讀者亦可將POP字體與印刷字體的分割法互相對照對配合自己的喜好融合應用。

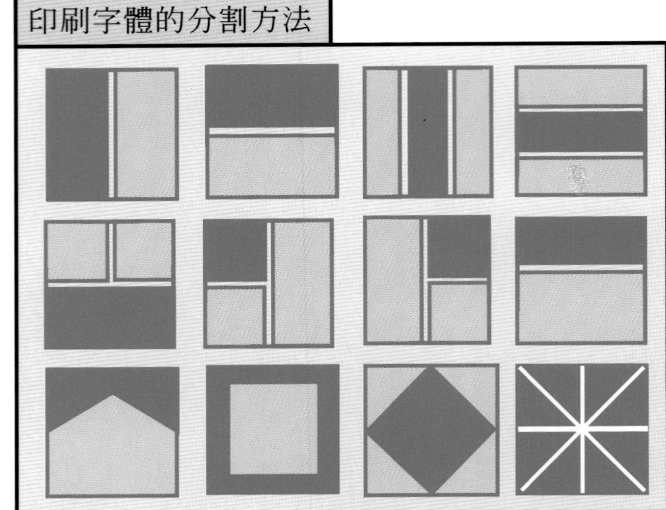

胖胖字的分割方法

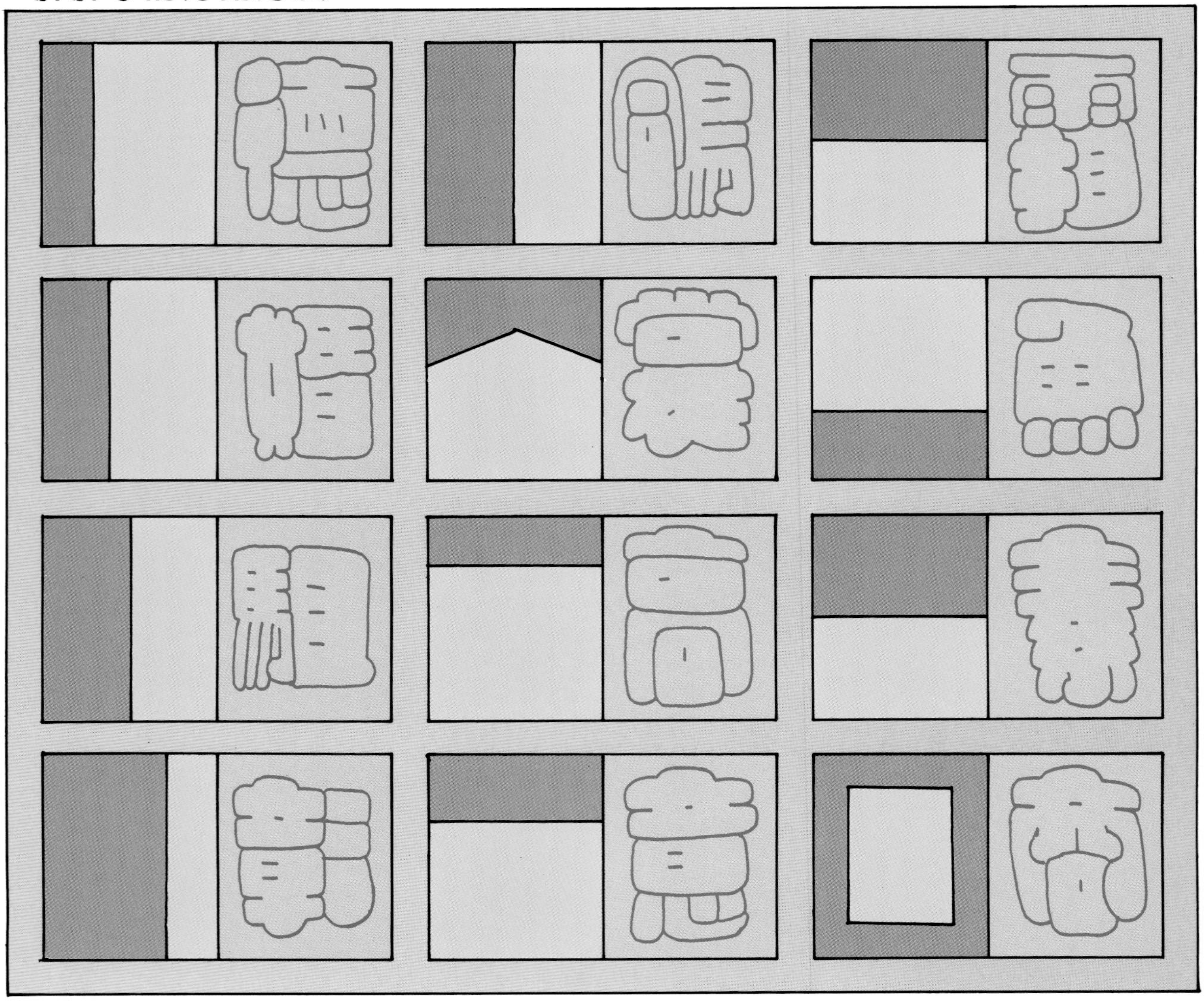

△左1/5分割法：此種比例比劃較少，但因胖胖字以左方筆劃爲主，所以可以擴充書寫。

△左2/5分割法：因其筆劃較爲複雜，所以須考量其比例分配才能使整個字形更加完整。

△右1/2分割法：因其橫線筆劃較複雜，又須以左方筆劃爲依靠，所以應注意其比例分配。

△左1/2分割法：此種部首屬於較複雜的字形，所以注意其字形架構的比例分配。

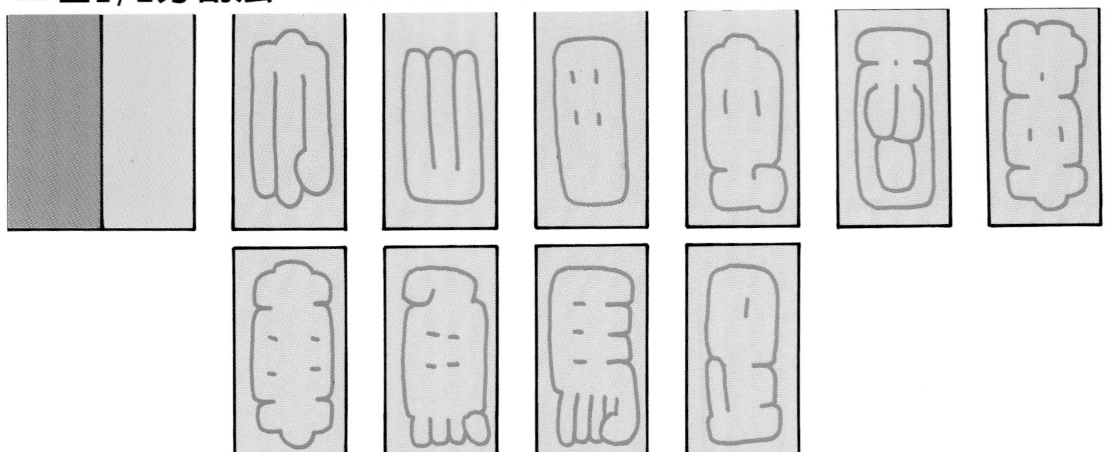

△右2/5分割法：因筆劃在右方，又須依靠左方的筆劃才能形成字形，所以注意其六例分配。

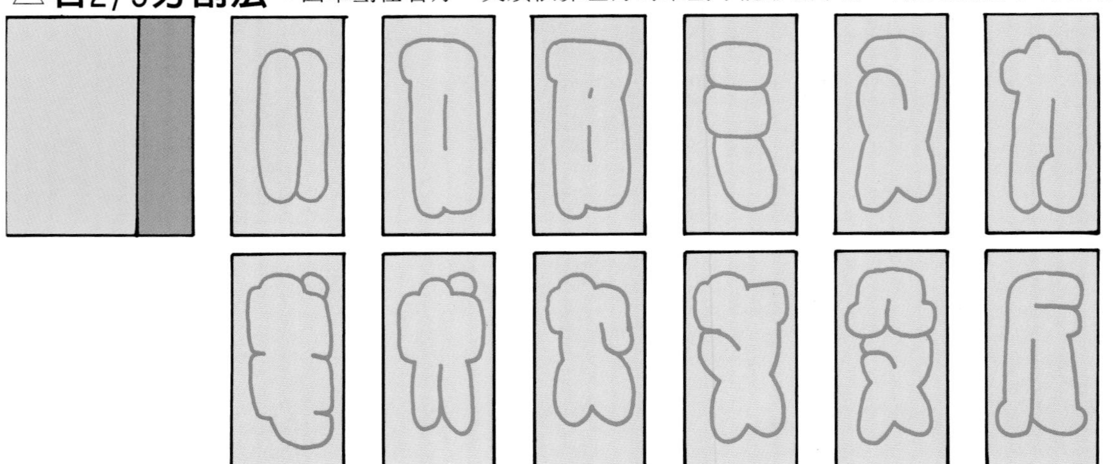

△有蓋字形分割法：遇到此種字形要先寫上面的筆劃才能寫下面，才能形成完整的字形架構

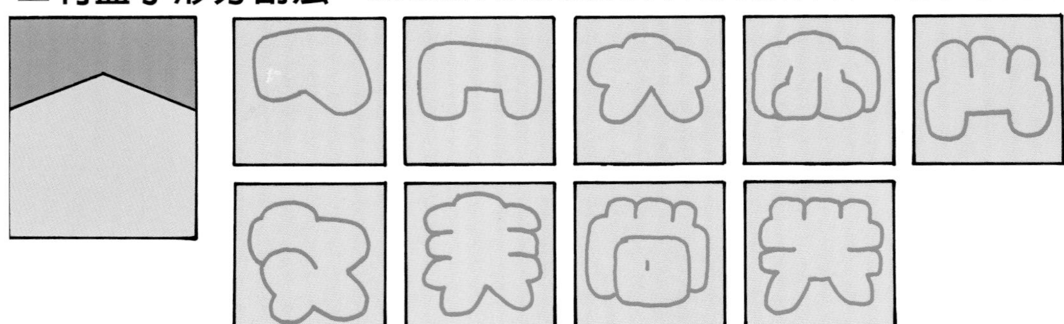

△上1/5分割法：其下筆劃都以它爲依歸，所以必須先寫，才能導引以下筆劃的比例分配。

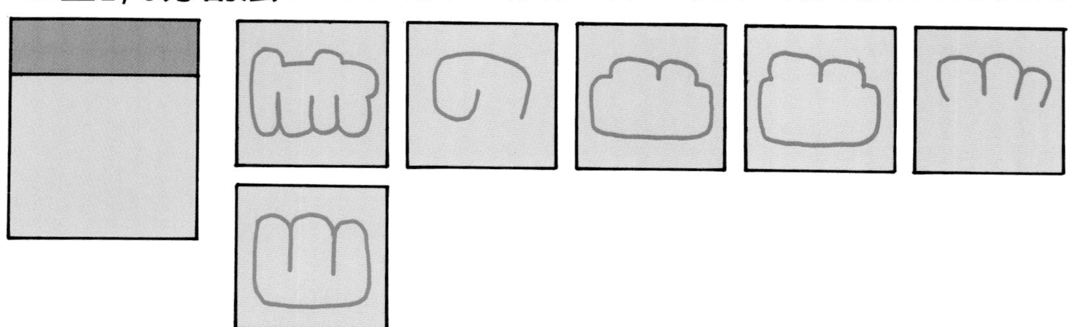

△上2/5分割法：其上筆劃較複雜所以也必須先寫，才能書寫以下的筆劃，整個字形才能夠完整。

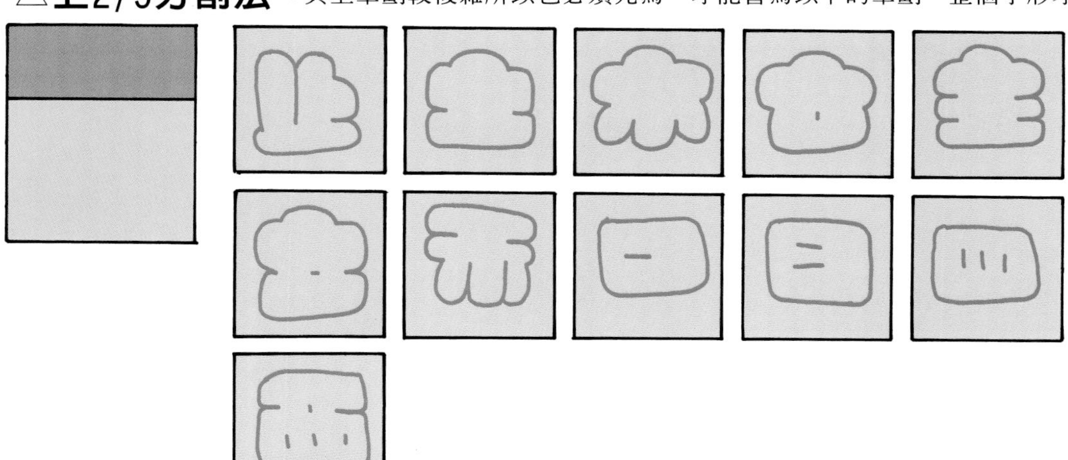

△下2/5分割法：要先書寫上方的筆劃，再將此部首予以搭配，即可形成完整的字架。

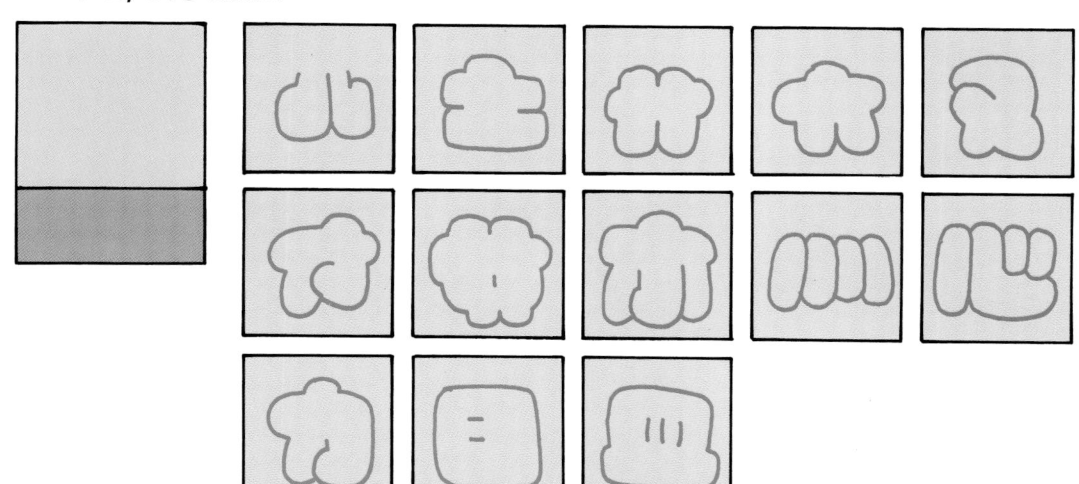

△內包字形分割法：

1. 被圍的字形：要先寫裡面的配字再寫外面的筆劃。
2. 左包的字形：先寫其內的筆劃再寫左外方的筆劃。
3. 上包的筆形：先寫其內的字架，再寫上面的筆劃。

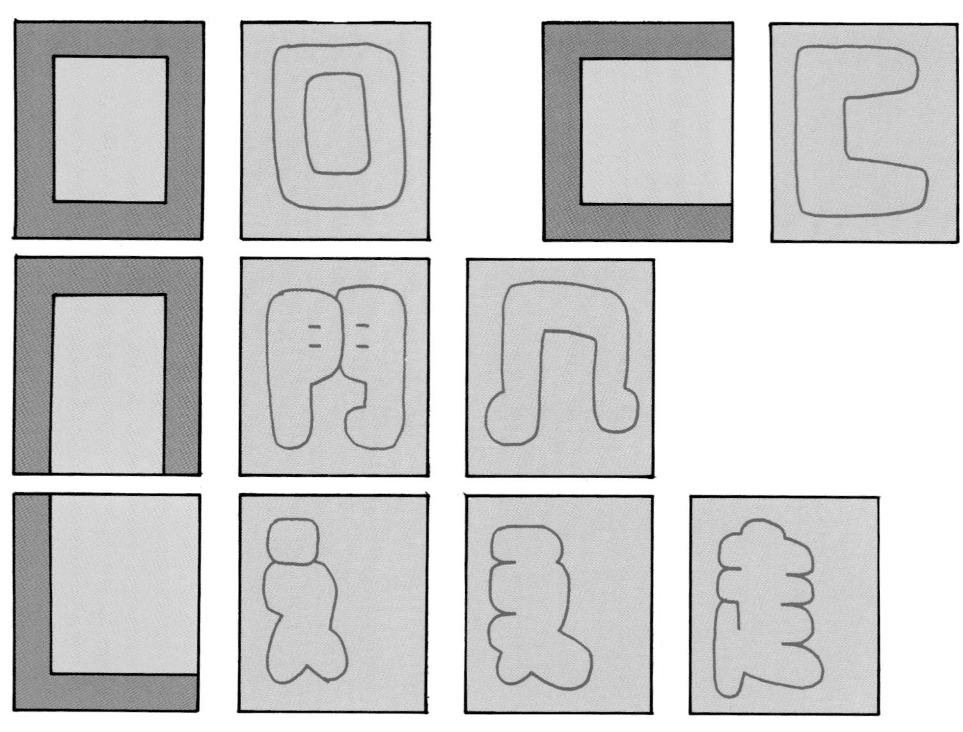

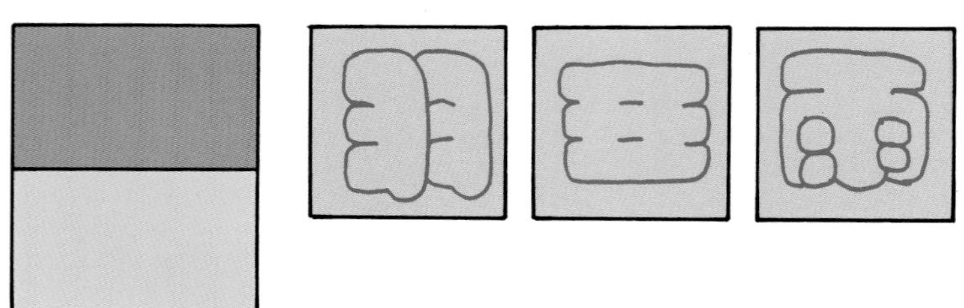

△上1/2分割法

：這種筆劃較多且複雜，書寫時須注意其比例分配，避免侵占配字的書寫空間。

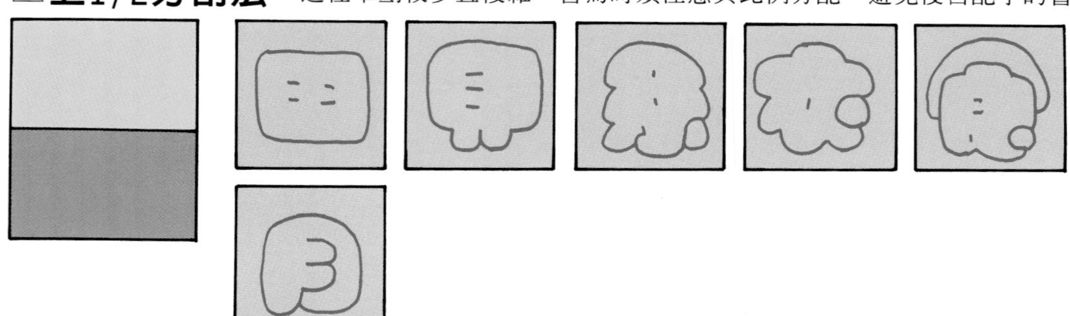

△下1/2分割法

：先書寫其上的筆劃，再予以附合即可形成整個字架。

4.左上包的字形：此種字形須要考量過半與不過半的筆劃分配。
5.左下包字形：須要注意到有捺字型的筆劃分配。
6.右上包字形：先寫其內的配字再寫右上的筆劃。

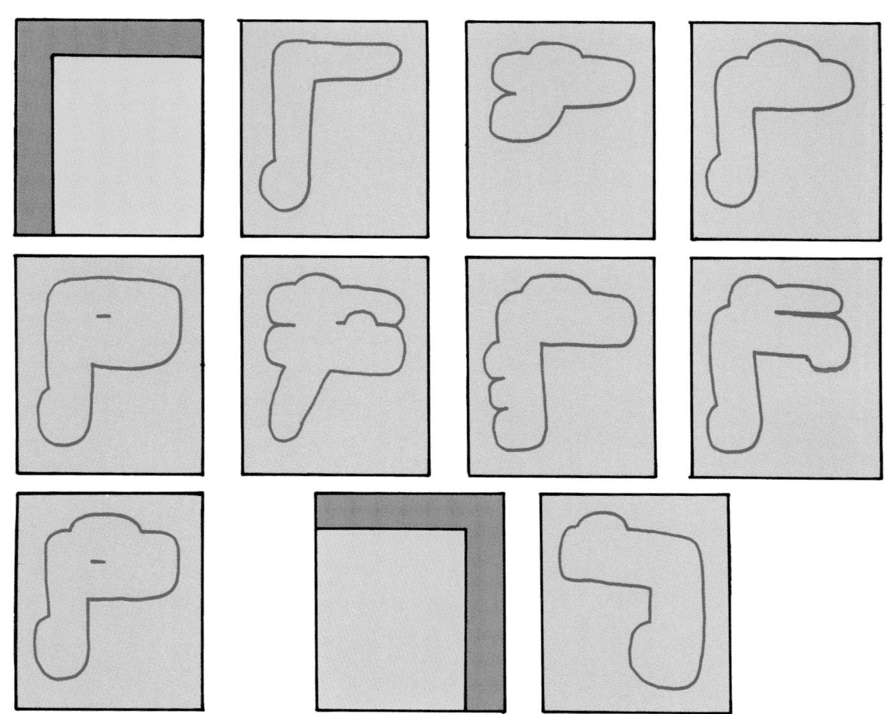

二、書寫技巧：

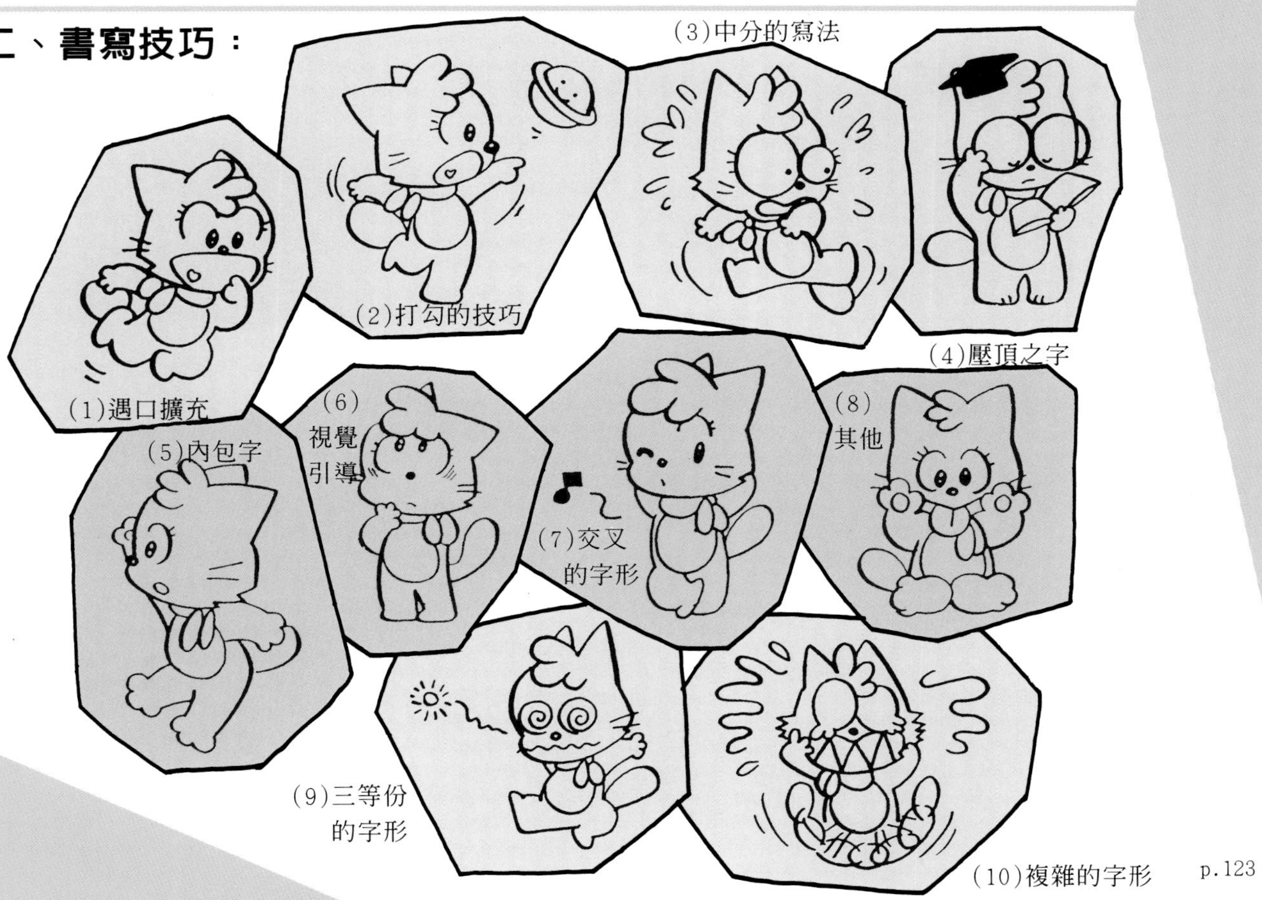

(1)遇口擴充

(2)打勾的技巧

(3)中分的寫法

(4)壓頂之字

(5)內包字

(6)視覺引導

(7)交叉的字形

(8)其他

(9)三等份的字形

(10)複雜的字形

〈一〉遇口擴充字形：

就是遇到口時，字形予以放大，注意以下三點
(1)為口字基本運筆法依序為口、日、目、田。
(2)遇到口字要先寫。
(3)口字放下口可誇張放大書寫。

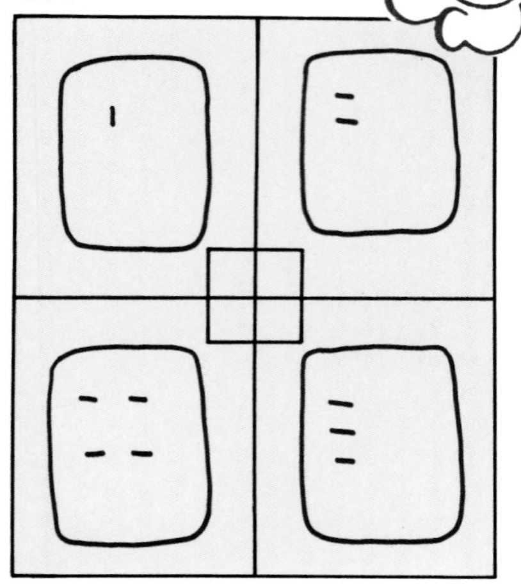

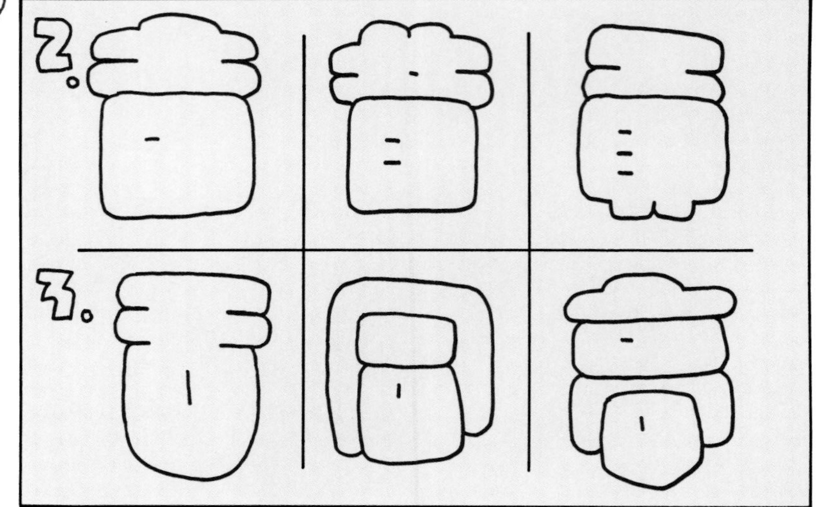

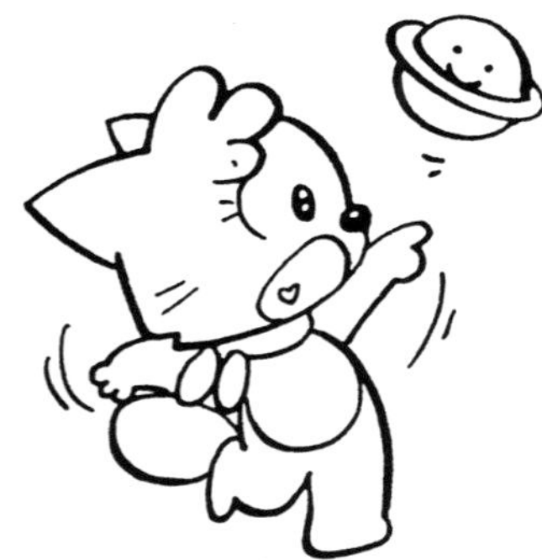

〈二〉打勾的技巧：

此種書寫技巧相當的重要。
(1)先寫勾再寫其他配字。
(2)注意寸字打勾的技巧。
(3)月、力、方、刀、乃打勾的技巧。
(4)刀字部首的打勾技巧。

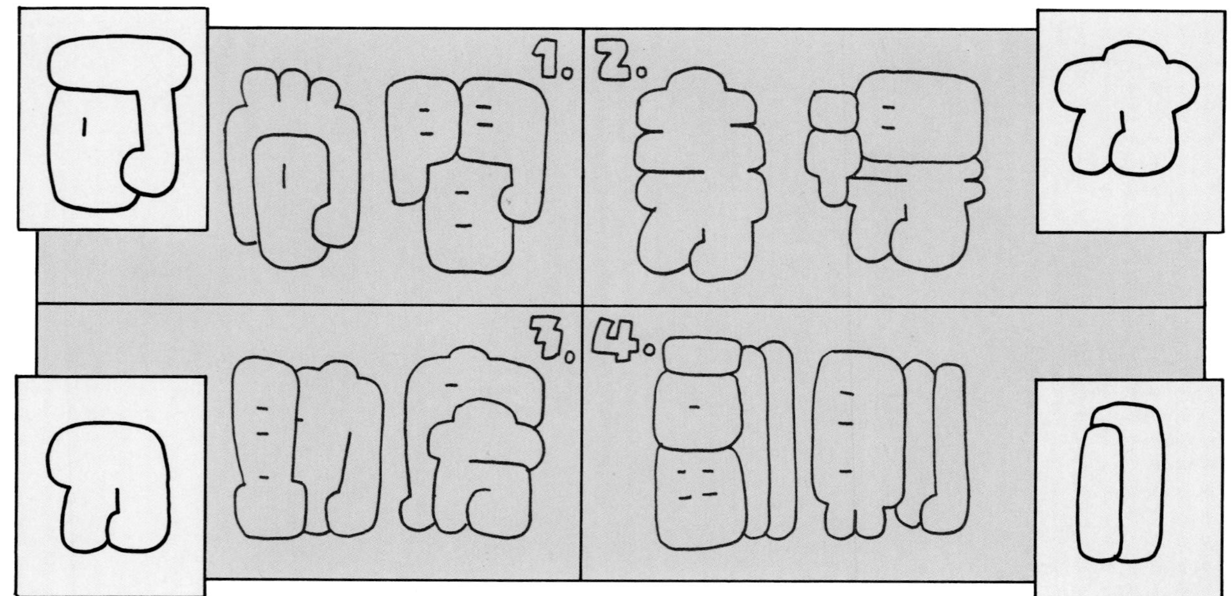

〈三〉中分字形：

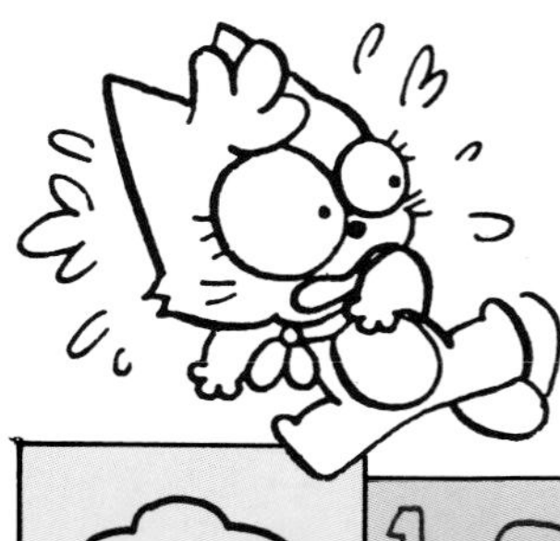

可分為以下四點。
(1)大字的寫法。
(2)中分接口字。
(3)中分接口打勾字。
(4)中分戴帽字。注意其筆劃比例分配。

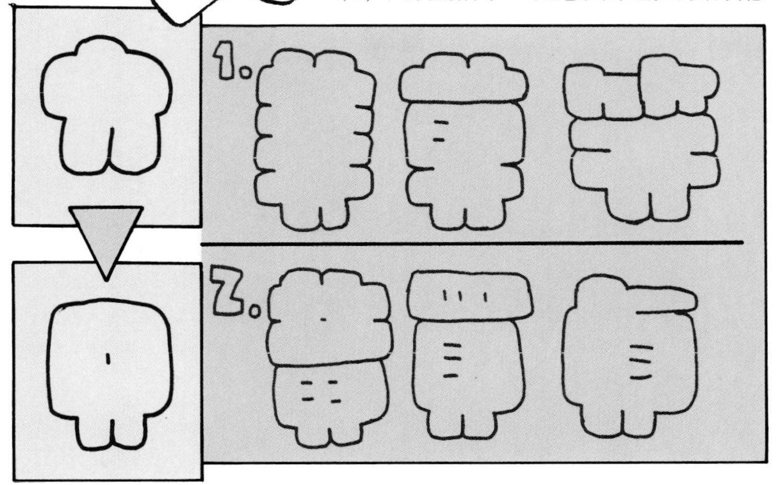

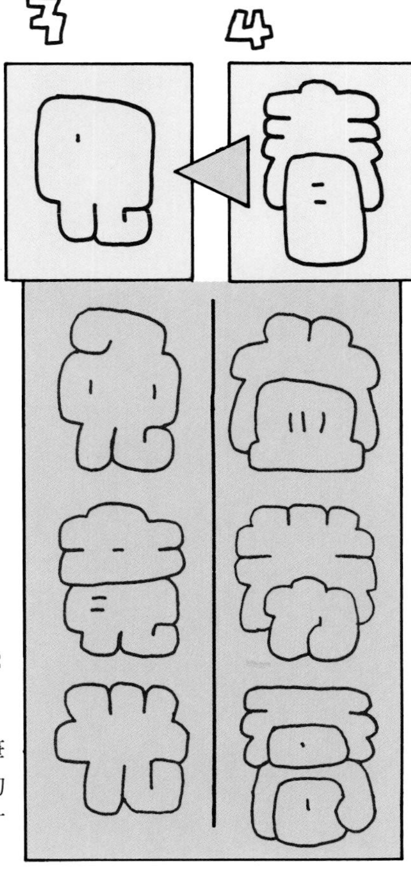

〈四〉壓頂字形：

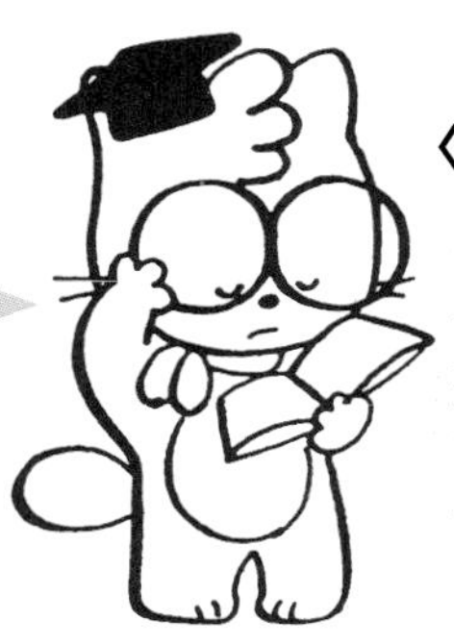

先寫其下的筆劃分配，再書寫壓頂部首的筆劃，可參考以下副字的書寫步驟，整個字架才能夠完整。

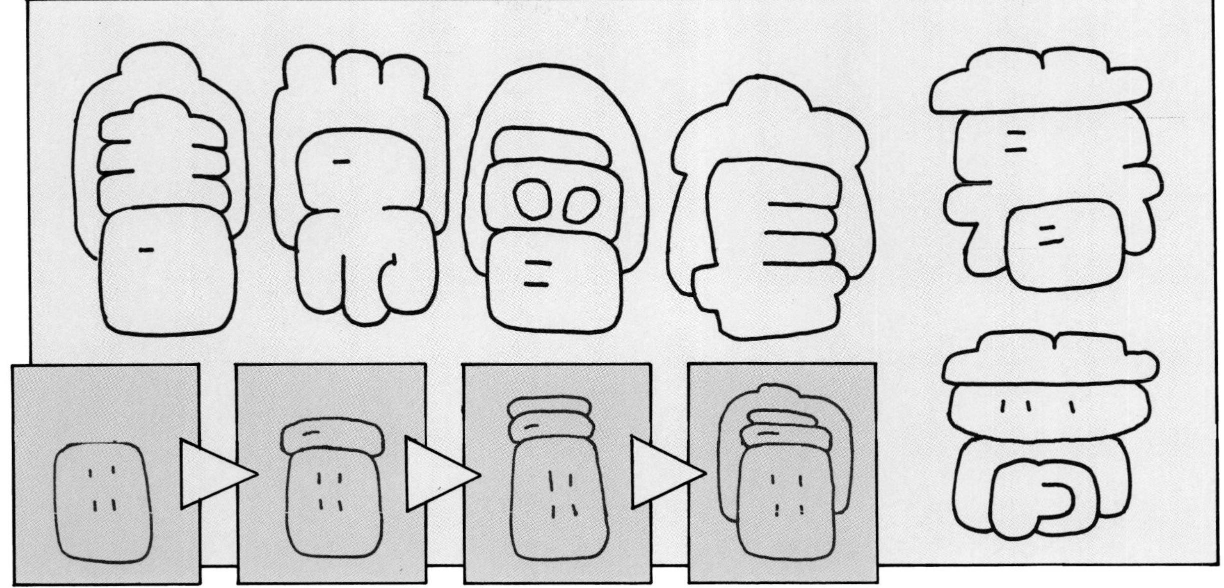

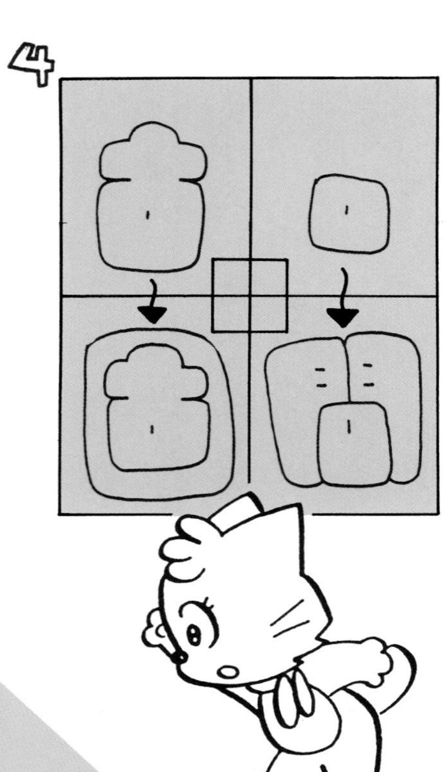

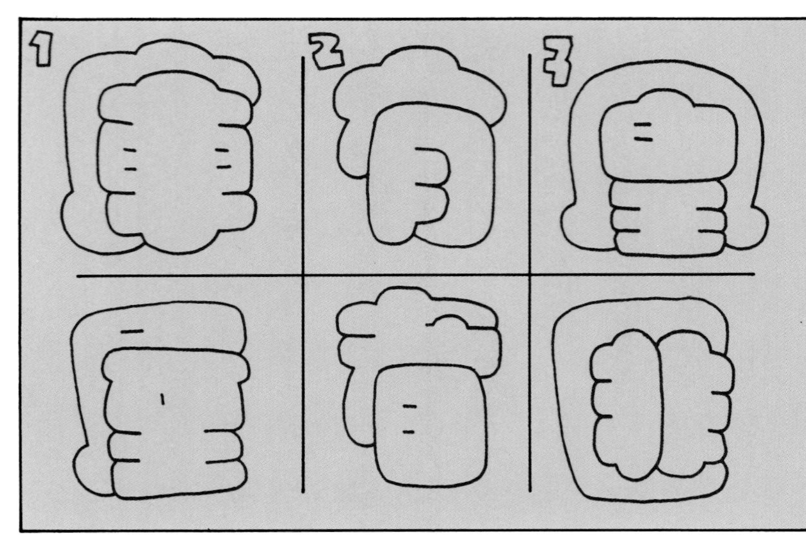

〈五〉内包的字形：

先寫裡面的配字，再寫外面的筆劃，此種技巧可分爲以下三種原則：

(1)過半的筆劃。

(2)不過半的筆劃。

(3)類似風字的寫法。

因爲筆劃較特別所以更應注意。

〈七〉交叉字形的寫法：

注意(1)(2)文、女二字點的比例分配及兩撇的寫法。

(3)(4)又、文二字左上撇的書寫比例。

此原則又以配字爲主，所更應考量。

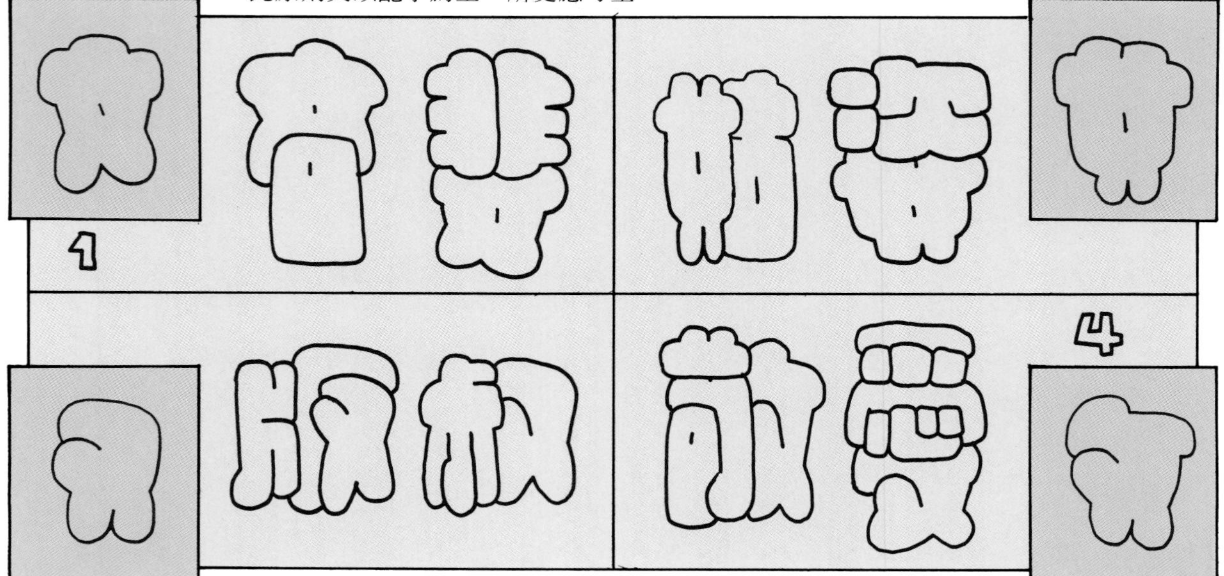

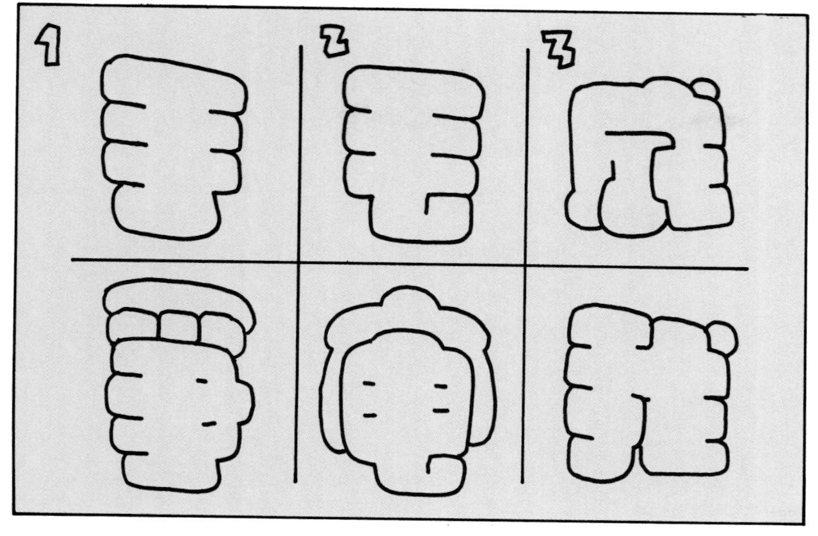

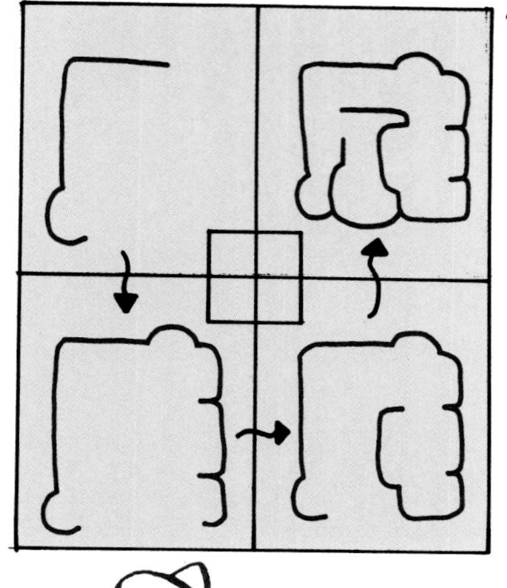

〈六〉視覺引導字形：

此種字形筆劃少、又須考量擴充的概念，且不易分析其字形架構。大致上可分爲以下三點：

(1)正勾的字形。

(2)反勾的字形。

(3)類似戈字的寫法。並注意(4)「成」字的書寫步驟。

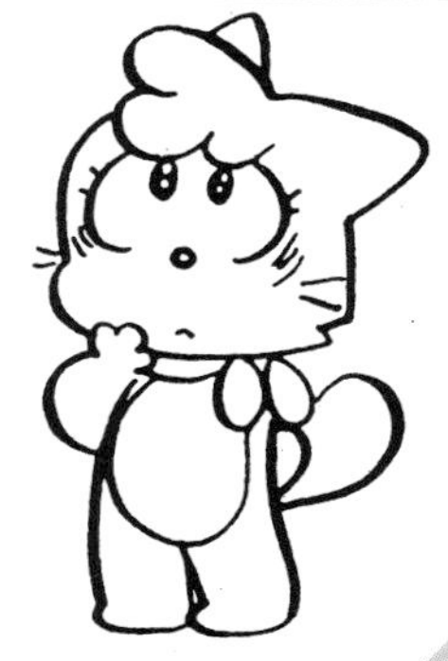

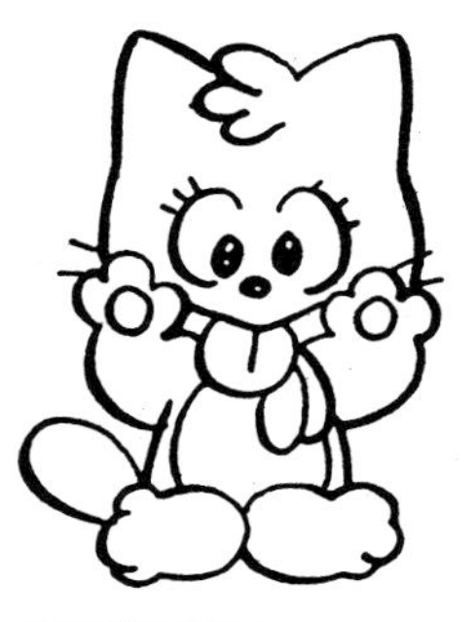

〈八〉其他字形：

(1)類似厶字的寫法，注意其點的分配。

(2)類似衣字旁的寫法，注意捺及撇的寫法。

(3)衣字的書寫方式要牢記。

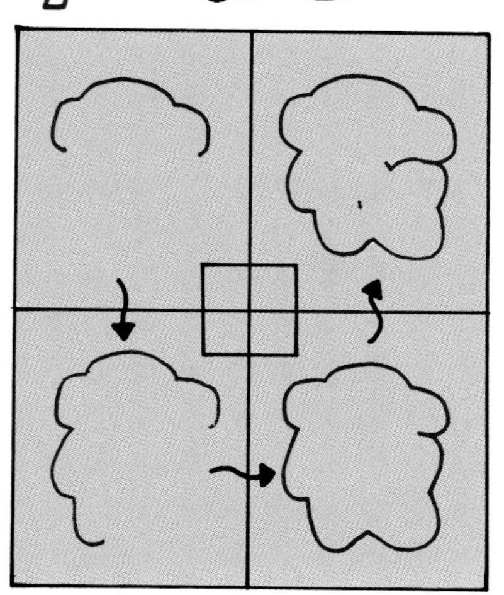

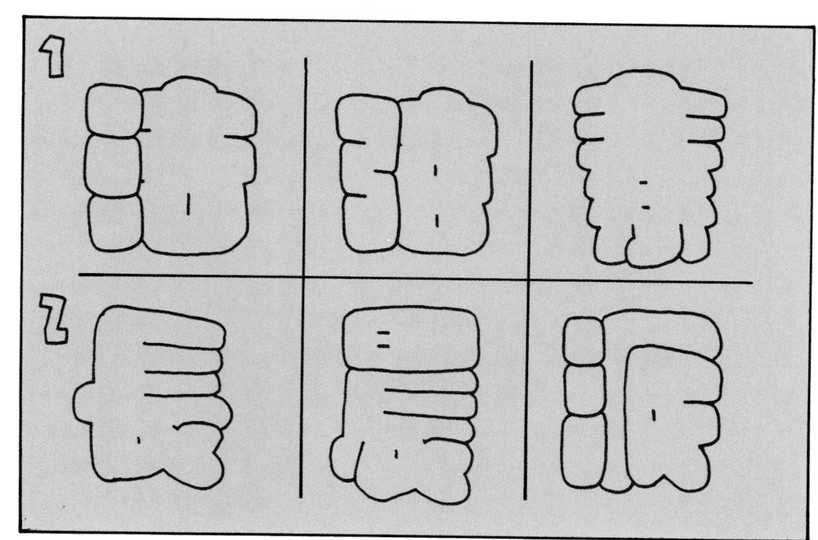

〈九〉三等份的寫法：

因爲筆劃較複雜，所以更應考量比例分配，才不至於寫出擁腫的感覺。注意(1)樹字的書寫流程。(2)複雜範例的字形介紹。

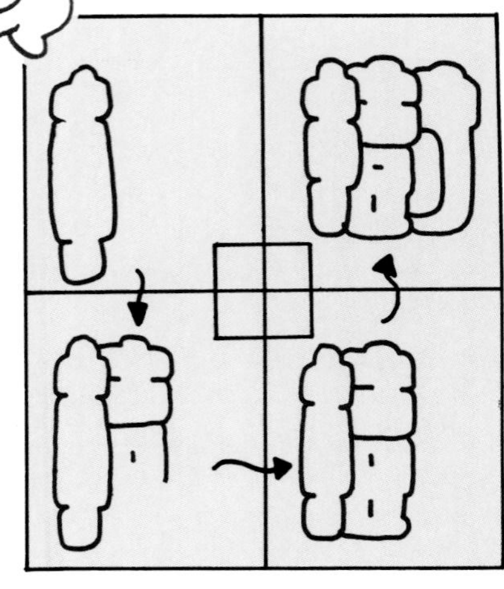

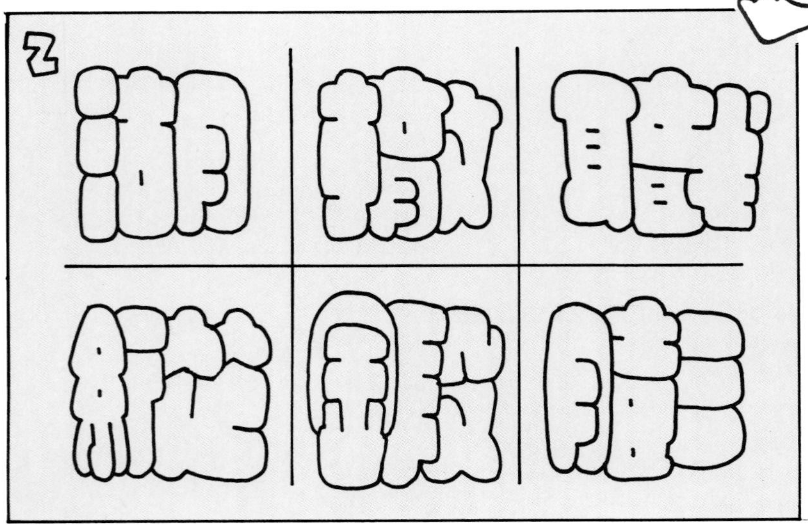

〈十〉複雜的字形：

指的是橫、直筆劃較多的字形，所以書寫時不易分辨，尤其更須注意其比例分配。

(1)罐字的書寫方法 。

(2)複雜字的字形範例介紹。

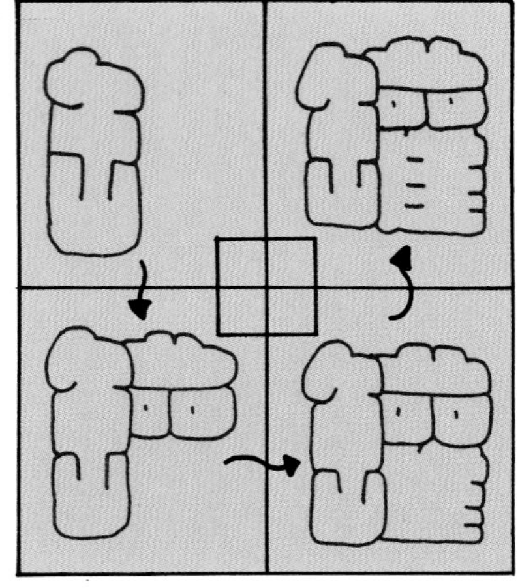

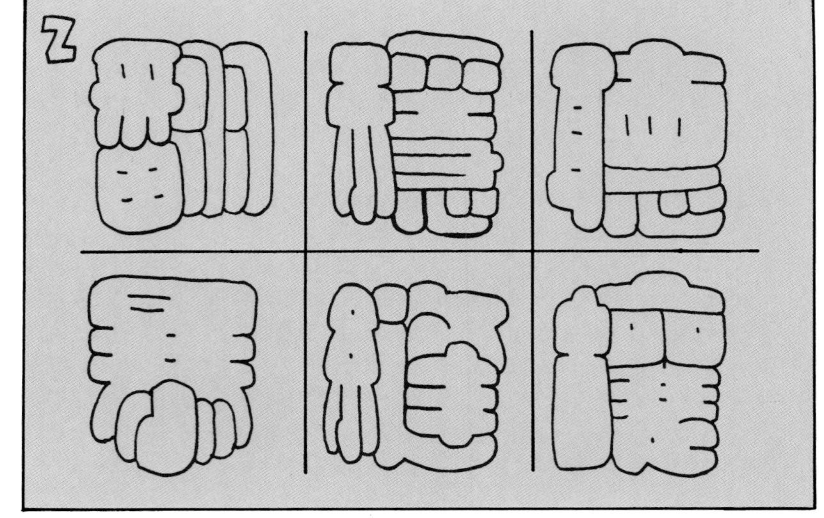

▶字帖篇應用守則◀

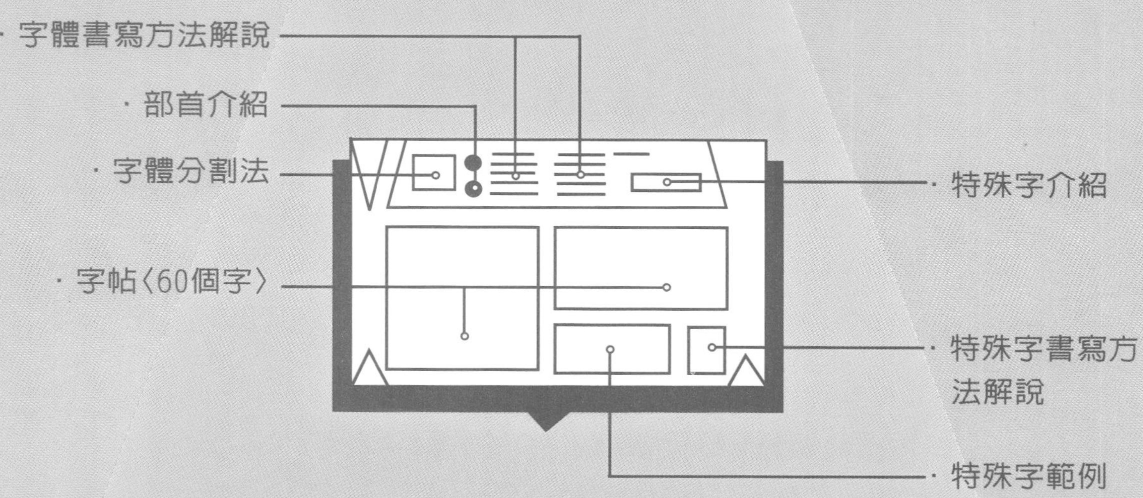

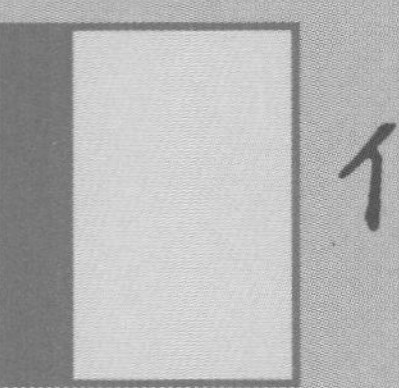

1. 遇口擴充字形：注意「佑」字沒過半的寫法及「促」捺字的寫法。「僅」字上方二十的寫法及下方橫線的筆畫不要數錯。
2. 打勾字形：「付」「待」「得」其下的一點的寫法，「例」字歹的尤其須要注意。
3. 中分字形：注意「俟」、「侯」二字其下矢字的寫法。
4. 壓頂字形：「儉」字其下雙口及雙人的寫法較爲特殊請牢記。

①

①

②

③

④

⑤

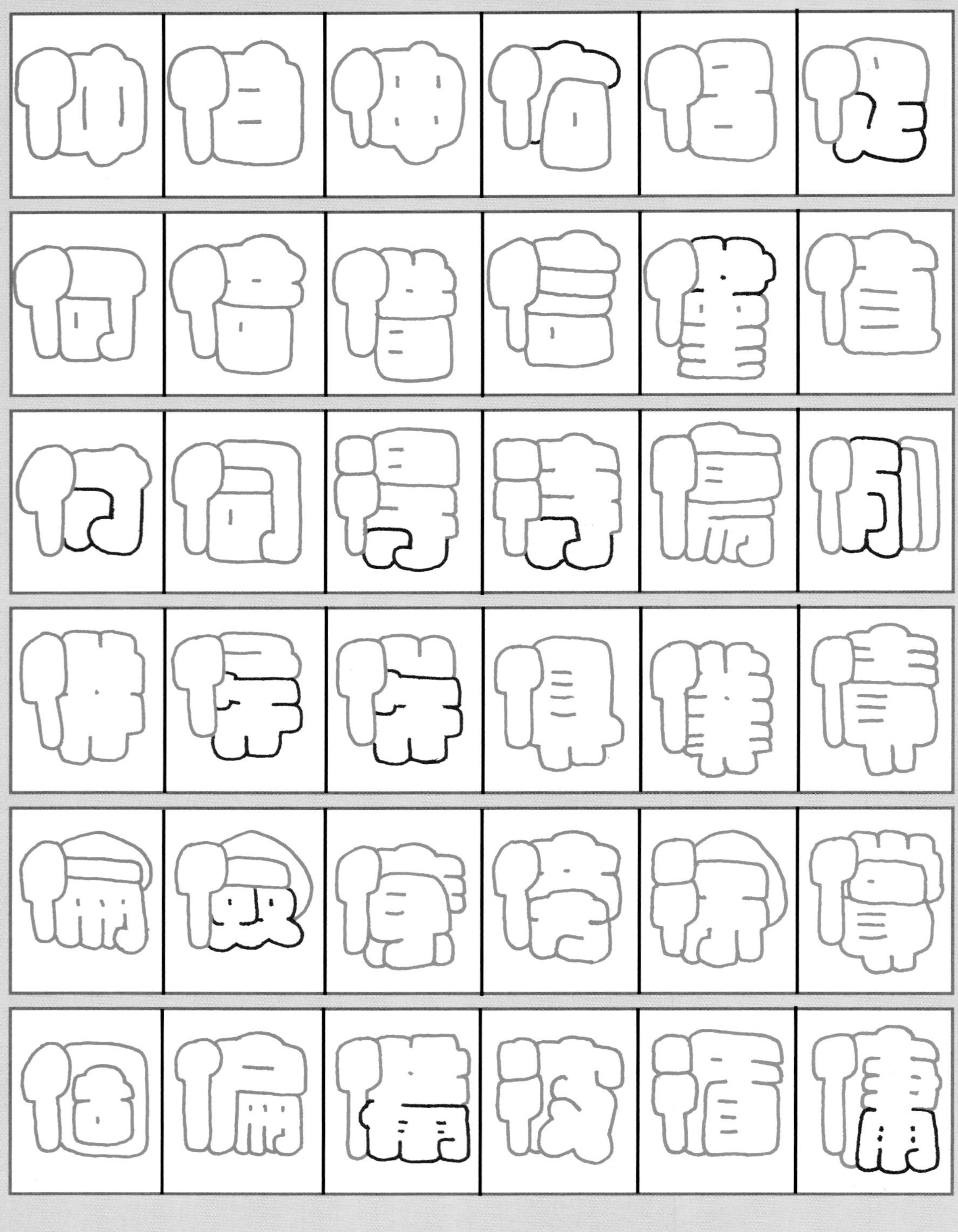

5.內包字形：「備」、「傭」其繁複的筆劃可要小心其字形的架構。
6.視覺引導字形：「仇」字其九字的勾要牢記其書寫技巧。
7.交叉字形：「侵」字要先寫其下的又字再寫竇蓋頭。
9.三等份字形：「衡」字筆劃較繁複注意其中間日字的寫法。
10.複雜字形：「僧」字上方的二點要留意，「儀」字其下我的寫法要牢記。

★特殊字：

使便僞像
偵修侮僑

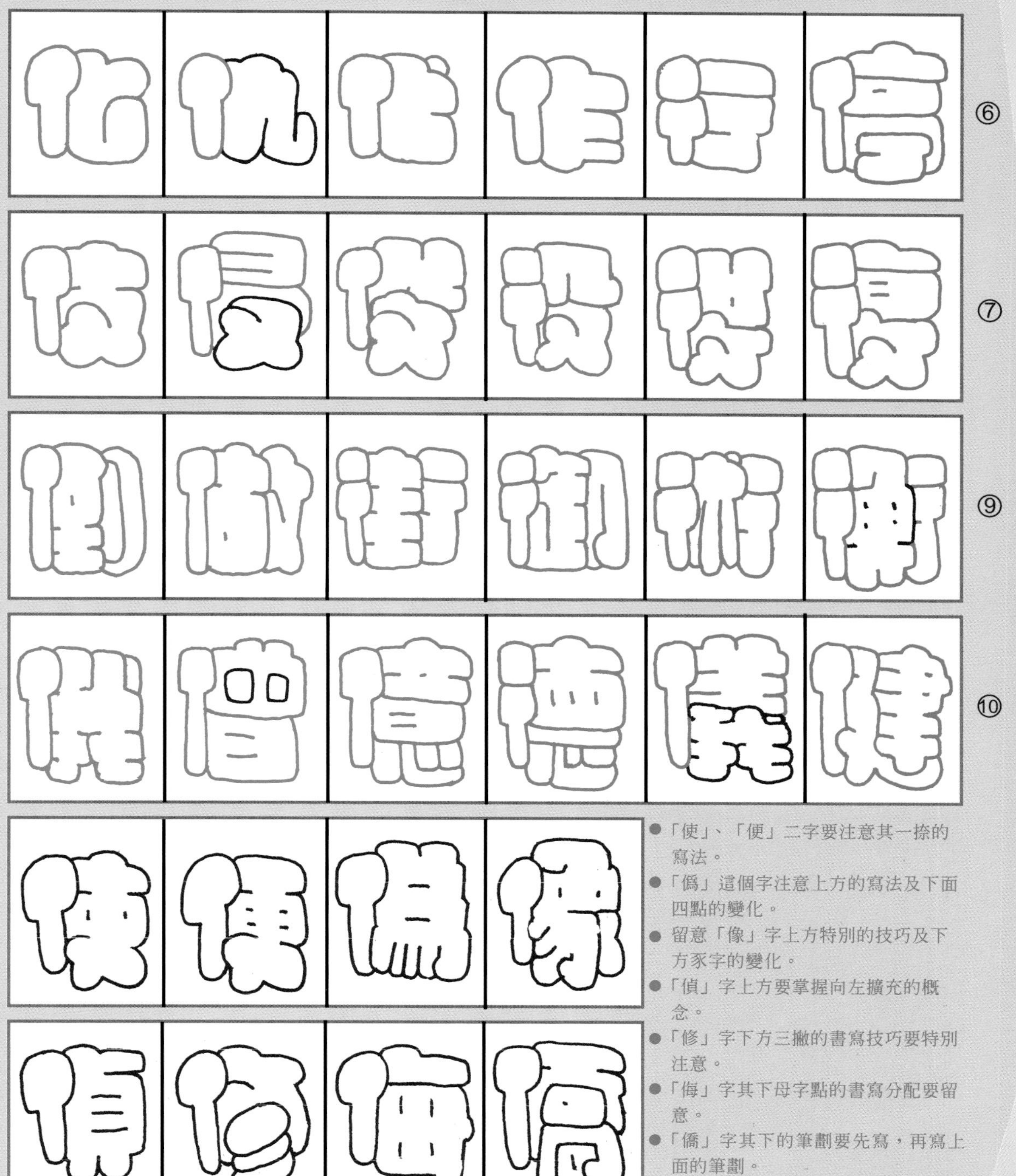

- 「使」、「便」二字要注意其一捺的寫法。
- 「僞」這個字注意上方的寫法及下面四點的變化。
- 留意「像」字上方特別的技巧及下方豕字的變化。
- 「偵」字上方要掌握向左擴充的概念。
- 「修」字下方三撇的書寫技巧要特別注意。
- 「侮」字其下母字點的書寫分配要留意。
- 「僑」字其下的筆劃要先寫，再寫上面的筆劃。

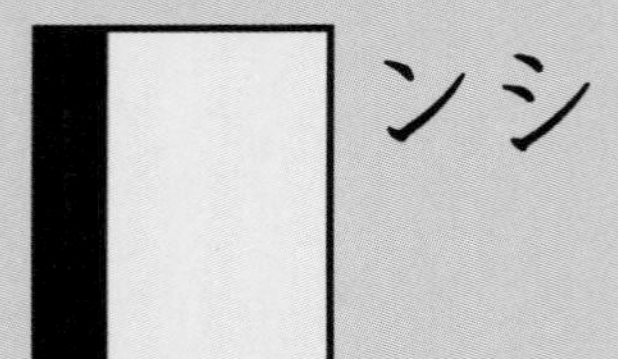

1.遇口擴充字形：「酒」字其旁的西字寫法較爲特殊請牢記。「溫」字其上人字的寫法較特別要留意。
2.打勾字形：「濁」字其下的虫字要先寫再寫其上的寶蓋頭。
3.中分字形：「沈」及「況」其下中分接口打勾字的寫法要牢記。
4.壓頂字形：「滑」字上方的寫法較特別及「滯」字旁的帶字上方寫法要留意。

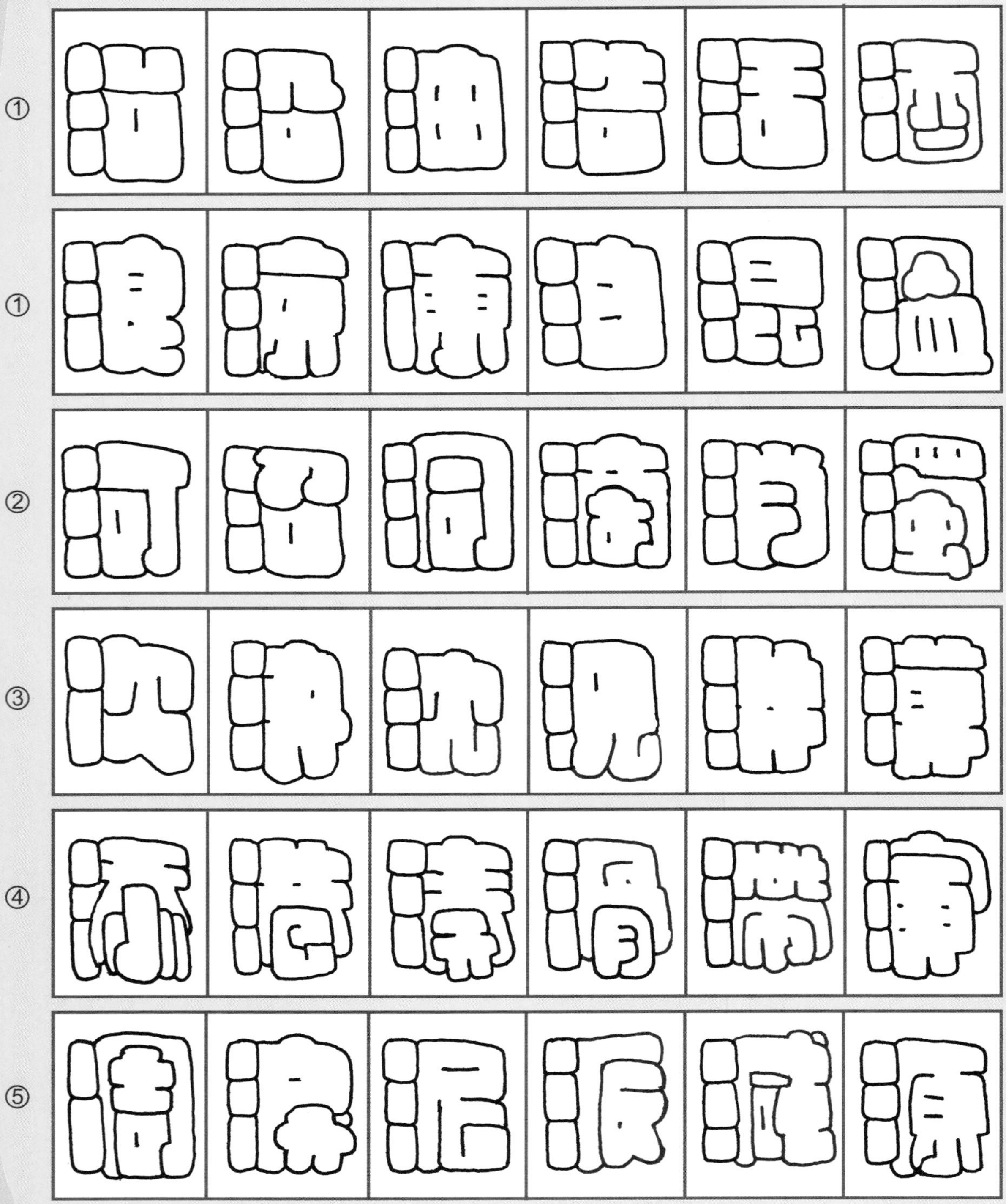

5.內包字形：「派」字及「減」字筆劃較繁複字形架構要牢記其書寫技巧。
6.視覺引導字形：「淨」字其上方三點的寫法要留意。
7.交叉字形：「淒」字其下女字的寫法要牢記。
9.三等份字形：「漲」字最右邊的長字其下的寫法及「鴻」字下方的四點要注意。
10.複雜字形：「凜」字其上的回字及濠字下方的寫法較特別。

★特殊字：

冷冰泌泳
淡渦滿澄

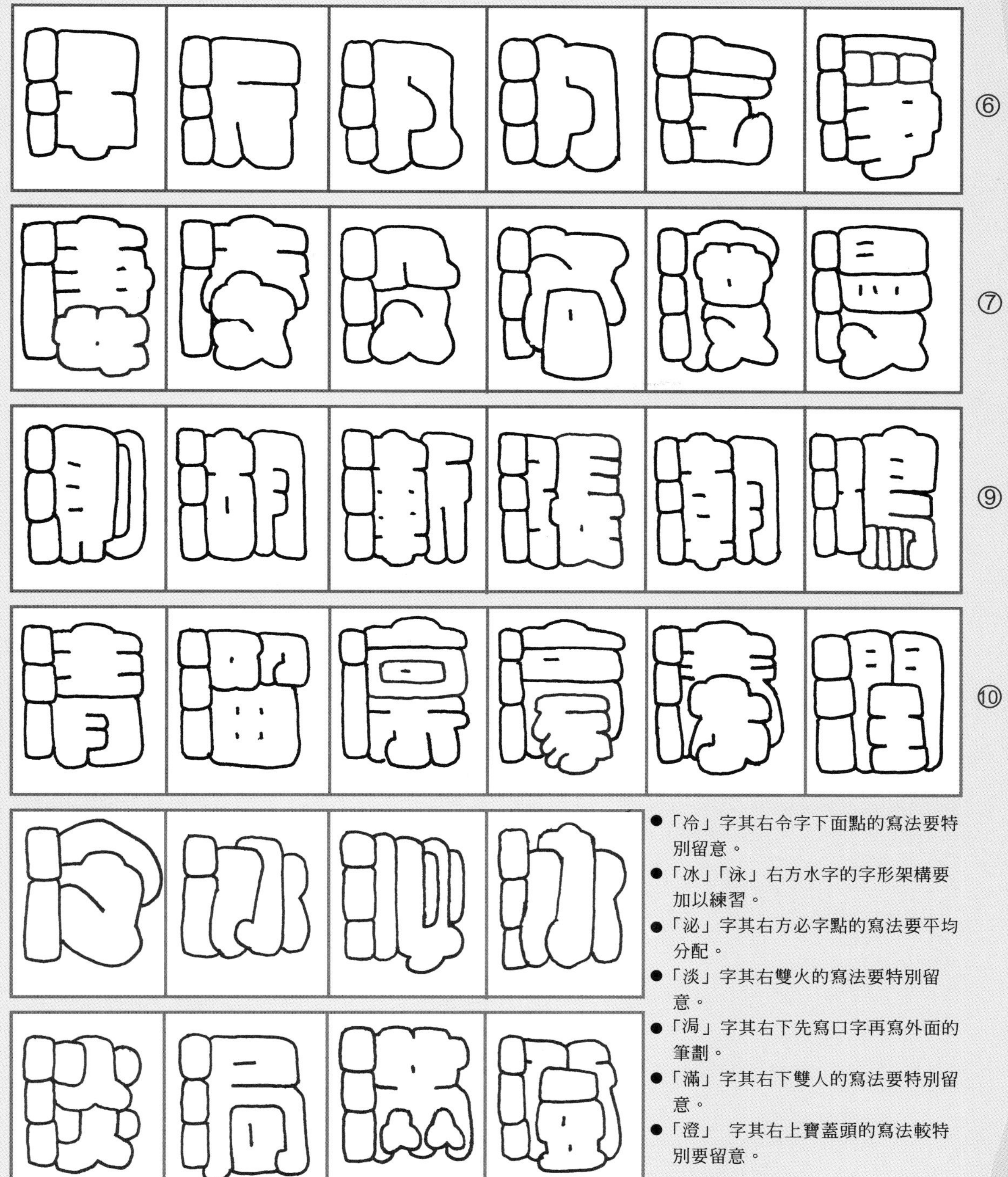

⑥

⑦

⑨

⑩

- 「冷」字其右令字下面點的寫法要特別留意。
- 「冰」「泳」右方水字的字形架構要加以練習。
- 「泌」字其右方必字點的寫法要平均分配。
- 「淡」字其右雙火的寫法要特別留意。
- 「渦」字其右下先寫口字再寫外面的筆劃。
- 「滿」字其右下雙人的寫法要特別留意。
- 「澄」 字其右上寶蓋頭的寫法較特別要留意。

· POP創意字字典 ·

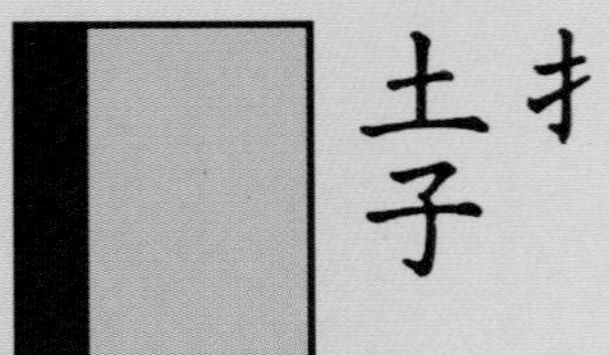

1.遇口擴充字形：注意「拓」字的字形架構提手旁及石字撇的寫法的關係要小心。「塔」字下方的口字要先寫及「塘」字其右的寫法要留意。
2.打勾字形：「捕」字其右方的寫法較特殊要留意其字形架構。
3.中分字形：「摸」字其右方的筆劃較繁複切記不要算錯喔。
4.壓頂字形：「捧」字其下的寫法要留意。

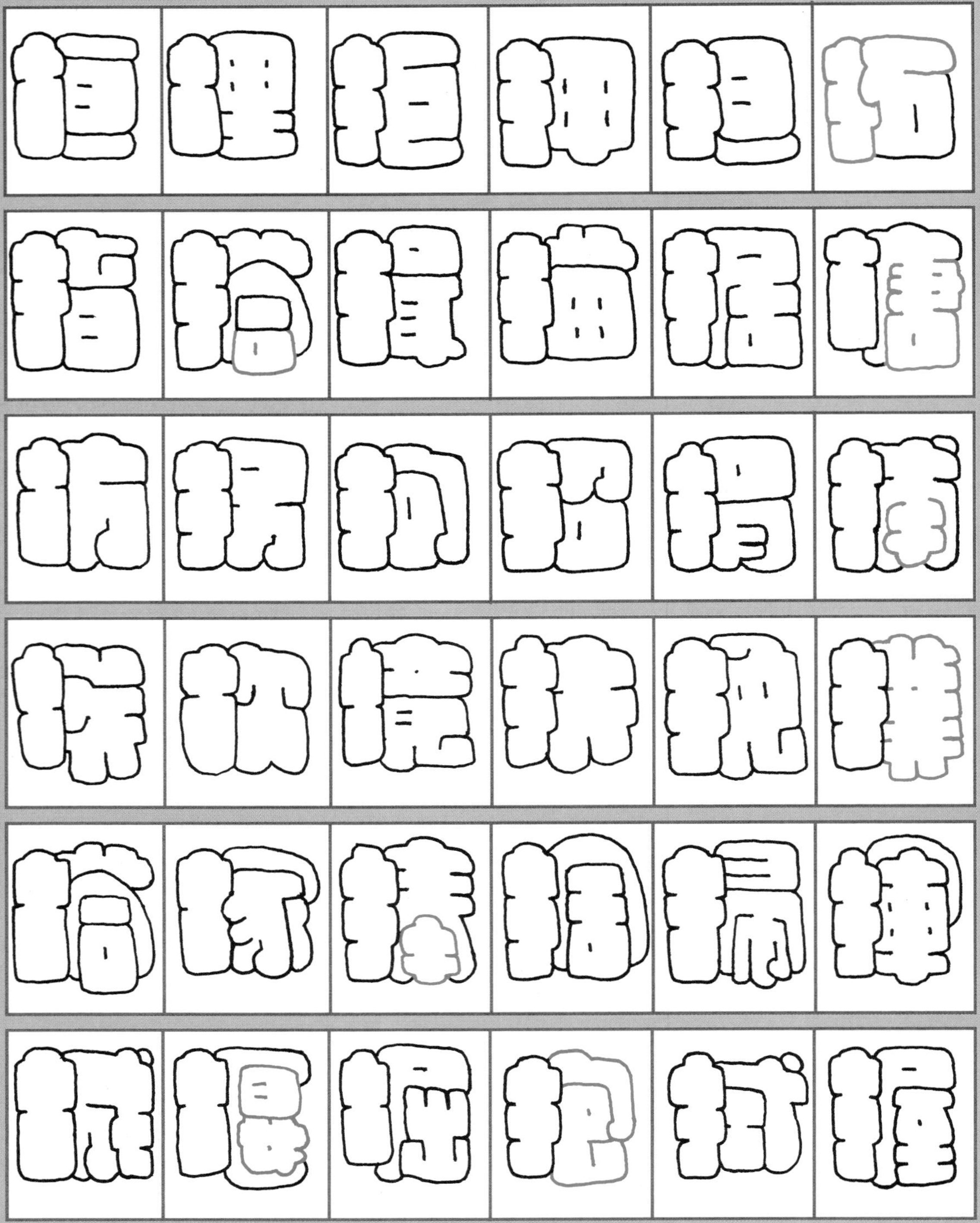

①

①

②

③

④

⑤

5.內包字形：「堰」字右方的寫法及「抱」字右方的寫法要留意其字形架構。
6.視覺引導字形：「搾」字右方的寫法要瞭解其字形架構。
7.交叉字形：「搜」字右上方的寫法較特別要注意。
9.三等份字形：「搬」字二點的分配及「擬」字捺的寫法要留意其書寫技巧。
10.複雜字形：「壞」字其四點的寫法及「換」人字的寫法要注意。

★特殊字：

壞塊挫操
孫孤埼攜

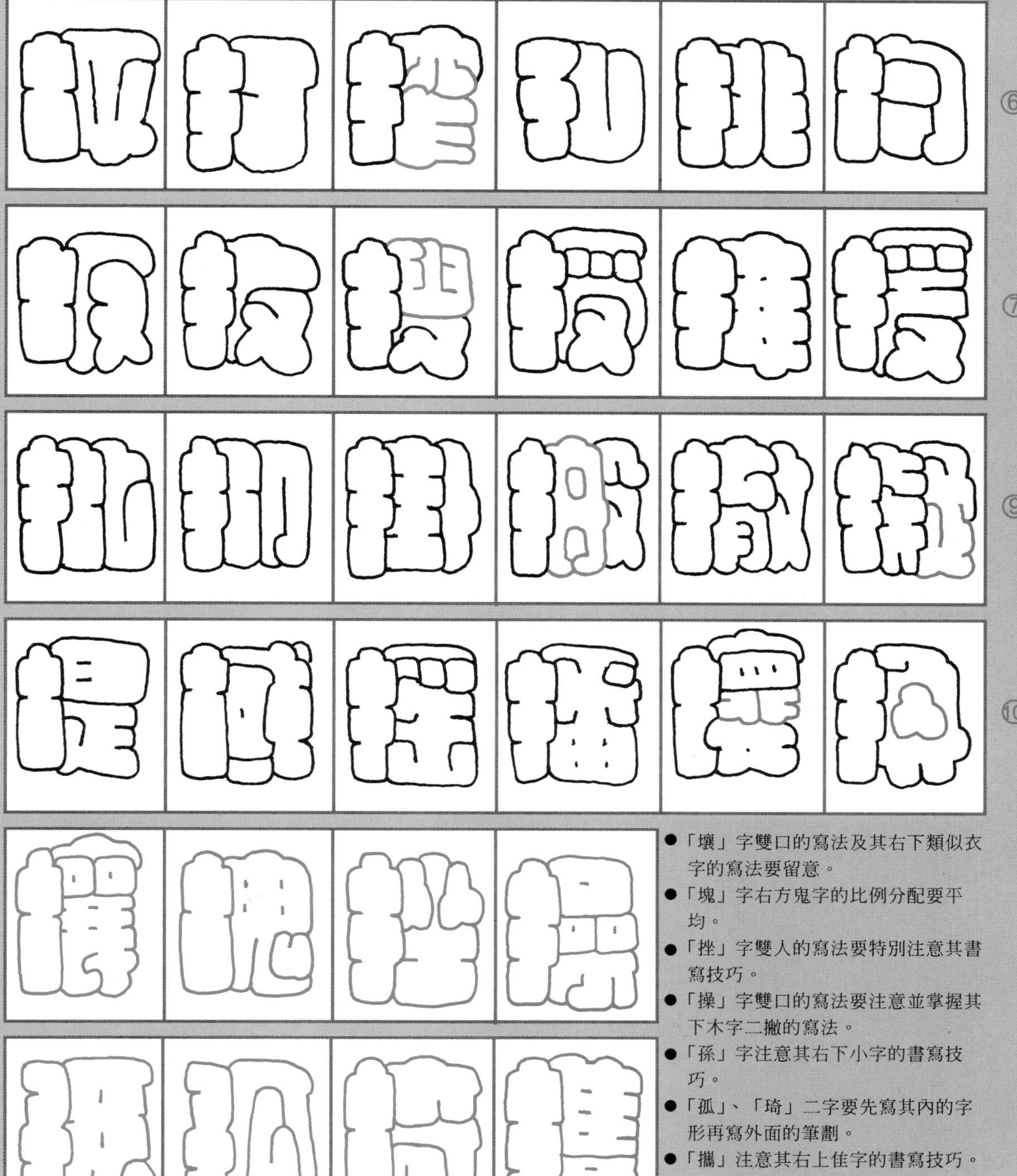

- 「壞」字雙口的寫法及其右下類似衣字的寫法要留意。
- 「塊」字右方鬼字的比例分配要平均。
- 「挫」字雙人的寫法要特別注意其書寫技巧。
- 「操」字雙口的寫法要注意並掌握其下木字二撇的寫法。
- 「孫」字注意其右下小字的書寫技巧。
- 「孤」、「埼」二字要先寫其內的字形再寫外面的筆劃。
- 「攜」注意其右上隹字的書寫技巧。

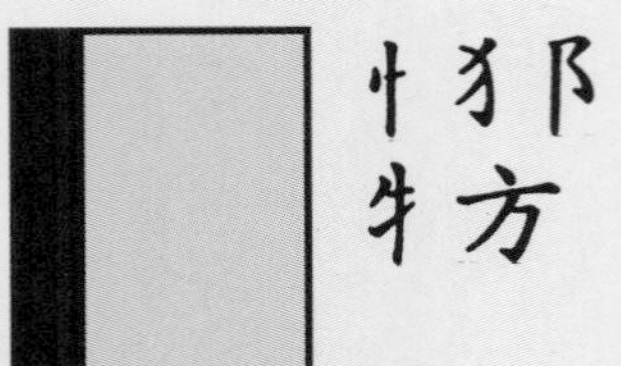

1. 遇口擴充字形：「陳」字二撇的寫法要留意，「階」字右上方的比字的書寫技巧，「恨」字其下的寫法要留意。
2. 打勾字形：「物」字其勿字的寫法要注意，及「特」字點的寫法。
3. 中分字形：「恢」字火字及「挾」字雙人的寫法要牢記。
4. 壓頂字形：「施」定其右下也字的寫法較特殊要注意。

①

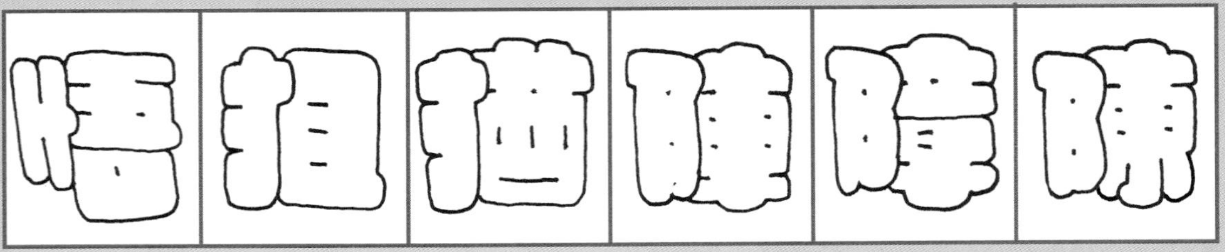

①

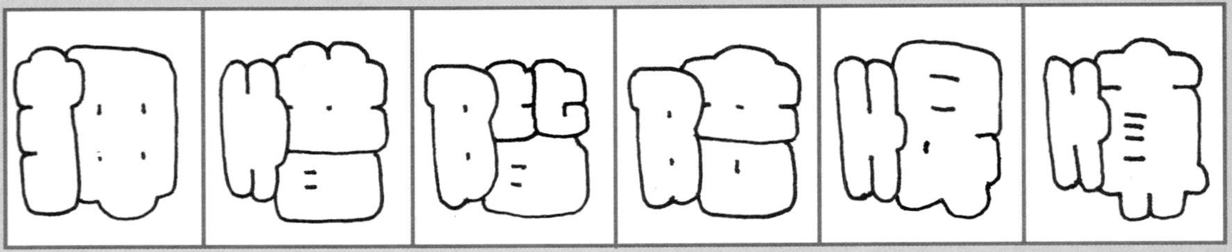

②

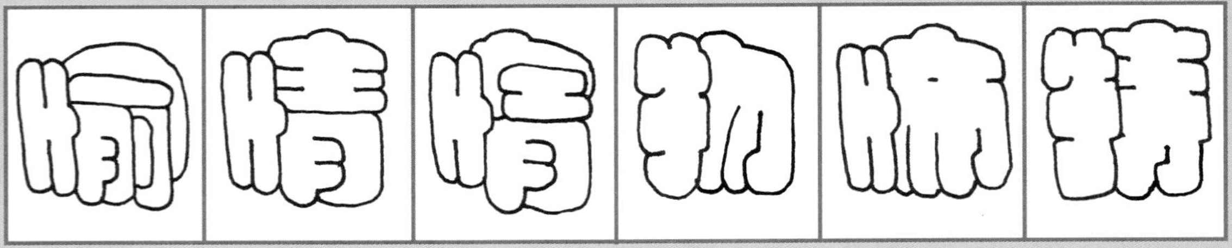

③

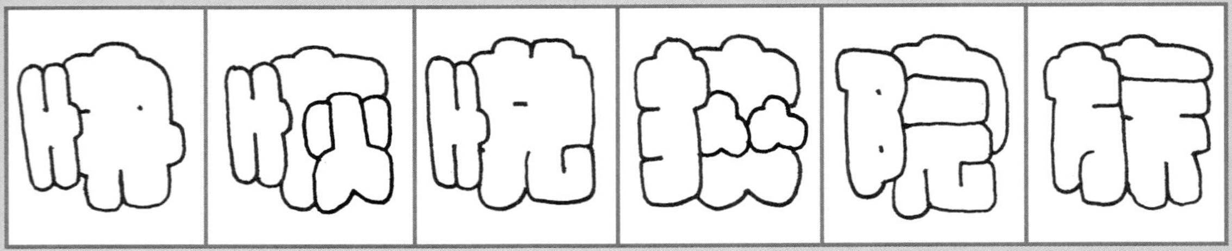

⑤

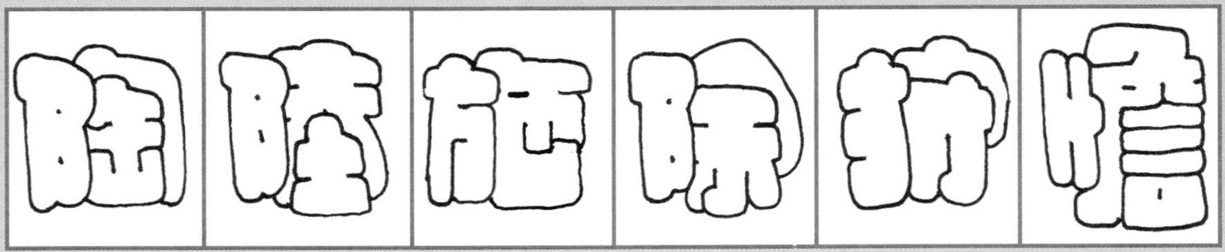

⑥

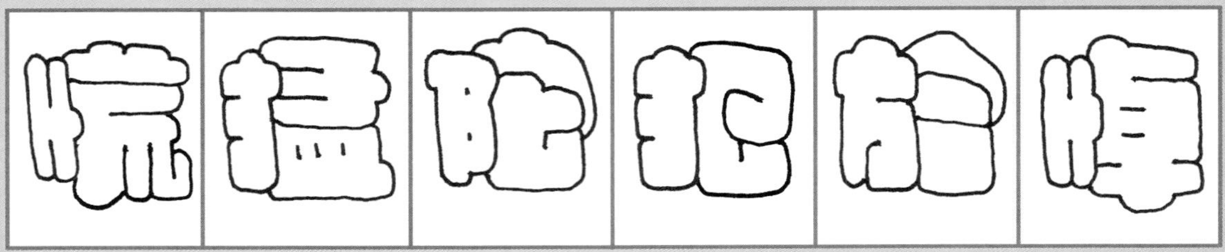

6.視覺引導：「慌」字其下三撇的寫法及「犯」字右方寫法要留意。

7.交叉字形：「隆」字其右下的比例分配要注意其比例分配。

8.其他字形：「旅」字的書寫架構及比例分配要小心。

10.複雜字形：「隔」字其下方的配字要留字，「擭」字其右上方隹字的比例分配，「陷」字其右方的書寫技巧要牢記。

★特殊字：

慘憐隊陰

際豬旋隅

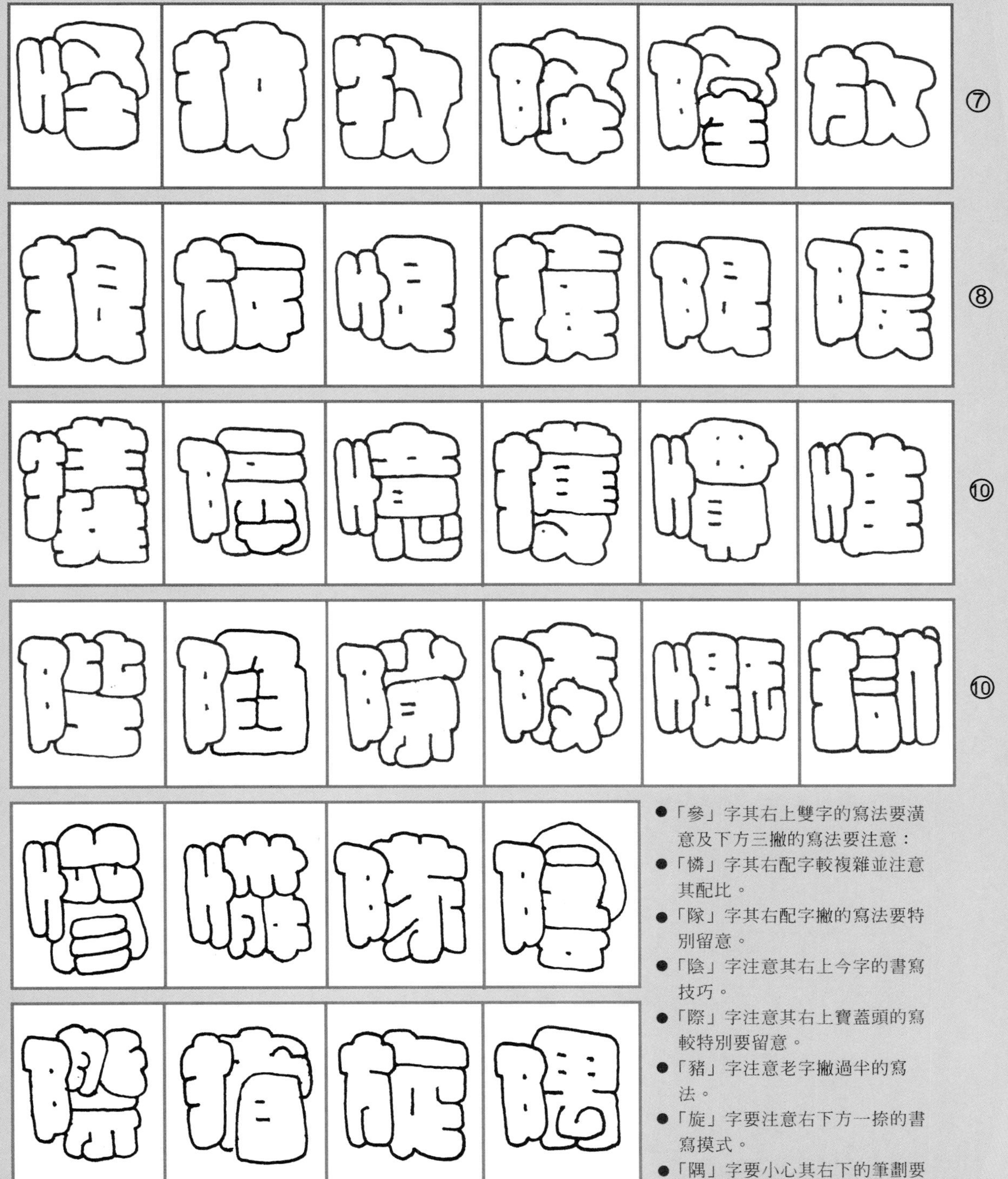

- 「參」字其右上雙字的寫法要潰意及下方三撇的寫法要注意：
- 「憐」字其右配字較複雜並注意其配比。
- 「隊」字其右配字撇的寫法要特別留意。
- 「陰」字注意其右上今字的書寫技巧。
- 「際」字注意其右上寶蓋頭的寫較特別要留意。
- 「豬」字注意老字撇過半的寫法。
- 「旋」字要注意右下方一捺的書寫摸式。
- 「隅」字要小心其右下的筆劃要先寫再寫外包的筆劃。

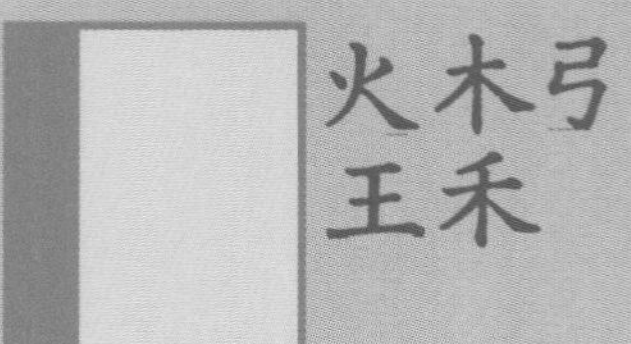

1. 週口擴充字形：「煙」字其右上方西字的寫法要瞭解其分配的技巧。
2. 打勾字形：「楠」字其右方字形架構的分配要切記。
3. 中分字形：「秩」字其右方失字的寫法要注意其筆劃分配。
6. 視覺引導字形：「球」字四點及棧字右方雙戈的寫法要留意。
7. 交叉字形：「榎」字右方夏字的寫法其筆劃分配要切記。

①

②

③

⑥

⑦

⑧

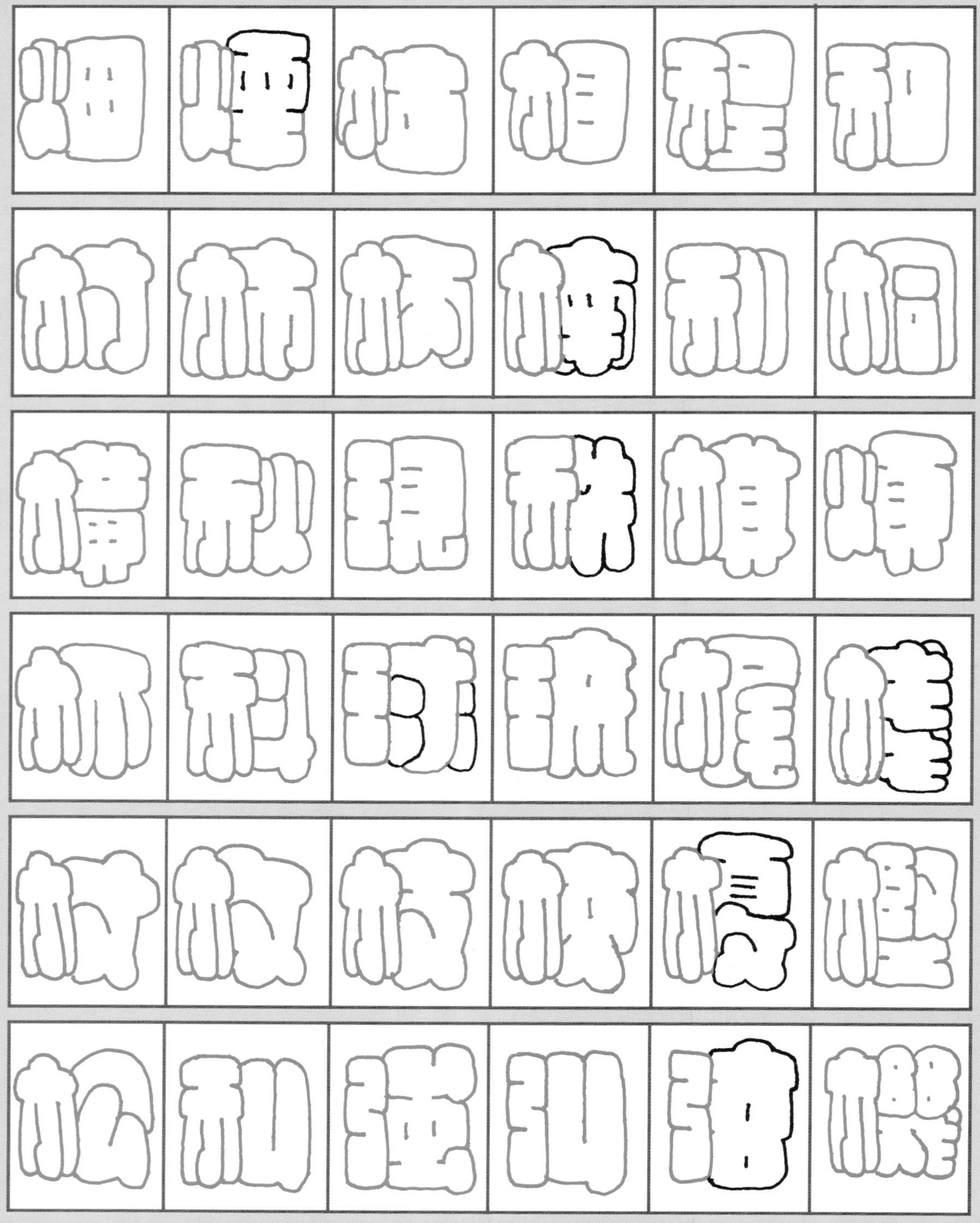

8.其它字形：「弦」字右方的玄字要注意其二點的寫法「機」字右上方雙字的寫法較特別。

9.三等份字形：「棚」字右方雙月寫法較特別。班字的筆劃分配要留意。

10.複雜字形：「穩」字橫線筆劃較多，其字形比例要注意，並留意「燃」字四點的寫法，「極」字的寫形分配屬於另類型的，「熔」字右方的雙八的寫法及「珠」字二撇寫法要特別留意。

★特殊字：

燒核移稀

稻珍桶橘

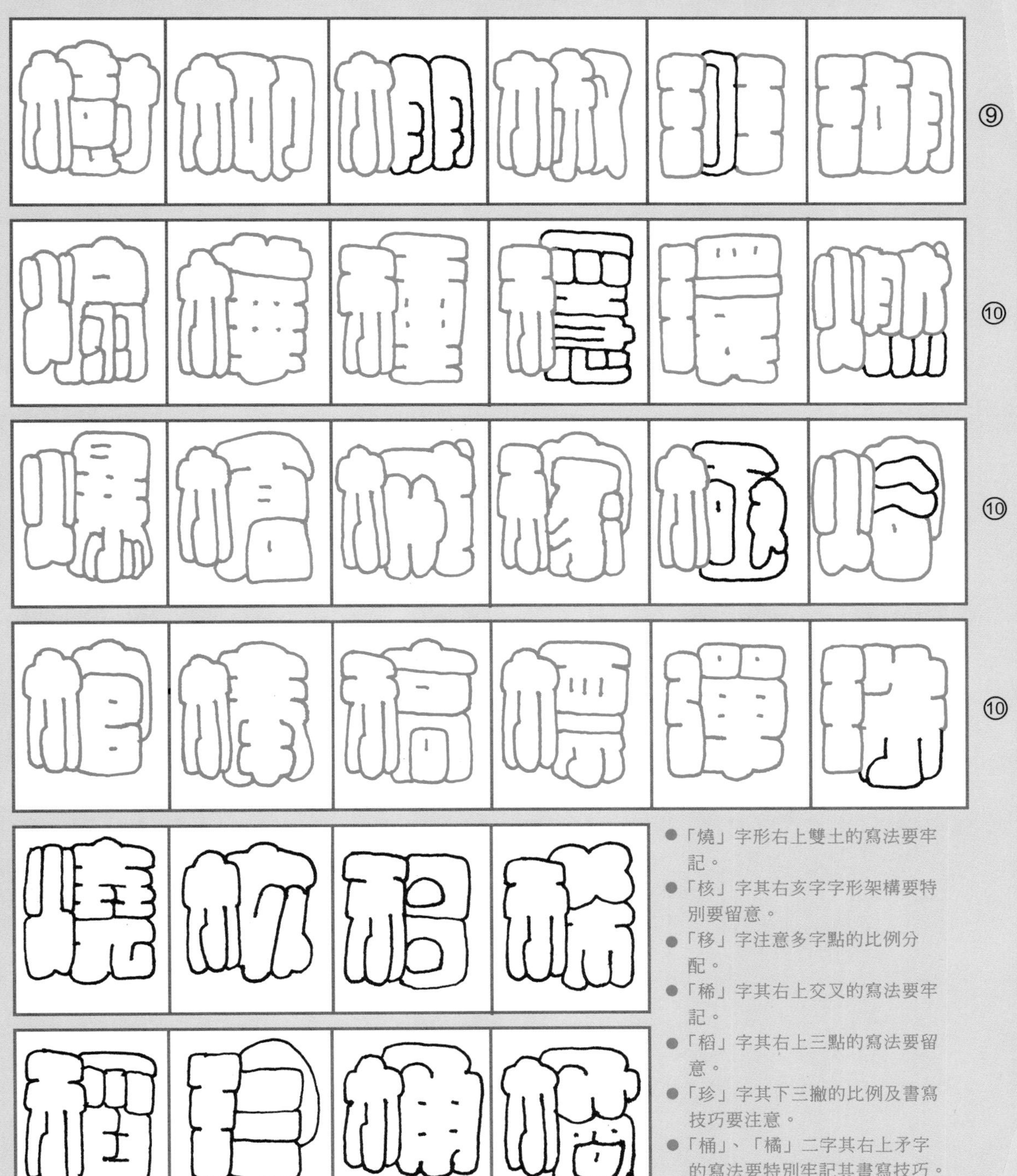

●「燒」字形右上雙土的寫法要牢記。

●「核」字其右亥字字形架構要特別要留意。

●「移」字注意多字點的比例分配。

●「稀」字其右上交叉的寫法要牢記。

●「稻」字其右上三點的寫法要留意。

●「珍」字其下三撇的比例及書寫技巧要注意。

●「桶」、「橘」二字其右上矛字的寫法要特別牢記其書寫技巧。

· POP創意字字典 ·

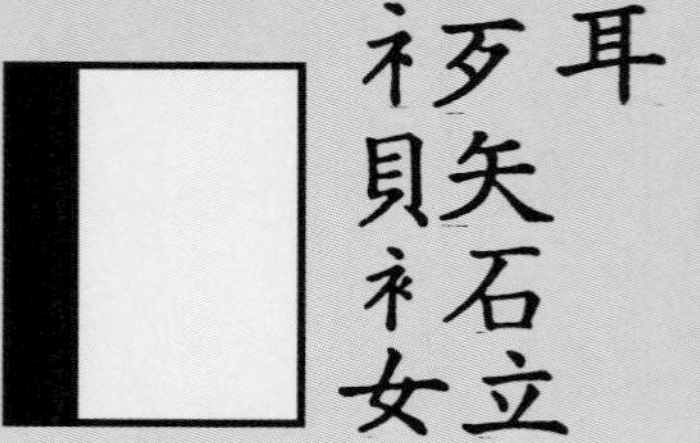

1. 週口擴充字形：「媒」字右方字形架構比例問題要注意。「祐」字注意其右方右字 筆劃不過半的寫法。
2. 打勾字形：「殉」其右方的旬字要先寫日字再包起來即可。
3. 可分字形：「娛」字要瞭解右方吳字的比例及「砍」字右方欠字的寫法。
5. 內包字形：「颯」字其內的配字較特別要牢記及「賄」字右方有字撇的寫法。
6. 視覺引導字形：「祈」字右方斤字的寫法要注意。

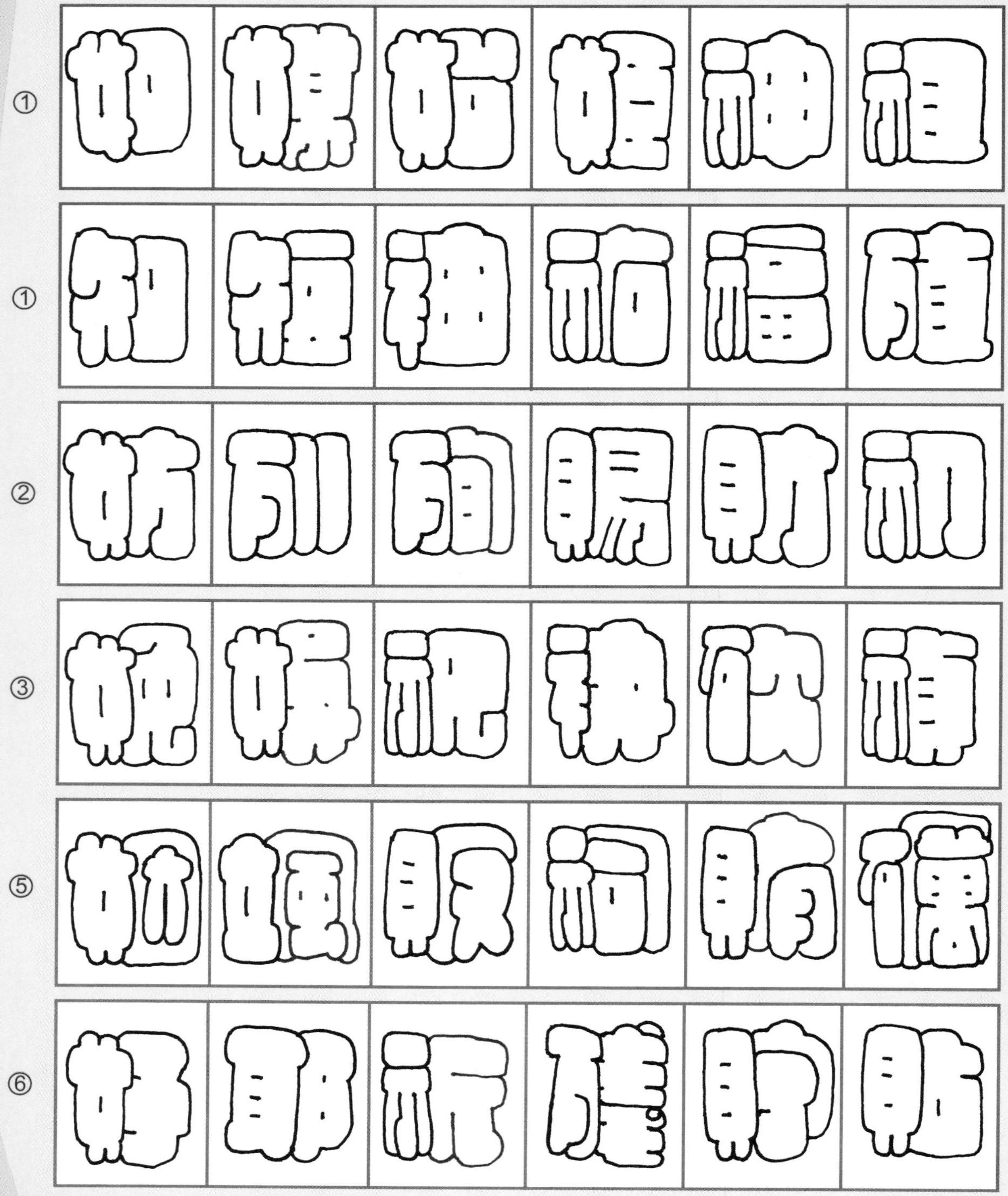

①

①

②

③

⑤

⑥

7.交叉字形：「歿」字整個字形架構較特別且難分析所以要牢記。

8.其它字形：「祇」、「砥」這二字其下的一點不要忘了書寫。

10.複雜字形：「禍」字右方的字架要牢記，「媛」字三點及女的整體配合要適當。「聽」，「孃」這二字較複雜需要解析，「襟」字雙林的寫法要留意。

★特殊字：

婿 禪 確 碑

礎 硬 砂 恥

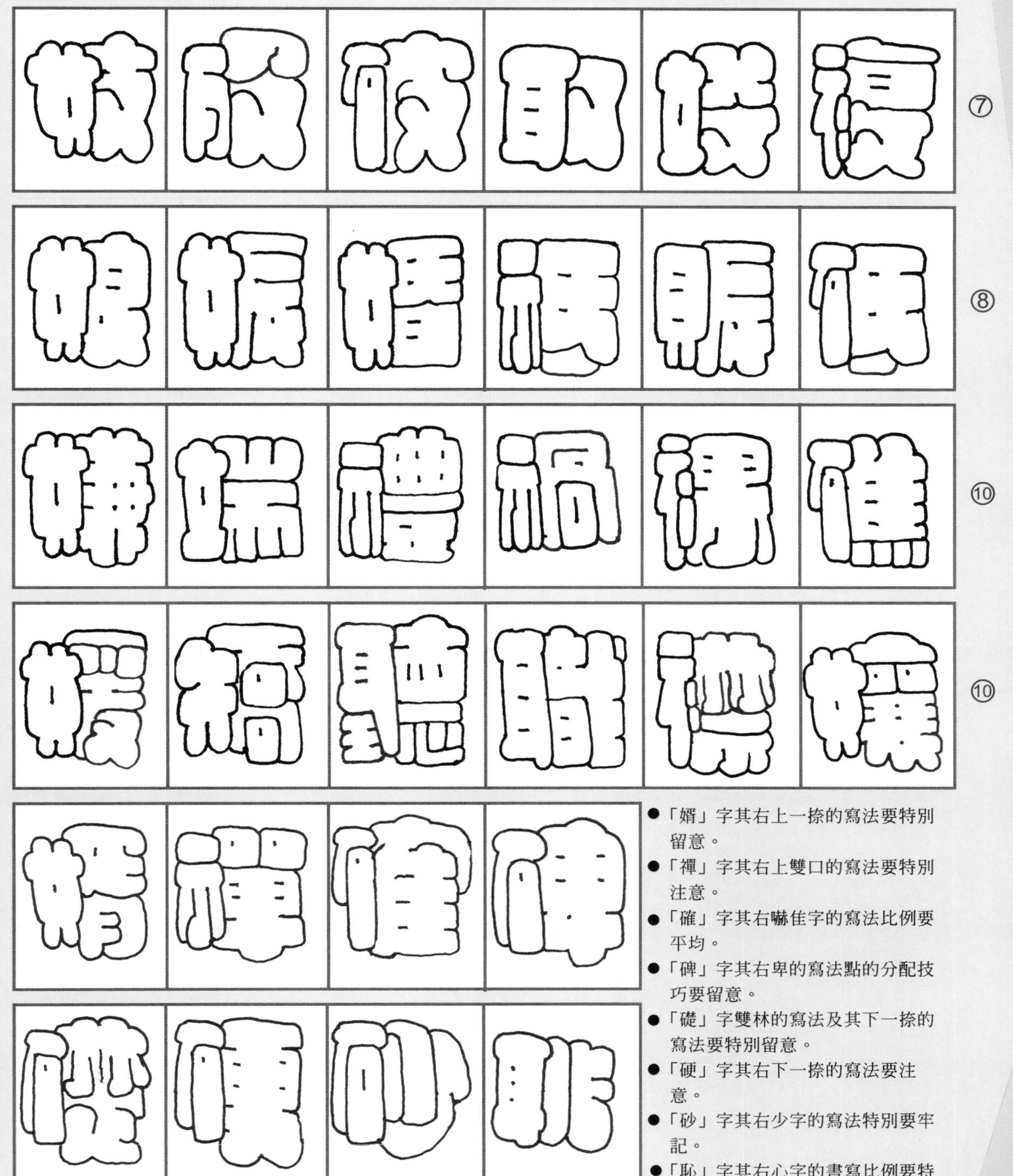

- 「婿」字其右上一捺的寫法要特別留意。
- 「禪」字其右上雙口的寫法要特別注意。
- 「確」字其右嚇隹字的寫法比例要平均。
- 「碑」字其右卑的寫法點的分配技巧要留意。
- 「礎」字雙林的寫法及其下一捺的寫法要特別留意。
- 「硬」字其右下一捺的寫法要注意。
- 「砂」字其右少字的寫法特別要牢記。
- 「恥」字其右心字的書寫比例要特別留意。

· POP創意字字典 ·

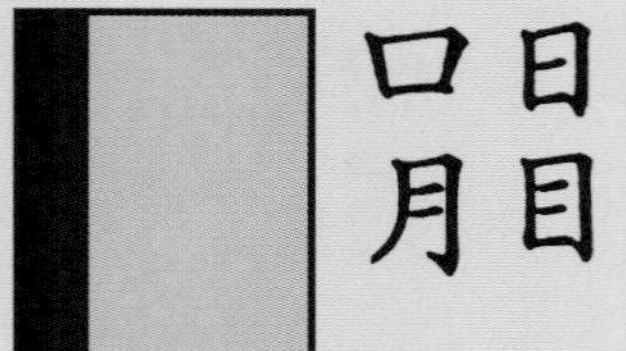

1. 遇口擴充字形：注意「晒」字右邊「西」的寫法及「脂」右上方的字形。尤其“咽”字須先寫裡面的「大」字再框外圍。
2. 打勾字形：特別注意「月」及「方」字的寫法。「呀」字右方的字形較特別要留意。
3. 中分字形：「吹」字右邊的「欠」字寫法較特別須小心。「喚」字右邊字形特殊須牢記。
4. 壓頂字形：「腕」字及「腔」字的右邊字形要特別留意。
6. 視覺引導：「呼」、「眺」及「吭」字筆劃雖少但仍須注意其比例分配。

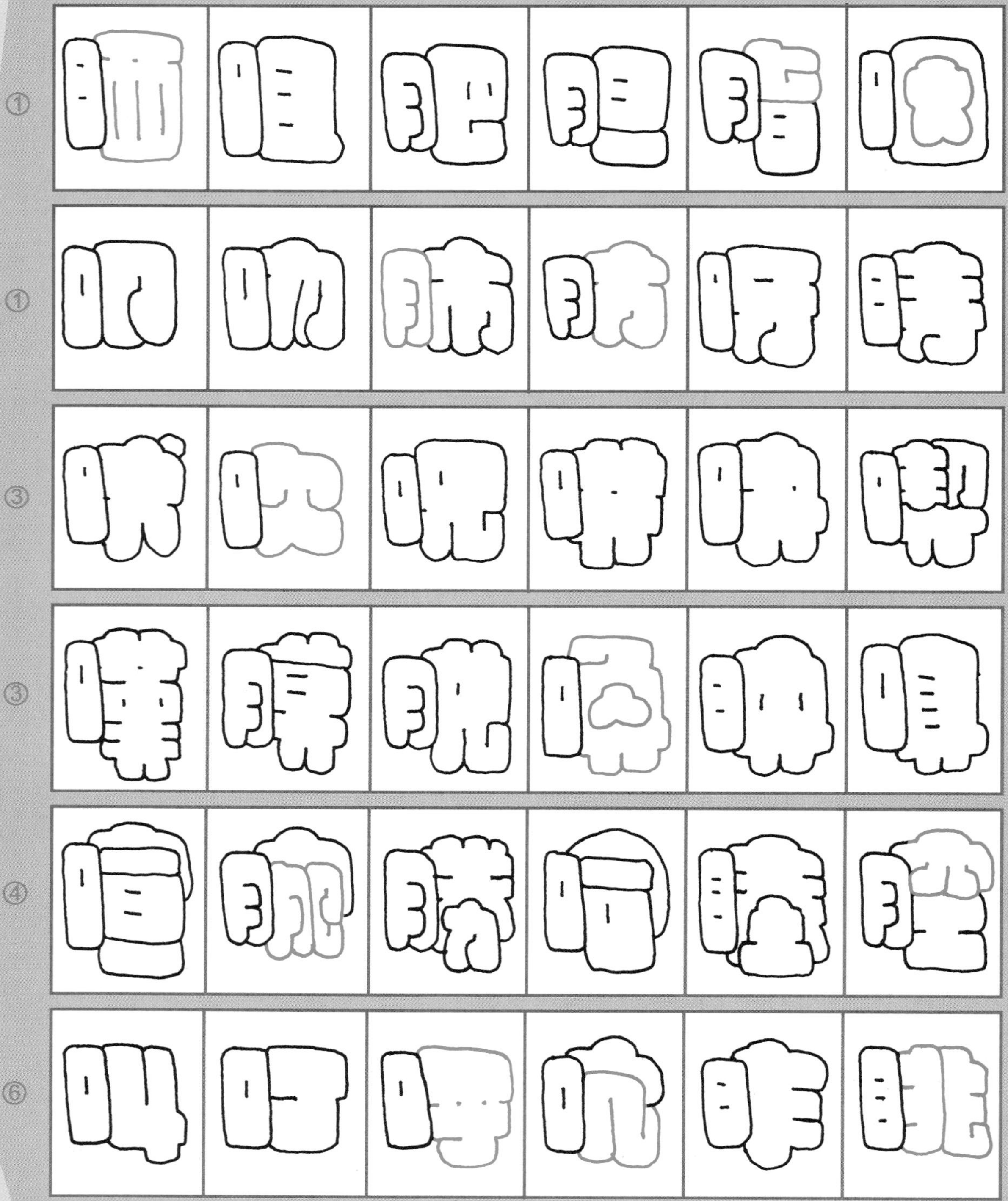

①

①

③

③

④

⑥

7.交叉字形：注意「咬」字右邊「交」的寫法。
8.其他字形：類似ㄙ字及衣字的寫法如「脹」及「胎」字須特別注意。
9.三等份字形：注意「叫」字最右邊的字形。「膨」、「睱」字筆劃較特別須小心。
10.複雜字形：「曉」、「膳」及「睡」字右邊字形筆劃較多書寫時須注意。

★特殊字：

吟吸腺瞬
啖咳咪腦

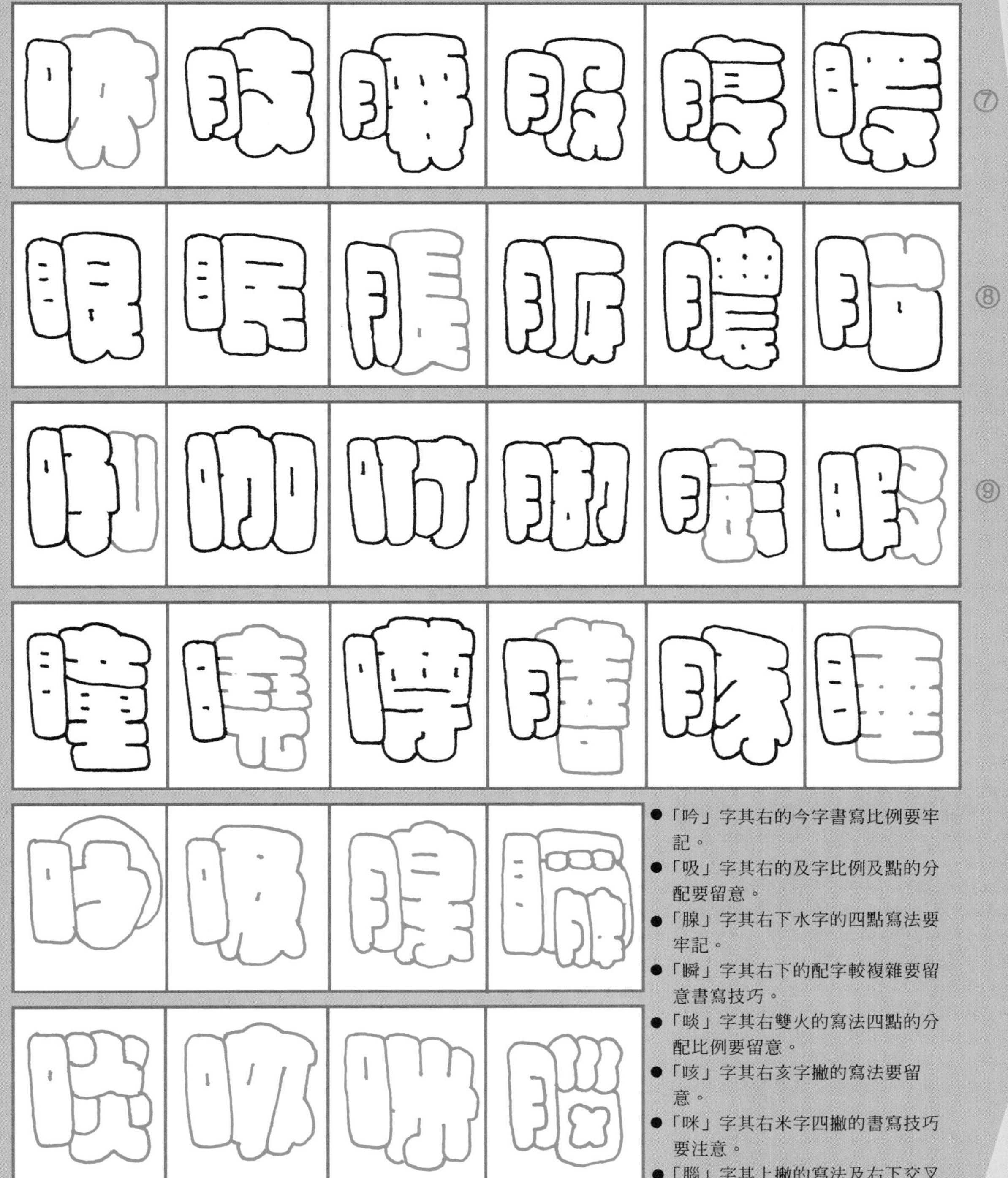

⑦
⑧
⑨

- 「吟」字其右的今字書寫比例要牢記。
- 「吸」字其右的及字比例及點的分配要留意。
- 「腺」字其右下水字的四點寫法要牢記。
- 「瞬」字其右下的配字較複雜要留意書寫技巧。
- 「啖」字其右雙火的寫法四點的分配比例要留意。
- 「咳」字其右亥字撇的寫法要留意。
- 「咪」字其右米字四撇的書寫技巧要注意。
- 「腦」字其上撇的寫法及右下交叉的寫法。

· POP創意字字典 ·

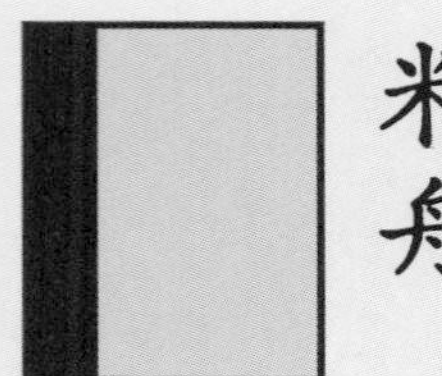

米糸
舟言

1. 遇口擴充字形：「絕」字其右上方，刀字要注意其書寫方法。「緯」字右方的配字，橫線筆劃較多注意其比例分配。
2. 打勾字形：「納」字右方內字的人要先寫再寫外包的筆劃。
3. 4中分及壓頂字形：注意「緩」的點及整個字架的比例、「繪」字其二點的寫法要留意，「談」字雙火的寫法及比例。
5. 內包字形：注意「網」字其內的寫法，寫完再寫外面。

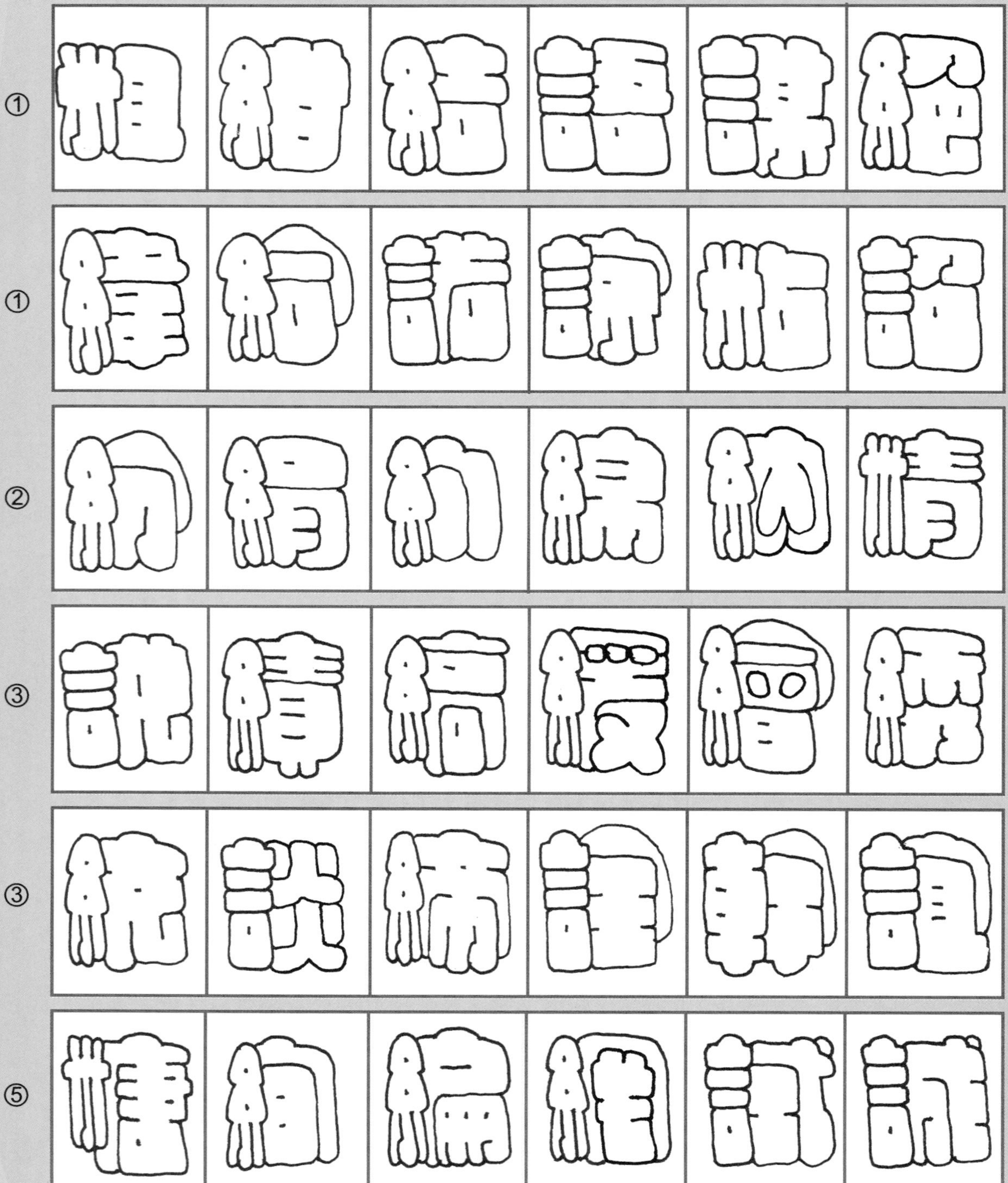

①

①

②

③

③

⑤

6.視覺引導：「純」字右方的屯字寫法及「訊」字其內的比例分配。

7.交叉字形：「縫」、「總」二字其字體繁複要詳記其書寫技巧。

10.複雜字形：「纖」雙人的寫法要注意，「艦」字的舟字二點寫法及比例分配要詳記，「線」字其下水字的寫法要留意。

★特殊字：

粹經認誇

謁船綱繰

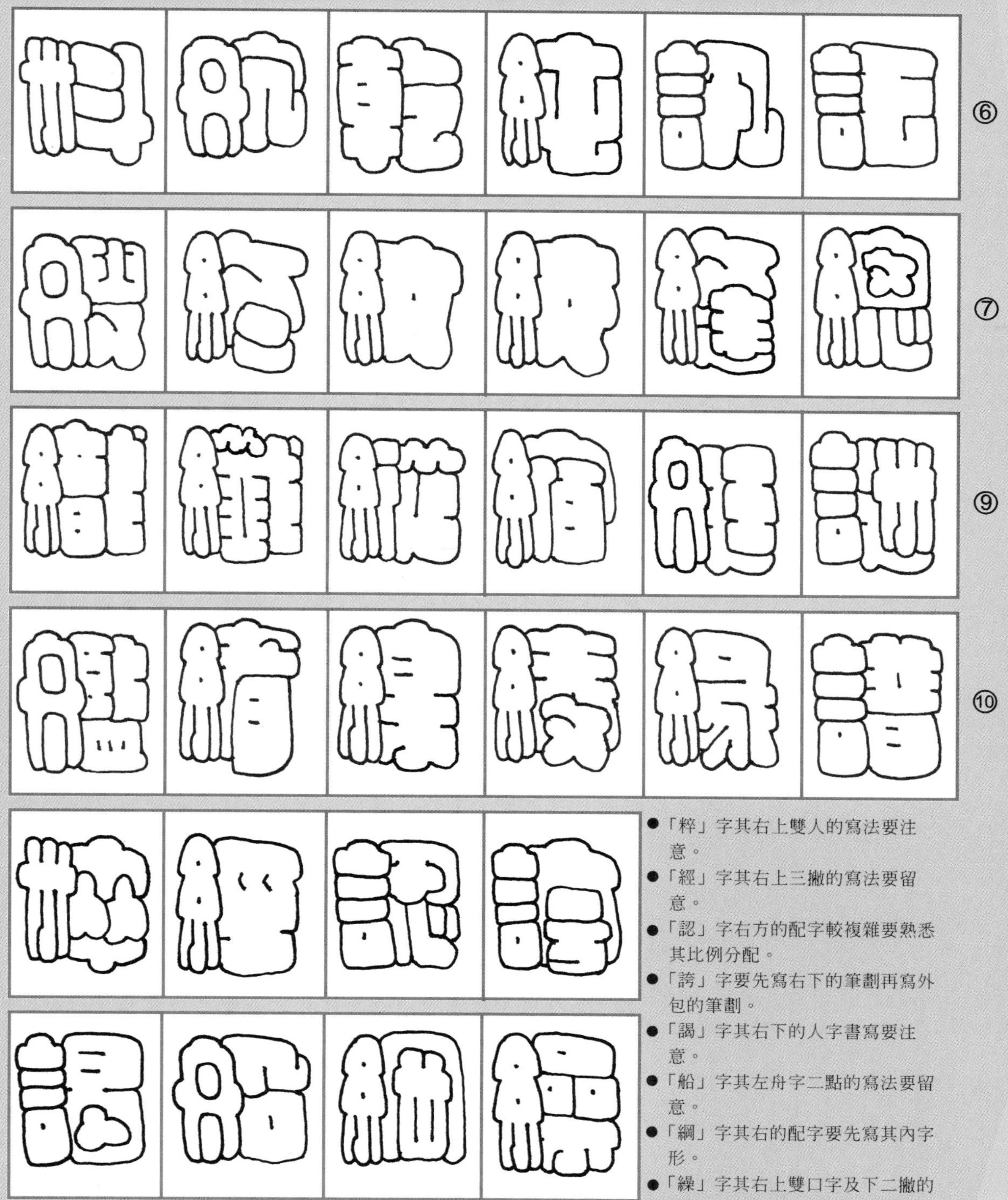

- 「粹」字其右上雙人的寫法要注意。
- 「經」字其右上三撇的寫法要留意。
- 「認」字右方的配字較複雜要熟悉其比例分配。
- 「誇」字要先寫右下的筆劃再寫外包的筆劃。
- 「謁」字其右下的人字書寫要注意。
- 「船」字其左舟字二點的寫法要留意。
- 「綱」字其右的配字要先寫其內字形。
- 「繰」字其右上雙口字及下二撇的書寫模式要牢記。

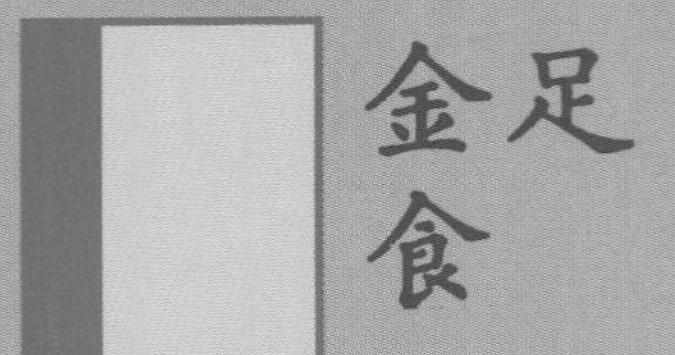

1.週口擴充字形：「餌」字食點的寫法及耳字的比例分配。
2.打勾字形：「飾」字其右方的比例及書寫技巧要注意。
3.中分字形：「饒」字雙土的寫法要詳記並注意其比例問題。
4.壓頂字形：「餡」字右上方三點及其下配字的寫法。
5.視覺引導：「跳」字四點的分配及餅字右字的書寫技巧。

①

②

③

④

⑥

⑦

7.交叉字形：「飯」字過半的筆劃分配及「餃」字交的寫法要注意。
9.三等份字形：「蹴」字的撇與打勾及比例問題較特別要注意。
10.複雜字形：「錄」字其右方四點的寫法，並注意「錘」字的筆劃書寫比例分配，「鋼」字要先寫內部再寫外包的筆劃，並注意「餵」字其右下方比例問題。

★特殊字：

踊銘餘銅
鐐餚踏鍊

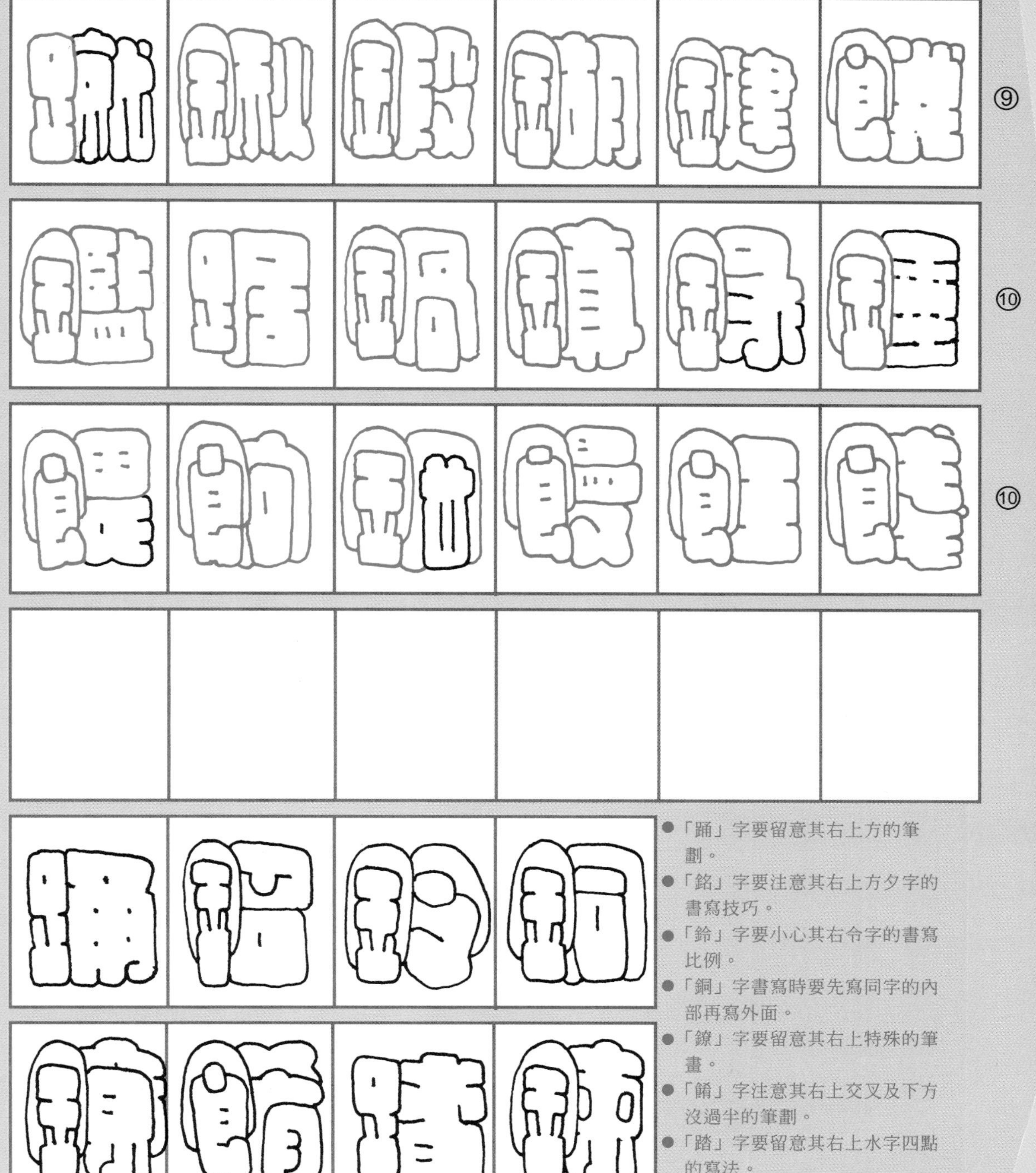

⑨

⑩

⑩

●「踊」字要留意其右上方的筆劃。
●「銘」字要注意其右上方夕字的書寫技巧。
●「鈴」字要小心其右令字的書寫比例。
●「銅」字書寫時要先寫同字的內部再寫外面。
●「鐐」字要留意其右上特殊的筆畫。
●「餚」字注意其右上交叉及下方沒過半的筆劃。
●「踏」字要留意其右上水字四點的寫法。
●「鍊」字要注意其右二點的分配比例的寫法。

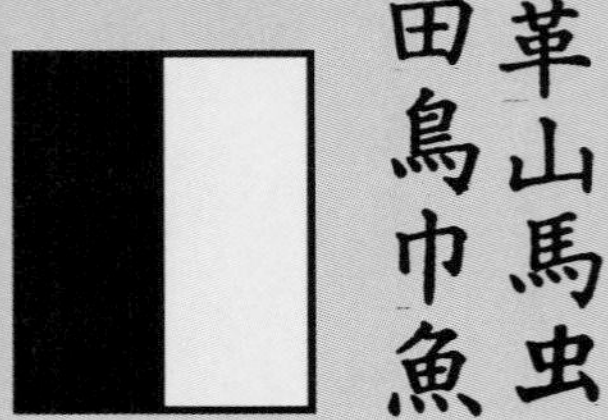

1.遇口擴充字形：「●」字注意右方占字上方擴充的寫法。
2.打勾字形：「●」字注意右方丙字要先寫裡面再寫外包筆劃。
3.中分字形：注意「峽」字雙人的寫法及「競」字雙立的寫法。
4.壓頂之字：注意「鞍」字其右方安字的書寫技巧及「蜷」字右上方特殊的比例分配。

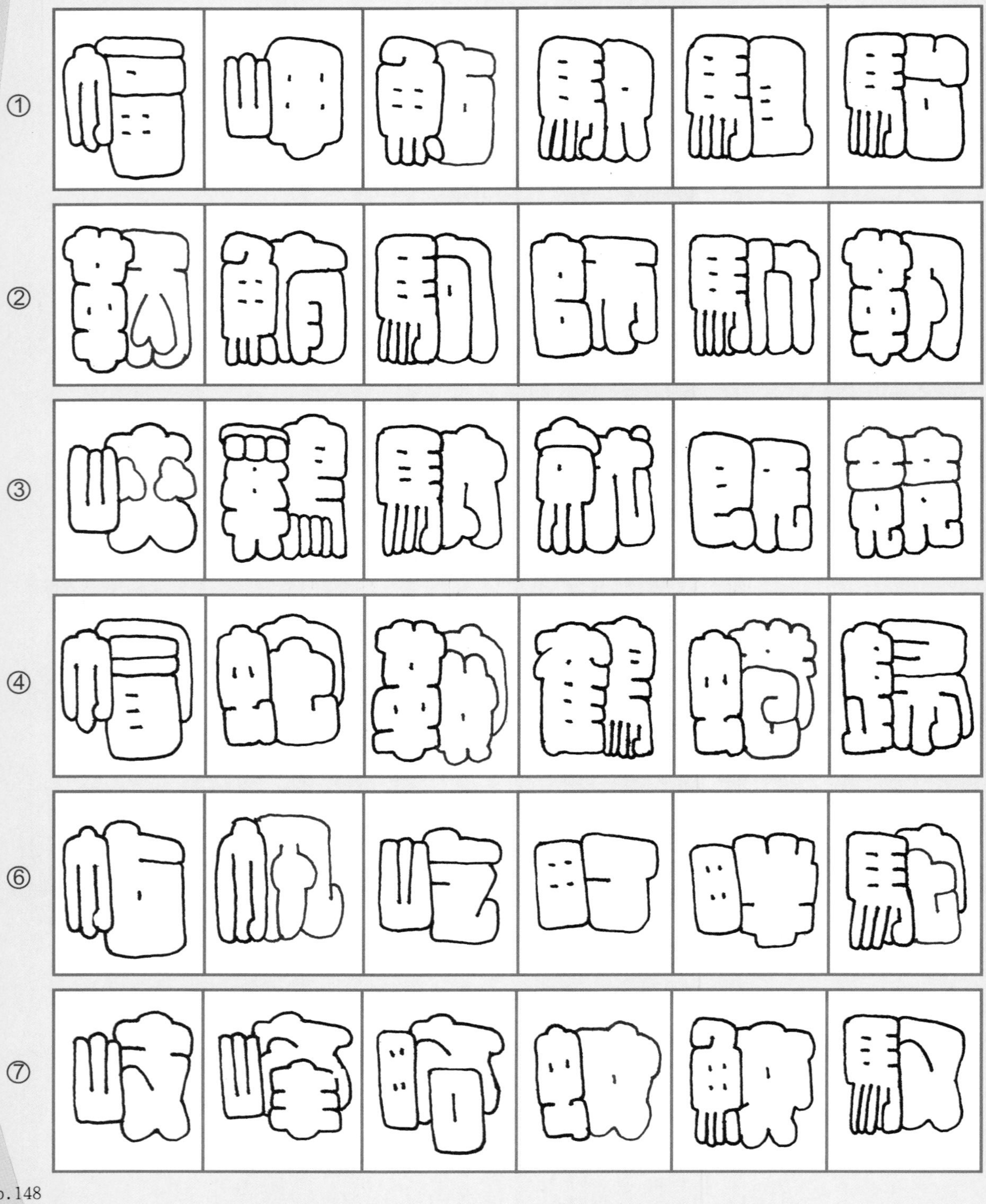

①

②

③

④

⑥

⑦

6.視覺引導：「帆」字其中點的寫法要注意，「駝」字其右下的寫法要牢記。
7.交叉字形：「蚊」字注意文字特殊的書寫筆法及「駁」字雙交叉的字形比例分配，「務」字其左方矛字的書寫技巧尤其重要。
10.複雜寫形：「幡」字其右上方米字的書寫技巧，「騷」、「翻」及「孵」字點的分配比例，「劍」字雙口及雙人的寫法，「罐」字其右下方隹字的寫法。

★特殊字：

疑臨疏野

將齡髓靜

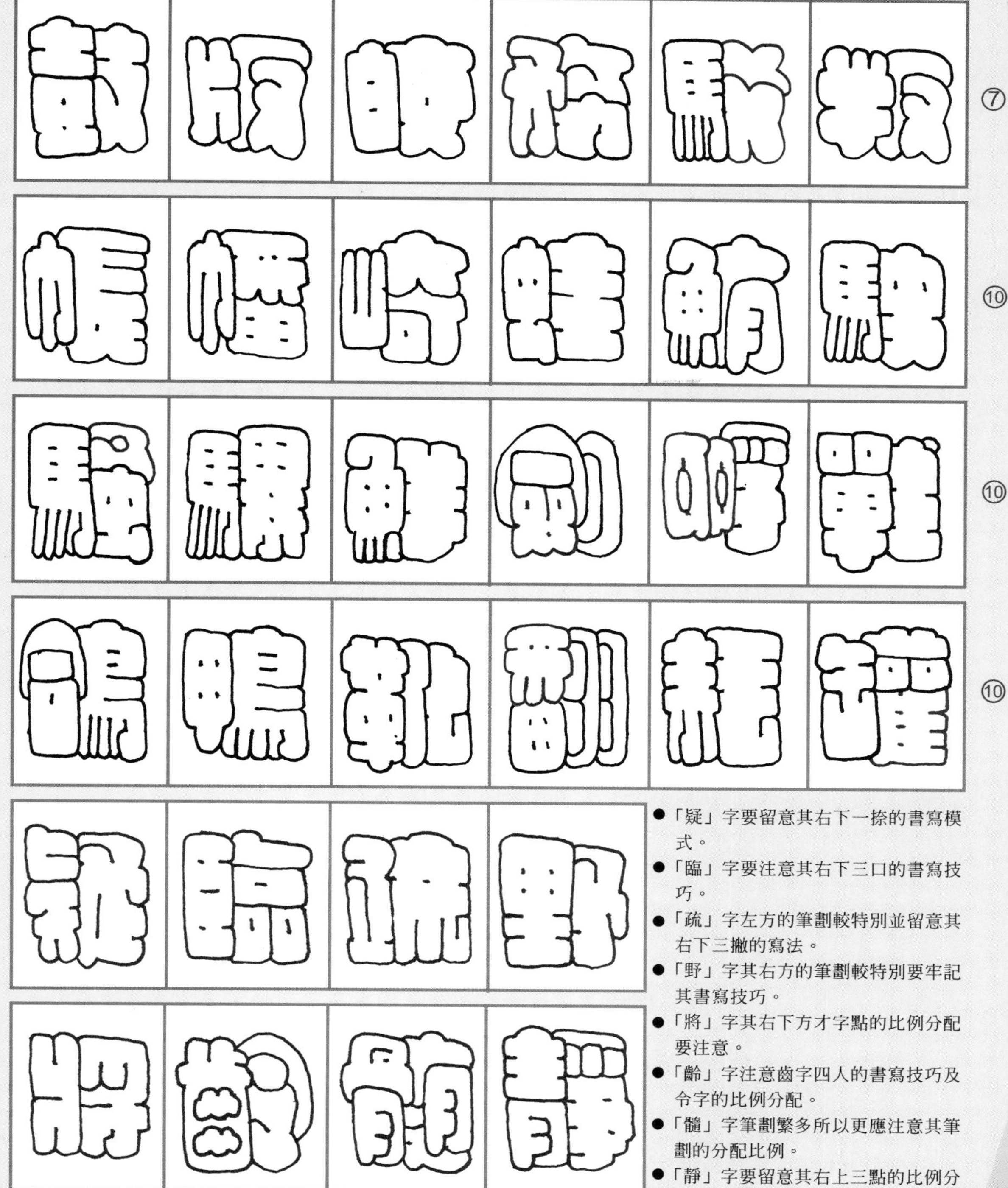

⑦

⑩

⑩

⑩

- 「疑」字要留意其右下一捺的書寫模式。
- 「臨」字要注意其右下三口的書寫技巧。
- 「疏」字左方的筆劃較特別並留意其右下三撇的寫法。
- 「野」字其右方的筆劃較特別要牢記其書寫技巧。
- 「將」字其右下方才字點的比例分配要注意。
- 「齡」字注意齒字四人的書寫技巧及令字的比例分配。
- 「髓」字筆劃繁多所以更應注意其筆劃的分配比例。
- 「靜」字要留意其右上三點的比例分配。

·POP創意字字典·

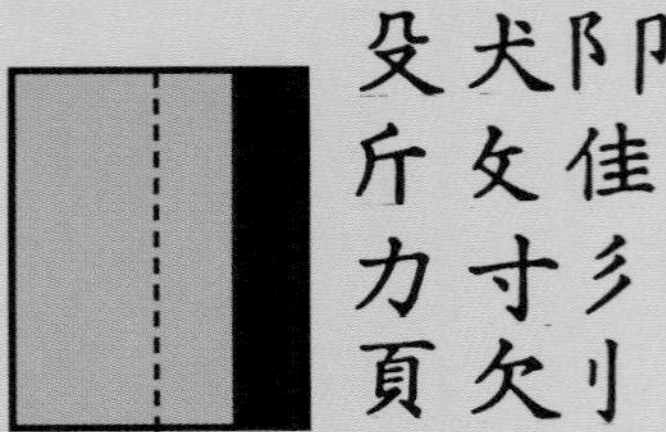

1. 遇口擴充字形：「邱」字其上一撇要注意是擺橫的。
2. 打勾字形：「卵」字整個字的字形分配要牢記其字形架構「歌」字雙口的書寫順序及「劉」字左方的比例分配問題。
3. 中分字形：「難」字橫線筆劃較多注意比例分配及隹字的寫法。
4. 壓頂字形：「雜」字雙人的寫法要留意及隹字的比例。
5. 內包字形：「剛」字注意左方要先寫裡面再寫外包的字形。

①

①

②

③

④

⑤

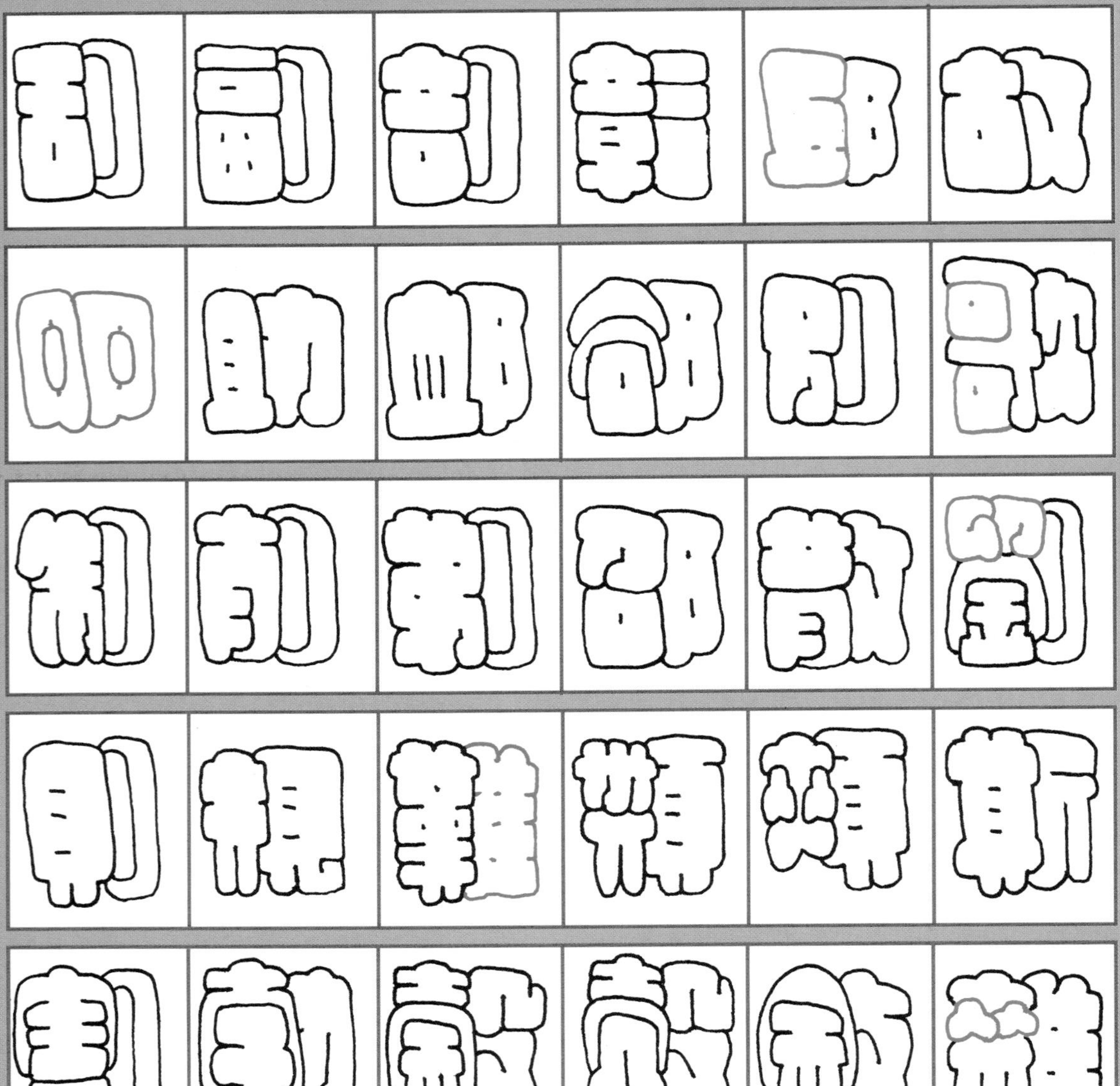

6.視覺引導：「預」字注意左方配字的書寫技巧。

10.複雜字形：「歐」字三口的比例分配要先寫，「劇」字左下方的配字要牢記其書寫技巧、「叔」字其左上方要擴充其下二撇要留意，「彩」字注意左上方及右方之點的寫法。

★特殊字：

剎獸顏救

領雄鄉頻

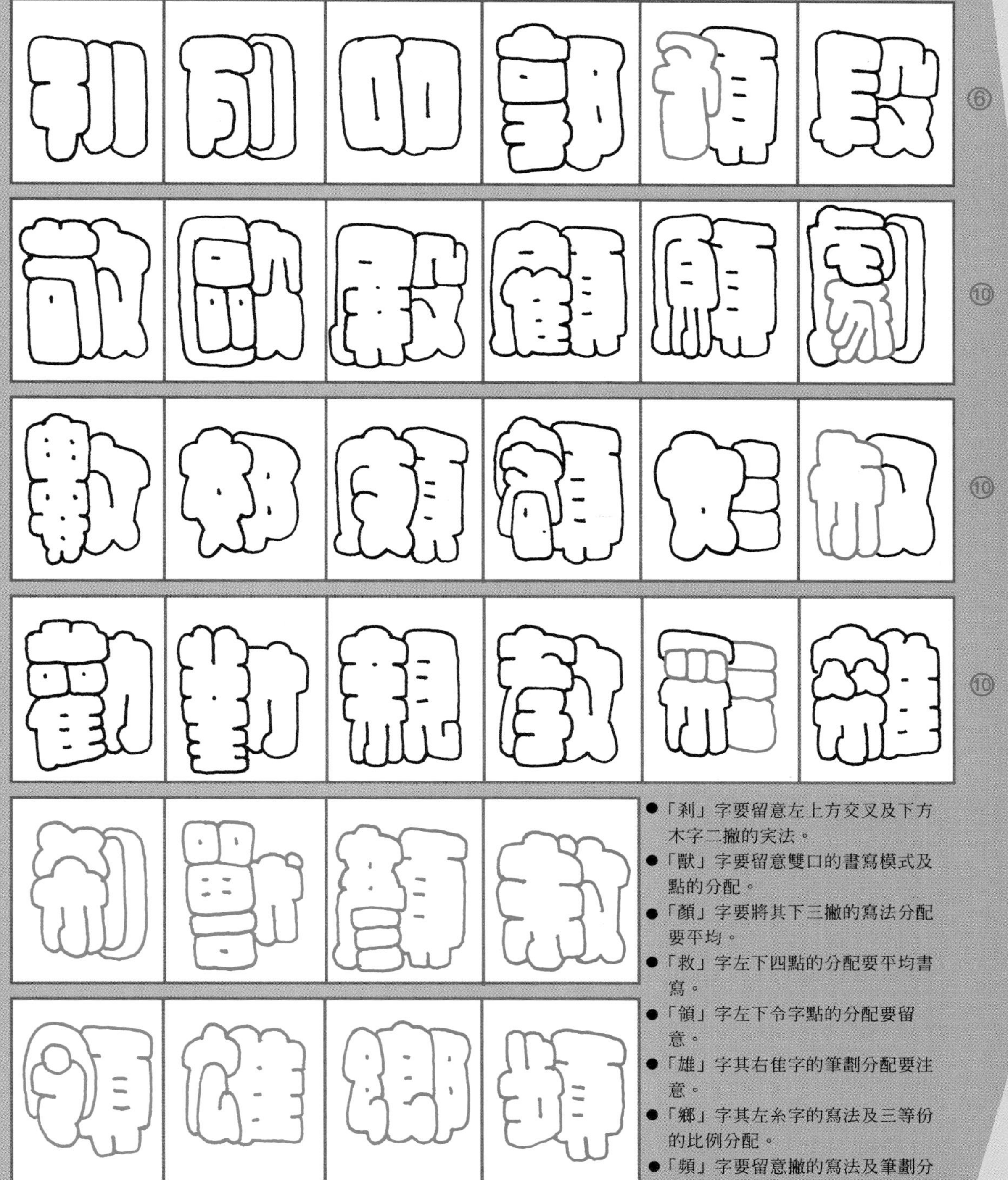

⑥

⑩

⑩

⑩

●「剎」字要留意左上方交叉及下方木字二撇的寫法。

●「獸」字要留意雙口的書寫模式及點的分配。

●「顏」字要將其下三撇的寫法分配要平均。

●「救」字左下四點的分配要平均書寫。

●「領」字左下令字點的分配要留意。

●「雄」字其右隹字的筆劃分配要注意。

●「鄉」字其左糸字的寫法及三等份的比例分配。

●「頻」字要留意撇的寫法及筆劃分配。

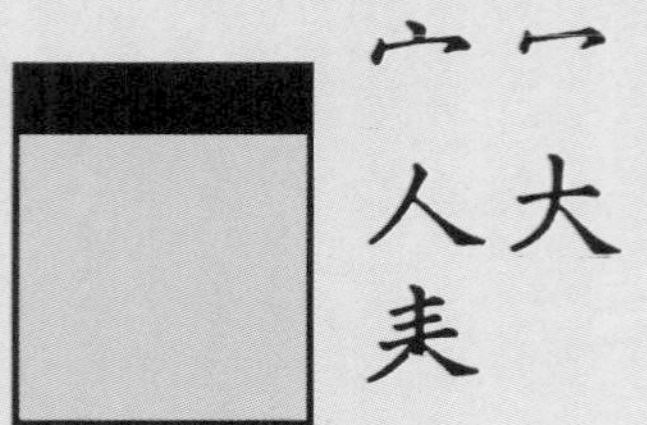

1. 遇口擴充字形：注意「會」字二點的分配書寫技巧。「官」、「宦」其口的分佈及點的技巧。「卷」字上方特殊的筆法及書寫技巧要記好，「當」字上方三撇的寫法要留意。
2. 打勾字形：「奪」字其下才字點的寫法要詳加注意。
3. 中分字形：「冤」字其下兔字的比例分配及點的寫法。
6. 視覺引導：注意「奔」字其內十字要先寫再寫上方的筆劃，「冬」字下方二點分配及掌拳二字手字的書寫技巧要注意。

①

①

①

②

③

⑥

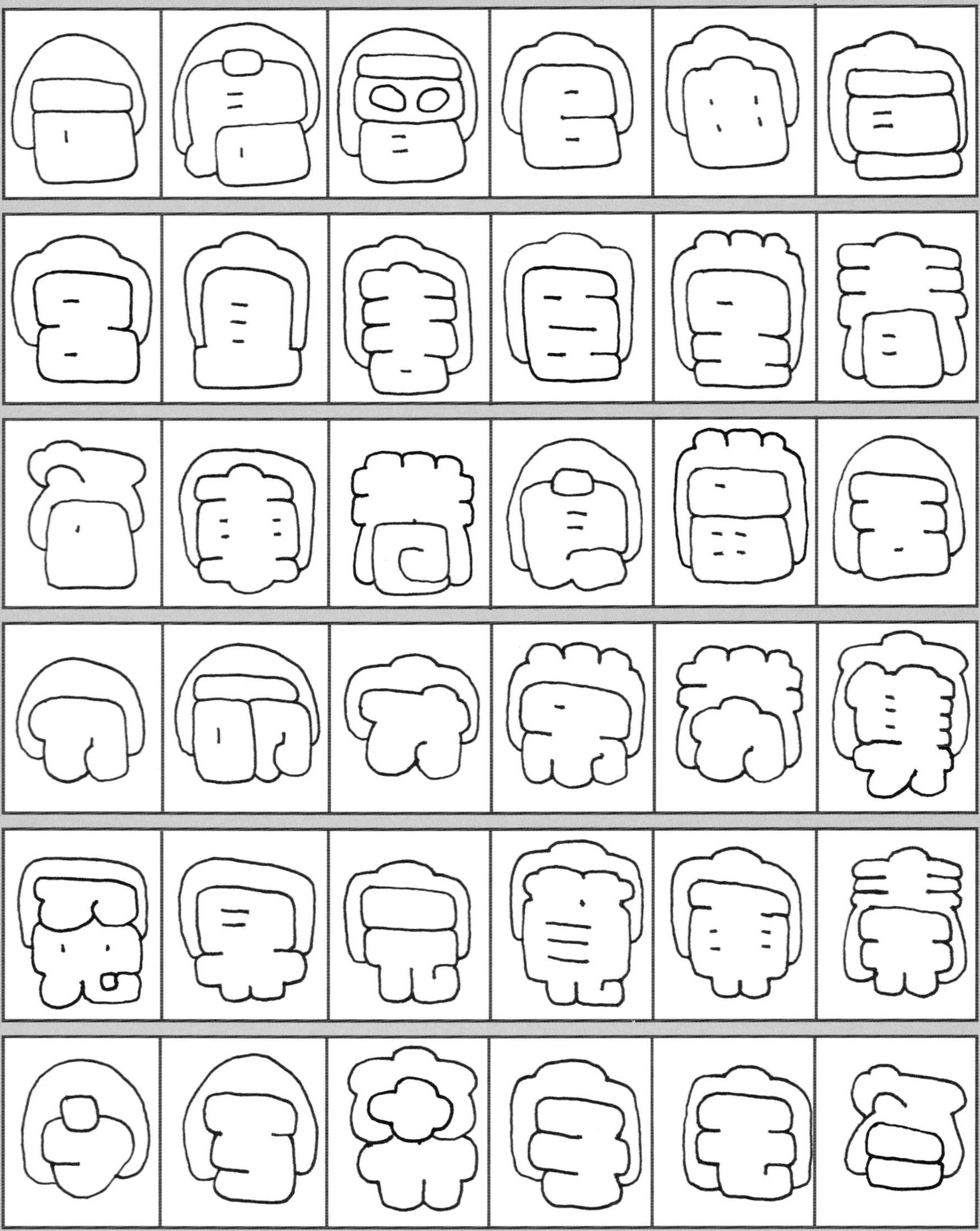

7.交叉字形：「寇」字其下方的書寫比例要牢記。
10.複雜字形：「黨」及「實」字二點的寫法要注意，「寶」字其上方的比例及字架要牢記，「窗」字下方的書寫技巧要留意。

★特殊字：

冠家傘察
憲蜜寒泰

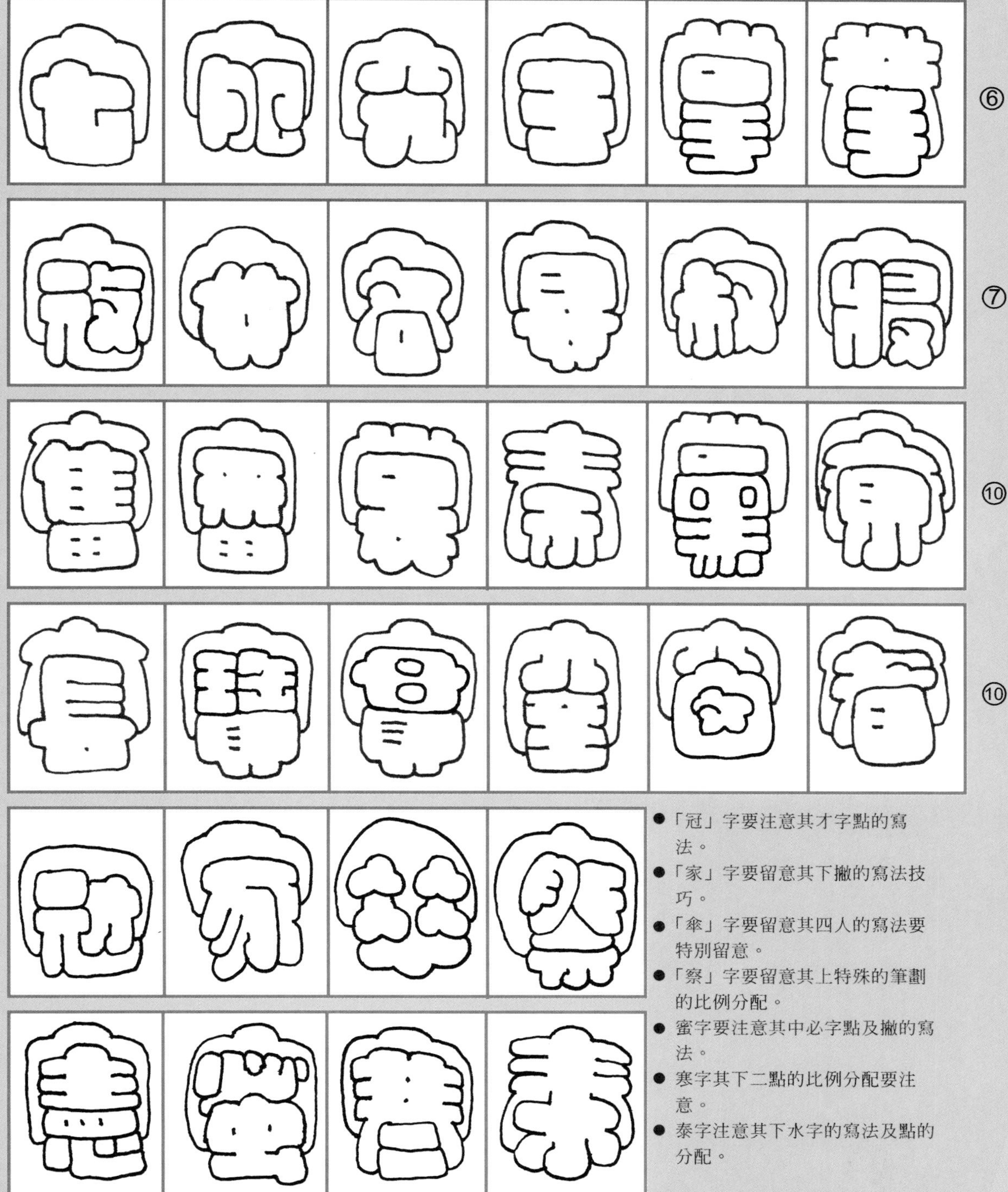

⑥

⑦

⑩

⑩

- 「冠」字要注意其才字點的寫法。
- 「家」字要留意其下撇的寫法技巧。
- 「傘」字要留意其四人的寫法要特別留意。
- 「察」字要留意其上特殊的筆劃的比例分配。
- 蜜字要注意其中必字點及撇的寫法。
- 寒字其下二點的比例分配要注意。
- 泰字注意其下水字的寫法及點的分配。

・POP創意字字典・

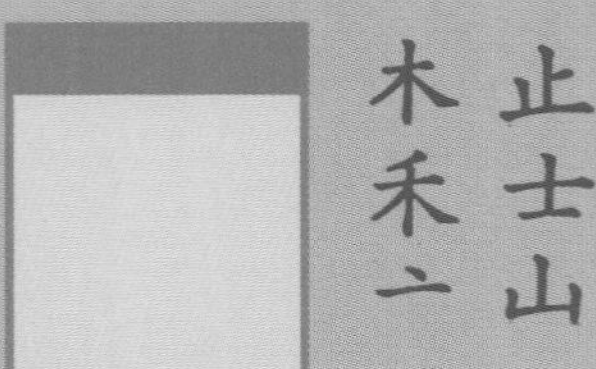

1.週口擴充字形：注意「京」字其下二撇的寫法，「色」字上方刀的寫法要留意，「查」字二撇的寫法也要留意。
2.打勾字形：「角」字上方的寫法及下四個口的點法要注意。
3.中分字形：「炭」字其下火字的寫法及「先」字左上方撇的寫法。
4.壓頂字形：「壺」字要注意其下亞字的特殊的寫法。

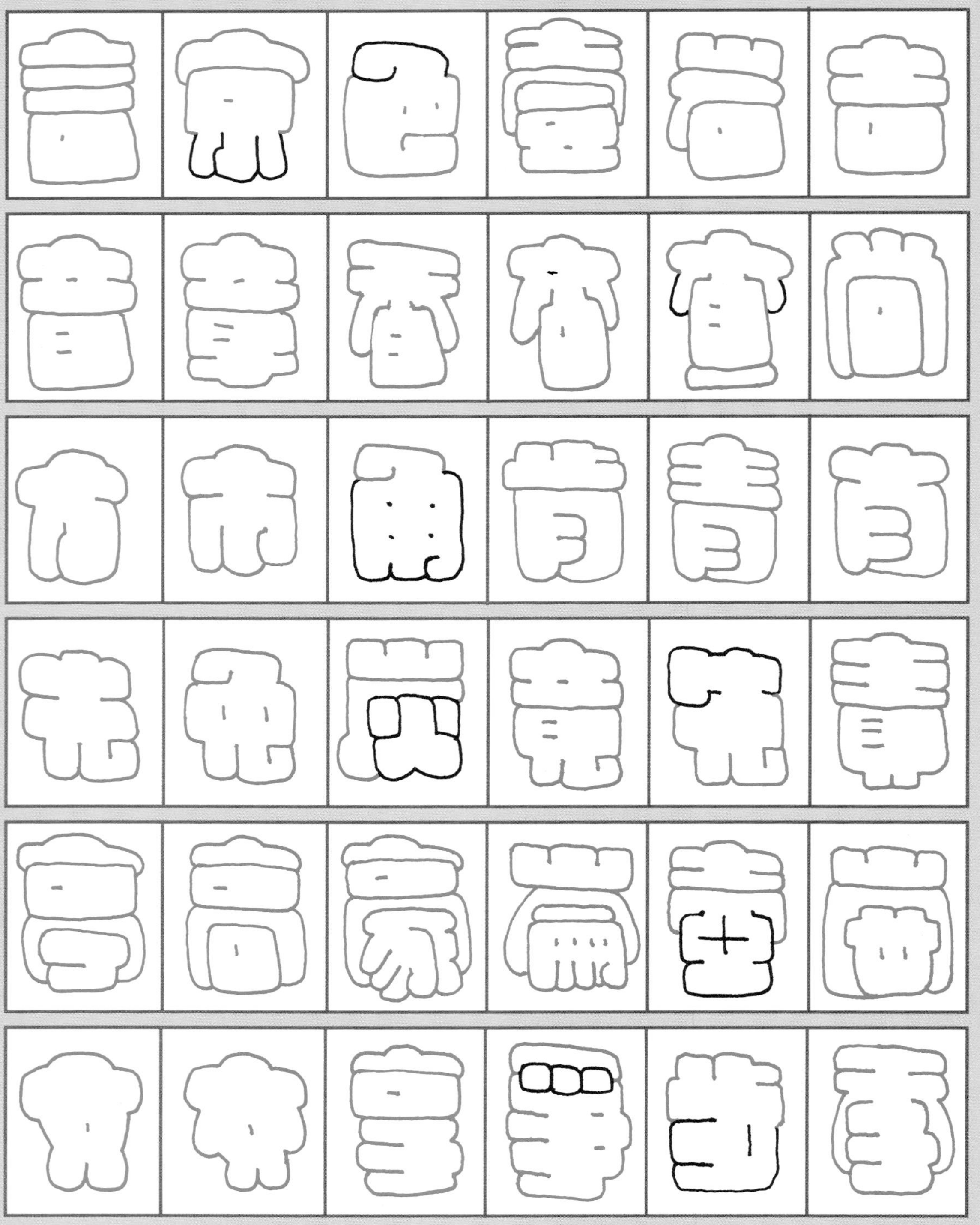

①

①

②

③

④

⑥

6.視覺引導：「爭」字三點的寫法及「步」字撇的寫法要注意。
8.其他字形：「褒」字整個字形的整體比例要牢記其書寫技巧。
10.複雜字形：「壽」字本身構成較複雜請留意，「崖」字其下雙土的寫法及「秀」字其下乃字的技巧要注意，「嶽」、嚴字雖複雜但要理解其字形架構。

★特殊字：

卒 卒 夜 岌
素 毒 棄 歲

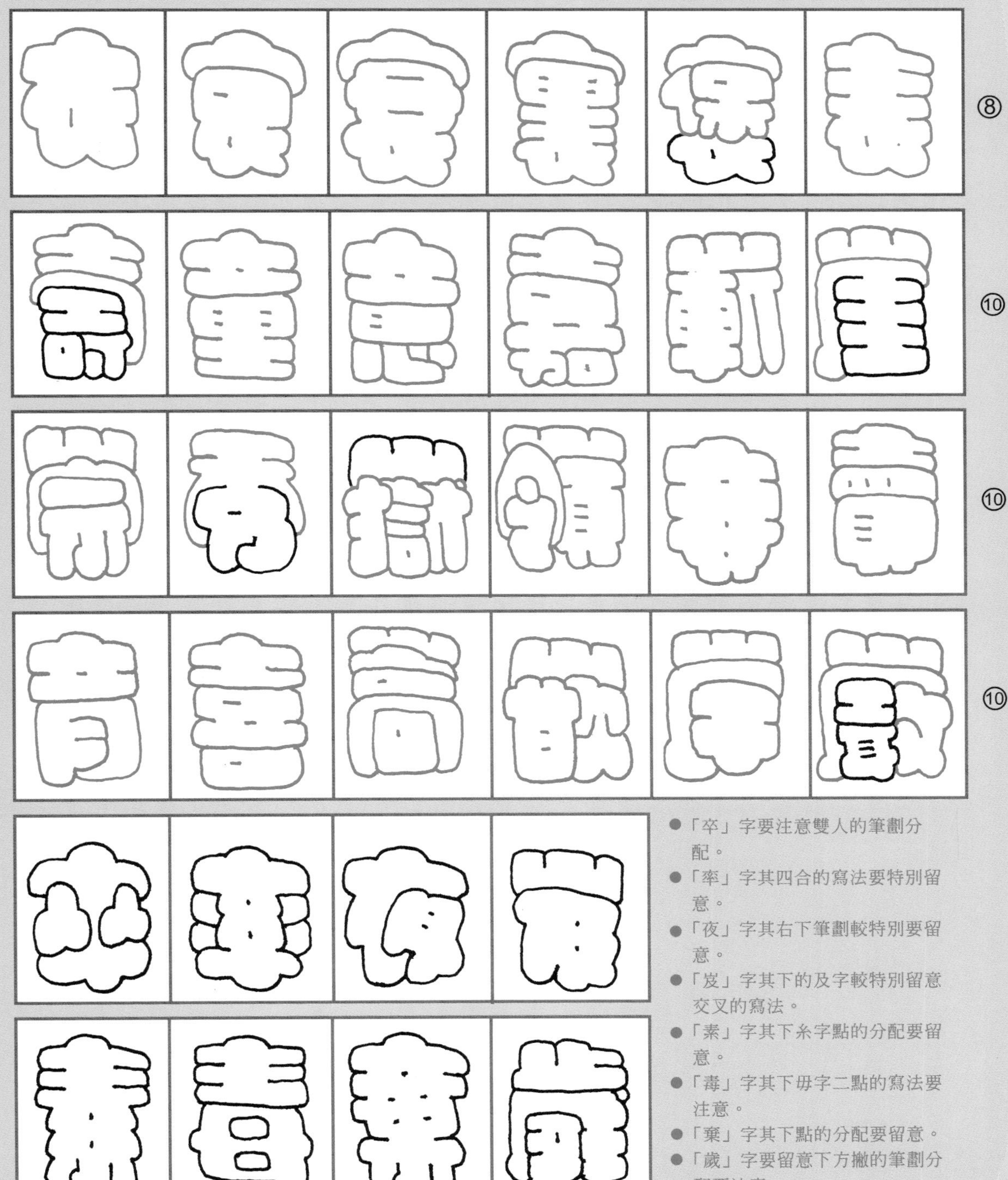

- 「卒」字要注意雙人的筆劃分配。
- 「率」字其四合的寫法要特別留意。
- 「夜」字其右下筆劃較特別要留意。
- 「岌」字其下的及字較特別留意交叉的寫法。
- 「素」字其下糸字點的分配要留意。
- 「毒」字其下毋字二點的寫法要注意。
- 「棄」字其下點的分配要留意。
- 「歲」字要留意下方撇的筆劃分配要注意。

1. 週口擴充字形：「茜」字注意那下西字的比例分配，「節」字其下方的書寫筆劃較特殊要牢記。
2. 打勾字形：「第」字其下的配字要注意口、勾及點的比例分配。
3. 中分字形：「英」字其下方二撇及點的分配要留意。
4. 壓頂字形：「幕」字其下方巾字及打勾的書寫技巧。注意「夢」字其下夕的寫法及「籐」字四點的書寫技巧。

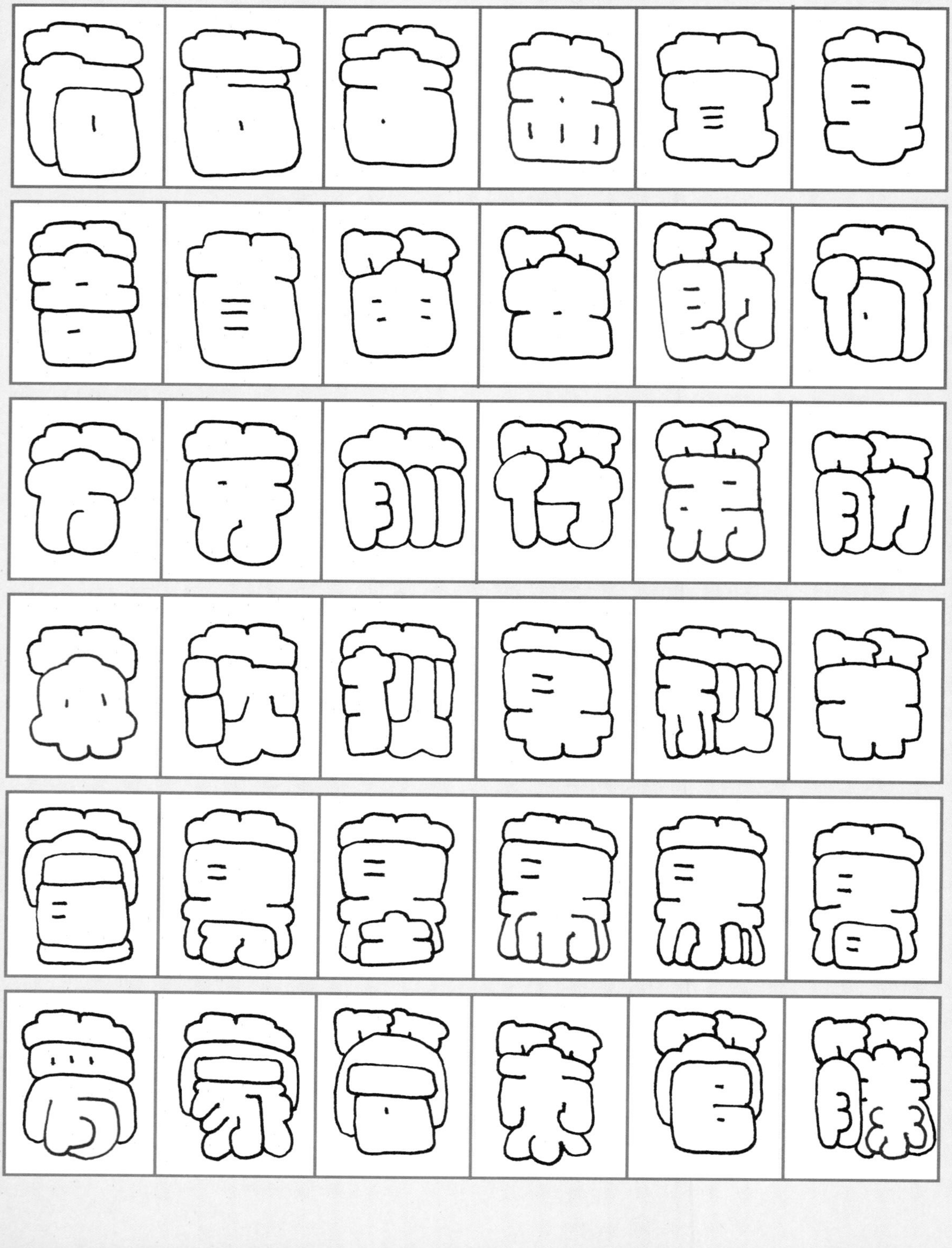

①

①

②

③

④

④

5.內包字形：「菌」字其內的禾字要先寫再寫外方的筆劃。
6.視覺引導：「筑」字其下的配字比例及書寫技巧要留意。
10.複雜字形：「兼」字注意筆劃分配及點的技巧，「薰」及「蘭」二字要留意其二點的分配及橫線筆劃的掌控。「薄」字點分配及寸的寫法要注意。

★特殊字：

萊蒸慈籍
菊葬蓼蔽

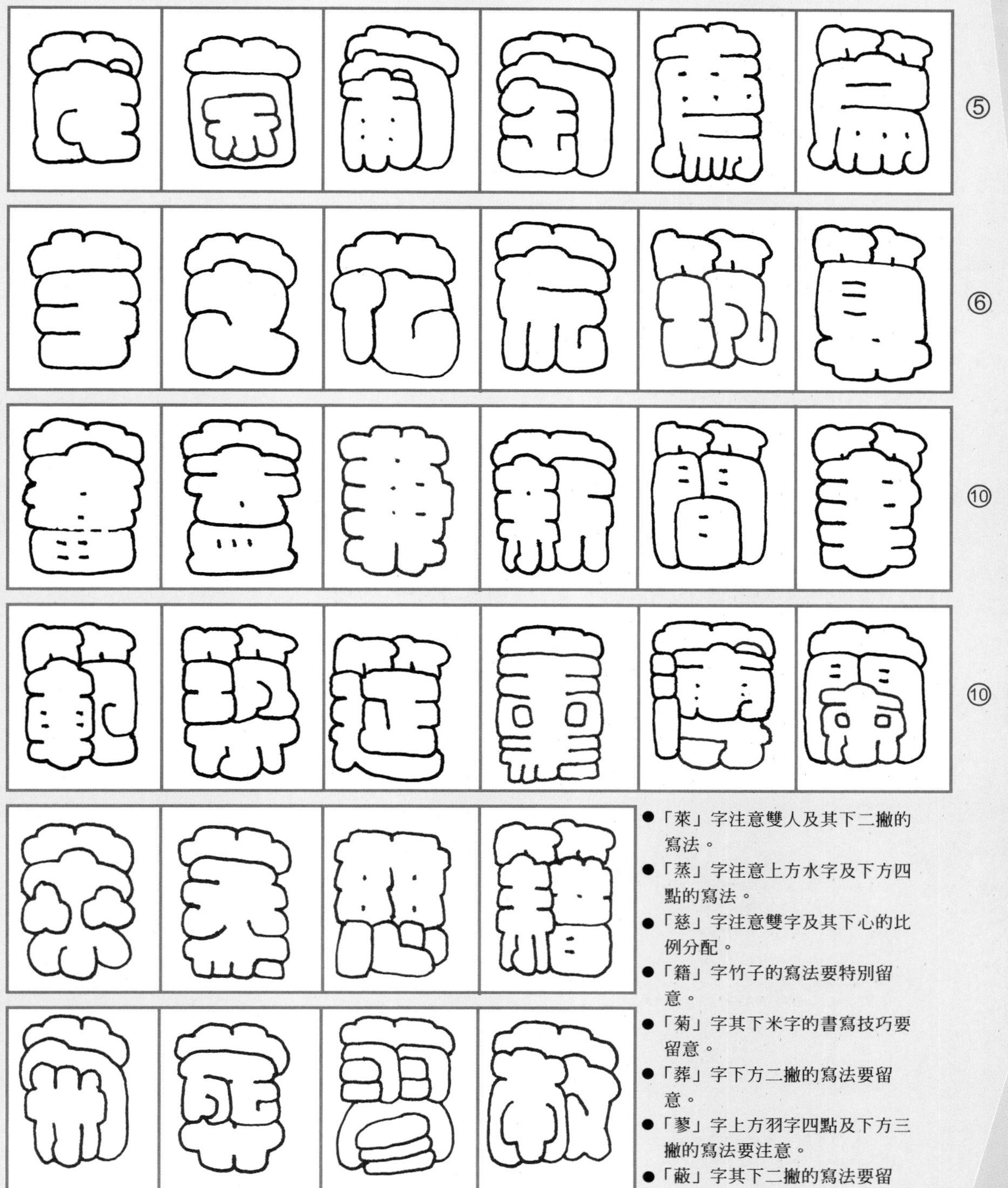

⑤
⑥
⑩
⑩

●「萊」字注意雙人及其下二撇的寫法。
●「蒸」字注意上方水字及下方四點的寫法。
●「慈」字注意雙字及其下心的比例分配。
●「籍」字竹子的寫法要特別留意。
●「菊」字其下米字的書寫技巧要留意。
●「葬」字下方二撇的寫法要留意。
●「蓼」字上方羽字四點及下方三撇的寫法要注意。
●「蔽」字其下二撇的寫法要留意。

· POP創意字字典 ·

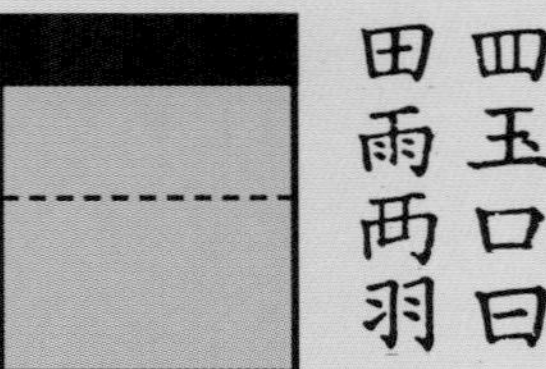

1. 週口擴充字形：注意足字有捺字形的書寫技巧及效果。「習」及「雷」字四點的書寫技巧及比例分配要注意。
2. 打勾字形：注意「琴」字雙王的寫法及其下令的書寫技巧。
3. 中分字形：「晃」字其下光字的寫法要特別留意。
4. 壓頂字形：注意「骨」字點及口字的寫法，「巷」字其下配字及打勾的寫法。

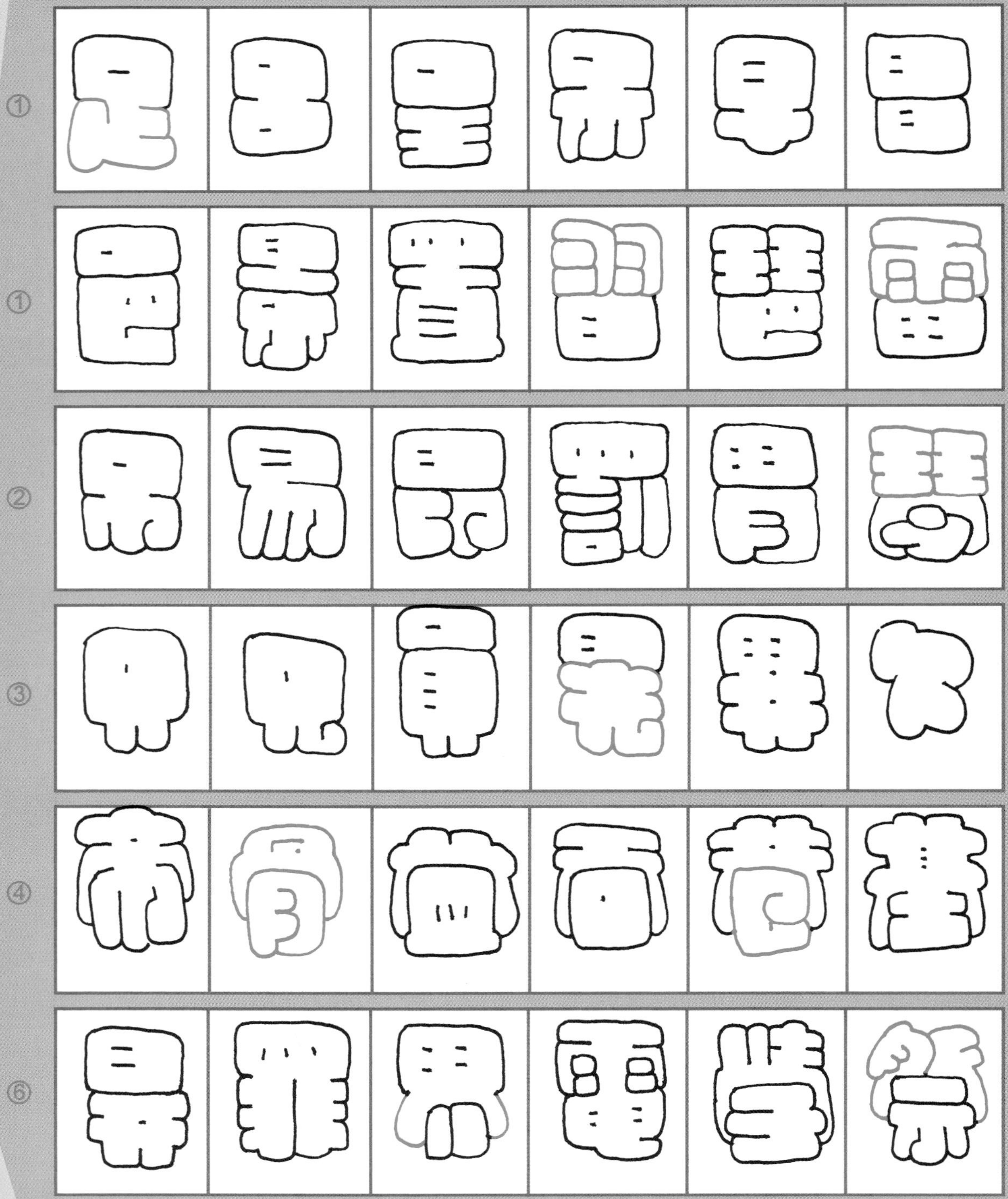

①

①

②

③

④

⑥

6.視覺引導：注意「界」字其下撇的寫法及「祭」字上方的書寫技巧。

7.交叉字形：「愛」「受」二字上方三點及其下心字的搭配比例。

10.複雜字形：「暴」字其下多點的書寫技巧，「翌」「毒」點的書寫技巧要留意，「羅」字下方維字的書寫技巧較難所以要牢記。

★特殊字：

品零齊蚤
登發恭琴

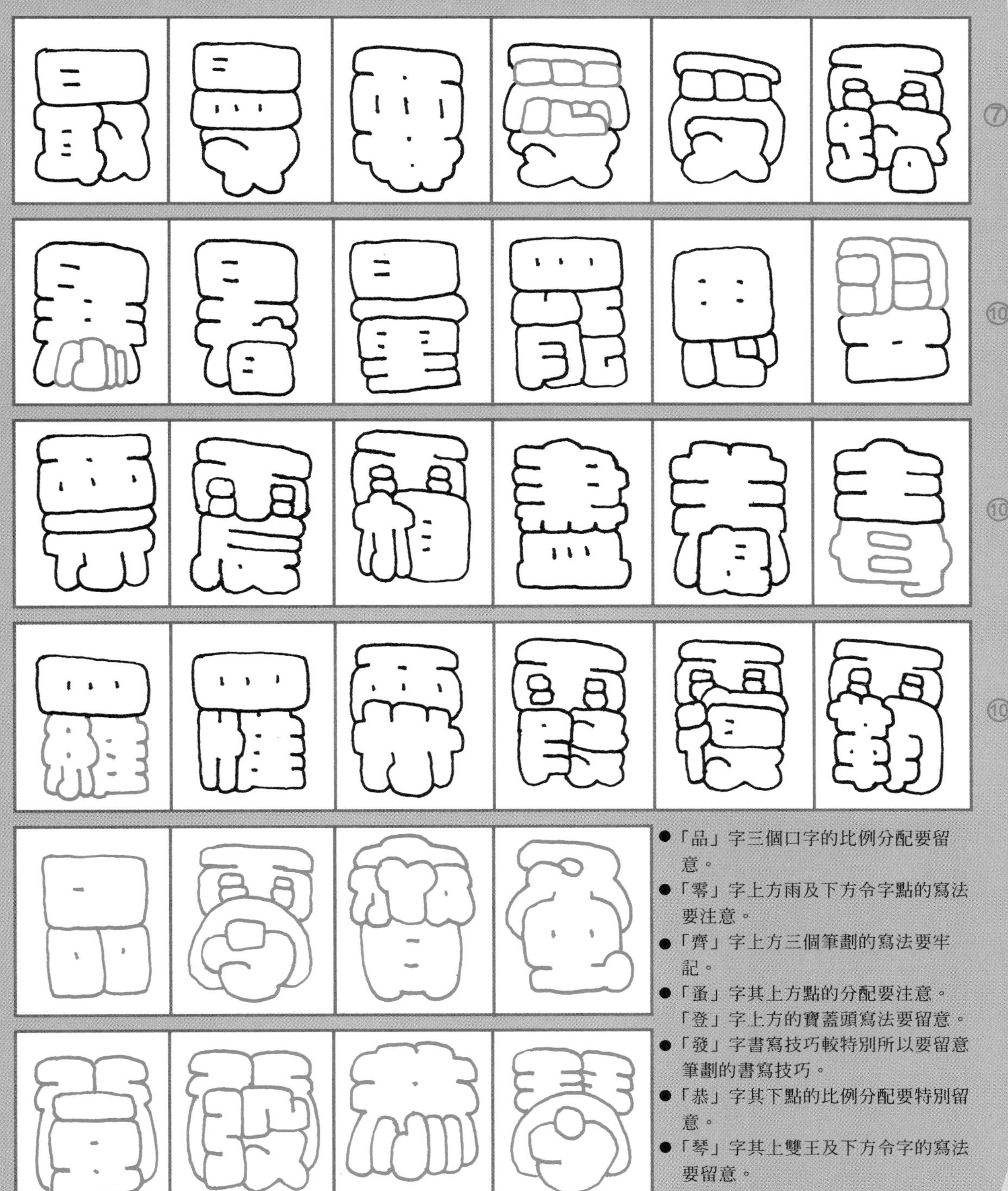

- 「品」字三個口字的比例分配要留意。
- 「零」字上方雨及下方令字點的寫法要注意。
- 「齊」字上方三個筆劃的寫法要牢記。
- 「蚤」字其上方點的分配要注意。「登」字上方的寶蓋頭寫法要留意。
- 「發」字書寫技巧較特別所以要留意筆劃的書寫技巧。
- 「恭」字其下點的比例分配要特別留意。
- 「琴」字其上雙王及下方令字的寫法要留意。

・POP創意字字典・

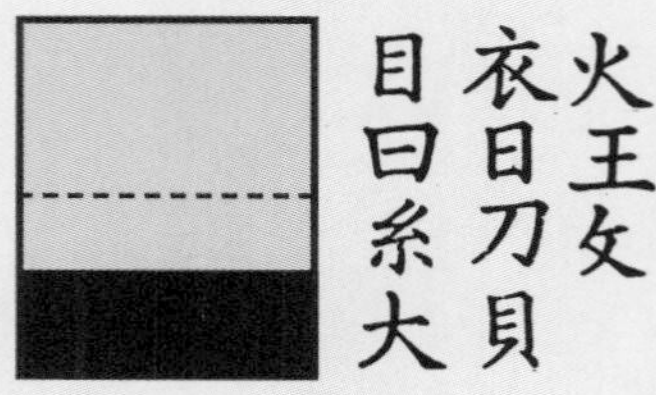

1.遇口擴充字形：「曾」「貫」二字的書寫技巧要牢記，「泉」字下方水的寫法及「皆」字上方比字的書寫技巧要注意。
2.打勾字形：「劈」字其上方的配字要留意其比例的分配。
3.中分字形：「替」字其雙夫的寫法較特別及「災」字上方的書寫技巧。
4.壓頂字形：注意「脊」「畚」上方較特殊的書寫技巧。
6.視覺引導：「丞」字四點的比例分配要特別注意。

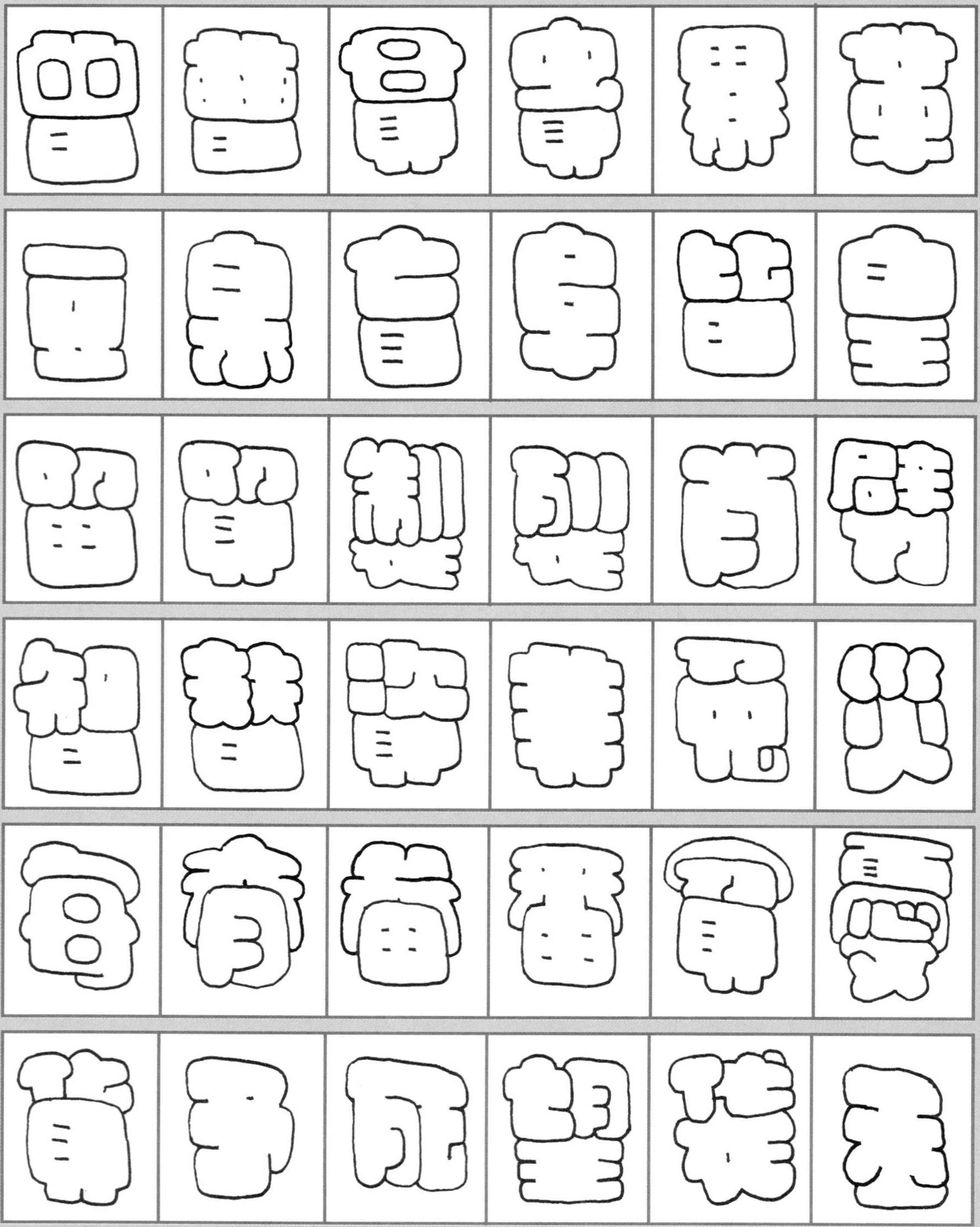

①

①

②

③

④

⑥

7.交叉字形：「整」字上方的比例分配要均衡，「盤」、「繁」字其二點的書寫技巧及「髮」字三撇的寫法要留意。

10.複雜字形：注意「麗」字其二點的寫法及「禁」字雙林的寫法、「農」「豐」上方點的技巧要留意、「費」字上方的配字較特別要牢記。

★特殊字：

劣勇希器

系舞卑象

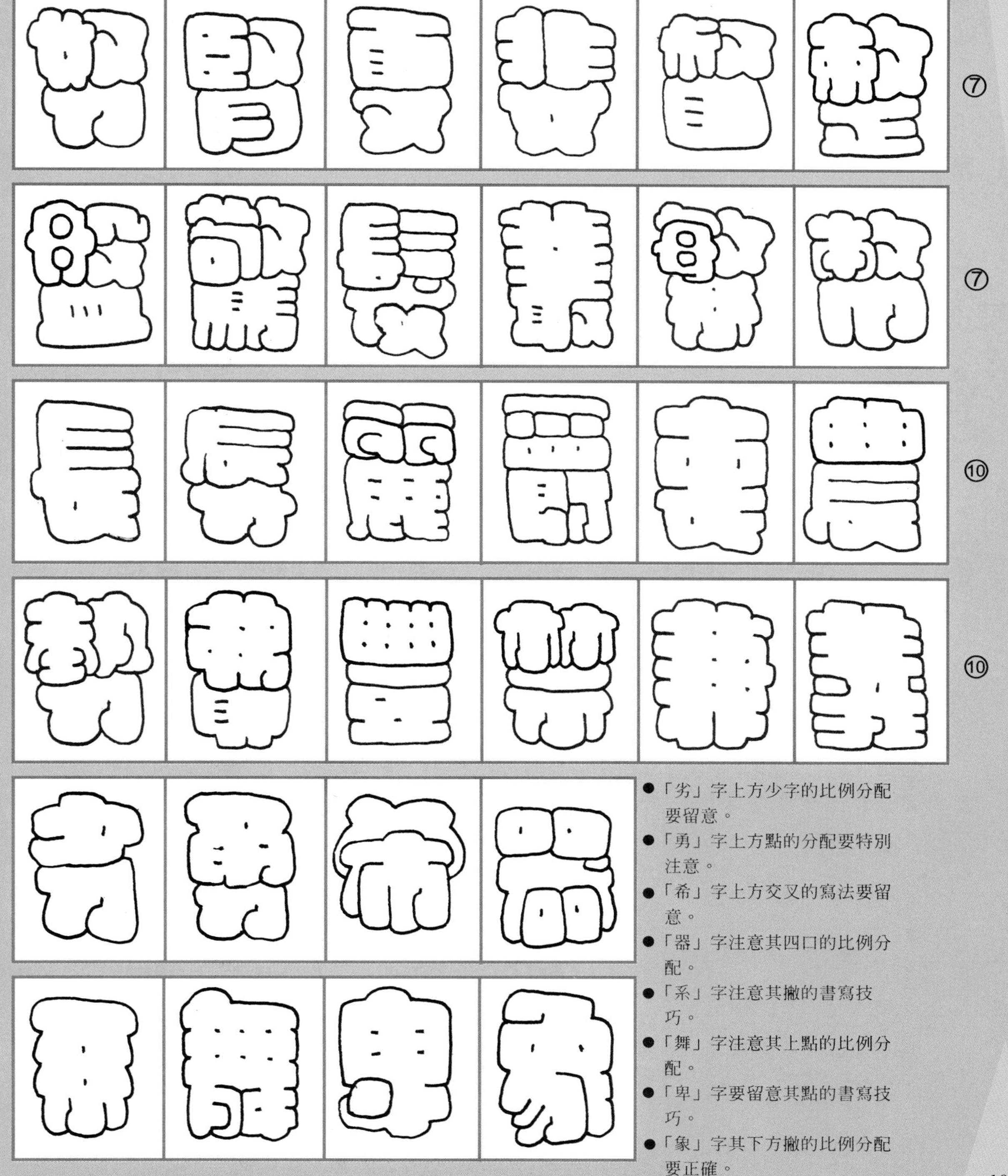

⑦

⑦

⑩

⑩

- 「劣」字上方少字的比例分配要留意。
- 「勇」字上方點的分配要特別注意。
- 「希」字上方交叉的寫法要留意。
- 「器」字注意其四口的比例分配。
- 「系」字注意其撇的書寫技巧。
- 「舞」字注意其上點的比例分配。
- 「卑」字要留意其點的書寫技巧。
- 「象」字其下方撇的比例分配要正確。

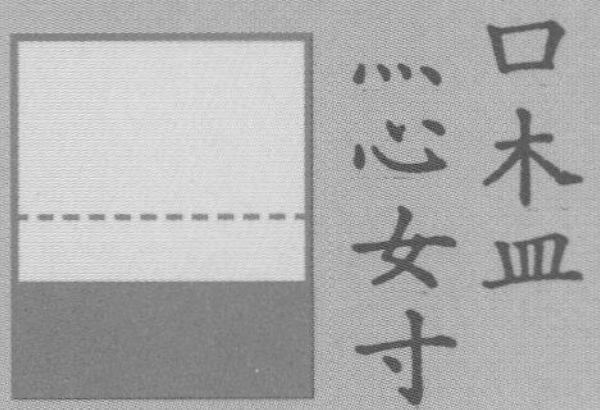

1.遇口擴充字形：「尊」字上方酋字的書寫技巧較特別要牢記、「魚」字上方的配字要認知其運筆方法及「否」字其上二撇的寫法要特別留意。
2.打勾字形：注意「忍」字其上點的分配比例及書寫技巧。
4.壓頂字形：「愚」字其上的字形架構要牢記書寫技巧。
5.內包字形：「恩」字上方大字要先寫再寫外包的筆劃。

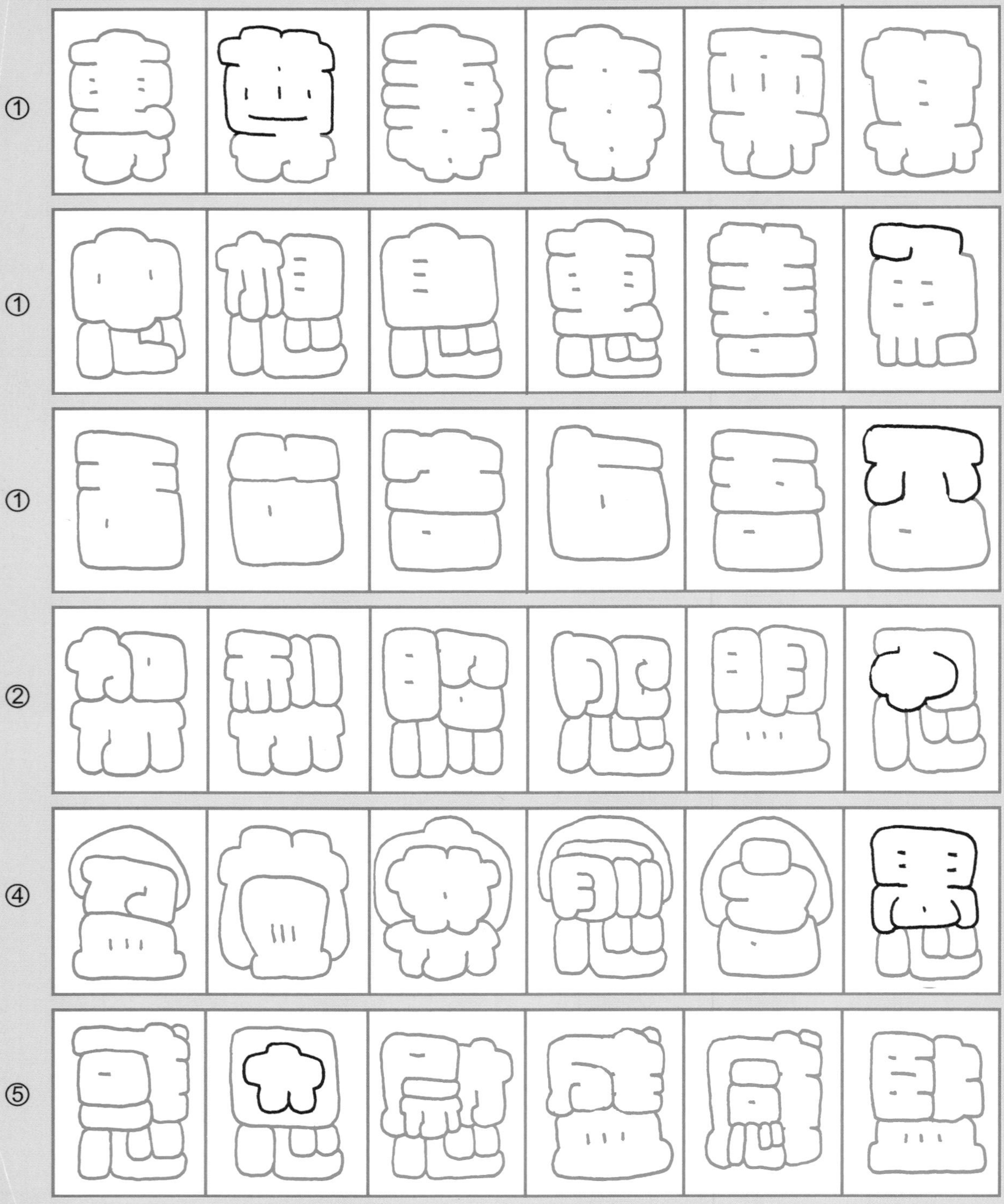

①

①

①

②

④

⑤

7.交叉字形：「婆」字上方皮字的書寫技巧要留意。
10.複雜字形：注意「然」字的比例分配、「墾」「懸」這二字較複雜注意橫線筆劃的書寫比例、「默」「點」這二字點的比例分配要留意。

★特殊字：

導柔粱樂
無熱惡悉

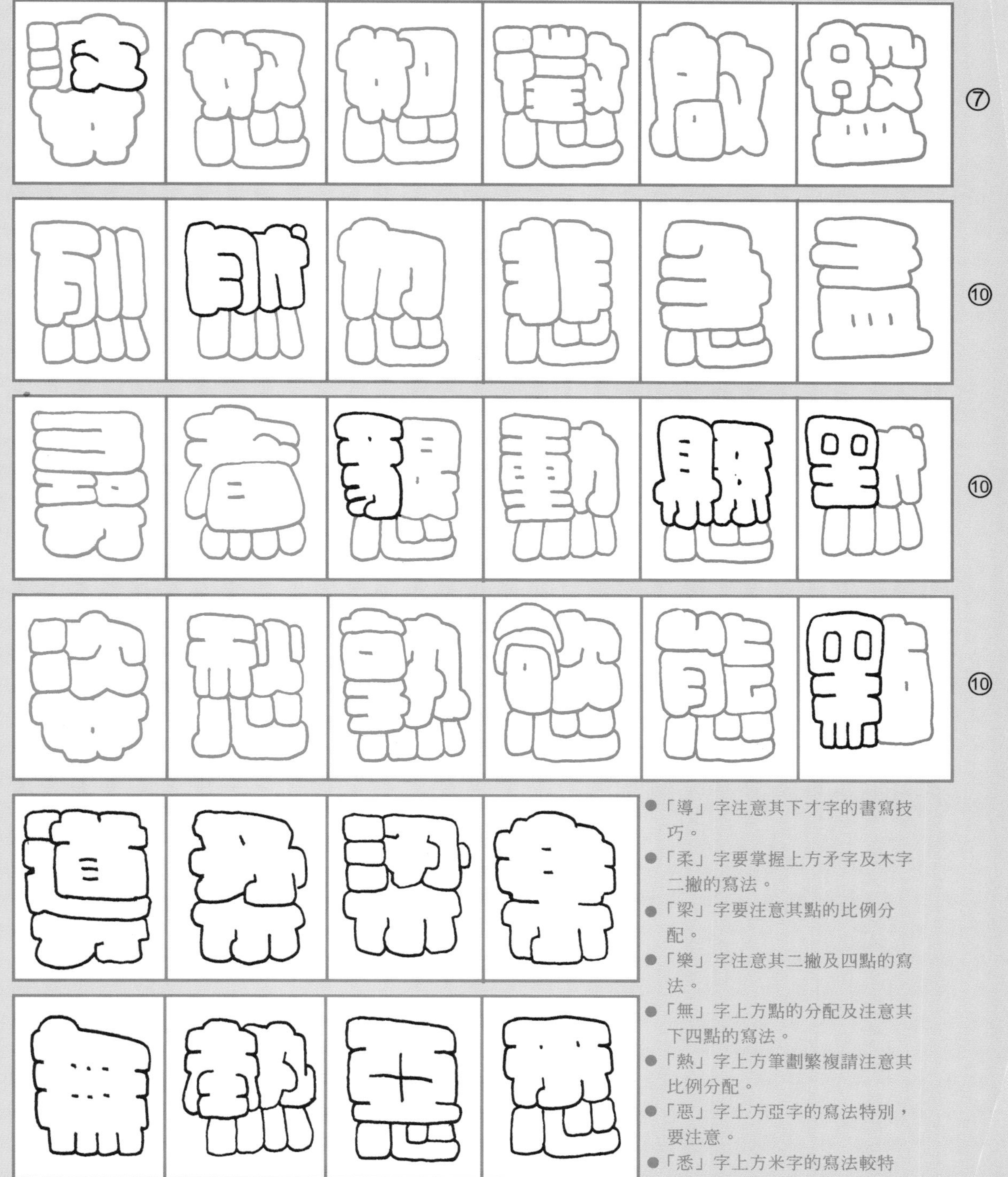

- 「導」字注意其下寸字的書寫技巧。
- 「柔」字要掌握上方矛字及木字二撇的寫法。
- 「粱」字要注意其點的比例分配。
- 「樂」字注意其二撇及四點的寫法。
- 「無」字上方點的分配及注意其下四點的寫法。
- 「熱」字上方筆劃繁複請注意其比例分配。
- 「惡」字上方亞字的寫法特別，要注意。
- 「悉」字上方米字的寫法較特別。

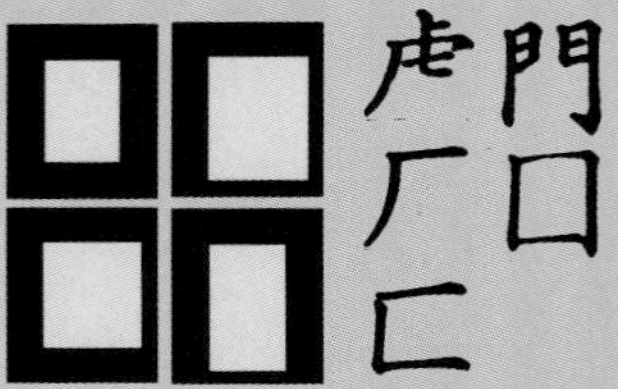

1.遇口擴充字形：留意「風」字其內的書寫技巧並且先寫「曆」字雙禾的寫法及畫字的筆劃要特別留意。
2.打勾字形：「南」字其內的筆劃較特別要留意，岡字其內的筆劃要先寫再寫外包的筆劃。
5.內包字形：「肉」字雙人的寫法要特別注意字形架構。
6.視覺引導：「丹」「毋」這二字其點的分配寫法要特別注意。

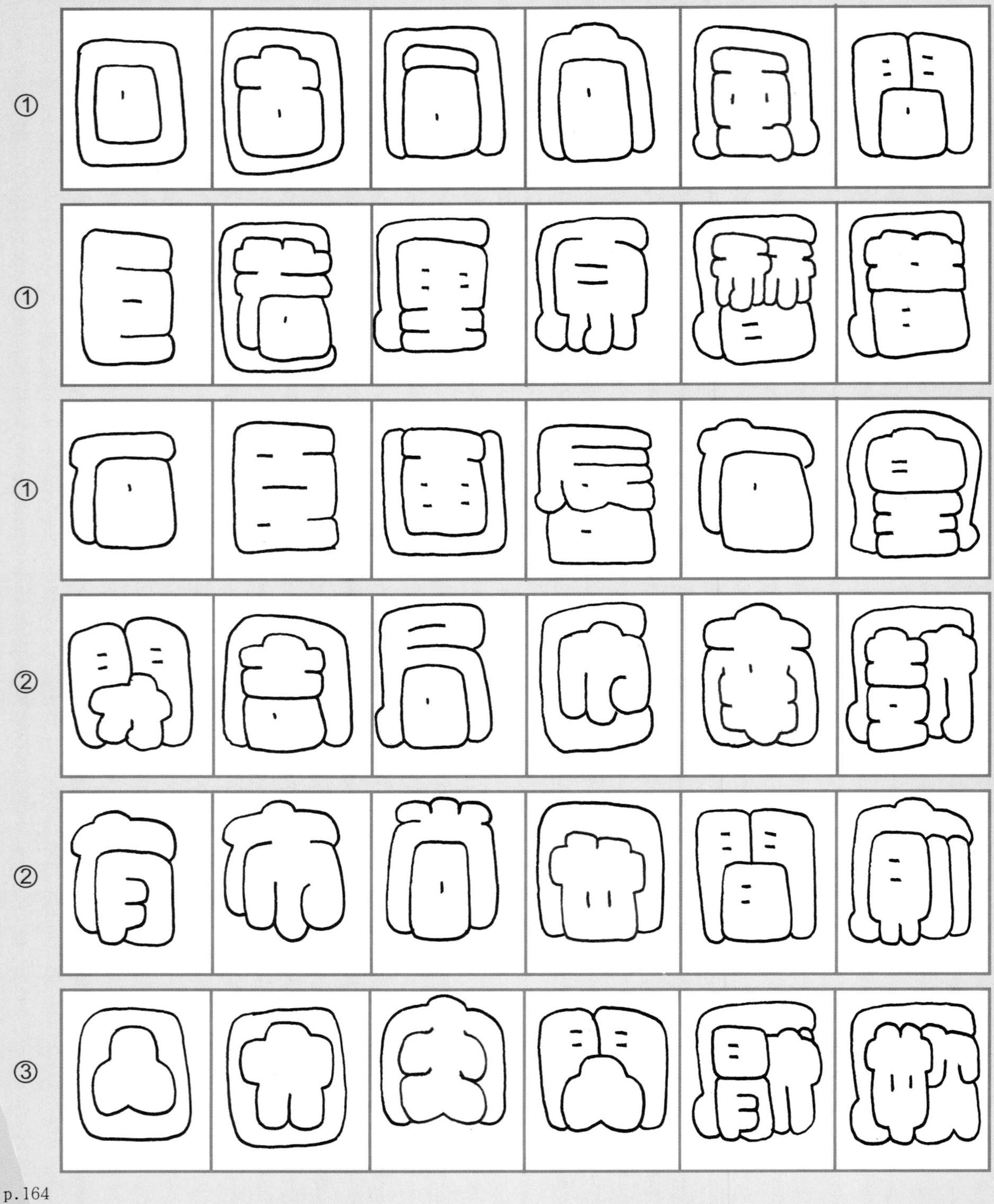

①

①

①

②

②

③

7.交叉字形：「虔」字上方的配字要牢記其書寫技巧。

10.複雜字形：「盧」字下方的配字要特別留意其比例分配、圈字其內的配字較特別除注意外並要先寫，再寫外面的筆劃。

★特殊字：

爲函老瓦
虎太灰孝

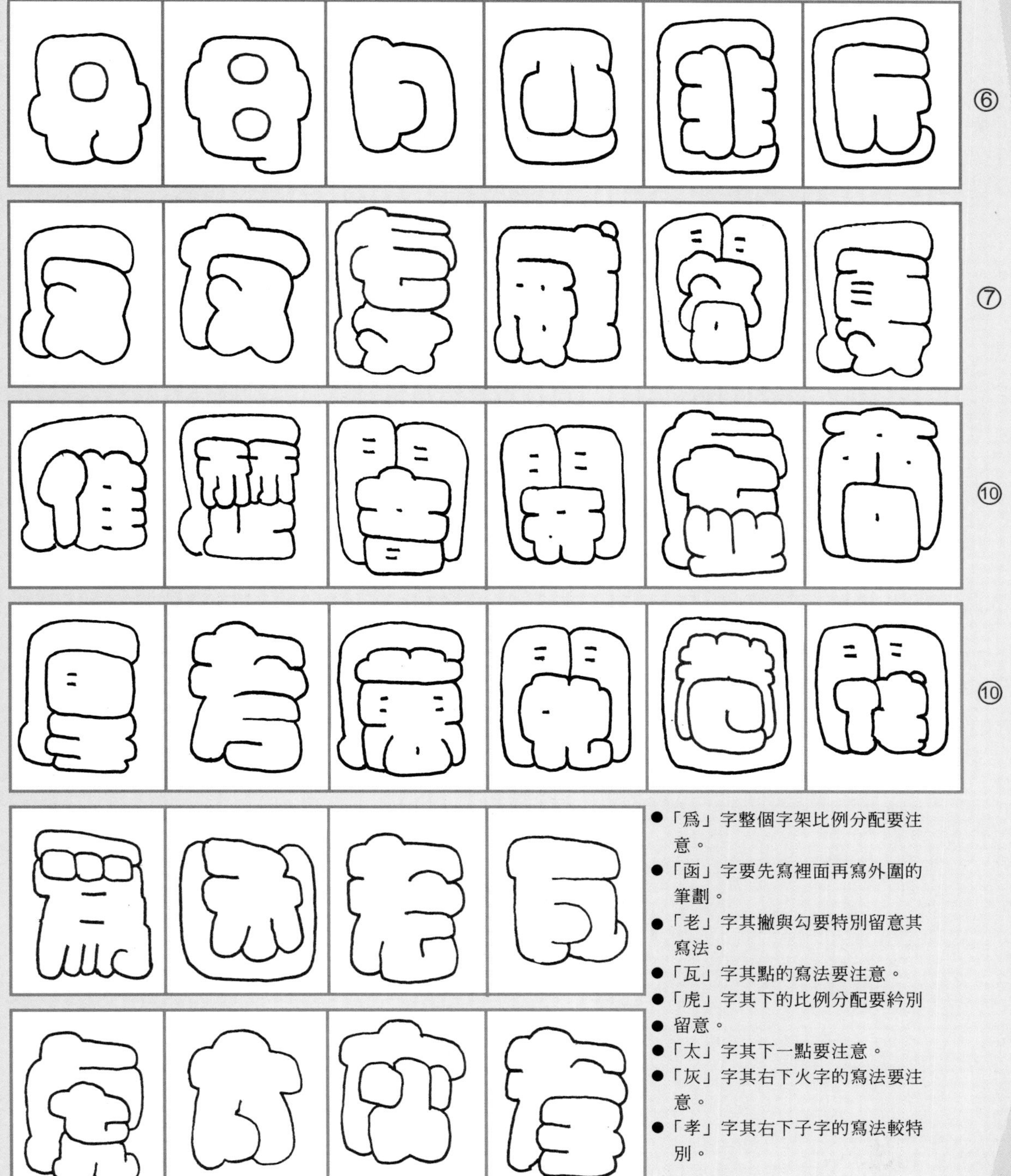

- 「爲」字整個字架比例分配要注意。
- 「函」字要先寫裡面再寫外圍的筆劃。
- 「老」字其撇與勾要特別留意其寫法。
- 「瓦」字其點的寫法要注意。
- 「虎」字其下的比例分配要給別
- 留意。
- 「太」字其下一點要注意。
- 「灰」字其右下火字的寫法要注意。
- 「孝」字其右下子字的寫法較特別。

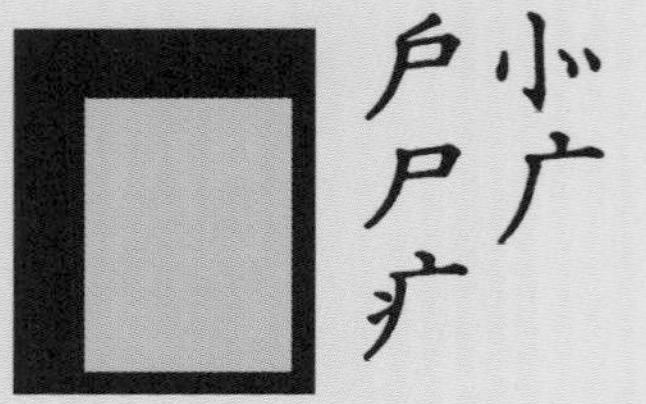

1. 週口擴充字形：「庶」字其下四點的寫法要留意，「君」字上方尹字的寫法較特別要牢記其書寫技巧、層字其二點的分配比例要注意。
2. 打勾字形：「庸」字字形比例分配要特別注意因為橫線較多。
3. 中分字形：注意「座」字其雙人的寫法要特別留意。
6. 視覺引導：「庵」字其內的字形分配尤其重要牢記。

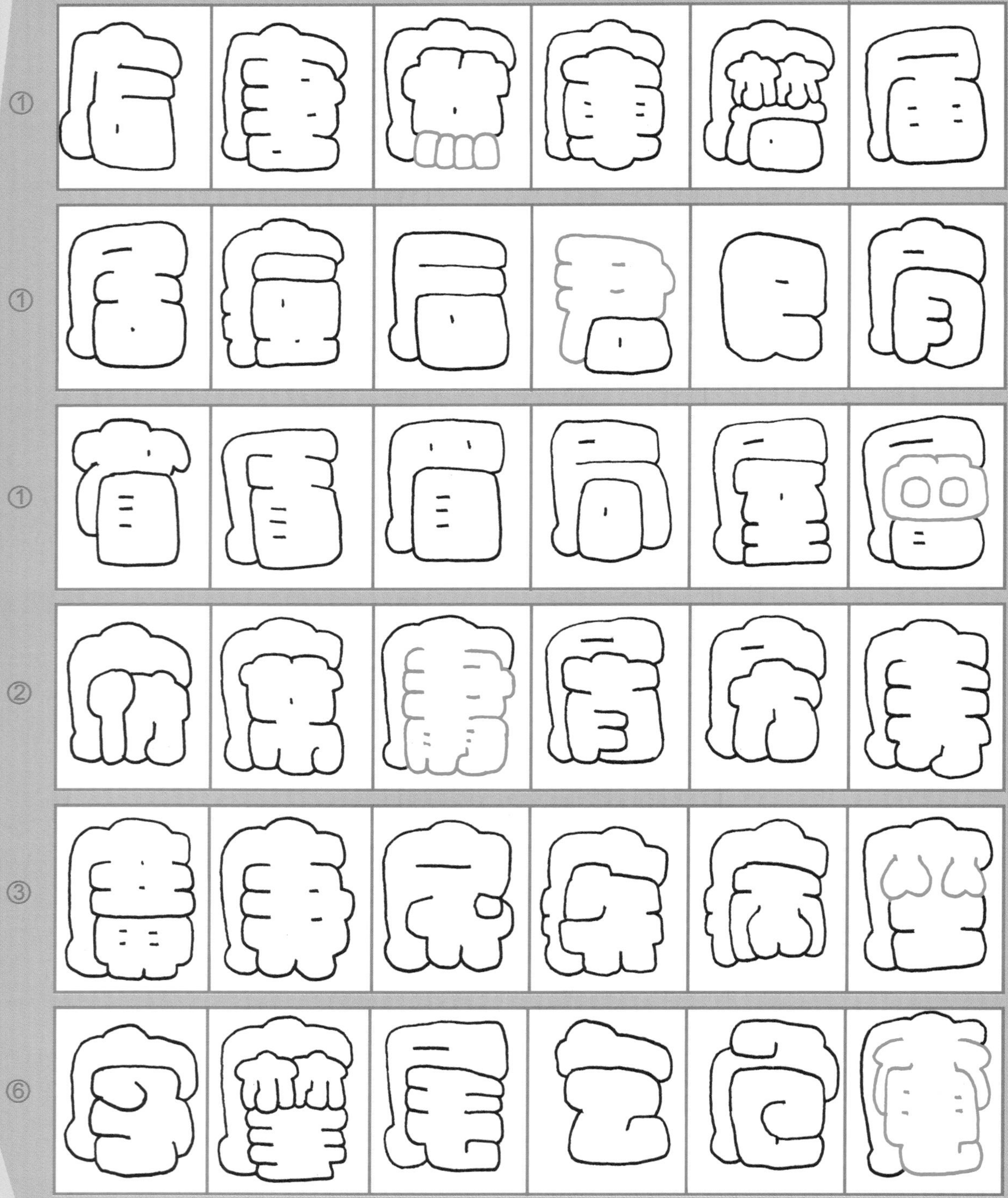

①

①

①

②

③

⑥

7.交叉字形：「瘦」字其內的筆劃分配較特別分留意其比例分配。
8.其他字形：「底」字下方一點不要忘了要書寫並留意其技巧。
10.複雜字形：「廳」「腐」應筆劃較多所以要控制其字形的比例並注意其書寫順序，療字其內的字形要留意其書寫技巧。

★特殊字：

康尿雀多
存夜差屍

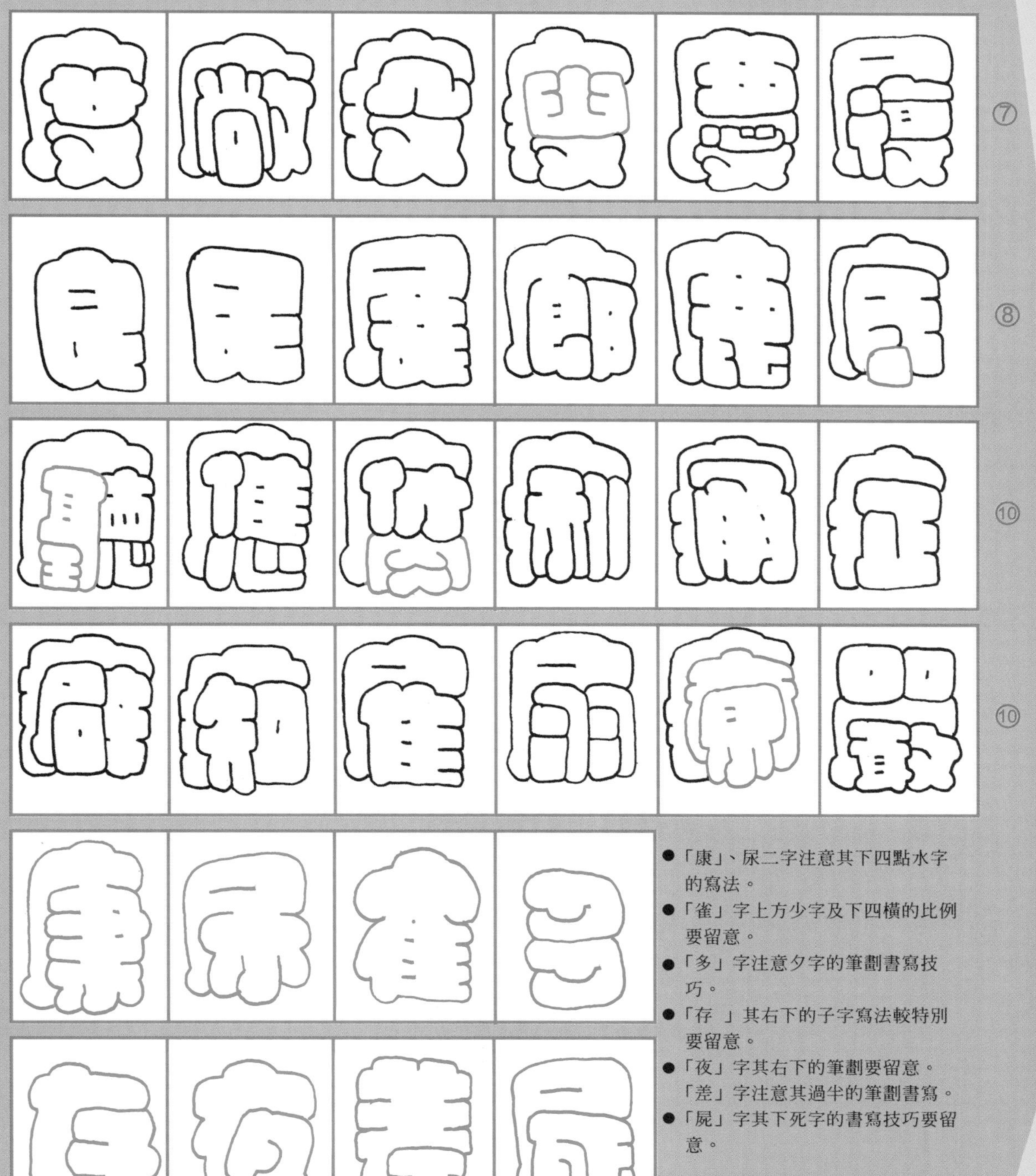

● 「康」、尿二字注意其下四點水字的寫法。
● 「雀」字上方少字及下四橫的比例要留意。
● 「多」字注意夕字的筆劃書寫技巧。
● 「存 」其右下的子字寫法較特別要留意。
● 「夜」字其右下的筆劃要留意。
「差」字注意其過半的筆劃書寫。
● 「屍」字其下死字的書寫技巧要留意。

·POP創意字字典·

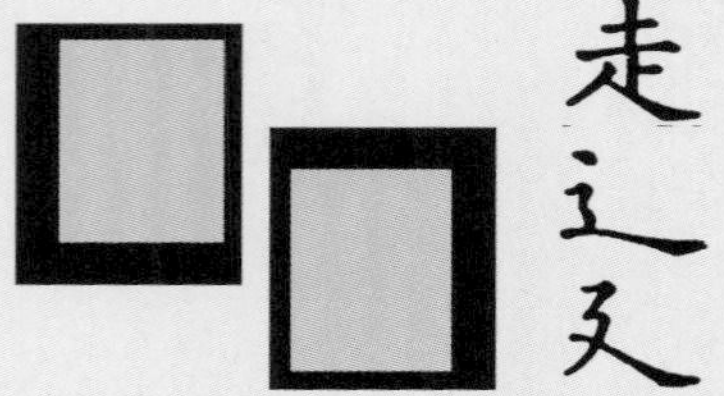

1.遇口擴充字形：注導「連　」字其二撇的寫法，「遭」字其內點的分配比例要適當及「旭」字的字架要吻合其書寫順序，遷字其右下的配字要特別留意。
2.打勾字形：「鳥」字四點的書寫技巧要特別留意。
3.中分字形：逸字注意右上方兔字的比例分配及點的寫法。
5.內包字形：「遇」字其右上方的禺字字形特別所以要留意其寫法。

①

①

①

②

③

⑤

6.視覺引導：逃字四點的比例分配要特別留意。
9.三等份字形：「翅」注意羽字四點的寫法及比例分配：
10.複雜字形：注意「逮」字其四點的寫法，「載」字要特別注意書寫的順序及技巧，「魅」字注意鬼字的技巧及比例分配。

★特殊字：

迷 逐 匈 武
氣 鬼 赴 匆

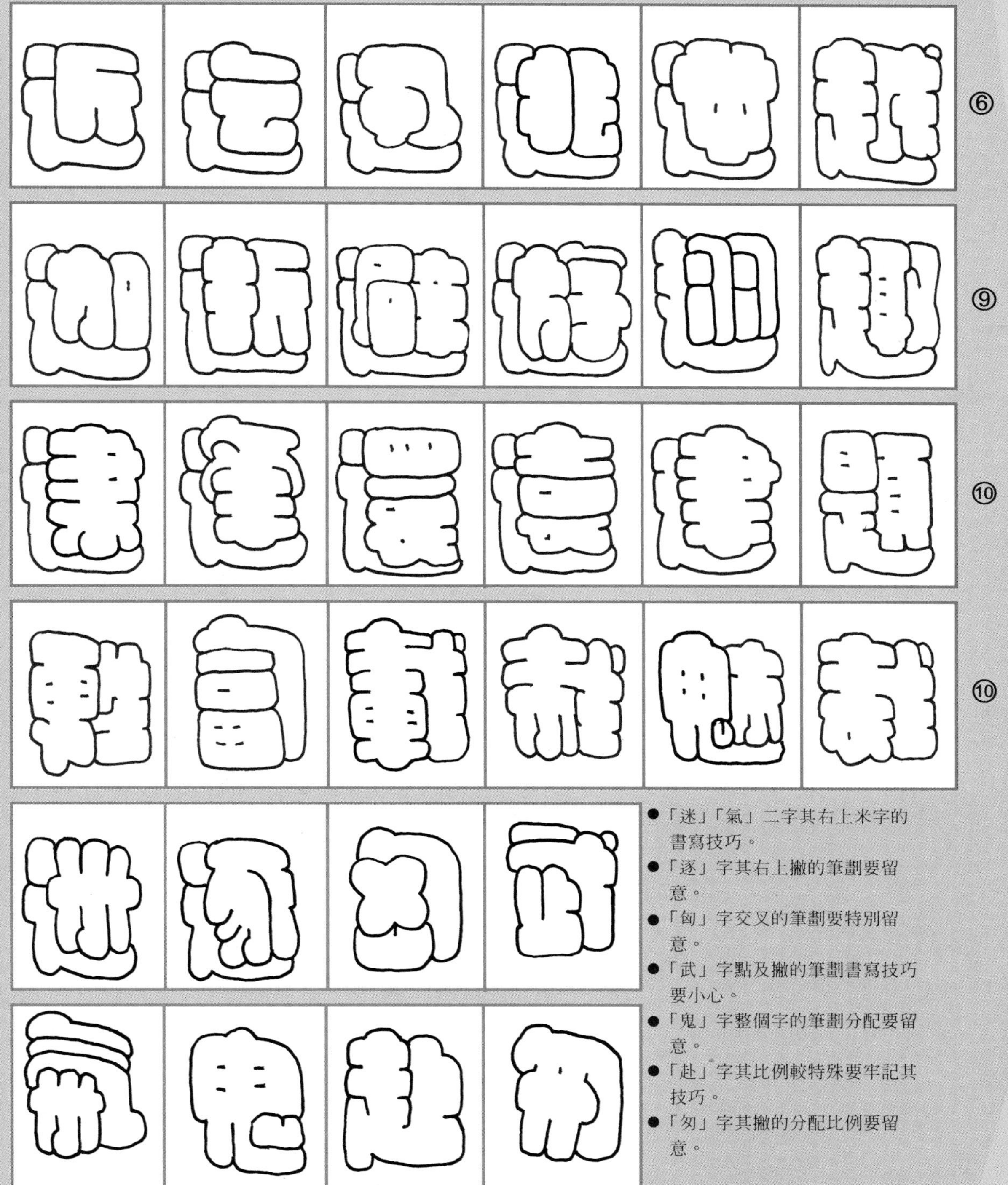

- 「迷」「氣」二字其右上米字的書寫技巧。
- 「逐」字其右上撇的筆劃要留意。
- 「匈」字交叉的筆劃要特別留意。
- 「武」字點及撇的筆劃書寫技巧要小心。
- 「鬼」字整個字的筆劃分配要留意。
- 「赴」字其比例較特殊要牢記其技巧。
- 「匆」字其撇的分配比例要留意。

▼此張海報採以圖為底的插圖技法並誇張其主標題手法使主題明確。

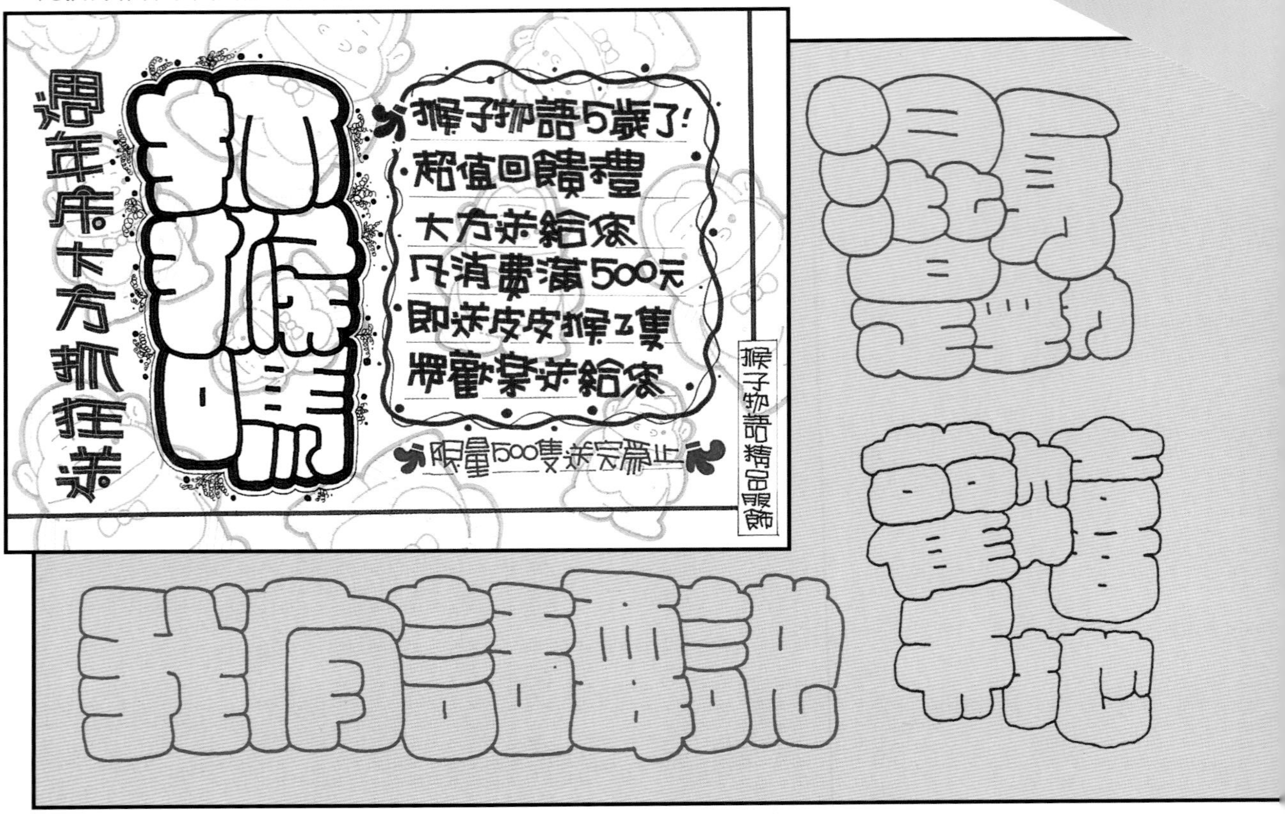

週年慶卡方抓狂送

猴子物語5歲了!
超值回饋禮
大方送給您
凡消費滿500元
即送皮皮猴1隻
帶歡樂送給您

限量500隻送完為止

猴子物語精品服飾

四胖胖字裝飾與變化〈一〉圓角胖胖字

更加活潑親切，可靈活應用在活潑的主題

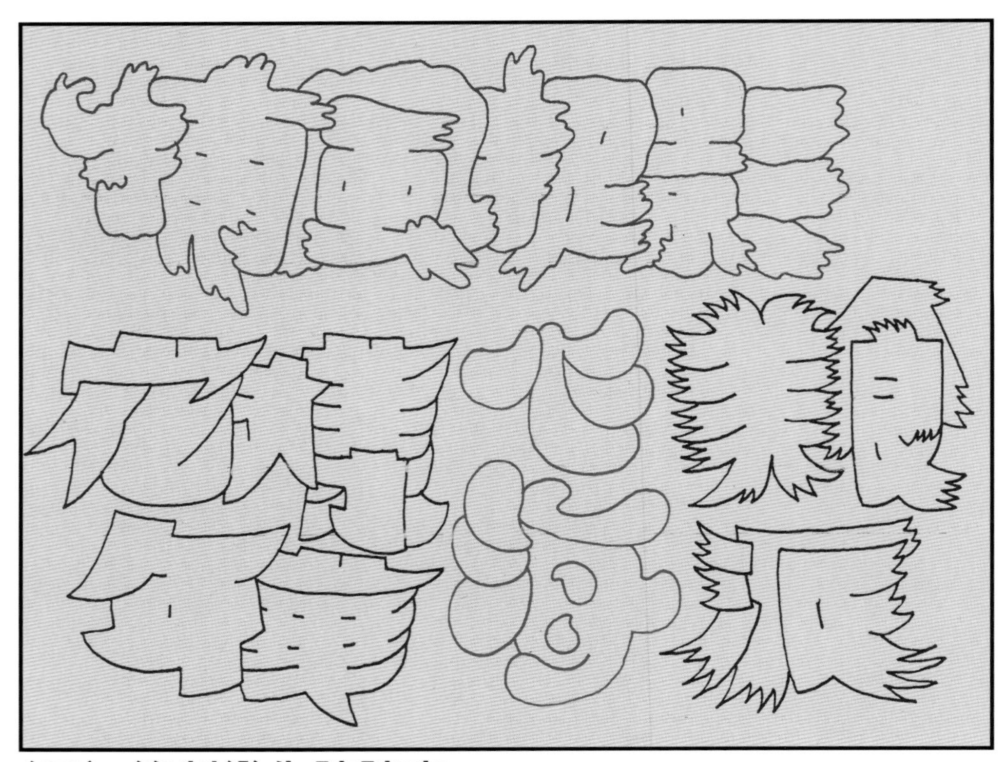

〈三〉筆劃變化胖胖字

決定筆劃的變化風格，呈現出胖胖字多樣的面貌

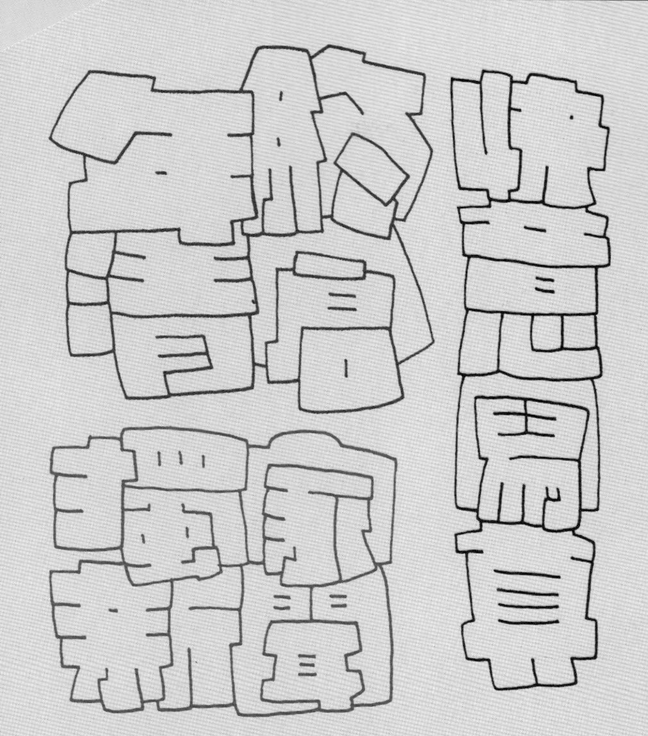

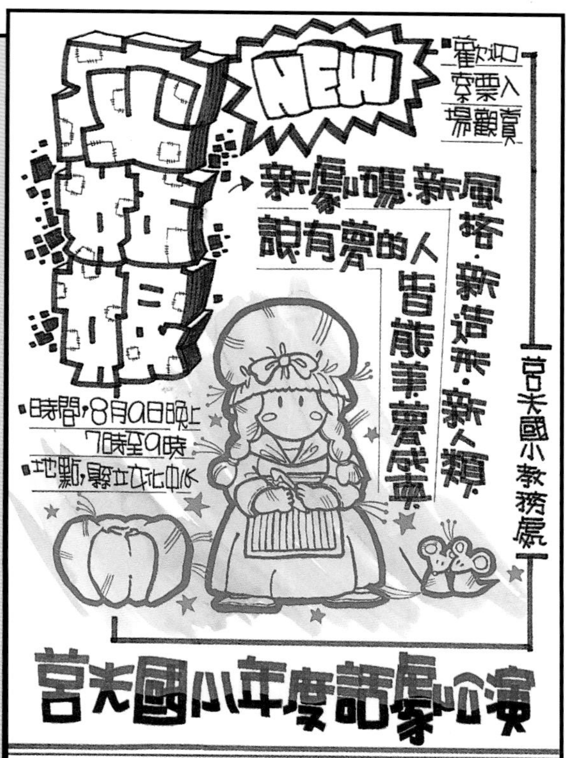

▲立體框的字形裝飾可使字體更有變化更精緻，再配合有趣的插圖使畫面更活潑。

〈二〉直角胖胖字

採取直角書寫模式，因此提高其創意空間

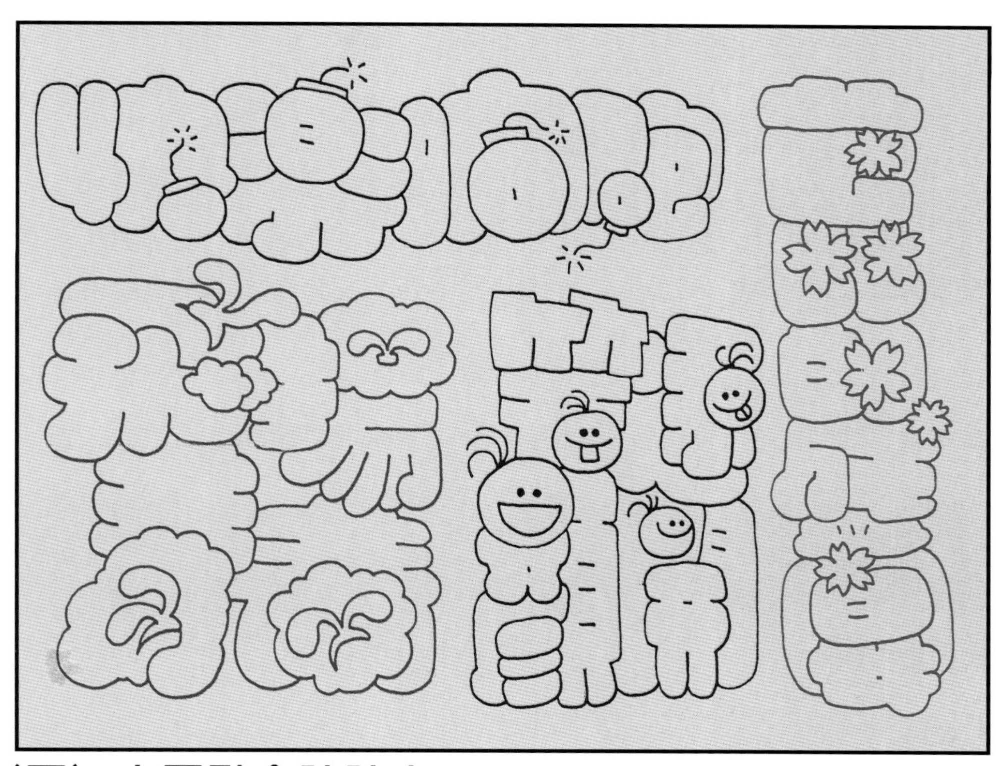

〈四〉字圖融合胖胖字

字圖融合的表現空間最廣，但搭配的圖不宜複雜花俏

〈五〉圓角直角裝飾範例

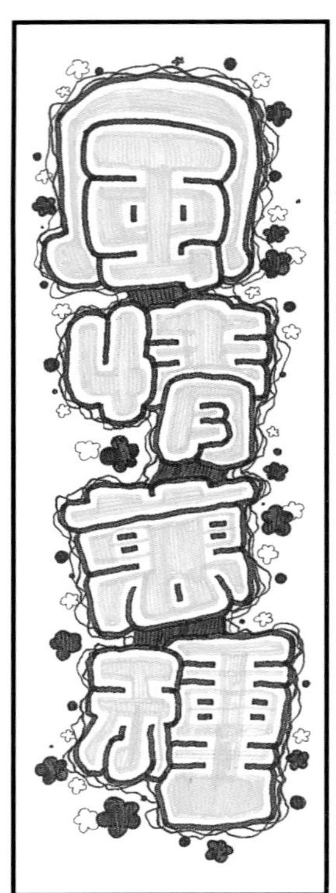

▲用曲線框書寫字架在其內塗上淺色，並予外外框加上抖線錯綜複雜而產生浪漫的感覺。

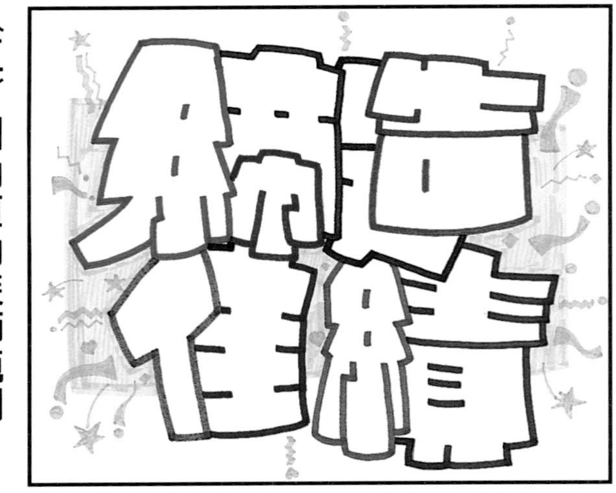

▲將每個字的外框用不同的色彩來表現，可使主題更加亮麗繽紛，配合背景點綴更加出色。

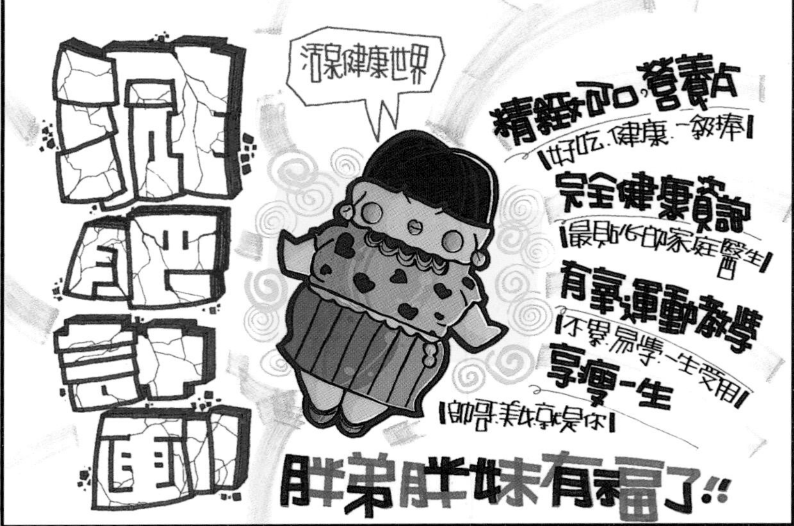

▲此張海報主標採取立體框並搭配裂痕字才有減肥的意境，並配合可愛的插圖及編排讓這張海報增色不少。

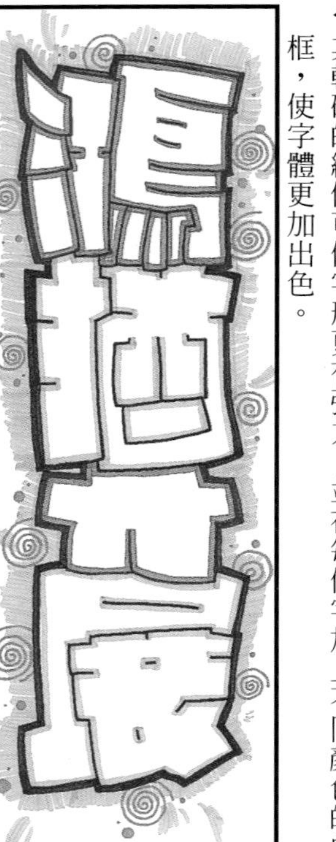

▲其較硬的線條可使字形更有張力，並在每個字加上不同顏色的內框，使字體更加出色。

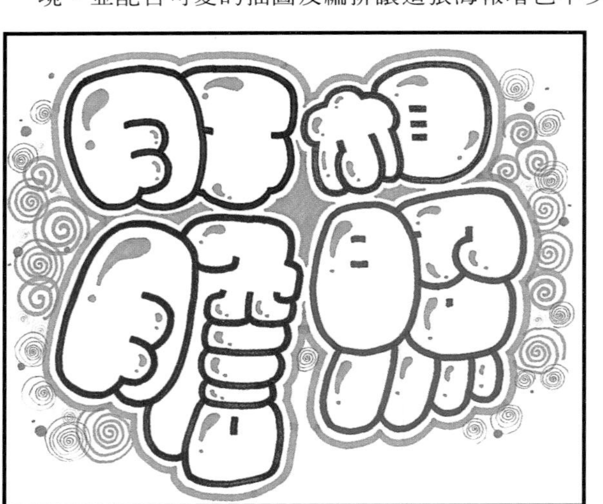

▲每個字採不同的字彩加框並加上亮點讓其有透明感。

〈六〉筆劃變化裝飾範例

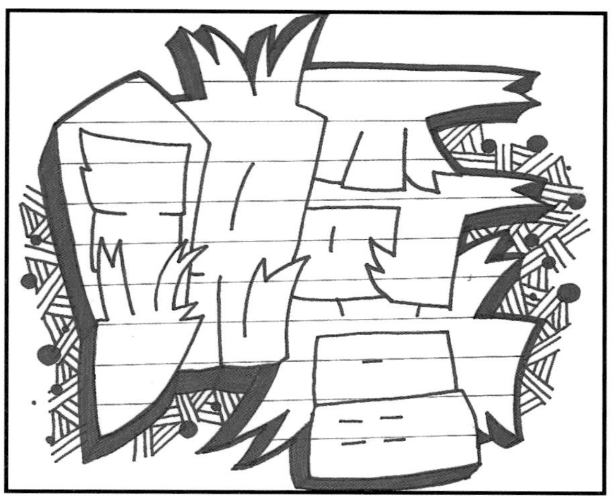

▲為了強調主題的意境，所以運用較剛硬的筆觸來書寫，使其有強裂爆發力，配合立體框更顯出色。

▲主標題於筆劃末端有蚊香點綴呈現出女人味及浪漫感，並配合視覺焦點廣告顏料上色插圖可使海報更精緻。

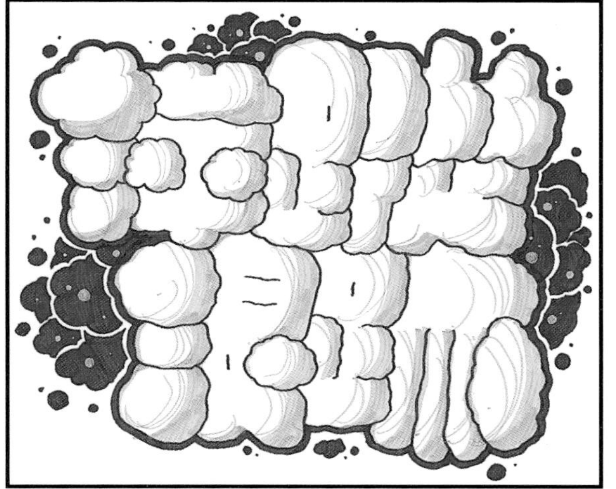

▲以雲朵為基本骨幹，書寫整組字使其有飄飄然的效果。

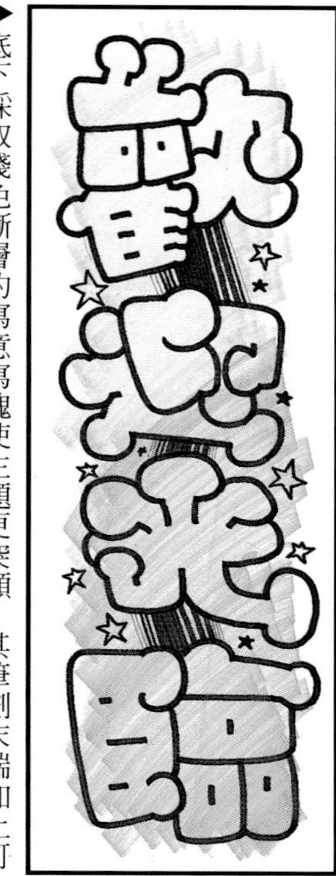

▶底下採取淺色漸層的寫意寫塊使主題更突顯，其筆劃末端加上可愛的變化使字形更有看頭。

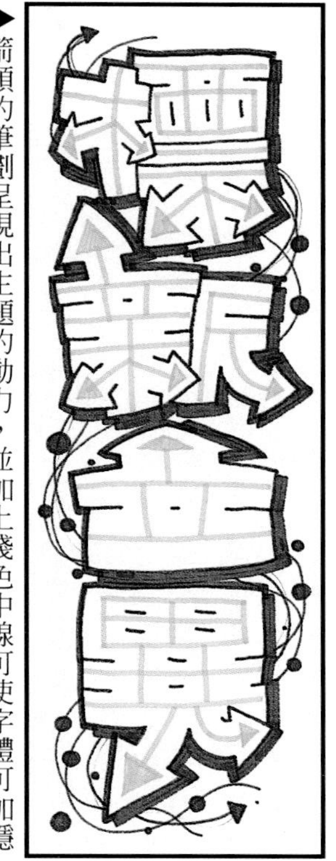

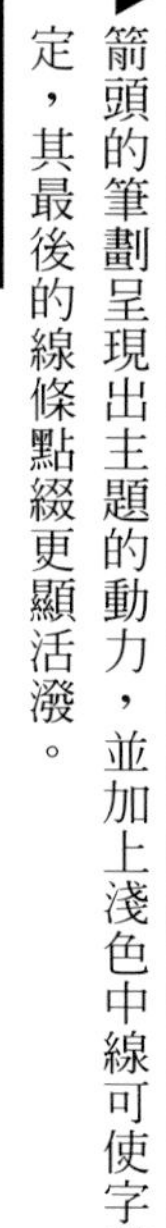

▶箭頭的筆劃呈現出主題的動力，並加上淺色中線可使字體可加穩定，其最後的線條點綴更顯活潑。

〈七〉字圖融合裝飾範例

▲用水滴狀來組合整組字架使主題更加符合，並運用曲線來表現下雨，並用水滴圖案做最後的點綴。

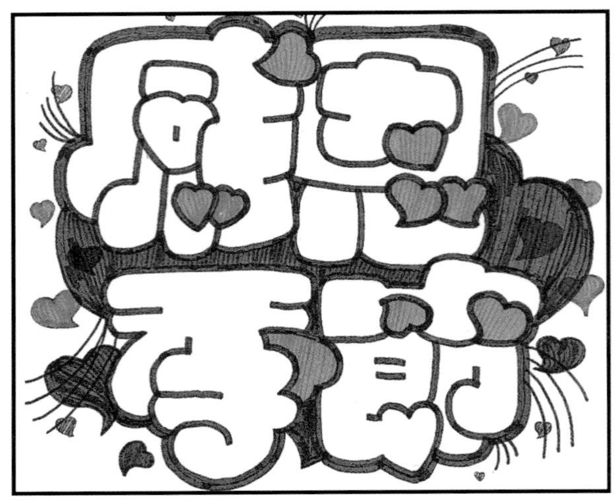

▲運用點轉換成愛心讓整組字充滿了愛心，並搭配心形色塊及點綴圖案 ，讓主題更突顯。

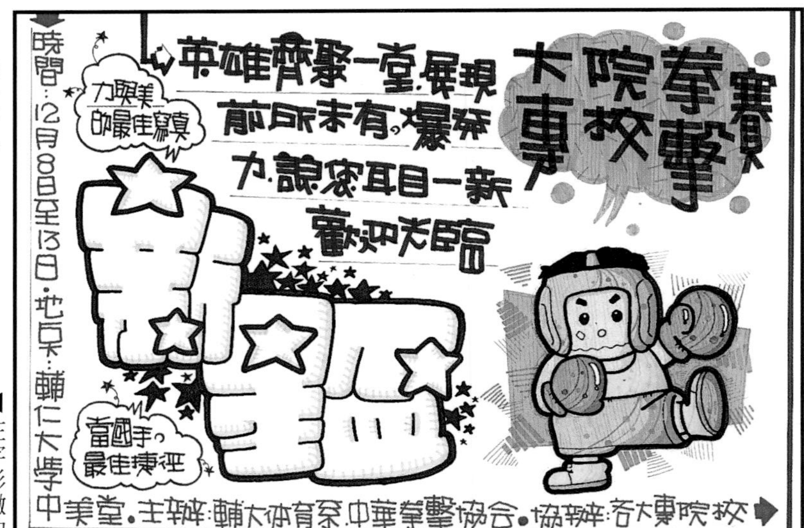

▲此張海報利用星形圖案表達主題並搭配星形拼圖色塊，配合有趣的麥克筆上色插圖，使海報更形完整。

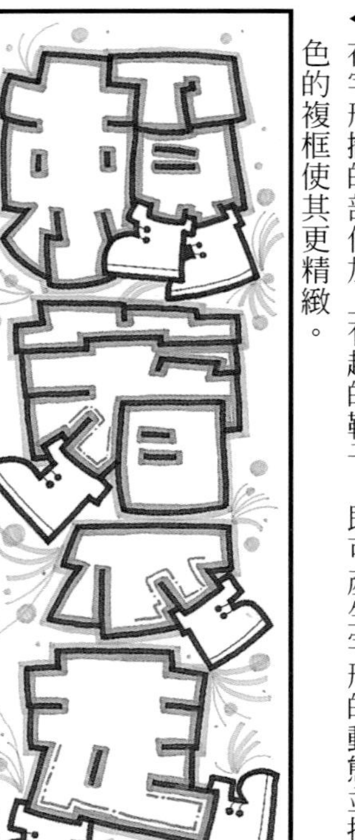

▲在字形撇的部份加上有趣的鞋子，即可產生字形的動態並搭配淺色的複框使其更精緻。

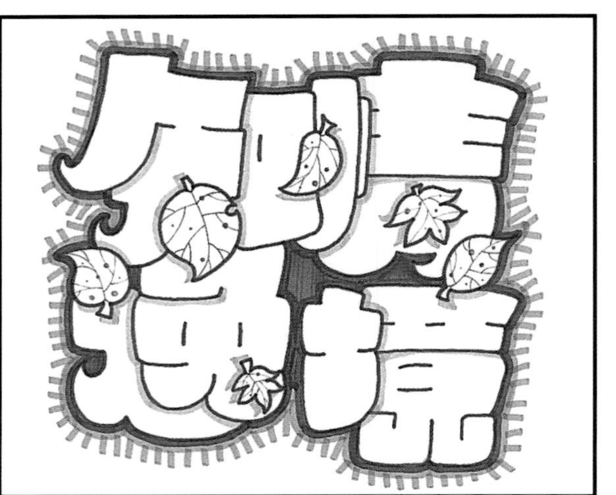

▲葉子相當符合休閒恬靜的感覺，並搭配陰影的點綴。

陸、設計字

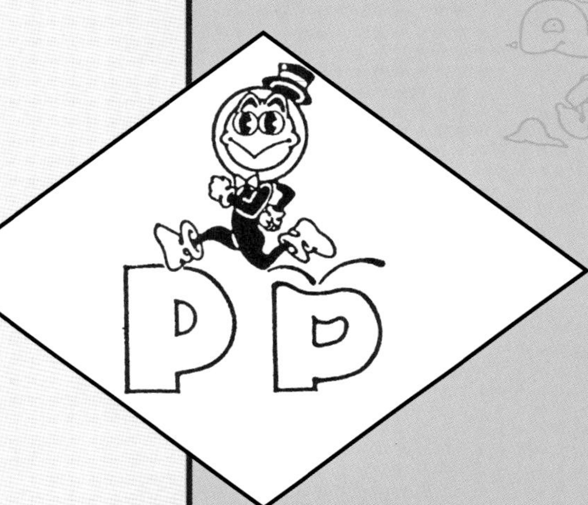

- 麥克筆字圖融合
- 變體字字圖融合
- 胖胖字字圖融合
- 一筆成形字字圖融合

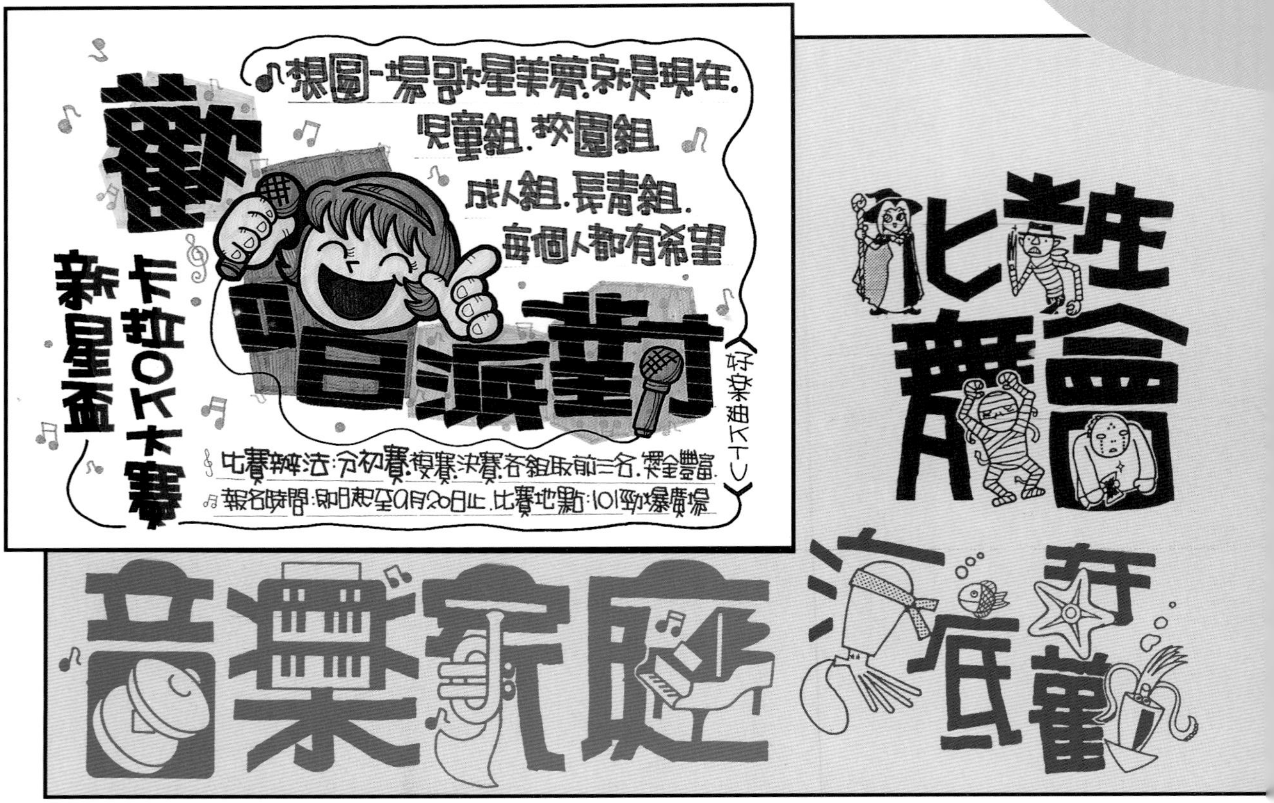

想圓一場歌星美夢就是現在.
兒童組.校園組
成人組.長青組.
每個人都有希望
卡拉OK大賽
新星盃
(好樂迪KTV)
比賽辦法:分初賽.複賽.決賽.各組取前三名.獎金豐富.
報名時間:即日起至9月20日止.比賽地點:101勁爆廣場

化妝舞會

音樂家庭

〈一〉麥克筆字字圖融合 先需選擇合適的插圖及字形架構的搭配，才能書寫出完整不怪的感覺。

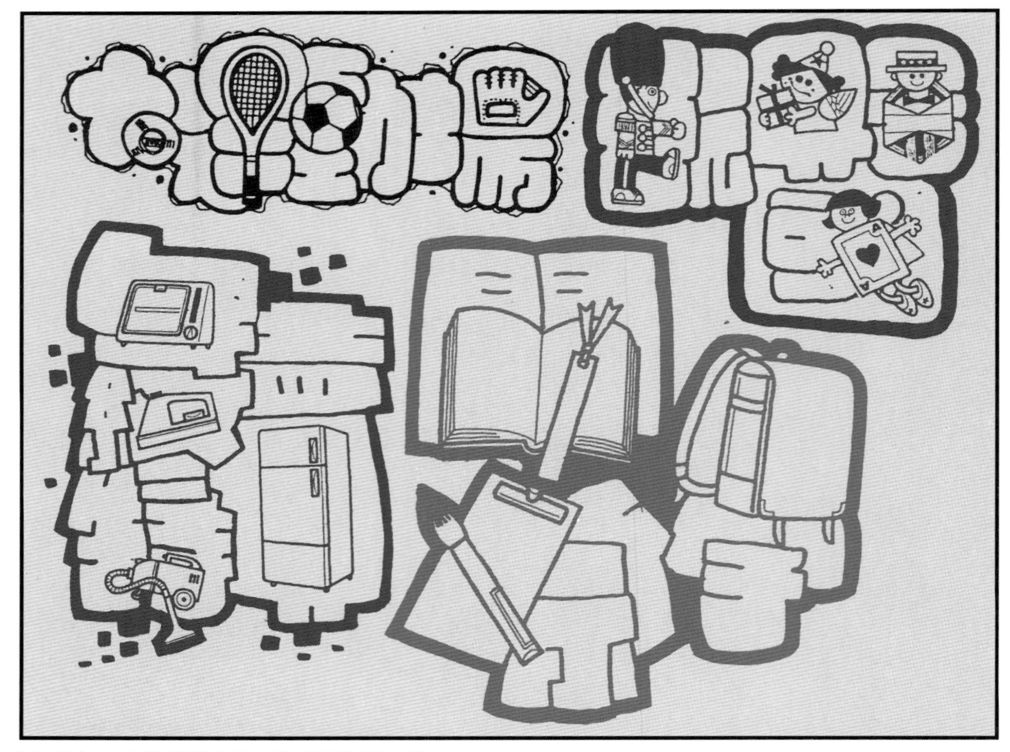

〈三〉胖胖字字圖融合 挑選合適筆畫大小比例的插圖或選擇單一字形。

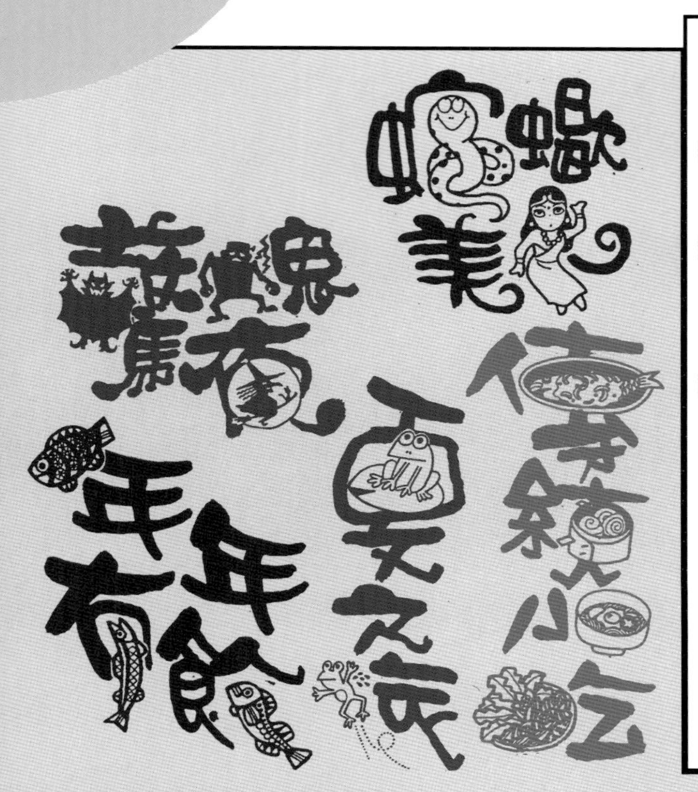

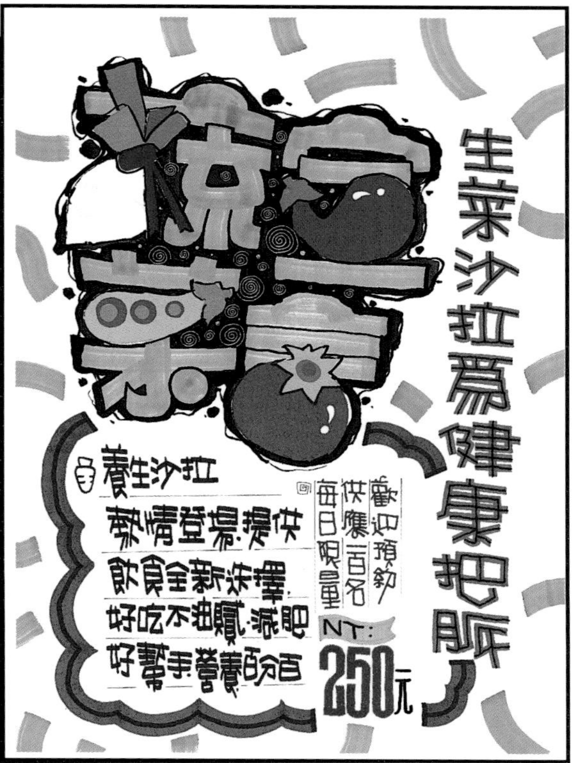

〈二〉 變體字字體融合

可依字形的部首、配字及含意去挑選符合的插圖皆可達到所要表達的旨意。

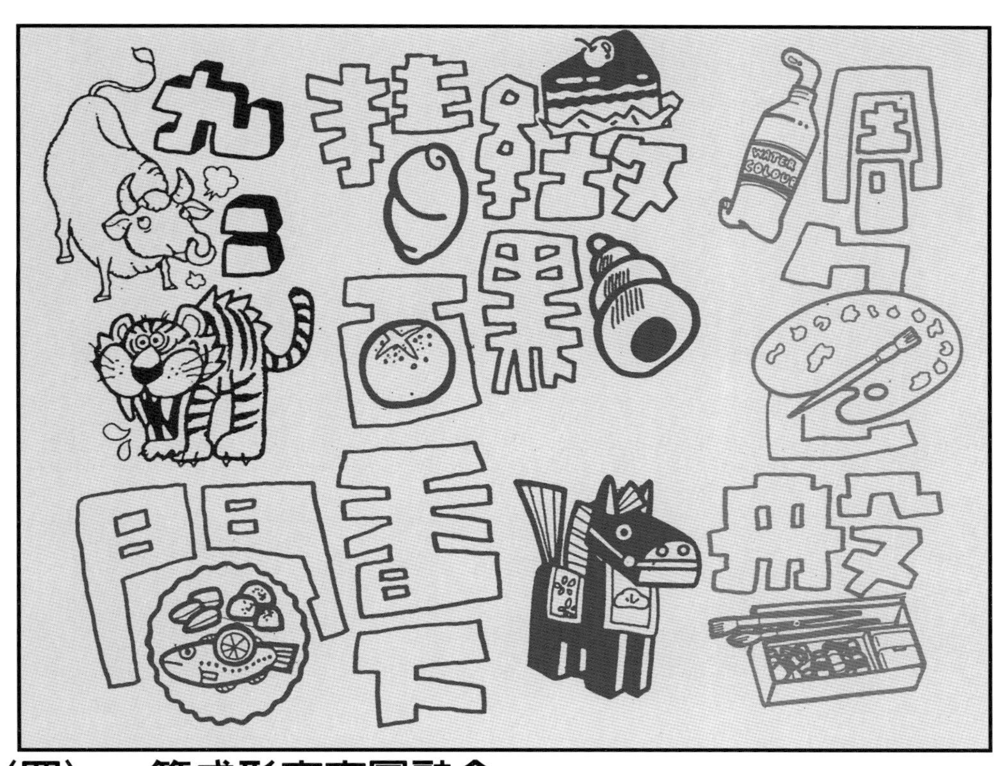

〈四〉 一筆成形字字圖融合

字體的張力非常大，所以挑選插圖的空間非常自由。

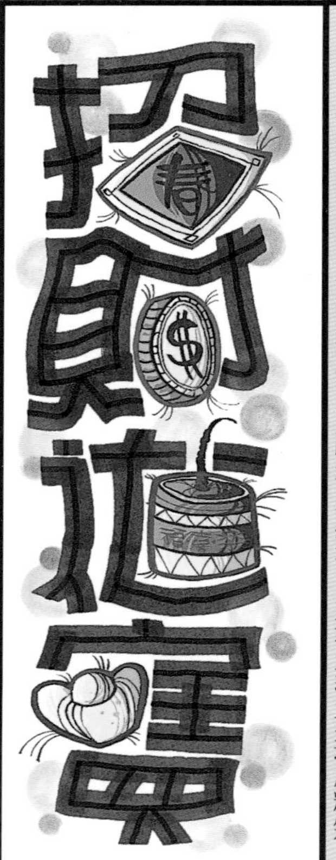

▼此字架採取變形字插圖運用管告顏料重疊法，並在其背景運用粉彩做點綴，使其更加精緻。

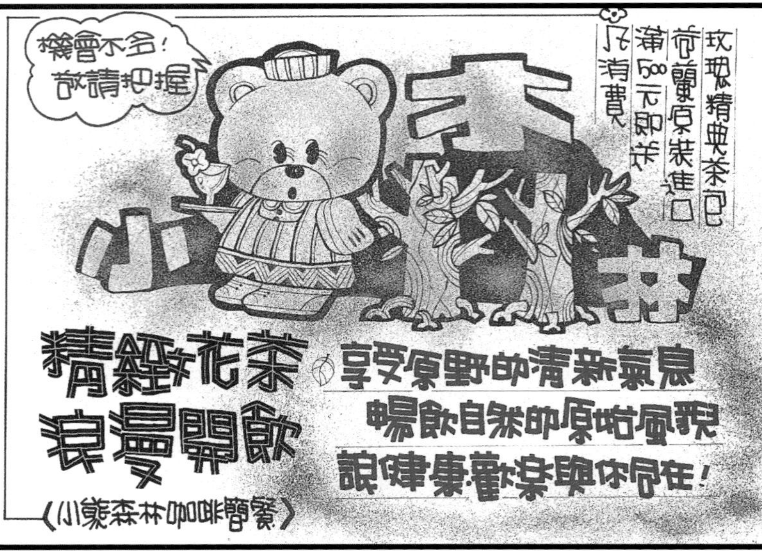

▼ 此字體採取疊字，做出立體效果，並運用麥克筆重疊法萊表象插圖，其色塊鎖住字架並用類似色加以點綴。

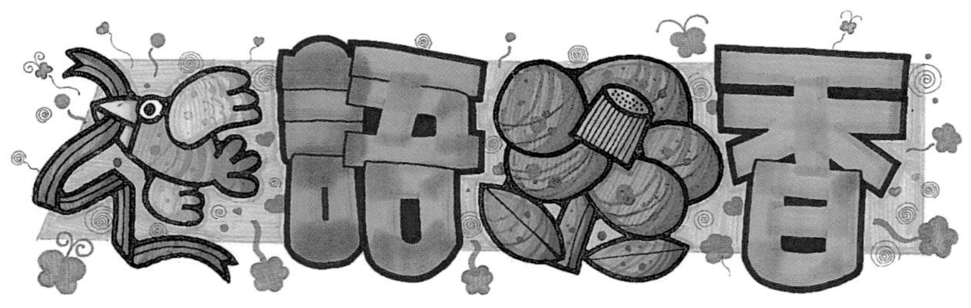

▼ 此字體採取曲線一筆成形字，並於字內加上淺色複框，配合有趣的插圖，使主題更出色。

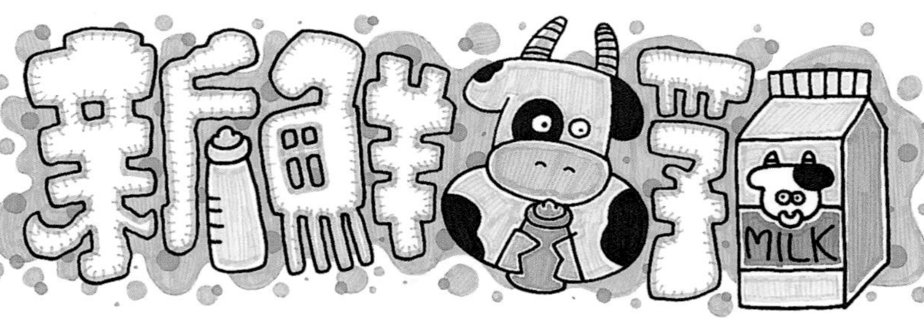

▼ 由於插圖動態較大所以其字體就必須遷就，才能將其字間的空隙補滿，其背景豐富的色彩使其更有特色。

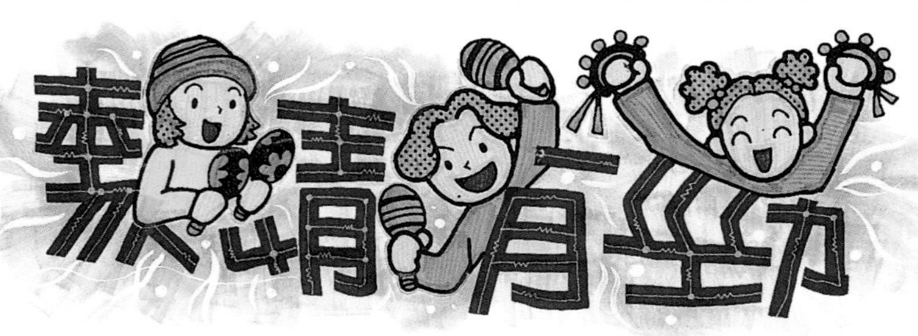

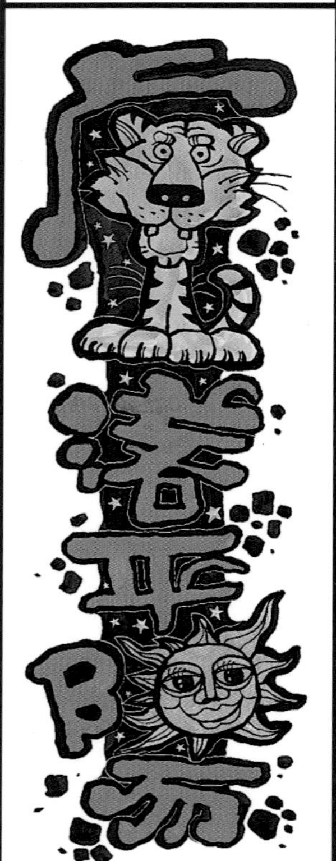

▼此字體爲變形字抖字，並搭配水彩渲染法的插圖可使整組字更有寫意的效果，並運用拼圖色塊做最後點綴。

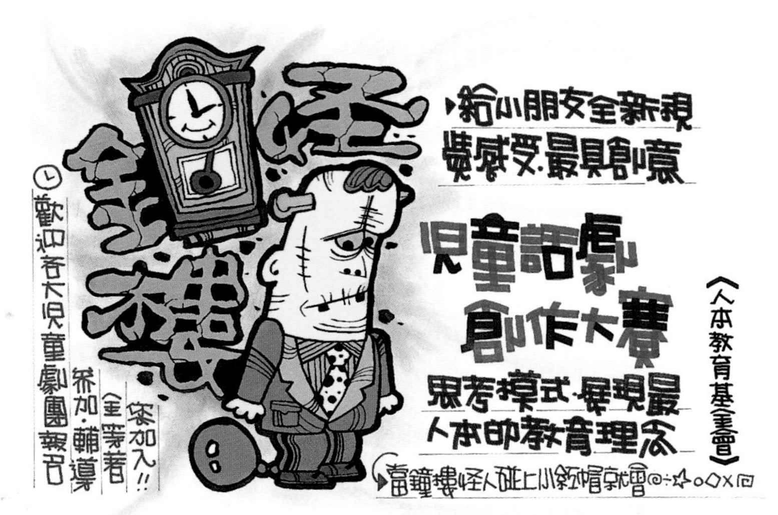

▼ 此字體採取胖胖字並將鐵蛋造型融入字架，並挑阿婆的圖案，將主題更加明確並瞭解其創作風格。

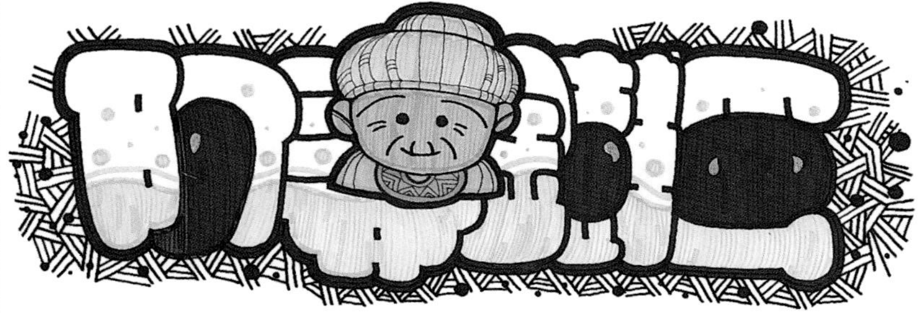

▼ 此字體採取麥克筆字插圖採取剪貼的效果，其作用是用來精緻版面，使主題更生動。

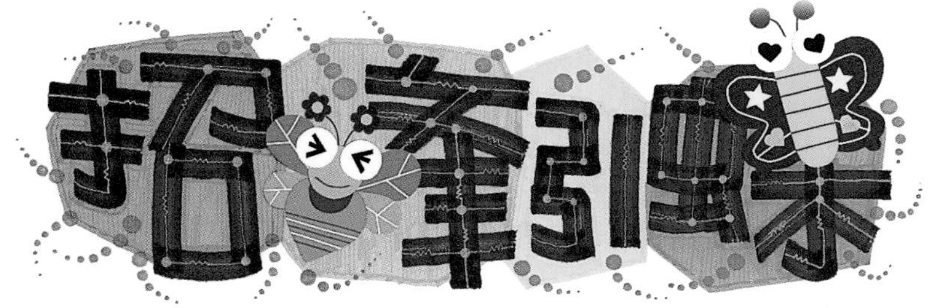

▼ 此字體採取一筆成形的字形，挑選插圖改變合適的筆劃，使整組字架趣味感濃厚。

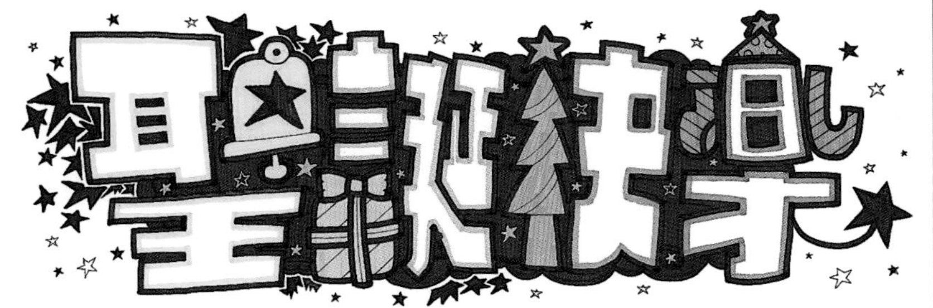

▶ 此字架採取疊字，並加入有趣生動的插圖，既可凸顯出主題的涵意，其下背景點綴更形出色。

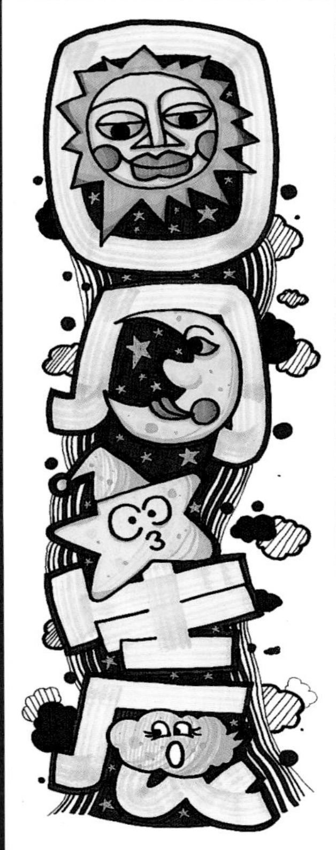

▶ 此字體採取變形字，並運用背景寫意色塊的效果使鏤空法的插圖更形出色，並用立可白做最後點綴。

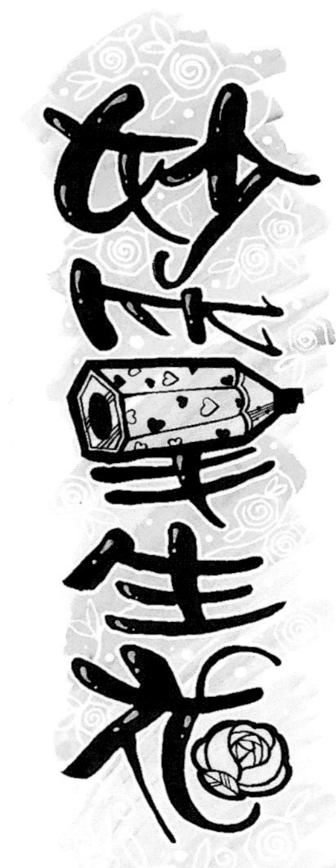

POP專業教學

全國唯一
第一品牌

憑書報名任何
一貫班即可享有
9折優惠
敬請把握機會

全國第一套有系統易學的
POP字體海報叢書

心靈 DIY
DO IT YOURSELF

●專業的社團教學指導

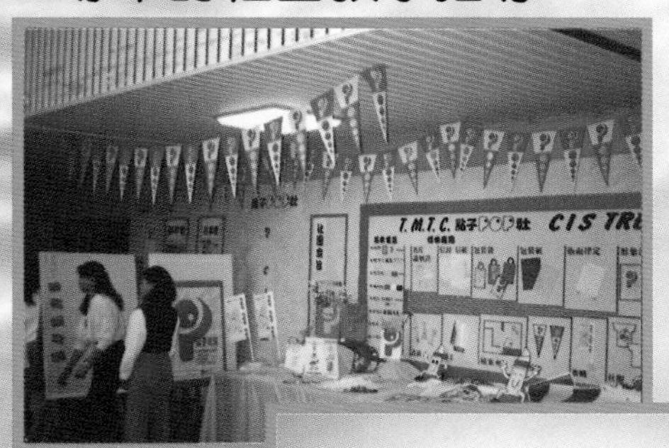

●北縣幼教招生佈置規劃

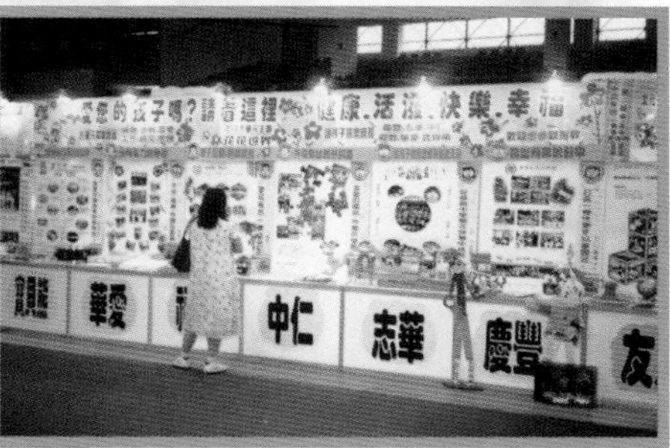

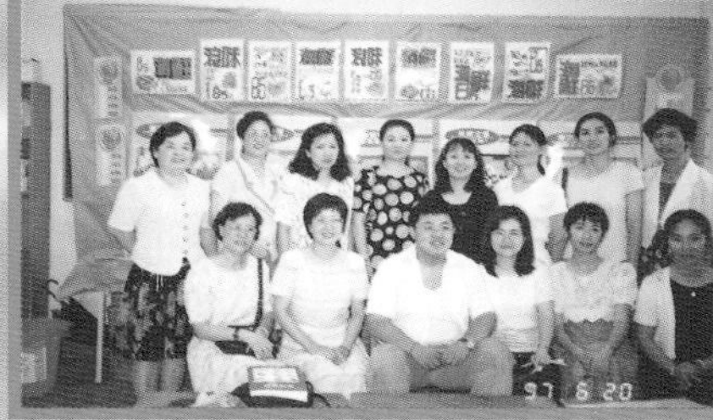

●國中小學教師課後研習

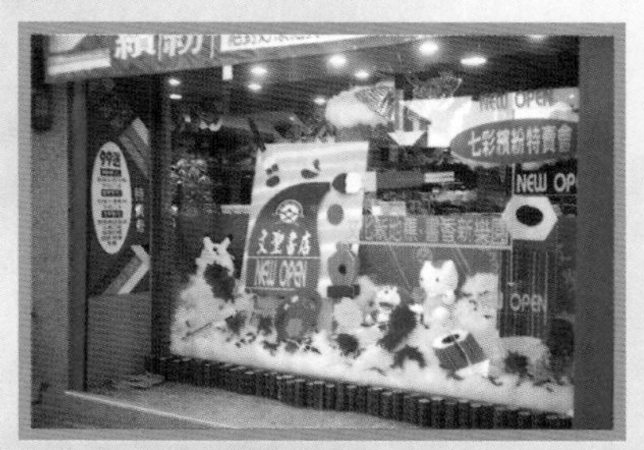

●商店整體的sp佈置規劃

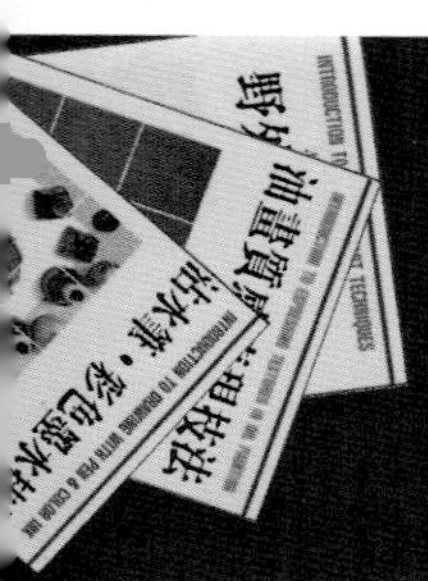

北星信譽推薦．必備教學好書

www.nsbooks.com.tw

本美術學員的最佳教材

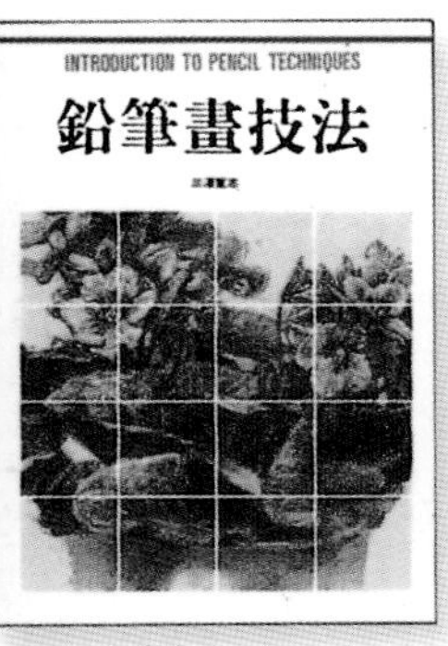

定價 /350元

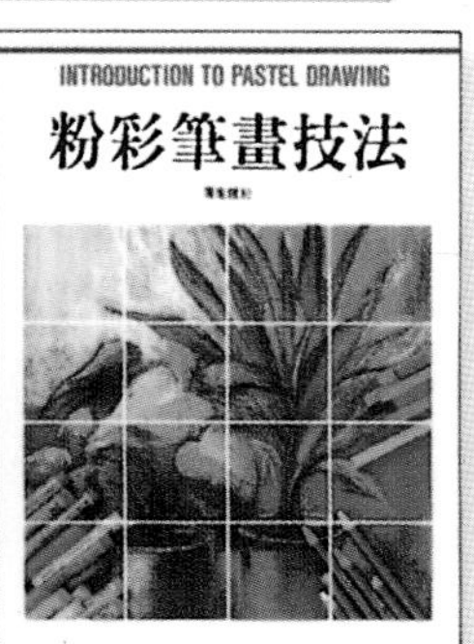

定價 /450元

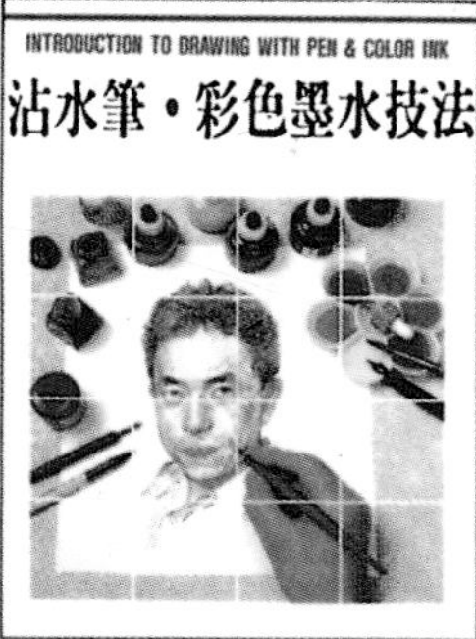

定價 /450元

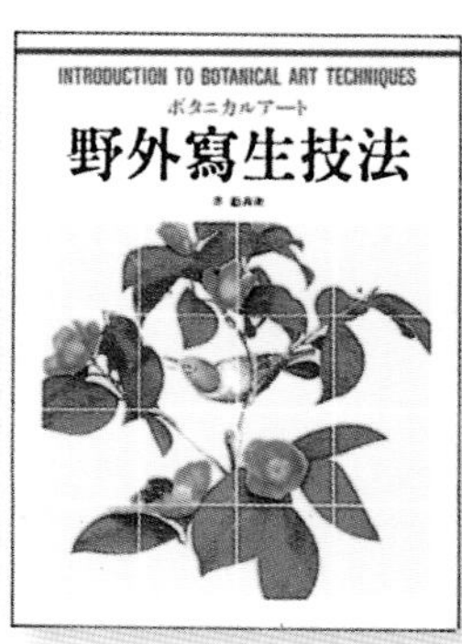

定價 /400元

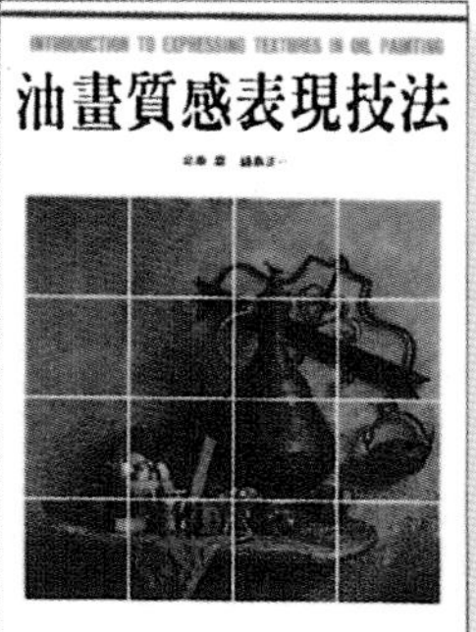

定價 /450元

序漸進的藝術學園 / 美術繪畫叢書

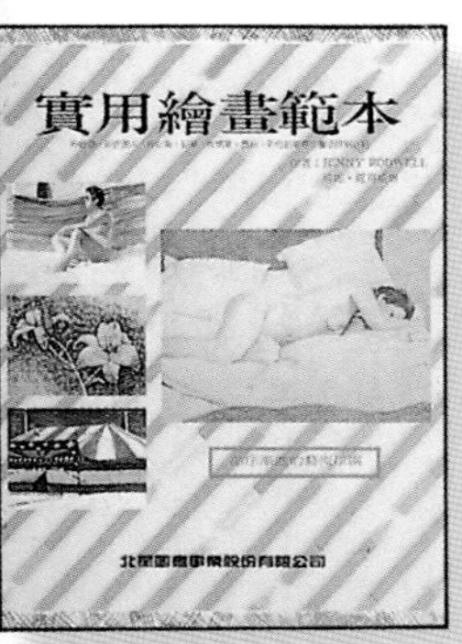

定價 /450元

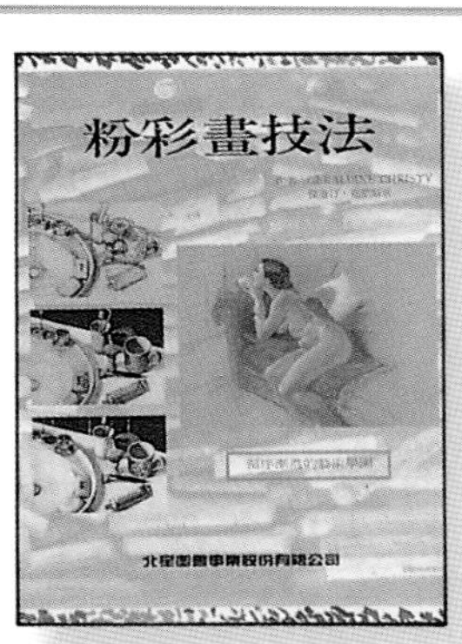

定價 /450元

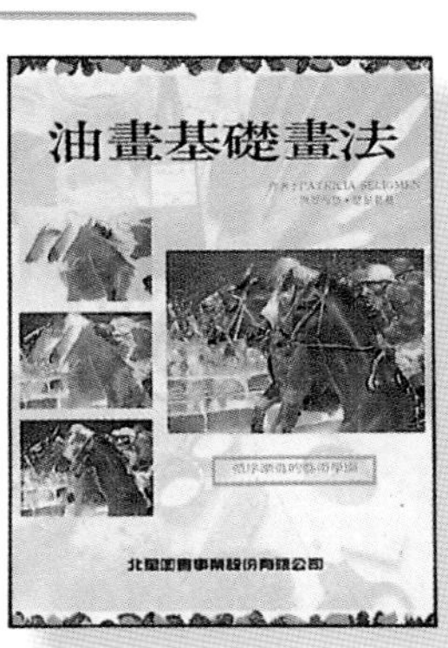

定價 /450元

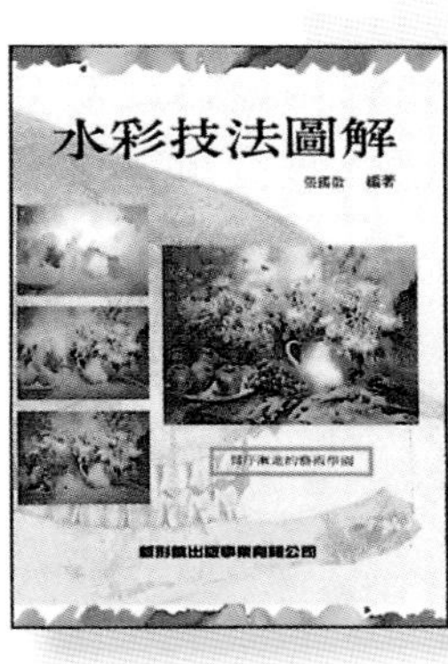

定價 /450元

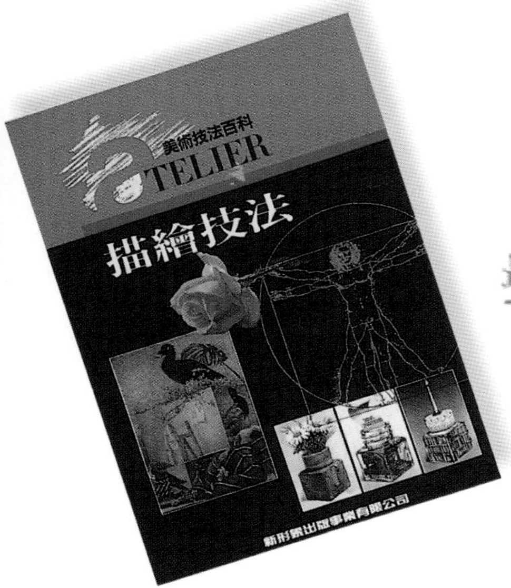

最佳工具書

本書內容有標準大綱編字、基礎素描構成、作品參考等三大類；並可銜接平面設計課程，是從事美術、設計類科學生最佳的工具書。

編著 / 葉田園　　定價 /350元

POP創意字學 5

定價：450元

出 版 者：新形象出版事業有限公司
負 責 人：陳偉賢
地　　址：台北縣中和市中和路322號8F之1
電　　話：29207133・29278446
F A X：29290713

編 著 者：簡仁吉
發 行 人：顏義勇
總 策 劃：范一豪
美術設計：鄭淑真、王玲鈞、吳明芳、沈美如
執行編輯：鄭淑真、王玲鈞、吳明芳、沈美如
電腦美編：洪麒偉

總 代 理：北星圖書事業股份有限公司
地　　址：台北縣永和市中正路462號5F
門　　市：北星圖書事業股份有限公司
地　　址：永和市中正路498號
電　　話：29229000
F A X：29229041
網　　址：www.nsbooks.com.tw
郵　　撥：0544500-7北星圖書帳戶
印 刷 所：利林彩色印刷股份有限公司
製 版 所：興旺彩色印刷製版有限公司

行政院新聞局出版事業登記證／局版台業字第3928號
經濟部公司執照／76建三辛字第214743號

西元2001年5月　第一版第一刷

國家圖書館出版品預行編目資料

POP創意字學／簡仁吉編著。--第一版。--臺北縣中和市：新形象，2001〔民90〕
面；　公分。--（POP設計叢書字體篇；5）

ISBN 957-9679-99-1（平裝）

1.美工字體 - 設計

965　　　　　　90003020